MARKETING ESPORTIVO

Dados Internacionais de Catalogação na Publicação (CIP)
(Câmara Brasileira do Livro, SP, Brasil)

Morgan, Melissa Johnson
Marketing esportivo / Melissa Johnson Morgan, Jane Summers ; tradução Vertice Translate ; revisão técnica João Candido Gonçalves Saraiva. -- São Paulo : Thomson Learning, 2008.

Título original: Sports marketing.
Bibliografia.
ISBN 978-85-221-0577-9

1. Esportes - Marketing I. Summers, Jane, II. Título

07-4783 CDD-796.0698

Índice para catálogo sistemático:
1. Marketing esportivo 796.0698

MARKETING ESPORTIVO

MELISSA JOHNSON MORGAN

JANE SUMMERS

Tradução
Vertice Translate

Revisão Técnica
João Candido Gonçalves Saraiva
Professor mestre da Faculdade de Economia e Administração da PUC-SP
e consultor na área de Planejamento Estratégico de Marketing

THOMSON

Austrália Brasil Canadá Cingapura Espanha Estados Unidos México Reino Unido

THOMSON™

Gerente Editorial:
Patricia La Rosa

Editora de Desenvolvimento:
Tatiana Pavanelli Valsi

Supervisor de Produção Editorial:
Fábio Gonçalves

Produtora Editorial:
Gabriela Trevisan

Supervisora de Produção Gráfica:
Fabiana Alencar Albuquerque

Título Original:
Sports Marketing
(ISBN 0-17-012859-8)

Tradução:
Vertice Translate

Revisão Técnica:
João Candido Gonçalves Saraiva

Copidesque:
Marcos Soel Silveira Santos

Revisão:
Adriane Peçanha
Sandra Garcia Cortés

Composição:
Zeta Studio

Capa:
Gabinete de Artes

Impresso no Brasil.
Printed in Brazil.
1 2 3 4 10 09 08

Condomínio E-Business Park
Rua Werner Siemens, 111
Prédio 20 – Espaço 03
Lapa de Baixo – CEP 05069-900
São Paulo – SP
Tel.: (11) 3665-9900
Fax.: (11) 3665-9901
sac@thomsonlearning.com.br
www.thomsonlearning.com.br

Dados Internacionais de Catalogação na Publicação (CIP) (Câmara Brasileira do Livro, SP, Brasil)

Morgan, Melissa Johnson
Marketing esportivo / Melissa Johnson Morgan, Jane Summers; tradução Vertice Translate; revisão técnica João Candido Gonçalves Saraiva. — São Paulo : Thomson Learning, 2008.
Título original: Sports marketing.
Bibliografia.
ISBN 978-85-221-0577-9
1. Esportes – Marketing
I. Summers, Jane
II. Título
07-4783 CDD-796.0698

Índice para catálogo sistemático:
1. Marketing esportivo 796.0698

Dedicatória

A nossas famílias, por seu amor, estímulo e apoio –
J. Dale, Scarlett, Isabella e Buckley Morgan
Des, Jessica e Ben Summers

Sobre as autoras

Dra. Melissa Johnson Morgan é professora na University of Southern Queensland e professora convidada de marketing na Tulane University em Nova Orleans, Estados Unidos. Seus interesses de pesquisa residem, em grande parte, na explicação do consumo experimental do esporte e na decodificação do comportamento dos torcedores. Ela se interessou por marketing esportivo há cerca de uma década, quando a Austrália passou pela mudança da administração voluntária para a organização profissional do esporte. Suas experiências em observação e pesquisa do marketing esportivo quando lecionava nos Estados Unidos estimularam ainda mais seu interesse pela área, e ela continua a fazer pesquisas sobre marketing esportivo em uma série de países, incluindo Austrália, Estados Unidos e China.

Dra. Jane Summers é chefe do Departamento de Marketing e Turismo na Faculty of Business da University of Southern Queensland. Ela foi profissional de marketing durante vários anos e, mais recentemente, ingressou no meio acadêmico. Suas áreas de interesse em ensino e pesquisa são marketing esportivo, comportamento do consumidor e e-marketing. Seu interesse específico no marketing esportivo evolui em razão da demanda, tanto da parte dos profissionais quanto dos acadêmicos, por mais pesquisas nessa área e por uma maior compreensão das atitudes e do comportamento do consumidor em relação ao consumo esportivo. A aplicabilidade internacional de algumas dessas questões relacionadas ao consumo é uma área que Jane está seguindo para pesquisas futuras.

Agradecimentos

Queremos agradecer a todas as pessoas que conversaram conosco sobre marketing esportivo e indústria esportiva ao longo dos últimos anos. Somos gratas, particularmente, aos profissionais de administração e marketing esportivo que, com boa vontade, compartilharam seu tempo e sua experiência nas diversas conferências e eventos esportivos profissionais na Austrália e no exterior.

Muitas pessoas contribuíram para a realização deste livro e queremos agradecer especialmente a Michael Volkov, Bridget Marçou e Amy Boyle por seus estudos de caso. Obrigada a Marty Hirons da Sweeney Research por suas idéias e pelo acesso a informações sobre o mercado esportivo australiano. Nosso muito obrigada à dra. Meredith Lawley por seus conselhos relacionados ao Capítulo 5. Também agradecemos a Rae Jones por seu excelente apoio administrativo neste e em vários outros projetos.

As autoras desejam agradecer aos revisores e editores pelas diversas sugestões e pelos comentários construtivos sobre o livro. Em especial à equipe da Thomson, incluindo a editora Liz Filleul, Michel Tully, o gerente editorial – ensino superior, Chris Wyness, editor de projetos, e Anne-Marie Scoones, representante educacional para o ensino superior.

Obrigada aos bandeirinhas, aos gandulas...

Sumário

Prefácio da Edição Brasileira

Fazer o prefácio de um livro técnico é sempre uma tarefa difícil, pois o conteúdo tem um valor significativo para a vida profissional das pessoas interessadas. Quem escreve a obra tem responsabilidade e coragem de dividir seus conhecimentos com o mercado.

Depois da leitura, fiz uma reflexão do conteúdo e da realidade do marketing esportivo no Brasil e isso foi importante, pois percebi como ainda somos amadores dentro da visão já avançada de outros países.

O livro aborda o marketing esportivo, detalha bem em seus capítulos as definições da área e sua relação com o marketing tradicional. Marketing esportivo não é só "mostrar o dinheiro", como gritou o famoso Jerry Maguire, mas envolve também a complexidade de ações que devemos criar para o "dinheiro aparecer".

A elaboração dos quatros Ps do marketing, transportada para o esporte como Produto Esportivo, Preço do Esporte, Promoções Esportivas e Ponto-de-Venda, é excelente.

O Capítulo 2 faz uma boa referência sobre a emoção no esporte, e neste aspecto compartilhamos da mesma idéia, pois o nosso maior cliente sempre será a *emoção*. Há uma ótima análise, também nesse capítulo, sobre o marketing esportivo estratégico, em que o conceito e a visão geral deste princípio são bem esclarecidos no caminho a seguir da preparação de um plano estratégico.

A Parte 2, "O ambiente esportivo", é essencial para entender o fenômeno cultural do esporte e seu papel como identidade nacional.

Existe uma discussão muito forte aqui no Brasil se esporte é ou não cultura. Acredito que esta demanda é em grande parte entendida pelas definições contidas no item "Cultura definida", que dentre elas destaco: "A totalidade dos padrões comportamentais e cognitivos transmitidos, definidos pelas crenças comuns, instituições, rituais, as artes, atividades físicas e todos os outros produtos da habilidade e do pensamento humanos". Claro que essa definição também tem muito a ver com o esporte. Gostei muito desses detalhamentos sobre cultura e esporte.

Toda essa discussão foi para que pudéssemos entender o consumidor esportivo, que tem a característica dentro de uma sociedade de consumo direcionada também por ações governamentais e de responsabilidade social.

Os capítulos oferecem uma abrangência muito grande do tema, levando o leitor a entender várias situações da cultura e subcultura do esporte. Mas o importante é que, além da fundamentação teórica, existem dados comprovados que são fundamentais para o entendimento sobre o consumidor.

Essa segunda parte se encerra com a "Pesquisa e suas ferramentas", que são o que realmente norteia o pensamento racional do amante do esporte.

A Parte 3 entra especificamente no marketing esportivo, no produto e em sua diversidade.

Existe uma abordagem muito boa sobre os níveis de produto para um evento esportivo. O papel da mídia, os detentores de direitos e o efeito da transmissão sobre as pessoas. A tendência da mídia em "ser proprietária" de eventos e os "tornar" um produto, como o XGames, e a discussão sobre se isso é ou não benéfico ao público. E a emoção é sempre citada, o lado a ser conquistado no esporte.

O marketing esportivo é detalhadamente descrito em todos os seus segmentos, como os produtos formados pela comunicação, a venda, as promoções, o mix promocional, os preços e como defini-los.

A obra aborda também os processos de criação, passando pelo perfil do público, até chegar à estratégia de comunicação, e apresenta uma discussão saudável sobre se utilizar um atleta é bom ou ruim para uma marca. Assim, cito um trecho para uma reflexão: "O valor ou apoio de atleta, time ou celebridade deverá ser visto como uma decisão estratégica e não tática". E, para o marketing, esta definição é fundamental: "Performance é mais do que o último jogo."

A Parte 4, "O marketing usando o esporte", apresenta informações sobre patrocínio – que já é o terceiro maior meio de publicidade do mundo – e parcerias que são agregadas ao patrocínio (como exemplo, aqui no Brasil tivemos o grande sucesso com o Palmeiras/Parmalat).

Hoje, um importante fator relacionado aos patrocinados é saber se o esporte está no DNA da empresa. Essa informação é fundamental para que os patrocinados não dependam apenas do empresário, e sim da empresa.

Existe um item muito interessante nessa Parte 4, o "Programa de 12 anos", para o sucesso do marketing esportivo, em que as autoras criam uma seqüência muito boa para alcançar o sucesso de uma ação de marketing.

A Parte 5 aborda as "Questões contemporâneas" sobre a globalização do esporte e seus direcionamentos e desvantagens. O último capítulo apresenta o futuro do marketing esportivo, no qual as autoras estabelecem previsões e planejamentos de longo prazo. E as fórmulas para planejamento futuro são bastante interessantes e racionais.

Estabelecer um cenário também faz parte desses estudos e algumas tendências futuras no esporte, que aproveitam a área tecnológica, as roupas, a internet, os gramados artificiais etc., e que nos levam a pensar: os mercados e os esportes emergentes, assim como os virtuais, fazem parte desse futuro? Será que se tornarão realidade?

Também não sei, mas eu, um romântico esportivo, espero não estar aqui para assistir a algumas mudanças nessa arte de imitar a vida que é o esporte.

Esta obra aborda todo esse conteúdo de forma agradável, além de apresentar estudos de caso e contrapontos para cada capítulo.

Quero agradecer a Melissa Johnson Morgan e Jane Summers por tanto estudo e trabalho, por contribuírem para o desenvolvimento do esporte e também por saberem humanizar o marketing esportivo, que andava meio sem graça por aí.

Parabéns, sucesso e muito obrigado!

José Carlos Brunoro
Atleta, preparador físico, técnico e dirigente esportivo

Prefácio

Este livro adota uma perspectiva estratégica do marketing esportivo e está dividido em cinco partes. A Parte 1, "Introdução ao marketing esportivo", apresenta aos alunos uma ampla perspectiva estratégica sobre o marketing esportivo, começando com uma introdução e uma discussão geral sobre algumas das questões e dos conceitos (Capítulo 1) que são abordados posteriormente. O Capítulo 2 traz um estudo mais detalhado sobre os elementos do esporte que são comuns aos marqueteiros do esporte e aos marqueteiros que usam o esporte, além de uma reflexão sobre o desenvolvimento de uma estrutura estratégica para o marketing esportivo.

A Parte 2, "O ambiente esportivo", começa com um estudo sobre o papel do esporte na sociedade (Capítulo 3), lidando especificamente com as questões socialização, violência, ética e esporte e negócios, passando por uma discussão sobre consumidores do esporte. Também nesta parte, o Capítulo 4 apresenta aos estudantes questões individuais relacionadas ao consumidor que precisam ser consideradas no marketing esportivo. No Capítulo 5, analisamos os ambientes de marketing esportivo e como entender e coletar informações a respeito deles (Capítulo 5).

A terceira parte, "Marketing esportivo", tem início com uma análise dos quatros Ps em relação ao marketing esportivo estratégico. Especificamente, as questões envolvidas no desenvolvimento e na administração de produtos esportivos são abordadas no Capítulo 6, enquanto o Capítulo 7 trata da promoção e das decisões de CIM por meio da análise de como criar e comunicar o valor no esporte pela exploração da cadeia de valor esportivo, e, por fim, os elementos de definição de preços e distribuição são abordados no Capítulo 8.

A Parte 4, "Marketing usando o esporte", estuda o uso do esporte como ferramenta de marketing estratégico em organizações não-esportivas (Capítulo 9) e a subseqüente alavancagem do esporte na estratégia geral de marketing (Capítulo 10).

A quinta e última parte do livro enfoca as questões contemporâneas e globais do marketing esportivo (Capítulo 11) antes de concluir com uma previsão do futuro do esporte e do marketing esportivo (Capítulo 12).

PARTE 1

Introdução ao marketing esportivo

capítulo 1

Entendendo a indústria esportiva

Objetivos de aprendizagem

Após ler este capítulo, você deve ser capaz de:

- discutir a natureza universal do esporte
- definir o marketing esportivo e estabelecer suas diferenças em relação à principal tendência do marketing
- descrever a evolução da indústria esportiva moderna
- discutir o tamanho global e a importância econômica do esporte
- definir o consumo experimental e seu papel no entendimento do consumo esportivo

Preparação do cenário

O esporte é um vencedor para empresas que tentam atingir jovens de 15 a 24 anos

A última pesquisa sobre a eficácia do marketing esportivo realizada no Reino Unido sugere que o patrocínio esportivo tem mais impacto sobre os jovens de 15 a 24 anos. Quarenta por cento dessa faixa etária indicou que se sentiria mais confiante com marcas que patrocinassem eventos esportivos de alto nível, como as Olimpíadas, a Copa do Mundo de Futebol ou a Copa do Mundo de Rúgbi. Os níveis de impacto caem, no entanto, nas faixas etárias mais velhas. Apenas 19% das pessoas entre 25 e 34 anos, 18% das pessoas entre 35 e 44 anos, 13% das pessoas entre 45 e 54 anos, 6% das pessoas entre 55 e 64 anos e 11% das pessoas acima de 65 anos dizem que sentiriam mais confiança em tais marcas.

Esses resultados sugerem que o patrocínio de eventos esportivos de alto nível deve ser uma parte importante do mix de marketing de diversas organizações, especialmente as que têm os jovens de 15 a 24 anos como público-alvo. Eventos esportivos mundiais de alto nível, como as Olimpíadas e as Copas do Mundo de Futebol e Rúgbi, representam uma rara oportunidade de se atingir grandes públicos mundiais. Curiosamente, parece que apenas as marcas realmente globais têm chance de obter elevados índices de sucesso com esses eventos esportivos de alto nível, já que as marcas regionais ou nacionais correm o risco de se tornarem irrelevantes para o público mundial. Entretanto, apesar disso, as marcas locais e regionais podem obter resultados semelhantes em seus mercados locais ao se envolverem com os esportes em âmbito comunitário. Há muitos casos em que empresas pequenas conseguiram construir perfis positivos em seus mercados locais por meio de seu envolvimento com times e eventos esportivos locais, regionais ou escolares. Por exemplo, a BankWest no oeste australiano, com seu apoio ao *netball*[1] regional, à AFL e à liga de rúgbi; a Country Energy, no estado australiano de New South Wales, com seu apoio à liga de rúgbi e aos salva-vidas de praia; e a Port Nelson na Nova Zelândia, com seu apoio ao prêmio Sportsperson of the Year (Esportista do Ano) e outros eventos locais.

Não obstante o potencial para a formação de uma maior conscientização e atitude positiva do consumidor, as organizações também devem fazer pesquisas para descobrir se patrocinar ou não eventos esportivos pode ter um efeito negativo sobre as percepções existentes dos consumidores e a lucratividade da empresa antes de decidirem a respeito de acordos de patrocínio. O elemento de risco de se associar a um esporte ou equipe esportiva ocorre quando os esportistas apresentam mau comportamento ou agem de forma conflitante com os valores da empresa patrocinadora – por exemplo, o mau comportamento de vários jogadores de futebol australiano em 2004, infringindo diversas regras, gerou um conseqüente impacto sobre os grupos femininos e empresas com mercados femininos.

Uma alternativa poderia ser a aliança da organização com um esporte específico em um momento estratégico, sem acordos comerciais reais – o "marketing de emboscada". Por exemplo, a Pepsi divulgou "comercial" com David Beckham durante a Copa do Mundo de 2002. Em alguns países pesquisados, o reconhecimento da Pepsi como um patrocinador "oficial" foi quase tão alto quanto o do verdadeiro patrocinador oficial, a Coca-Cola. Que marcas específicas você acredita que se beneficiariam mais com esse tipo de abordagem e por quê?

Fonte: Daily Research News On-line, 2002a, 2002b

[1] Basquetebol (bola ao cesto) tipicamente australiano, com regras próprias, com tabelas a 3 metros de altura e quadra semelhante à da prática do handebol. (NRT)

Introdução

O consumo esportivo (seja participando no esporte ou assistindo a ele) é uma das funções de lazer mais difundidas da sociedade moderna. Ele invade todos os aspectos da vida humana e possui apelo mundial. De fato, o esporte atinge pessoas de todas as idades, atravessando as fronteiras culturais e nacionais. As tendências globais de maior riqueza pessoal, estilos de vida mais sedentários e mecanização resultaram em uma maior dependência e relevância das atividades de lazer no dia-a-dia (Arnaudon, 1993; Pitts e Stotlar, 1996; Shoham e Kahle, 1996).

Na verdade, a geração atual de *baby boomers* (indivíduos nascidos entre 1946 e 1966, que agora estão na faixa entre 40 e 60 anos) ainda é um dos maiores segmentos demográficos do mundo e seu foco na autogratificação hedonista significa que a participação no esporte e o comparecimento a eventos esportivos são atrações populares para eles. Curiosamente, também há cada vez mais informações disponíveis para esse segmento sobre como evitar lesões relacionadas ao esporte (houve aumento de cerca de 33% por ano nas lesões nesse grupo, desde 1998), pois são esportes bastante violentos, já que esse grupo seguiu à risca a mensagem de se manter saudável por meio do esporte (Sentara.com, 2002).

O esporte é encarado por muitos como uma parte integrante não só de suas vidas, mas também de sua herança e história. O aumento no consumo esportivo direto (comparecimento a eventos esportivos) e indireto (assistir/ouvir/ler sobre esporte) é comprovado pelos milhões de dólares gastos todos os anos com instalações esportivas novas, aperfeiçoadas e maiores e com equipes esportivas e jogadores. As transformações nos estilos de vida e atitudes em relação à saúde e à boa forma física também provocaram mudanças nas preferências recreativas para atividades mais novas e variadas ao longo de uma faixa mais ampla de períodos. Isso, por sua vez, deu origem ao desenvolvimento de novas instalações em melhor sintonia com as necessidades das pessoas.

Em particular, a década de 2000 testemunhou a construção de um número cada vez maior de complexos recreativos multifuncionais, combinando em um só local instalações para esportes internos, atividades de condicionamento físico com o uso de equipamentos e pesos, natação e outras atividades recreativas da comunidade. Além disso, também há um aumento na atividade criativa e empreendedora na indústria esportiva no mundo todo, com quantias consideráveis sendo destinadas ao entretenimento esportivo. O patrocínio corporativo do esporte e da recreação, em particular, tem crescido a uma velocidade fenomenal conforme os negócios tentam tirar proveito do perfil que o esporte e a recreação podem estabelecer para suas empresas e seus produtos (Sport.vic.gov.au, 2004).

Este capítulo irá fornecer uma visão geral da indústria esportiva no mundo todo e introduzir conceitos-chave envolvidos no marketing esportivo, que serão detalhados em capítulos posteriores. O capítulo começa com uma revisão do histórico da indústria esportiva e do marketing esportivo antes de estudar o tamanho e o escopo da indústria em âmbito global. Por fim, serão introduzidos os principais profissionais e organizações do marketing esportivo e destacados alguns dos principais elementos que tornam esta disciplina única.

O que é marketing esportivo?

O esporte, como produto, possui uma combinação única de qualidades, processos e capacidades que levou as aplicações-padrão de marketing a serem, em grande parte, malsucedidas para os primeiros profissionais de marketing esportivo. Basicamente, foi a imprevisibilidade do esporte como produto, aliada à sua natureza em grande parte intangível e experimental[2] e que resultou no trabalho árduo desses primeiros profissionais para entender como aplicar os princípios do marketing e obter o efeito máximo. É relativamente fácil entender como aplicar vários dos princípios da promoção ao esporte, mas quando se trata dos demais elementos do mix de marketing, a tarefa se torna muito mais difícil, como veremos nos capítulos seguintes. É por isso que o estudo e a pesquisa do marketing esportivo agora são aceitos como uma disciplina independente.

Então, o que é **marketing esportivo**? Muitas pessoas o vêem como promoções ou empresários de atletas, como o famoso Jerry Maguire gritando "Mostre-me o dinheiro!". Mas o marketing esportivo é mais complexo e dinâmico do que apenas um único evento esportivo, um astro do esporte fazendo uma aparição ou um gasto com patrocínio. Mais especificamente, o marketing esportivo é "a aplicação específica dos princípios e processos de marketing aos produtos esportivos e ao marketing de produtos não-esportivos por meio da associação com o esporte" (Shank, 2002, p. 2).

Como é possível observar, essa definição se baseia nos mesmos princípios do conceito de marketing que sugere que **marketing**, em termos gerais, é

> o processo de planejar e executar a concepção, definição de preços, promoção e distribuição de idéias, bens e serviços para criar trocas que satisfaçam metas individuais e organizacionais.
>
> Summers, Gardiner, Lamb, Hair & McDaniel, 2003

Por essa definição, pode-se perceber que as organizações bem-sucedidas que adotam o conceito de marketing são direcionadas pelo mercado e dirigidas para o mercado. Ou seja, elas investem seu tempo para descobrir as necessidades e os desejos dos clientes, incorporam essas necessidades ao seu planejamento e tomada de decisão e levam em consideração as atividades da concorrência ao desenvolver estratégias de marketing. Os benefícios dessa abordagem são que a organização geralmente é capaz de ser inovadora e pró-ativa, é capaz de se manter no mesmo nível da concorrência e também terá, normalmente, altos níveis de envolvimento do cliente. Nas organizações esportivas, esses benefícios podem ser traduzidos por patrocinadores ou sócios leais e uma abordagem organizacional dinâmica e relevante. Os custos de alguém adotar uma abordagem de marketing são o tempo considerável e, algumas vezes, as habilidades adicionais exigidas (especialmente na área de

---

[2] Aqui, *esporte* deve ser entendido como um *serviço disponível* à comunidade, tanto para uma atitude contemplativa quanto participativa do usuário quando ele pratica um esporte. (NRT)

Figura 1.1: O mix do marketing esportivo

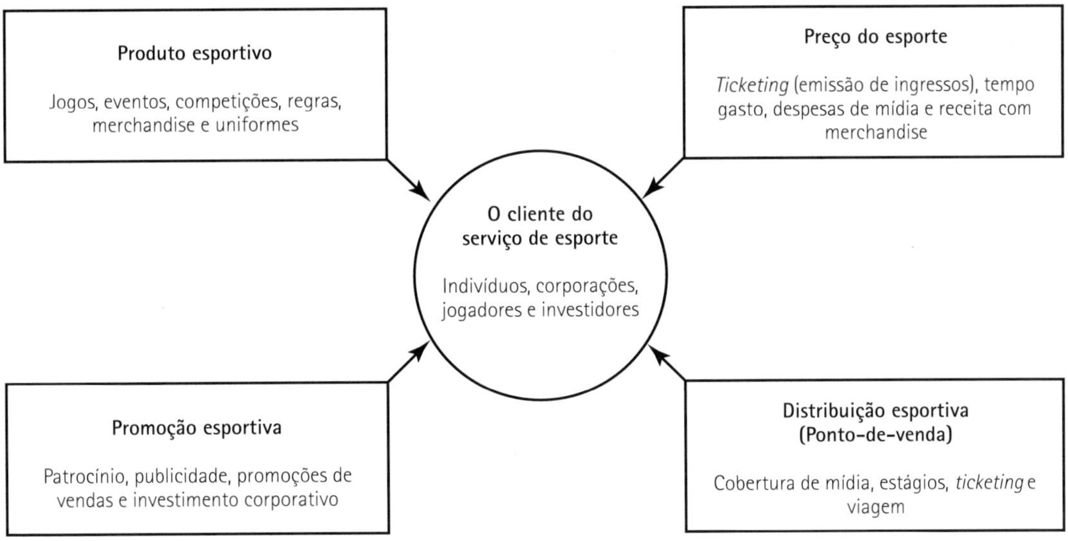

pesquisa de mercado) para que você mantenha contato com seu mercado. Uma organização esportiva que não é voltada para o mercado também será aquela que demora para mudar e possivelmente será vista como irrelevante pelas partes interessadas.

Assim, o marketing esportivo é a aplicação dos quatro Ps (preço, produto, promoção e ponto-de-venda[3] de forma específica em um contexto esportivo, todo concebido para atender às necessidades dos clientes do esporte, sejam eles consumidores individuais, participantes de esportes ou jogadores, e investidores corporativos.

Veja a Figura 1.1. Iremos explorar cada uma dessas dimensões detalhadamente nos próximos capítulos.

Como mencionado anteriormente, um dos motivos pelos quais lidamos com o marketing esportivo separadamente é por ser uma área bastante complexa. O esporte tem várias das características de um serviço, como: *intangibilidade* – a maioria das experiências e dos encontros esportivos não é de natureza física e tangível; *inseparabilidade* – as experiências e os encontros esportivos são produzidos e consumidos simultaneamente; *perecibilidade* – não é possível manter um inventário dos eventos ou produtos esportivos, e, se os ingressos para um evento esportivo não forem vendidos, essa receita futura estará perdida para sempre; e *heterogeneidade* – cada experiência ou encontro

[3] O significado de *ponto- de-venda* abrange o local onde se adquire o serviço esportivo, ou o local da tomada de decisão de consumo do serviço esportivo. (NRT)

esportivo é único para cada cliente do serviço de esportes. No entanto, o esporte possui alguns dos elementos mais tangíveis de uma mercadoria – como merchandising, vídeos de jogos, lembranças esportivas –, e é essa dicotomia que apresenta desafios únicos aos profissionais de marketing, que precisam combinar as estratégias tanto do marketing de serviços quanto do marketing de mercadorias ao esporte (Summers, 2003).

Da mesma forma como nos encontros de serviços em outras indústrias, a satisfação dos consumidores com os eventos esportivos é, em grande parte, determinada pela qualidade de suas experiências. Além disso, essas experiências também sofrem o impacto de outros consumidores, dos arredores físicos (cenário do serviço) e do humor ou sensações do consumidor. Como os profissionais do marketing esportivo não podem controlar ou prever as emoções (humor ou sensações) de um consumidor ou a interação de outros na experiência de consumo do consumidor, eles são capazes apenas de exercer controle limitado sobre os arredores físicos. Assim, os profissionais do marketing esportivo tomam decisões de marketing em um ambiente onde os resultados de tais decisões são imprevisíveis.

No entanto, essa questão não parece desestimular as empresas a usar o esporte como parte de sua estratégia de marketing. Na verdade, não há limites para os tipos de organizações que se envolvem no esporte como parte de sua estratégia de marketing. Mesmo a Lego, empresa dinamarquesa de blocos de construção de brinquedo, recentemente se juntou à tendência do marketing esportivo ao assinar um acordo de um ano com a Major League Soccer para lançar uma nova linha de produtos temáticos sobre o futebol.

Por fim, como em todas as aplicações de marketing, o conceito de troca tem implicações importantes no contexto esportivo. Quando os profissionais de marketing usam o termo "troca", eles se referem à idéia de que as pessoas estão dispostas a ceder algo de valor para receber algo que gostariam de ter (Summers et al., 2003). Os clientes cedem tempo, dinheiro, esforço físico e energia emocional para assistir ao esporte, participar ou envolver-se nele, de uma forma ou de outra. São os elementos intangíveis desse processo de troca que podem causar problemas aos profissionais de marketing esportivo, já que, com freqüência, as expectativas e percepções do valor sendo trocado por ambas as partes não são claras. É praticamente impossível chegar a um acordo sobre quanto sua energia emocional e fidelidade à equipe valem para uma equipe esportiva – embora profissionais de marketing esportivo se esforcem para atingir precisamente tal valor (discutiremos isso com mais detalhes no Capítulo 9).

Evolução do marketing esportivo

Uma teoria das origens do marketing esportivo data da Grécia e da Roma antigas, quando os cidadãos ricos apoiavam os festivais de atletismo e os aristocratas patrocinavam gladiadores no Coliseu de Roma, tudo na tentativa de conquistar a simpatia do público (Ukman, 1984). Obviamente, essa abordagem não levou em consideração o conceito de marketing (apelar às necessidades e aos desejos dos consumidores dentro da capacidade da organização), conceito que é uma abordagem relativamente nova, com os primeiros profissionais da área sendo mais voltados para sua capacidade de produção ou suas previsões de vendas e receita.

Talvez a forma inicial mais reconhecível de marketing esportivo após uma abordagem do conceito de marketing enfocando o cliente sejam os primeiros Jogos Olímpicos em 1896, que foram financiados de forma privada por selos, venda de ingressos, medalhas comemorativas e publicidade de programas (Berich, 1995). O patrocínio esportivo não foi visto como ferramenta de marketing até os anos 1950, quando o presidente Eisenhower, dos Estados Unidos, pediu ajuda à Union Oil para financiar um programa presidencial de condicionamento físico no país em troca de cobertura nacional e apoio presidencial (Lazarus, 1984).

No início, a atividade do marketing esportivo estava voltada sobretudo para os principais eventos esportivos, como as Olimpíadas, até o fim da década de 1960 e o começo da década de 1970. Foi nesse momento que as organizações esportivas começaram a reconhecer que práticas de negócios mais eficientes e tradicionais eram necessárias para se ter sucesso, com o marketing sendo uma dessas funções de negócios. Além disso, nessa época muitos governos da Europa, dos Estados Unidos e da Austrália baniram as propagandas de cigarros da televisão e do rádio (Cornwell, 1997), o que obrigou tais empresas a buscar a arena esportiva para exposição a seus mercados. Isso gerou um impulso substancial nos investimentos em esportes em diversos países, como o patrocínio de eventos esportivos, em especial de tênis, críquete e corridas automobilísticas, oferecidos como um meio de manter as marcas de cigarro diante dos espectadores. Mais recentemente, essa opção foi vetada às empresas de cigarro da Austrália (1995), Nova Zelândia (1990) e Reino Unido (2002), quando os governos proibiram todo patrocínio de eventos esportivos por empresas de cigarro.

Em 1984, as Olimpíadas de Los Angeles deram o próximo grande impulso no marketing esportivo, e geralmente recebem o crédito pelo início da tendência do marketing esportivo de modo mais formal – transformando o atletismo em um negócio patrocinado e empregando conceitos de definição de preços, esforços de merchandising e mesmo modificações de produtos com base no mercado, com os uniformes dos atletas e a cobertura televisiva dos eventos determinados por sua "negociabilidade em termos de atração de público espectador e de comparecimento" (Schlosberg, 1987). Essa foi a primeira Olimpíada a depender totalmente do dinheiro da iniciativa privada – principalmente de patrocínios – e a primeira a ter lucro. Depois disso, o esporte olímpico foi verdadeiramente reconhecido por seu valor comercial (Shannon, 1999).

Na continuação desse processo, o esporte tornou-se um grande negócio com folhas de pagamento multimilionárias, instalações mais novas e mais extravagantes e os custos de franquias esportivas atingindo a casa das centenas de milhões de dólares nos Estados Unidos. Mesmo os contratos de televisão para esportes profissionais agora chegam a milhões de dólares na Austrália e Nova Zelândia, e a bilhões de dólares nos Estados Unidos (Shannon, 1999).

Esse uso do esporte nos esforços de marketing das empresas é chamado de *marketing esportivo*. Trata-se da tomada estratégica de decisões para incorporar o esporte como um veículo na estratégia de marketing da empresa, de forma que conquiste atenção, desenvolva uma marca ou imagem corporativa específica ou talvez comunique benefícios específicos do produto ou serviço a um certo grupo-alvo.

Por outro lado, o *marketing esportivo* é apenas um elemento do processo de administração do esporte. Assim como a administração de uma empresa, a exemplo da Coca-Cola, envolve elementos como formação do quadro de funcionários, produção, contabilidade e marketing, o mesmo ocorre com a administração de um clube ou associação esportiva, não importando o seu tamanho ou perfil. Nesse contexto, as atividades de marketing são usadas para ajudar os órgãos esportivos a atingir suas metas e seus objetivos corporativos e a se comunicar com seus diversos públicos. Esses diferentes aspectos do marketing esportivo serão explorados com mais detalhes nos Capítulos 6 a 8, e o marketing estratégico do esporte será abordado no Capítulo 2. Antes de podermos analisar as técnicas necessárias ao marketing esportivo eficaz, precisamos ter um melhor entendimento do tamanho, da estrutura e da importância da indústria esportiva, de forma global.

Definição de indústria esportiva global

O esporte em si normalmente é definido como uma fonte de diversão ou atividade física na qual as pessoas se envolvem por prazer (Shank, 2002). Ele nos retira de nosso dia-a-dia e nos entretém de uma forma geralmente mais envolvente e mais social do que outros modos de diversão aprazível (assistir a filmes ou ler um livro). Essa definição de esporte sugere o estreito vínculo que a emoção e as sensações têm com o consumo esportivo. Além disso, o esporte é visto como uma atividade aprazível, já que não é trabalho – uma posição que muitos atletas profissionais provavelmente questionariam! Mas mesmo eles participam do esporte em virtude de uma forte ligação emocional e da injeção de adrenalina de competir e (quem sabe) ganhar.

Provavelmente, não há melhor exemplo dos extremos da emoção no esporte do que os jogos *state-of-origin* de rúgbi *league*, disputados entre os estados australianos de Queensland e New South Wales todos os anos. Torna-se uma questão de orgulho do estado – muito similar ao orgulho nacional para vários espectadores – vencer essa série e, até o momento, na história das partidas, os placares estão relativamente empatados.

Destaque esportivo

A série *state-of-origin* de rúgbi *league*

A primeira partida de rúgbi *league* de New South Wales contra Queensland ocorreu em 11 de agosto de 1908, em Sydney, com New South Wales ganhando o jogo por 43-0, uma tendência que permaneceu até a década de 1920, quando Queensland finalmente ganhou de New South Wales (rl1908.com/Origin/States, 2003). No entanto, houve uma pequena diferença entre esses jogos mais antigos e os disputados após 1980: a regra de que os jogadores só poderiam jogar pelo estado onde jogaram sua primeira partida como profissionais. Antes dessa regra, os jogadores de Queensland jogavam regularmente por New South Wales em razão de seus contratos com clubes do sul. Isso imediatamente interrompeu a maré de jogadores de Queensland que normalmente jogavam a partida de New South Wales contra Queensland vestindo o uniforme azul do New South Wales.

Essa mudança aparentemente pequena nas regras foi recebida com indiferença pela comunidade de rúgbi *league* de New South Wales, mas com grandes expectativas pelo povo de Queensland (rl1908.com/Origin/States, 2003). O primeiro indício de que esse se tornaria um dos principais eventos do calendário esportivo australiano foi a quantidade de espectadores no primeiro jogo de Queensland – 35.000 pessoas. Em 1980, essa platéia era sete vezes maior que o público normal dos jogos interestaduais. Os jogos de *state-of-origin* atuais atraem cerca de um milhão de telespectadores e mais de 50.000 espectadores ao vivo, quando os estádios permitem – o que não é nada mal, considerando-se que os jogos são relevantes somente para dois dos estados continentais australianos. Há ainda cobertura ao vivo dos jogos em jornais e outros meios de comunicação na Nova Zelândia, em Taipei (*Taipei Times*), na Nova Guiné e em Cingapura.

Os jogadores de cada estado são tratados como reis (especialmente quando vencem) (TVNZ, 2003) e seus esforços durante o jogo são freqüentemente descritos com termos altamente emotivos, como "lá no alto, com tudo o que já consegui alcançar!", "a única montanha que resta a ser escalada...", "dinastias esportivas sendo criadas...", "...foi pior do que um coração partido..." e "conquistas de gladiadores". As lendas do jogo ainda são reverenciadas tanto por torcedores antigos quanto pelos novos, e os desempenhos são constantemente comparados com os grandes jogos do passado. Sabe-se de governadores que apostaram no resultado da série com outros governadores, e os perdedores tiveram de sobrevoar sua prefeitura com a bandeira do estado vencedor, entre outras coisas; e as comemorações da vitória podem durar dias.

Toda essa emoção, paixão e orgulho por um jogo – bem surpreendente, mesmo!

Fontes: Kent, 2003; Bawden, 2001; Rugby League History, 2003; *NRL News*; http://tvnz.co.nz, 2003

Essa definição inicial de esporte também sugere que o esporte é essencialmente uma atividade amadora ou informal e, embora isso tenha sido válido para boa parte do esporte praticado na Austrália e na Nova Zelândia particularmente 10 anos atrás, agora há uma tendência crescente, tanto para organizações esportivas amadoras quanto para as profissionais, em diversos países do mundo, de aperfeiçoar e profissionalizar suas operações e competições. Para muitos, isso significa incluir funcionários e práticas de marketing em áreas operacionais importantes de sua tomada de decisão e práticas de gestão esportiva.

Apesar dessa crescente conscientização da necessidade de se adotarem práticas de negócios (e, por conseguinte, de marketing) mais profissionais, o patrocínio esportivo ainda é visto como a forma predominante de marketing esportivo. No entanto, aqueles que concluíram algum curso introdutório de marketing perceberiam que marketing é muito mais do que apenas uma atividade promocional. Os que não fizeram um curso introdutório encontrarão informações nos Capítulos 4 a 8, reforçando que decisões sobre produto, preço, comunicação e distribuição são também essenciais para o sucesso de um plano de marketing. No Capítulo 2, analisaremos as implicações estratégicas, para os profissionais de marketing esportivo, de todos os elementos do mix de marketing.

O negócio do esporte na Austrália e na Nova Zelândia está crescendo rapidamente, com a indústria esportiva faturando na Austrália, em 2003, cerca de A$ 10 bilhões em receita, direitos para a televisão, patrocínio, bilheterias e hospedagem corporativa (Stensholt, 2003); e na Nova Zelândia, cerca de NZ$ 300 milhões (SPARC, 2003). Essa tendência está sendo seguida por vários outros países, com os Estados Unidos liderando o campo em termos de investimento e receita.

A maioria dos países da Comunidade Britânica (Grã-Bretanha, Austrália, Nova Zelândia e Canadá) possui estruturas similares de indústria esportiva, com alta dependência de investimento e infra-estrutura governamental. Nesses países, comitês esportivos (ou outros órgãos governamentais) são estabelecidos para assumir a tarefa de desenvolver a participação no esporte em nível popular e em clubes, além de promover e estimular os atletas de elite. Na Austrália, o Australian Institute of Sport (Instituto Australiano do Esporte) cuida dos atletas de elite em uma série de esportes predefinidos, ao passo que, na Nova Zelândia, a mesma tarefa é desempenhada pela New Zealand Academy of Sport (Academia do Esporte da Nova Zelândia).

Ambos os países dependem bastante de assistência administrativa e fundos governamentais, o que leva o esporte a ser, em grande parte, não-profissional nessas nações. Em oposição, o sistema norte-americano tem como base e é financiado essencialmente por elas, o que levou o esporte desse país a abraçar os sistemas e as práticas profissionais muito antes. Só agora as organizações esportivas australianas e neozelandesas estão sabendo lidar com a demanda para uma abordagem mais profissional.

Como mencionado anteriormente, muitas pessoas consideram o principal impacto econômico da indústria esportiva em termos de investimento em patrocínio. Entretanto, o esporte também emprega muitas pessoas e diversas empresas que estão direta e indiretamente envolvidas no fornecimento do esporte. O esporte também é responsável pelos ganhos de receita de indústrias relacionadas, como as de viagem, hoteleira e de entretenimento. Por exemplo, a Copa do Mundo de Rúgbi, sediada na Austrália em 2003, deveria atrair mais de 400.000 turistas, gerar A$ 1 bilhão em benefícios econômicos e atrair cerca de AS$ 60 milhões em hospedagem corporativa (Stensholt, 2003). Na verdade, ela ultrapassou em muito essas previsões, resultando em um lucro líquido de mais de A$ 192 milhões (Planet-Rugby.com, 2004) e gerando maior receita e apelo turístico, como mostra a Tabela 1.1. Considerando apenas os jogadores, houve um ganho econômico substancial!

Examinaremos agora alguns desses diferentes aspectos da indústria esportiva em uma escala global, para oferecer mais detalhes sobre a importância do esporte para a maioria das economias e sobre o tamanho e o impacto dessa indústria, começando com o patrocínio.

Tabela 1.1: Estatísticas da Copa do Mundo de Rúgbi

Estatísticas relacionadas aos jogadores	Visitantes
600 jogadores	2 milhões de espectadores
64 hotéis (36.000 pernoites/quarto)	400 aviões jumbo de turistas internacionais
980 viagens de ônibus	500.000 pernoites/leito australiano
900 bolas de rúgbi foram usadas	40.000 visitantes estrangeiros
700 toneladas de frete no total	1.181 jornalistas credenciados do mundo todo
150 locais de treinamento diferentes, usando 2.040 cones sinalizadores, 28 *scrum machines*, 200 sacos de pancada, 570 roupas para simulação de contato e 300 protetores contra impacto.	1.000 voluntários (de 10.500 campos de interesse)
100.000 litros de água e 100 toneladas de gelo, com mais 40 banhos de gelo[4]	1.837.547 pessoas da Austrália e do mundo compareceram às 48 partidas, com a final atraindo um público de 82.957
900 lavagens da roupa de equipes e 8.000 lavagens de roupas individuais	a final foi exibida para um público de mídia de 4,34 milhões de pessoas (a maioria assistiu ao programa de TV de 2003) e houve 495 milhões de visitas ao site da Copa do Mundo de Rúgbi, com 44,5 milhões de visitas no dia da final

Adaptado de Kaless, 2003

Patrocínio esportivo

Na Austrália, o patrocínio esportivo agora ocupa o terceiro lugar (A$ 1,6 bilhão) – atrás apenas da imprensa (A$ 3,36 bilhões) e da televisão (A$ 2,75 bilhões) – no montante pago pelos profissionais de marketing para exposição, e seu crescimento ultrapassou todas as demais formas de publicidade na grande mídia (mesmo desconsiderando o efeito olímpico) (Lloyd, 2001). Para 2005, previa-se que os gastos com patrocínio nos Estados Unidos seriam de US$ 11,14 bilhões, um aumento de 8,7% em relação a 2003 (Sponsorship.com, 2005). Essa tendência de aumentar o uso

[4] É costume que o time que ganha dê um banho de água e gelo em seu técnico. (NTR)

do esporte no marketing corporativo também é percebida em outros países desenvolvidos, com o gasto mundial em 2005 previsto para US$ 28 bilhões, um aumento de 8,1% em relação aos US$ 45,9 bilhões em 2003. Os países europeus deverão gastar US$ 7,9 bilhões, e os da orla do Pacífico, US$ 5,2 bilhões. Empresas das Américas do Sul e Central irão gastar US$ 2,3 bilhões e todos os demais países irão alocar mais US$ 1,5 bilhão ao investimento em patrocínio (Sponsorship.com, 2005). No entanto, o esporte envolve muito mais do que empregar atletas e obter patrocínio e, em muitos países, também tem um impacto direto e significativo sobre o PIB.

Impacto sobre o PIB

O impacto do esporte sobre o PIB de qualquer país pode ser estimado por meio de seu impacto sobre emprego, participação e serviços relacionados. Analisaremos as estatísticas para as principais regiões esportivas do mundo: Austrália, Europa, Nova Zelândia e Estados Unidos.

Paul A. Souders/Corbis/LatinStock

O futebol australiano é o esporte mais popular para os profissionais de marketing na Austrália.

Tabela 1.2: Estatísticas relacionadas ao esporte na Austrália

Emprego	98.267 178.837 voluntários
Participação	Homens - 39,8% Mulheres - 25,2% 15-24 anos - 50,5% 65 anos ou mais - 17,8%
Esportes organizados mais populares	Natação, aeróbica e golfe
Esportes de espectador mais populares	Futebol australiano, corrida de cavalos e rúgbi *league*
Total de desembolsos com esporte, recreação e apostas domésticas	A$ 5,9 milhões
Desembolsos governamentais	A$ 550 milhões (durante quatro anos) com $ 400 milhões direcionados ao desenvolvimento de atletas de elite e A$ 82 milhões direcionados aos programas de participação
Investimentos em instalações do Australian Institute of Sport	A$ 65,4 milhões

Adaptado de ABS, 2003

Austrália

Na Austrália, o esporte oferece uma oportunidade de emprego significativa para mais de 98.267 pessoas (ABS, 2003); consulte a Tabela 1.2. A taxa de voluntários para homens (6,9%) foi maior do que para mulheres (5%), com as taxas para ambos os sexos atingindo picos na faixa etária de 35 a 44 anos (ABS, 2003). Cerca de um terço dos australianos com 15 anos ou mais estão envolvidos com o esporte, como jogadores ou não-jogadores, com as taxas de participação sendo um pouco mais altas para os homens (39,8%) do que para as mulheres (25,2%) e diminuindo conforme a idade aumenta. Também há altos níveis de participação no esporte por crianças na escola, e a promoção e o apoio ao esporte são financiados por diversas empresas. Em 2001, empresas concederam A$ 1,447 milhão para organizações esportivas, dos quais A$ 408 milhões eram referentes a patrocínio, A$ 109 milhões a doações e A$ 39 milhões referentes a projetos da comunidade empresarial relacionados ao esporte.

Mais de 7 milhões de pessoas com 15 anos ou mais participaram de algum evento esportivo no período de março de 2001 a março de 2002. O futebol australiano foi o esporte mais popular entre os espectadores, e 2,5 milhões de pessoas disseram ter assistido a pelo menos uma partida no estádio durante o período de referência. A corrida de cavalos (1,9 milhão) foi o segundo esporte mais popular, seguido pelo rúgbi *league* e pelos esportes automotores em terceiro lugar, com números semelhantes de comparecimento (http://www.abs.gov.au/ausstats/abs@.nsf/94713ad445ff1425ca25682000192af2/daaada81176e2f89ca256f7200833023!OpenDocument).

Durante o ano, o público total nas partidas de futebol australiano e rúgbi *league* foi estimado em 14,4 milhões e 8,5 milhões, respectivamente, ao passo que o público para corridas de cavalos, trote ou de cães juntos foi de 10,6 milhões (ABS, 2003).

O total de desembolsos com esporte, recreação e apostas pelo governo e domésticos foi de cerca de A$ 10 milhões, com os domicílios gastando A$ 4,146 milhões em mercadorias e serviços recreativos e esportivos, ao passo que seus desembolsos líquidos em apostas foi da ordem de A$ 1,779 milhão (ABS, 2003). Neste setor, apenas 51% das organizações são "com fins lucrativos".

As exportações australianas de mercadorias esportivas e recreativas em 1995-96 foram da ordem dos A$ 358 milhões, ao passo que, para o mesmo período, o valor correspondente de importações foi de A$ 970 milhões. Em 2001, a indústria esportiva e recreativa agregou A$ 1,942 milhão em valor à economia australiana (ABS, 2003). Algumas das principais mercadorias comercializadas incluíam barcos, iates e embarcações de lazer, bicicletas e cavalos. Os principais destinos das mercadorias esportivas e recreativas da Austrália são a Nova Zelândia, o Japão e os Estados Unidos. Os países asiáticos constituem a origem de cerca de metade das importações desses bens, e os Estados Unidos são o maior país fornecedor individual.

Europa

Na Europa, estima-se que de 1,5 milhões a 2 milhões de pessoas trabalhem na indústria esportiva, com o esporte respondendo por 1,61% dos empregos apenas na Grã-Bretanha. Quanto às receitas relacionadas, vestuário e equipamentos esportivos respondem por mais 60.000 empregos na União Européia (EU Report of Sports and Employment, 1999). Na Alemanha, o esporte responde por 1,4% do PIB, ao passo que, no Reino Unido, o percentual é de 1,6%, com os gastos dos consumidores com esporte totalizando £ 6.983 milhões em 1995. Estima-se que a indústria esportiva seja responsável por 3% do comércio mundial e que a Europa responda por 36% dessa atividade, ao passo que os Estados Unidos respondem por 42% (Commission of European Communities, 1999).

Em termos de participação, cerca de 125 milhões de pessoas participam do esporte (mais de um quarto de todos os cidadãos da União Européia). Estima-se que 2% de todos os gastos de origem privada estejam relacionados ao esporte. Em média, os homens europeus participam de atividades esportivas cerca de 10 minutos por dia, ao passo que as mulheres participam durante cerca de 5 minutos por dia. Embora os números de participação variem de país para país, na maior parte da Europa as pessoas participam de *algum* esporte. Os países com as mais baixas taxas de participação são a Itália – 77% não praticam nenhum esporte e 40% não praticam nenhuma atividade física; Espanha – 43% não praticam nenhum esporte e 26% não praticam nenhuma atividade física; e a Finlândia – 19% não praticam nenhum esporte e 3% não praticam nenhuma atividade física (European Commission, 1999).

Em termos de geração de fundos, os direitos para TV constituem um auxílio significativo para a maioria dos países, com os anos de Olimpíada testemunhando os gastos mais elevados – US$ 1,504 bilhão foram registrados nos Jogos Olímpicos de Atenas em 2004.

Nova Zelândia

Na Nova Zelândia, cerca de 70% de todos os jovens (5 a 17 anos) e 68% dos adultos participam de atividades esportivas, com os homens participando um pouco mais das atividades que as mulheres, em média. O golfe é o esporte mais popular da Nova Zelândia para os homens, seguido do tênis, *touch rugby*, críquete e rúgbi *union*. O *netball* é o esporte preferido das mulheres (SPARC, 2001).

Em 1999, o rendimento bruto do setor esportivo na Nova Zelândia foi de NZ$ 1,973 bilhão, com a maior contribuição vindo do vestuário esportivo. Os neozelandeses gastaram cerca de NZ$ 1 bilhão com serviços e atividades físicas de lazer e esporte (2,5% de todo o gasto domiciliar) e cerca de 41.000 pessoas trabalham com esporte. A Nova Zelândia também possui um grande número de voluntários associados ao esporte, com mais de 500.000 pessoas doando seu tempo a clubes e associações esportivas (o que vale mais NZ$ 1,9 bilhão por ano). Por fim, cerca de 1 milhão de turistas viajam todos os anos à Nova Zelândia para participar de um ou mais esportes ou atividades físicas durante sua estada (valendo outros NZ$ 120 milhões) (SPARC, 1999).

Estados Unidos

Nos Estados Unidos, os principais patrocinadores esportivos são a Anheuser-Busch Cos, que gastou cerca de US$ 190 milhões a 195 milhões em 2002 com patrocínio esportivo. Ela é seguida pela Philip Morris Cos (US$ 175 milhões a 180 milhões), General Motors Corp. (US$ 150 milhões a 155 milhões), Coca-Cola Co. (US$ 115 milhões a 120 milhões) e PepsiCo, Inc. (US$ 110 milhões a 115 milhões).

A participação no esporte nos Estados Unidos ainda está em um nível razoavelmente alto, com 20,5% da população participando de exercícios regularmente. Esportes radicais, como o *snowboard*, *wakeboard*, escalada de paredes, surfe e *mountain-bike*, apresentam crescimento mais rápido nos Estados Unidos, freqüentemente à custa de esportes mais tradicionais como o beisebol e o basquete.

As mais recentes estimativas sugerem que mais de 4,5 milhões de pessoas possuem empregos relacionados ao esporte no país, em todos os níveis, e esse número continua crescendo. A rede de voluntários envolvida no esporte dos Estados Unidos não é tão importante ou tão grande quanto as da Austrália e da Europa.

Uma das maiores fontes de receita para o esporte nos Estados Unidos é o forte envolvimento da mídia. Mais norte-americanos assistem ao esporte pela televisão do que comparecem a jogos ao vivo (porém o público que comparece às partidas é grande). As redes de transmissão estão sempre disputando entre si para garantir os direitos de transmissão por televisão, rádio e cabo para eventos esportivos, pagando grandes quantias em dinheiro para consegui-los. Por exemplo, a NBC e a Turner Sports recentemente pagaram US$ 2,64 bilhões para televisionar o basquete nacional.

Como demonstrado por essas estatísticas, boa parte do comportamento diário e da vida de trabalho das pessoas envolve o consumo de bens e serviços de esporte (ou lazer). O esporte pode ser classificado como um consumo, pois, em sua forma mais simples, envolve a compra (ou aluguel), o uso e descarte de um bem ou serviço. As escolhas das pessoas sobre quais eventos esportivos comparecer ou qual marca de mercadorias esportivas comprar podem ser e foram exploradas em detalhes por acadêmicos e profissionais ao longo dos anos (Bettman, 1979). Vamos analisar com mais profundidade as questões envolvidas no consumo esportivo.

Consumo esportivo

A seção anterior apresentou um panorama relativamente abrangente do nível de impacto econômico e envolvimento da comunidade no esporte mundo afora. Assim, é importante entender mais sobre como as pessoas escolhem assistir a um esporte ou se envolver com ele de forma que se compreenda melhor esse mercado. Quando as pessoas assistem, ouvem ou praticam um esporte, essa atividade é chamada de *consumo esportivo*. O esporte pode ser consumido direta – ao se assistir pessoalmente a um jogo ou ao participar de um esporte – ou indiretamente – ao se assistir a um jogo pela televisão, ouvi-lo no rádio ou ao ler a seu respeito em um jornal ou revista.

Uma tendência interessante na maioria dos países industrializados é o crescimento no consumo indireto do esporte (pela televisão ou outros meios), em muitos casos ultrapassando o comparecimento direto ao evento esportivo. Os grandes eventos esportivos são um exemplo clássico disso – como as Olimpíadas de Sydney, cuja cerimônia de abertura foi assistida por cerca de 10,5 milhões de australianos (95% da população australiana), assim como por milhões de pessoas no mundo, ao passo que apenas algumas centenas de milhares compareceram de fato às competições (Kaye, 2000).

Também foi mostrado que o processo de consumo do esporte satisfaz a uma série de funções sociais para diversas pessoas. O consumo esportivo permite aos indivíduos compartilhar algo com outros na comunidade, de igual para igual, independentemente da posição social, idade ou sexo (Beisser, 1967). O esporte permite aos consumidores estabelecer ligações com outros que poderiam ser chamados de "conhecidos socialmente distantes" (como conhecidos de trabalho ou de um evento social). Isso é possível, pois o esporte constitui um interesse comum, que pode ser livre de estigmas ou restrições sociais (Voight, 1971; Beisser, 1967). Essa questão será explorada ainda mais no Capítulo 3.

Alguns até compararam o fenômeno atual de expansão de *reality-shows* televisivos ao consumo esportivo, chamando essa forma de televisão de "drama sem roteiro". Eles alegam que, como o esporte, essa forma de entretenimento possui regras, estruturas e jogadores especificados, mas a ação resultante e as conseqüências são desconhecidas, o que torna a atração do evento de consumo ainda mais viciante e popular (Malanowski, 2003). As pessoas usam essa forma de entretenimento como uma chave pseudo-social, que lhes permite conversar com diversas outras com as quais possuem pouco em comum.

Por fim, o consumo esportivo pode oferecer uma válvula de escape para o exercício dos instintos combativos e agressivos, permitindo a canalização e liberação de comportamentos que, de outra forma, seriam socialmente inaceitáveis (urrar, gritar com autoridades – o árbitro – e zombar). O interessante é que essa válvula de escape para a agressão é apreciada tanto por homens quanto por mulheres, e o esporte apresenta um mecanismo socialmente aceitável para esse comportamento.

Essa natureza agressiva e combativa do esporte também é atraente para os participantes. Uma das últimas febres a chegar às praias australianas é o condicionamento físico obtido por treinamento em "acampamentos militares"[5]. Nesses locais, executivos bem remunerados e aparentemente normais pagam para ex-militares gritarem com eles e obrigá-los a concluir uma hora e meia de intensas atividades físicas todos os dias, para que fiquem em forma (ABC News, 2004; *Toronto Star*, 2004). Parece que a atividade é cada vez mais popular tanto para homens quanto para mulheres, que insistem que essa é uma ótima maneira de ficar em forma.

Como o esporte é uma atividade altamente emocional e envolvente para muitas pessoas, há também uma certa satisfação no envolvimento virtual em eventos esportivos. As pessoas comentam sobre ficarem exaustas ao final de um jogo, por serem praticamente capazes de "sentir" a ação e a injeção de adrenalina dos jogadores e atletas. É esse canal para o envolvimento secundário apreciado por homens e mulheres, assim como a montanha-russa de emoções vividas com o esporte, que o torna tão atraente para o público moderno. Você nunca sabe de antemão qual será o resultado e isso pode mudar mesmo durante o evento esportivo.

É essa participação na experiência do esporte que apresenta também desafios singulares aos profissionais de marketing esportivo. Quando as pessoas se envolvem no consumo experimental, elas o fazem por uma série de razões diferentes: motivos simbólicos e hedonistas, motivos de experiência emocional e auto-eficácia, motivos de experiência emocional e de interação interpessoal (Arnould e Price, 1993). Essencialmente, consumo experimental é quando o consumidor assume um papel ativo na produção e entrega da experiência de consumo. Por exemplo, em uma experiência em um restaurante, os consumidores desempenham um papel bastante limitado na produção e entrega do evento de consumo. Os clientes de restaurantes são bastante passivos em seu envolvimento. No entanto, em sua maioria, os consumidores do esporte são bastante ativos em sua experiência de consumo, com muitos comentando sobre como a interação e o envolvimento com outras pessoas e com jogadores durante a experiência aumentou sua satisfação. Vamos agora analisar os aspectos hedonistas ou emocionais do consumo esportivo.

---

[5] As praias australianas são famosas como ponto de encontro, como no Brasil, e pela prática do surfe. (NRT)

Emoção no esporte

A presença da emoção no esporte é bem documentada na imprensa popular e nos jornais esportivos. Parece que, quase todos os fins de semana, ouvimos histórias sobre torcedores excessivamente felizes, às vezes até causando tumultos, por causa do desempenho de seu time, da decisão de um árbitro ou de alguma falta do jogo. A imprensa pode prolongar o incidente por dias com comentários, *replays* e discussões sobre o que deveria ou não ter acontecido. Torcedores e atletas comemorarão por dias o sucesso de suas conquistas, e públicos dignatários darão continuidade ao estardalhaço ao oferecer desfiles e recepções cívicas para os heróis vencedores. O esporte tem a capacidade de evocar os extremos de emoção em pessoas que, de outra forma, parecem normais. Ele também deixa alguns indivíduos indiferentes, perguntando-se para que tanto exagero (Richins, 1983).

O empreendedor esportivo Veeck (1962) alega que o esporte é carregado de emoção e que as pessoas rememoram os acontecimentos passados e anseiam pelo que está por vir. Essa expectativa e a incapacidade dos espectadores de influenciar e prever o resultado são alguns dos motivos pelos quais as emoções podem ser tão intensas em um evento esportivo.

A literatura de consumo hedonista apresenta alguns esclarecimentos sobre as paixões e os sentimentos que o esporte evoca. Comparecer a um grande evento esportivo, cujo resultado é questão de orgulho local, estadual, nacional ou mesmo internacional, é similar a outras atividades esportivas cheias de adrenalina. A emoção e empolgação que as pessoas sentem quando fazem *bungy jumping*, saltam de pára-quedas ou andam de montanha-russa são as mesmas dos torcedores que comparecem a um grande evento esportivo. A principal diferença é que, em um evento esportivo, os demais espectadores presentes geram boa parte da empolgação. Esse frenesi e auto-abandono alimenta-se de si mesmo, um fenômeno bastante conhecido pelos antigos romanos na época dos gladiadores (McPherson, 1979).

Curiosamente, há uma grande diferença entre outros atos de consumo hedonista radical e o comparecimento a um evento esportivo. No caso do evento esportivo, a habilidade e o esforço de outros geram boa parte da emoção. No caso da emoção sentida individualmente pela participação em esportes radicais, como o *bungy jumping*, o esforço e as ações da própria pessoa é que geram a empolgação (Shoham, Rose e Kahle, 2000). Assim, os eventos esportivos são um meio "mais seguro" para experimentar, de forma secundária, a emoção da competição, já que os espectadores não precisam fazer nada para ter essa experiência. Eles podem estar fora de forma, com problemas de saúde, não ter coordenação e não ser nada atléticos e ainda assim desfrutar das emoções associadas à vitória, aquele momento quando tudo pára e seu time faz outro ponto que o levará a vencer.

Contraponto

Então, por que os princípios do marketing tradicional não podem ser aplicados ao esporte? Certamente, se o cliente é o foco principal da organização, então trata-se apenas de aplicar os quatro Ps e os princípios do marketing estratégico, como mostrado na Figura 1.2.

Bom, a resposta curta para essa pergunta é que eles podem ser aplicados em princípio, mas é na aplicação real desses princípios básicos que o esporte difere. Os principais problemas para os profissionais de marketing que tentam simplesmente aplicar os princípios de marketing tradicional são que, primeiro, o produto esportivo é altamente incontrolável e, segundo, muitos dos clientes do produto esportivo têm grande impacto sobre o processo – mais do que sobre o marketing dos produtos e serviços tradicionais. Essa influência de terceiros é particularmente forte quando se considera o papel da mídia. O esporte e a mídia formam uma poderosa combinação de forças e boa parte do resultado desse poder e influência está fora do controle dos profissionais de marketing esportivo. As pessoas adoram seus times favoritos e sentem-se pessoalmente ofendidas se a cobertura televisiva de seus times e de seu jogo favorito for alterada; esse nível intensificado de vínculo emocional é um elemento tanto positivo quanto negativo do esporte. As decisões tomadas por um técnico ou um CEO do esporte são cuidadosamente analisadas pela mídia e pelos torcedores, e essa pressão pode influenciar consideravelmente a tomada de decisão administrativa. A natureza, em geral, altamente política do esporte profissional também é outro fator que torna as práticas de marketing e administração do esporte difíceis e, por vezes, traiçoeiras.

Assim, em resumo, embora o consumidor deva continuar como o foco central das organizações esportivas em relação a seu marketing, há muitos outros fatores que afetam as decisões estratégicas dos profissionais de marketing esportivo e tornam esse campo único e desafiador.

Figura 1.2: Processo de planejamento estratégico

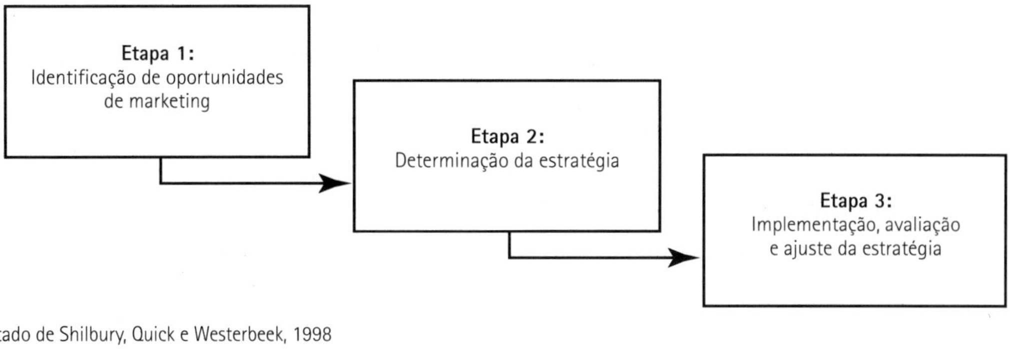

Adaptado de Shilbury, Quick e Westerbeek, 1998

Resumo

- **discutir a natureza universal do esporte**

  O consumo esportivo é uma das funções de lazer mais difundidas da sociedade moderna e faz parte de todos os aspectos da vida humana, tendo apelo mundial. O esporte é visto por muitos como parte integrante de suas vidas diárias, sua herança e sua história. Ele também independe de questões como raça, religião e cultura, o que o torna universalmente atraente.

- **definir o marketing esportivo e estabelecer suas diferenças em relação à principal tendência do marketing**

  Há duas perspectivas de marketing esportivo. Uma é o marketing do esporte, no qual as organizações esportivas aplicam os princípios-padrão do marketing a suas operações de negócios. A segunda é o marketing usando o esporte, em que as organizações se associam a equipes esportivas, jogadores ou a esportes em geral com o objetivo de atrair clientes, envolver-se em atividades comunitárias ou fornecer incentivos para seus funcionários e/ou clientes. Em ambos os casos, os elementos exclusivos do esporte – o fato de ele possuir uma dimensão de mercadoria física e de serviços – significam que a aplicação dos princípios de marketing será diferente da mesma aplicação em serviços ou mercadorias simples.

- **descrever a evolução da indústria esportiva moderna**

  A indústria esportiva moderna evoluiu de grandes eventos esportivos internacionais, como as Olimpíadas, até aqueles que englobam todos os esportes em todos os níveis, incluindo os níveis comunitário e escolar. Os governos de diversos países estão investindo vários milhões de dólares no desenvolvimento do esporte por motivos econômicos (melhoria da saúde), sociais (melhoria na identidade nacional) e nacionalistas.

- **discutir o tamanho global e a importância econômica do esporte**

  Para diversos países, o esporte tem um impacto significativo sobre o PIB, ganhos de exportação, receitas de turismo e emprego. Além disso, na maioria dos países, uma grande parcela das pessoas participam de algum tipo de esporte. Por fim, os públicos globais dos eventos esportivos internacionais são testemunhas da importância do esporte nas vidas de várias pessoas, independentemente de nacionalidade, raça ou sexo.

- **definir o consumo experimental e seu papel no entendimento do consumo esportivo**

  O consumo experimental ocorre quando o cliente está ativamente envolvido na entrega e produção da experiência de consumo. Essa perspectiva permite aos profissionais de marketing esportivo considerar o importante papel que a emoção e a presença de outras pessoas desempenham no consumo do esporte. O esporte é carregado de emoção e as pessoas rememoram os acontecimentos passados e anseiam pelo que está por vir. Essa expectativa e a incapacidade dos espectadores de influenciar e prever o resultado são alguns dos motivos pelos quais as emoções podem ser tão intensas em um evento esportivo.

Perguntas de revisão

1. Defina o marketing esportivo e a diferença entre o marketing do esporte e o marketing usando o esporte.
2. Discuta por que o esporte como indústria é tão importante para diversos países.
3. Explique brevemente como o esporte é diferente das demais mercadorias e serviços no que diz respeito à aplicação dos princípios de marketing.
4. Explique como o consumo esportivo possui uma função social para diversas pessoas.
5. Qual é a importância, para os profissionais de marketing esportivo, dos altos níveis de emoção encontrados no esporte?

Atividades aplicadas

1. Dê cinco exemplos recentes de marketing esportivo que foram notícia e descreva como cada um deles se relaciona à nossa definição de marketing esportivo.
2. Discuta as vantagens e desvantagens de comparecer pessoalmente a um evento esportivo, em contraste com seu consumo por meio da mídia (TV, rádio etc.).
3. Identifique um exemplo de patrocínio esportivo e comente sobre quais eram os objetivos da empresa envolvida e o quão bem-sucedidos você acredita que podem ser.

Referências

ABC News, The obesity wars. Disponível em: http://abcnews.go.com/sections/WNT/Living/obesity_wars_040601-l.html. Acesso em: 11 jun. 2004.

ABS 2003, www.abs.gov.au.

Arnaudon, S. Marketing australian sport – the future, Darwin: Australian Council for Health and Physical Education and Recreation Proceedings, p. 1-9, 1993.

Arnould, E. J.; Price, L. L. River magic: extraordinary experience and the extended service encounter. *Journal of Consumer Research,* 20 jun. 1993, p. 24-45.

Bawden, H. League slams opponents in Sydney and Brisbane ratings. *B and T Marketing and Media,* 9 de jul. 2001.

Beisser, A. Membership in the tribe. In: Beisser, A., *The madness in sports.* Nova York: Meredith Publishing Company, 1967, p. 124-41.

Berich, J. Winning is everything: sponsorship in the '90s. *Australian Professional Marketing,* maio 1995, p. 12-13.

Bettman, J. R. *An information processing theory of consumer choice.* Reading: Addison-Wesley, 1979.

Commission of european communities. Report from the commission to the european council: a view to safeguarding current sports structures and maintaining the social function of sport within the Community Framework. Bruxelas, dez. 1999.

Cornwell, T. B. The use of sponsorship-linked marketing by tobacco firms: international public policy issues. *The Journal of Consumer Affairs,* v. 31, p.238-54, 1997.

Daily Research News Online. Superbrands sports' sponsorship research', 21 de junho de 2002a. Disponível em: www.mrons.com/drno/news1694.htm. Acesso em: 7 maio 2003.

Daily Research News Online. Sponsorship or not?, 2002b. Disponível em: www.mrons.com/drno/newsl837. htm. Acesso em: 7 maio 2003.

European Commission. Doping in Sport: Sports Economics and Statistics. Report commissioned by the secretariat of the European Group on Ethics in Science and New Technologies. Bruxelas, nov. 1999.

http://tvnx.co.nz/view/sport_index_skin/sport_index_group. Acesso em: 8 maio 2004.

Kaless, S. Looking at the numbers game, 2003. Disponível em: <www.rugbyworldcup.com/EN/Tournament/News/sk+24+11+stats.htm>.

Kaye, L. Seven a gold ratings winner. *B and T Marketing and Media,* 22 set. 2000.

Kent, P. Series bonds gould, Johns, 26 de junho de 2003a. Disponível em: www.foxsports.news.com.au. Acesso em: 14 jul. 2003.

Kent, P. History against blues dynasty. *The Advertiser,* 11 jul. 2003b.

Lazarus, L. Sports sponsorship requires marketing expertise, realistic expectations and social responsibility. *Marketing News,* n. 13, abr. 1984.

Lloyd, S. Sponsorship: taking a sporting chance. *Business Review Weekly,* v. 23, n. 26, 6 jul. 2001.

Malanowski, J. Reality TV: why we can't stop watching. *Australian Reader's Digest,* p. 106-12, jun. 2003.

McCabe, K. Cricket tops TV ratings. *The Sunday Telegraph,* 13 jul 2003.

McPherson, B. Sport consumption and the economics of consumerism. In: Ball, D.; Loy, J. (Eds.). *Sport and social order.* Massachusetts: Addison Wesley Publishing Company, p. 243-75, 1979.

NRL News, www.nrl.com.au/news.cfm?ArticleID=5245&TeamID=22. Acesso em: 14 jul. 2003.

Pitts, B. G.; Stotlar, D. K. *Fundamentals of sport marketing.* West Virginia: Sport Management Library, Fitness Information Technology, 1996.

Planet-Rugby.com, www.planetrugby.com/Print_page/index.shtml/REDIR?35361. Acesso em: 8 maio 2004.

Richins, M. L. An analysis of consumer interaction styles in the marketplace. *Journal of Consumer Research,* v. 10, p.73-82, jun. 1983.

Rugby League History, www.rll908.com/Origin/States. Acesso em: 14 jul. de 2003.

RubyWorldCup.com. Acesso em: 14 jul. 2003.

Schlosberg, J. Who watches television sports? *American Demographics,* p.44-9, 59, fev. 1987.

Sentara.com Baby boomers and sports injuries, 2002. Disponível em: www.sentara.com/explorehealth/2002/BabyBoomers.pdf. Acesso em: 13 maio 2004.

Shank, M. *Sport marketing: a strategic perspective.* Nova York: Prentice Hall, 2002.

Shannon, J. R. Sports marketing: an examination of academic marketing publications. *Journal of Services Marketing,* v. 13, n. 6, p. 571-34, 1999.

Shilbury, D.; Quick, S.; Westerbeek, H. *Strategic sport marketing*. Sydney: Alien & Unwin, 1998.

Shoham, A.; Kahle, L. Spectators, viewers, readers: communication and consumption communities in sport marketing. *Sport Marketing Quarterly*, v. V, n. 1, p. 11-19, 1994.

Shoham, A.; Rose, G. M.; Kahle, L. R. Practitioners of risky sports: a quantitative examination. *Journal of Business Research*, v. 47, n. 3, p.237-51, 2000.

Sparc. Sparc facts/push play facts II', 1999. Disponível em: www.sparc.org.nz. Acesso em: 8 maio 2004.

Sparc. Sparc Facts: the growing business of sport & leisure, 2001. Disponível em: www.sparc.org.nz. Acesso em: 8 maio 2004.

Sparc. Finding the target social market for physical activity (and healthy eating), 2003. Disponível em: www.sparc.org.nz. Acesso em: 8 maio 2004.

Sponsorship.com. Sponsorship spending in North America, extract from IEG Sponsorship Report, IEG, Chicago, 2003a. Disponível em: www.sponsorship.com/learn/northamericasponding.asp. Acesso em: 8 maio 2003.

Sponsorship.com. Sponsorship spending worldwide, 2003b. Disponível em: www.sponsorship.com/learn/worldwidespending.asp. Acesso em: 8 maio 2004.

Sport.vic.gov.au. The business of sport, 2004. Disponível em: www.sport.vic.gov.au/Web/SRV/srvsite.nsf/pages/research_bussport1?OpenDocument. Acesso em: 11 junho 2004.

Stensholt, J. Advantage sport, BRW, 2003. Disponível em: www.brw.com.au/stories/20010129/21460.asp. Acesso em: 8 maio 2004.

Summers, J. Sport marketing'. In: McColl-Kennedy, Janet (Ed.). *Services marketing: a managerial approach*. Brisbane: Wiley, 2003.

Summers, J.; Gardiner, M.; Lamb, C.; Hair, J.; McDaniel, C. *Essentials of marketing*. Melbourne, Vic Thomson Nelson, 2003.

Toronto Star. Bikers Know the Joy of Sweat. Disponível em: www.thestar.com/NASApp/cs/ContentServer?pagename=thestar/Layout/Article_Type1&c=Article&cid=1084530426635&call_pageid=968350130169&col=969483202845. Acesso em: 8 maio 2004.

TVNZ, tvnz.co.nz. Acesso em: 14 julho 2003.

Ukman, J. *The official 1984-1985i international directory of special events & festivals*. Chicago, 1984.

Veeck, B. *Veeck – As in Wreck*. Chicago: University of Chicago Press, 1962.

Voight, D. Q. America's leisure revolution. In: Voight, D. Q. (Ed.). *America's leisure revolution*. Reading: Allbright College Book Store, 1971, p.20-40.

capítulo 2

Uma estrutura para o marketing esportivo estratégico

Objetivos de aprendizagem

Após ler este capítulo, você deve ser capaz de:

- explicar por que os elementos singulares do esporte influenciam o processo de planejamento estratégico
- discutir, em termos gerais, os princípios de marketing estratégico
- discutir os vários componentes do modelo estratégico para o marketing esportivo
- descrever o processo de troca e indicar sua importância para o processo de planejamento de marketing
- discutir os fatores ambientais críticos para a tomada de decisão de marketing esportivo estratégico
- identificar os principais públicos esportivos com capacidade de influenciar o processo de marketing esportivo estratégico

É necessário que as organizações esportivas sejam profissionais e capazes de demonstrar a seus investidores potenciais o quanto o dinheiro gasto com esporte pode elevar a linha de lucro. Então, o desafio para as organizações esportivas é reconhecer as oportunidades para investimentos corporativos e ser capaz de fazer o próprio marketing profissional para atrair interesse.

Uma das manobras estratégicas mais recentes adotada pelas empresas em relação ao esporte diz respeito às áreas de desenvolvimento tecnológico. Um exemplo disso é a marca de serviços de Internet da Telstra, a BigPond, que há pouco tempo anunciou um importante acordo de patrocínio com o *V8 Supercar Championship Series* (Campeonato Série V8 Supercar).

O acordo de três anos e meio, com duas opções de quatro anos, prevê também a transformação da BigPond no parceiro tecnológico para a Série, com planos em andamento visando ao desenvolvimento de um canal de banda larga com novo visual. A Telstra planeja tornar-se capaz de avaliar diretamente o retorno de seu patrocínio por meio do monitoramento de tráfego e de novas assinaturas da BigPond, e, além disso, sabe-se de antemão que a estratégia trará benefícios significativos para as receitas da empresa.

A BigBond patrocina também o desenvolvimento e a operação de um novo centro de mídia móvel de alta tecnologia que fornecerá à mídia comunicação de banda larga por satélite para a série. O centro de mídia móvel percorrerá cada circuito de modo que permita que 21 tipos de mídias operacionais arquivem relatos e transmitam imagens, bem como organizem ao vivo lances de última hora e indiquem placares e informações do organizador da corrida. Essa manobra trará mudanças não apenas para o patrocínio da corrida de automóveis com motores V8, mas poderá também produzir um efeito sobre outros acordos de patrocínio esportivo da Telstra para oferecer uma nova plataforma de transmissão ainda não muito bem desenvolvida na Austrália, o que colocará a Telstra na dianteira da nova onda de transmissão esportiva para negócios esportivos internacionais.

Adaptado de Stensholt 2003; http://www.onsport.com.au/

Introdução

Planejamento estratégico e marketing esportivo eficazes podem trazer muitos benefícios para uma organização esportiva, incluindo obtenção de fundos, recrutamento de associados; manutenção e estabelecimento da fidelidade; criação e garantia de atitudes e percepções positivas; e atração e manutenção de patrocinadores e investidores. Um dos primeiros passos no desenvolvimento de um planejamento de marketing estratégico é ter uma idéia clara sobre o que se busca e até onde se deseja chegar com a sua organização.

Este capítulo apresenta uma visão geral do ambiente estratégico para a tomada de decisão de marketing esportivo e oferece a estrutura inicial para um modelo de tomada de decisão de marketing esportivo estratégico. O capítulo inicia-se com uma revisão e introdução dos princípios básicos que permeiam o marketing estratégico em termos gerais, antes de lidar especificamente com os conceitos de marketing esportivo estratégico. Uma discussão sobre os aspectos singulares do esporte em relação à tomada de decisão de marketing estratégico é, em seguida, apresentada e acompanhada de uma visão geral dos elementos ambientais que influenciam esse processo. Depois, apresentamos os vários acionistas a serem considerados no desenvolvimento da estratégia de marketing esportivo e concluímos o capítulo com um modelo estratégico de marketing esportivo.

Elementos singulares do marketing esportivo

As opções em termos de lazer para o consumidor nunca foram tão variadas e complexas, e isso, combinado com um aumento na necessidade de diminuir o tempo de lazer do consumidor, resultou no fato de a indústria esportiva estar tornando-se cada vez mais competitiva e dinâmica. Como discutido no Capítulo 1, o esporte difere de outros produtos ou serviços de consumo em uma variedade de formas, e esses fatores influenciam os processos de planejamento de marketing estratégico no que se refere às organizações esportivas.

Da mesma forma que os encontros de serviços em outras indústrias, a satisfação dos consumidores com os eventos esportivos é, em grande parte, determinada pela qualidade de suas experiências. Além disso, essas experiências também sofrem o impacto de outros consumidores, dos arredores físicos (cenário do serviço) e do humor ou sensações do consumidor. Como os profissionais do marketing esportivo não podem controlar ou prever as emoções (humor ou sensações) do consumidor ou a interação de outros na experiência de consumo deste, eles são capazes apenas de exercer controle limitado sobre os arredores físicos.

Assim, os profissionais do marketing esportivo devem tomar as decisões de marketing em um ambiente onde os resultados de tais decisões são imprevisíveis. No entanto, essa questão não parece desestimular as empresas a usar o esporte como parte de sua estratégia de marketing. Além disso, essas condições implicam maior empenho das organizações esportivas quanto à programação de suas atividades de marketing de maneira mais profissional e ordenada.

Em geral, o esporte e os produtos esportivos apresentam cinco características principais, cujas qualidades exclusivas e considerações merecem a atenção dos profissionais de marketing (Mullin, 1983). São elas: (1) o mercado dos produtos e serviços esportivos; (2) o produto esportivo propriamente dito; (3) o custo do esporte; (4) a promoção do esporte; e (5) a distribuição do esporte. Essas qualidades exclusivas estão resumidas na Tabela 2.1 e serão discutidas com mais detalhes nos próximos capítulos. Apesar dessas diferenças, os processos tradicionais relacionados ao planejamento de marketing estratégico ainda podem ser aplicados de forma eficaz, no entanto, precisam de visão e discussão gerais ao serem aplicados ao esporte.

Uma visão geral dos princípios de marketing estratégico

Estratégia de marketing é um processo de planejamento, implementação e controle de esforços de marketing cujo objetivo é atingir metas organizacionais e satisfazer as necessidades do consumidor (Shank, 2002). Os esforços de marketing estratégico específicos incluem identificação adequada e lucrativa dos segmentos de marketing; compreensão do comportamento, das necessidades e dos anseios dos consumidores nesses segmentos; desenvolvimento de produtos diversificados; estratégias de custo; sistemas de distribuição; e planos promocionais para cada segmento, bem como monitoramento da eficácia de todo esse esforço para assegurar que os consumidores em cada segmento estejam experimentando trocas satisfatórias. No esporte, geralmente há pequenas diferenças entre o processo de planejamento estratégico organizacional geral e o processo de planejamento de marketing (Shilbury et al., 1998), o que nos leva, portanto, a considerar ambos simultaneamente.

O processo de planejamento estratégico pode ser resumido em uma variedade de fases ou etapas-chave. São elas: (1) Esclarecer e definir metas organizacionais e de marketing; (2) realizar análises de situação; (3) identificar e descrever mercados-alvo; (4) desenvolver um mix de marketing para cada segmento; (5) implementar e coordenar planos de marketing; e (6) controlar e avaliar o desempenho. Esse processo é ilustrado na Figura 2.1, e cada etapa será discutida de forma resumida.

Etapa 1: Esclarecimento e definição de objetivos organizacionais e de marketing

O planejamento de marketing estratégico envolve a elaboração de tarefas relacionadas ao marketing e aos objetivos organizacionais da empresa em um ambiente de marketing em mudança constante. Isso significa que a primeira etapa decisiva em qualquer processo de planejamento de marketing estratégico é compreender e rever as metas gerais e orientações da organização. Uma vez que tal compreensão sobre missão e orientação organizacional seja alcançada, será possível determinar os objetivos de marketing.

Tabela 2.1: Os diferenciais do esporte

Categoria	Diferenças específicas
O mercado de produtos e serviços esportivos (pessoas)	◗ As organizações esportivas, ao mesmo tempo, competem e cooperam. ◗ Os consumidores esportivos consideram-se especialistas graças à ênfase esportiva e à sua identificação pessoal com o esporte.
O produto esportivo	◗ Há uma grande oscilação na demanda dos consumidores pelo esporte. ◗ O produto esportivo é intangível, efêmero, perecível, experimental, subjetivo, heterogêneo e inseparável. ◗ Os produtos esportivos são produzidos e consumidos simultaneamente. ◗ Os produtos esportivos são consumidos publicamente, e a satisfação é afetada pela filiação social. ◗ Os produtos esportivos são inconsistentes e imprevisíveis. ◗ Não há controle sobre a composição do produto principal, e geralmente há apenas um controle limitado sobre a ramificação dos produtos. ◗ Os produtos esportivos podem ser classificados como produtos tanto de consumo quanto industriais. ◗ O produto esportivo carrega em si um apelo universal e atinge todos os elementos da vida das pessoas.
O custo do esporte	◗ O custo dos produtos esportivos é geralmente baixo em comparação ao custo total pago pelo consumidor na sua aquisição. ◗ As receitas indiretas são, com freqüência, maiores que as receitas operacionais diretas. ◗ Na Austrália, o esporte, até recentemente, tem sido capaz de operar sem fins lucrativos.
A promoção do esporte	◗ Uma exposição muito grande à mídia tem resultado em uma ênfase crescente no patrocínio como elemento principal do marketing esportivo. ◗ Uma boa visibilidade do esporte é atrativa para os negócios em termos de associação por meio do patrocínio. ◗ A ênfase na promoção e no marketing pode ser aplicada apenas às ramificações do produto, e não ao produto principal.
A distribuição do esporte	◗ O esporte não distribui fisicamente seu produto. ◗ O esporte é produzido e consumido simultaneamente.

Fonte: Summers e Johnson, 2000

Figura 2.1: O processo de marketing estratégico

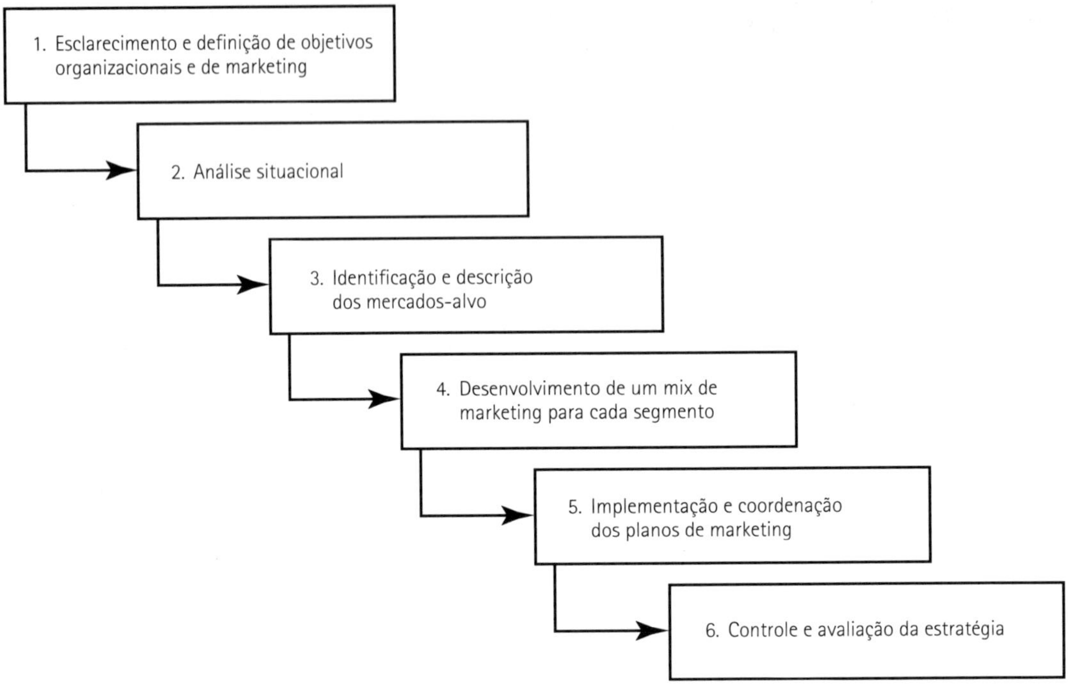

Objetivos de marketing são afirmações sobre o que deverá ser alcançado por meio de atividades de marketing, e é necessário que essas afirmações sejam *Smart* (*specific, measurable, attainable, realistic and time-framed*), ou seja, específicas, mensuráveis, atingíveis, realistas e com tempo específico. Por exemplo, os objetivos gerais de um clube de futebol local poderão ser "aumentar o número de associados mirins do clube em 20 jogadores para o início da temporada do campeonato" e, a partir daí, o objetivo de marketing específico poderia ser "promover de forma efetiva os benefícios da participação no futebol a garotos e garotas na faixa dos 6-10 anos de idade por meio de um passeio de 15 minutos no nosso clube, de outubro de 2002 a março de 2003". Pode-se perceber como o objetivo organizacional geral se traduz em um objetivo de marketing mais específico e mensurável que ainda apresenta a mesma orientação estratégica geral.

Estabelecer objetivos realísticos de marketing esportivo e compreender o planejamento de marketing estratégico não se restringem apenas a órgãos esportivos locais ou nacionais. Até mesmo governos elaboram planos estratégicos relacionados à participação nos esportes. Por exemplo, os objetivos do governo da Nova Zelândia com relação ao esporte para 2003 eram "promover e desenvolver o esporte, o condicionamento físico e o lazer entre os neozelandeses, bem como intensificar a participação dos adultos em 10% durante os anos de 2002/2003" (Mallard, 2001).

O governo da Nova Zelândia percebeu que um acréscimo de 10% na participação dos adultos no esporte geraria economias de, pelo menos, NZ$ 55 milhões por ano, além de evitar centenas de mortes prematuras em decorrência da obesidade e de outros males resultantes de saúde e condicionamento físico debilitados. Essas economias em gastos com a saúde representam incentivos comuns para muitos governos ao redor do mundo, os quais estão hoje interessados em estimular os níveis de atividade de suas populações[1].

Etapa 2: Análise situacional

Uma análise de situação consiste em uma análise ambiental para exame das forças que exercem influência sobre a organização e seus mercados, bem como uma análise interna com o objetivo de investigar a capacidade organizacional, de modo que se obtenham benefícios de quaisquer oportunidades no ambiente externo ou contra-ataque quaisquer ameaças por ele oferecidas.

As ferramentas disponíveis para a realização de uma análise situacional podem incluir uma análise do tipo PFOA (potencialidades, fragilidades, oportunidades e ameaças) e/ou rastreamento ambiental, que consiste em um processo de obtenção e interpretação de informações sobre forças, eventos e relações presentes no ambiente externo (Summers et al., 2003). Há, geralmente, cinco forças externas com poder de influenciar qualquer organização, e todas são aplicáveis às organizações esportivas. São elas: governos e políticas, tecnologia, demografia, tendências sociais e forças econômicas. A Figura 2.2 ilustra essas forças.

Tendo em mente não apenas as forças externas e seu impacto sobre as organizações, é igualmente importante considerar a concorrência e a estrutura da indústria mais detalhadamente. As organizações esportivas são, geralmente, tão competitivas entre si na busca por oportunidades de investimentos, associados, espaço e recursos quanto os esportes que elas representam. Na Austrália e na Nova Zelândia, o mercado esportivo é um tanto modesto em razão, em parte, de suas populações relativamente pequenas e também da estrutura regulamentada da indústria. É importante, ao realizar uma análise competitiva, que as organizações considerem não apenas outras modalidades de esporte como concorrentes potenciais, mas também outras atividades recreacionais e oportunidades de lazer.

O modelo de forças competitivas de Porter (1985) oferece uma estrutura útil às organizações esportivas na avaliação do impacto da concorrência sobre suas operações e a atratividade de um ramo de atividade em particular.

1 Tem sido prática comum, em vários países, a adoção do investimento no esporte em contrapartida aos gastos com reparação na saúde pela inatividade de sua população. Ressalte-se que o investimento de caráter preventivo no esporte é menor que o investimento em caráter curativo na saúde. (NRT)

Figura 2.2: Forças ambientais externas

Porter sugere que as empresas considerem cinco forças, a saber:

1. A intensidade da concorrência entre as empresas existentes em um ramo de atividade.
2. O poder de negociação dos compradores.
3. A ameaça dos produtos substitutos.
4. O poder de negociação dos fornecedores.
5. A ameaça de participantes recém-chegados ao mercado.

Ao utilizar esse modelo, um ramo de atividade é considerado atrativo se provar ser lucrativo. O lucro por si só não é um bom parâmetro para as organizações esportivas, visto que muitas delas são entidades sem fins lucrativos. Portanto, é possível que estas estejam mais propensas a recorrer ao desempenho de suas equipes, níveis de adesão de associados, perfis socioeconômicos e demográficos de seus associados e à viabilidade financeira no longo prazo de suas organizações esportivas como indicadores mais úteis de atratividade em relação a uma modalidade de esporte ou de mercado em particular. Essa abordagem é demonstrada na Figura 2.3; ela permite que as organizações esportivas levem em consideração as implicações mais amplas da concorrência e o poder e a influência relativos que cada força poderá exercer sobre a orientação a longo prazo da organização esportiva sob revisão.

Essa abordagem força a organização esportiva a considerar a concorrência no seu sentido mais amplo, e não apenas em termos de outra modalidade esportiva ou mesmo de outros clubes no contexto de um esporte em particular. Todo consumidor esportivo planeja formas de melhor

Figura 2.3: Adaptação do modelo de cinco forças de Porter a uma organização esportiva

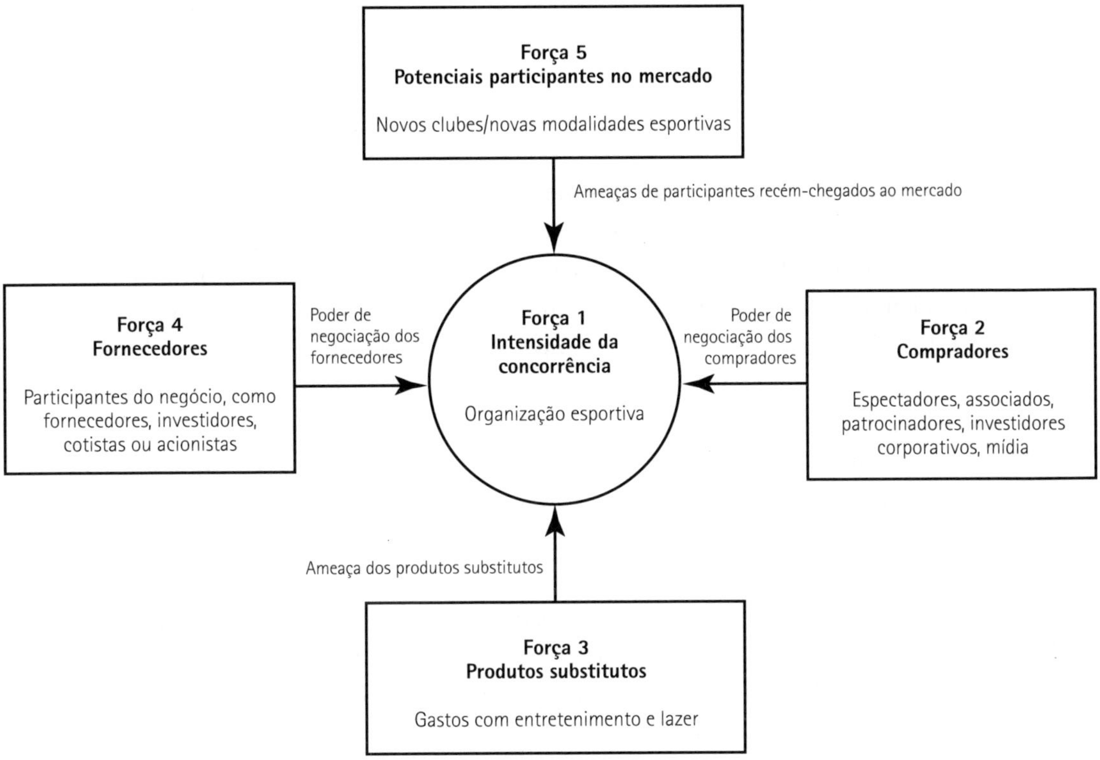

Fonte: Porter, 1985, p. 5

gastar seu tempo e dinheiro com lazer, e o esporte é apenas uma das opções de lazer/entretenimento disponíveis. Assistir a filmes ou concertos musicais, ir ao teatro, comer em restaurantes, viajar e passar o tempo com amigos e a família são opções que disputam pelo tempo e dinheiro gastos com lazer.

Conhecer os concorrentes poderá ajudar a organização esportiva a melhorar a qualidade de seus serviços, bem como permitir que ela se mantenha em sintonia com as tendências e mudanças na preferência dos consumidores. Além disso, poderá ajudá-la a reduzir o número de tarefas realizadas em duplicidade, auxiliar no desenvolvimento de estratégias de definição de preços mais eficazes e úteis, bem como ajudá-la a concentrar-se em seus principais pontos fortes.

Nesse estágio do processo de planejamento estratégico, é crucial possuir um sistema de informação de marketing (SIM) eficaz e bem elaborado, além do acesso eficaz a bancos de dados. Um SIM geralmente consiste em uma combinação de bancos de dados internos e externos e outros dados secundários que a organização poderá acessar para obter informações oportunas e fidedignas, com base nas quais tomará decisões estratégicas. O Capítulo 5 abordará a questão da pesquisa de mercado e o SIM com mais detalhes. Além das informações internas utilizadas por uma empresa, é possível acessar vários bancos de dados disponíveis publicamente para obter informações sobre comportamentos gerais das pessoas em relação à participação esportiva, bem como sobre investimentos esportivos na internet.

Etapa 3: Identificação e descrição dos mercados-alvo

Após concluir a análise dos ambientes interno e externo, a próxima etapa envolve a identificação e a descrição dos mercados-alvo da empresa. Marketing-alvo consiste essencialmente na identificação de grupos de consumidores potenciais que apresentam uma série de características pessoais, físicas e de consumo em comum e que demonstram o desejo de adquirir os produtos ou serviços da organização, sendo possível contatá-los por meio de seus esforços de comunicação. A maioria dos produtos e serviços não atrai todas as pessoas do mesmo modo – portanto, ter na mira grupos diferentes de consumidores que compram sob motivações e/ou características semelhantes poderá aumentar a eficácia de qualquer esforço de marketing planejado.

Para algumas modalidades esportivas, identificar grupos-alvo é uma tarefa relativamente direta – isso é particularmente verdadeiro no que diz respeito a certos nichos esportivos, como os esportes radicais, e também para modalidades esportivas que requerem equipamentos ou habilidades especiais, como equitação, esqui, alpinismo ou até mesmo o ciclismo. Esses esportes possuem um grupo específico e restrito de consumidores por eles atraídos. Outros esportes, como futebol, tênis ou golfe, tendem a atrair uma grande variedade de indivíduos ou diferentes segmentos de mercado. No "Destaque esportivo" a seguir são discutidos os mercados-alvo para o surfe, observando-se em particular os consumidores de produtos Quicksilver.

Destaque esportivo

Esportes populares hoje em dia

Você já ouviu falar em Torah Bright, Matt Fairbairn ou Corbin Harris? Mesmo que já conheça algumas dessas superestrelas dos esportes radicais, aposto que seus pais não! Esse fato por si só faz com que os esportes radicais sejam populares entre o público do mercado jovem. Para os que nunca ouviram falar em Torah, ela é a primeira atleta australiana (*snowboard* é sua modalidade) a cruzar as fronteiras dos esportes radicais e transformar-se em uma tendência de venda comercializável. Ela é apoiada por sete grandes patrocinadores norte-americanos e tem seu próprio jogo de videogame, no qual luta contra Shaquille O'Neil, devendo tudo isso ao fato de ser uma estrela do esporte com alto poder de atração sobre o mercado adolescente.

Os esportes radicais são o segmento de mercado de lazer internacional que cresce mais rapidamente; cerca de dois terços da população adolescente dos Estados Unidos se declaram seus espectadores regulares na TV. Na Grã-Bretanha, o canal de esportes Extreme transmite em oito idiomas para 50 países. O público desses programas considera os esportes radicais "legais", "da hora" e até meio loucos. O fato de eles serem desprovidos daquela característica masculina enraizada nos esportes em equipe, cuja preferência é das gerações mais adultas, aumenta a sua popularidade. Nesses esportes, quem chega mais alto ou realiza as mais difíceis proezas pode transformar-se imediatamente em herói. Não há regras, e os participantes podem traçar seus próprios limites. Alguns esportes radicais perderão sua força com o passar do tempo, enquanto outros manterão sua popularidade. O *snowboard* é o tipo de esporte que parece ter vindo para ficar; basta olhar a quantidade de esquiadores descendo as encostas australianas em 2003 e descobrir que um quarto deles é praticante de *snowboard*.

E então? Quem são Matt Fairbairn e Corbin Harris? Matt é um especialista em BMX vertical[2] (a modalidade de BMX praticada em uma rampa vertical), enquanto Corbun é um skatista. Os empresários esportivos encarregados da tarefa de aumentar a popularidade desses esportes e explorar o seu *momentum* precisam entender cuidadosamente seus consumidores e os ambientes externos que os influenciam se desejam que tais práticas sobrevivam. Os adeptos dos esportes radicais (principalmente adolescentes e indivíduos com pouco mais de 20 anos) são considerados extremamente volúveis, desconfiados em relação às abordagens de marketing tradicionais, céticos quanto a grandes empreendimentos e defensores de suas próprias convicções. Essas características propõem desafios sem igual aos profissionais de marketing à procura de espaço nessa indústria, bem como realçam as razões pelas quais é tão importante ter uma compreensão real do contexto e dos comportamentos desse consumidor ou daquele empreendimento para o desenvolvimento de planos de marketing bem-sucedidos.

Fonte: Safe, 2003

Uma vez identificados os vários grupos de consumidores ou segmentos, é importante compreender o máximo possível o seu comportamento em termos de consumo e como eles abordam o processo de troca. O Capítulo 4 oferece informações mais detalhadas sobre como isso acontece. Desnecessário dizer o quanto a pesquisa de mercado se faz necessária nesse ponto para que se possa melhor compreender as necessidades dos consumidores e os motivos que levam à participação, à lealdade e aos investimentos. É importante lembrar que, no esporte, os consumidores podem alegar diversas razões para seu envolvimento nessa ou naquela modalidade esportiva, e os vários motivos podem, geralmente, representar diferentes grupos-alvo.

2 Manobras realizadas com a utilização de bicicletas especiais para a modalidade. (NRT)

A clássica pesquisa realizada por Wann (1995) nessa área, que examinou as motivações dos fãs do esporte, identificou oito razões diferentes apresentadas por eles. São elas: *eustress* (uma forma positiva de estresse), auto-estima, escapismo, diversão, preocupações econômicas, filiação a um grupo, valor estético e, por fim, razões familiares (Wann et al., 1999). O empresário esportivo poderia tentar aumentar o envolvimento e a participação dos fãs porque nem todos são motivados pelas mesmas razões e que, além disso, essas motivações também tendem a influenciar os tipos de esportes preferidos e o nível de envolvimento e lealdade devotados àquele esporte.

De modo que auxiliarem os profissionais de marketing em sua compreensão de como os consumidores se comportam em relação ao consumo esportivo, é importante que eles também compreendam as características do processo de troca em geral. Esse processo é fundamental para qualquer estratégia de marketing, podendo-se definir troca como "uma transação de marketing em que um comprador oferece algo de valor a um vendedor em troca de mercadorias, serviços ou outros benefícios" (Shank, 2002). As trocas geralmente são descritas como processos de criação de valor, pois normalmente deixam ambas as partes em melhores condições. Um processo de troca simples voltado ao produto esportivo é ilustrado na Figura 2.4.

Para que haja uma troca, é necessário:

- pelo menos duas partes;
- que cada parte tenha algo de valor a oferecer à outra;

Figura 2.4: Um modelo simplificado de troca para produtos/serviços esportivos

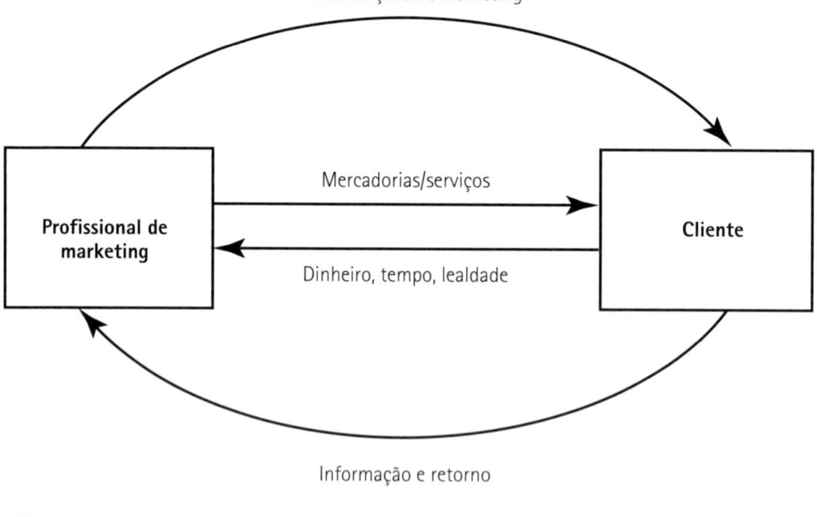

Adaptado de Kotler, 1980

- que cada parte seja livre para aceitar ou recusar a oferta;
- que haja meios de comunicação entre as partes;
- que cada parte acredite ser desejável negociar com a outra (Shank, 2002).

Ao procurar compreender o comportamento de seus clientes em termos de padrão de compra, os profissionais de marketing precisam primeiro entender como seus consumidores abordam uma situação desse tipo. Por exemplo, tal situação é importante e arriscada para eles ou tem conseqüências pessoais e financeiras de pequena repercussão? Compreender a importância da decisão e quanto tempo e esforço o cliente está disposto a despender com ela, bem como as várias alternativas por eles consideradas ao tomar a decisão, é importante para o desenvolvimento de planos de marketing mais bem direcionados e eficazes.

Seja negociando uma modalidade esportiva em particular ou fazendo marketing a partir do esporte, os consumidores finais são apenas um dos públicos (segmentos de mercado ou partes interessadas são palavras com o mesmo significado de público) que as organizações deveriam ter na mira. Geralmente, há cinco grupos principais a serem considerados pelos profissionais de marketing, e, freqüentemente, as exigências desses grupos são conflitantes. Eles são os seguintes: público esportivo; jogadores ou públicos participantes; público de negócios/mídia; público de serviços e mercadorias de apoio; e governamental. Gerenciar os vários públicos é uma tarefa difícil para os profissionais de marketing esportivo, e é necessário saber mais sobre cada um desses públicos para melhor desenvolver estratégias de marketing eficazes.

Públicos esportivos

Como em qualquer ramo de atividade, a identificação dos públicos relevantes ou principais grupos de indivíduos com poder de influenciar a organização – algumas vezes denominados parte interessada – é importante. Na indústria esportiva, geralmente classificamos sete públicos ou grupos que precisam ser considerados, além dos consumidores esportivos, no processo de planejamento de marketing. Esses grupos são: (1) jogadores ou participantes; (2) investidores empresariais e/ou a mídia; (3) organizações de serviços e mercadorias de apoio; (4) governos; (5) espectadores; (6) outros clubes esportivos; e (7) órgãos governamentais esportivos (veja a Figura 2.5).

Além disso, é preciso determinar o impacto relativo desses grupos sobre a organização. Esse impacto possui uma natureza de fornecimento, isto é, fornecimento de mercadorias e serviços à organização sem nenhuma influência sobre a forma e a estrutura do produto? Isso significa que simplesmente oferecem mercadorias e serviços para facilitar a oferta do produto. Ou seu impacto tem a ver com demanda? Ou seja, obtêm produtos e serviços da indústria (assim como fazem os clientes) para, dessa forma, poder exercer influência sobre a forma e estrutura do produto e estabelecer seu próprio programa? É igualmente importante determinar o poder relativo de cada grupo e o impacto resultante da retenção de transações das organizações.

A indústria esportiva apresenta uma variedade de públicos cujo perfil não pode ser classificado como de fornecimentos nem como de demanda; em vez disso, possuem elementos de ambos. A fim de analisarmos esse assunto mais a fundo, é necessário primeiro definir os públicos relevantes e examinar seus efeitos em termos de fornecimentos e demanda sobre o produto esportivo.

Jogadores ou públicos participantes

No cerne de qualquer discussão sobre os públicos de marketing esportivo encontra-se a organização conforme discutido anteriormente; é necessário, também, levar em conta a natureza essencialmente competitiva do esporte. Portanto, os participantes de uma modalidade esportiva ou os jogadores são públicos bastante importantes a serem considerados em qualquer decisão de marketing. Se suas necessidades não forem satisfatoriamente atendidas, é provável que o mercado fique desprovido de produtos esportivos.

Esses jogadores ou públicos participantes produzem um efeito de fornecimento e de demanda sobre o produto, isto é, fornecem serviços ao produto esportivo, e a retenção desses serviços pode

Figura 2.5: Os públicos esportivos

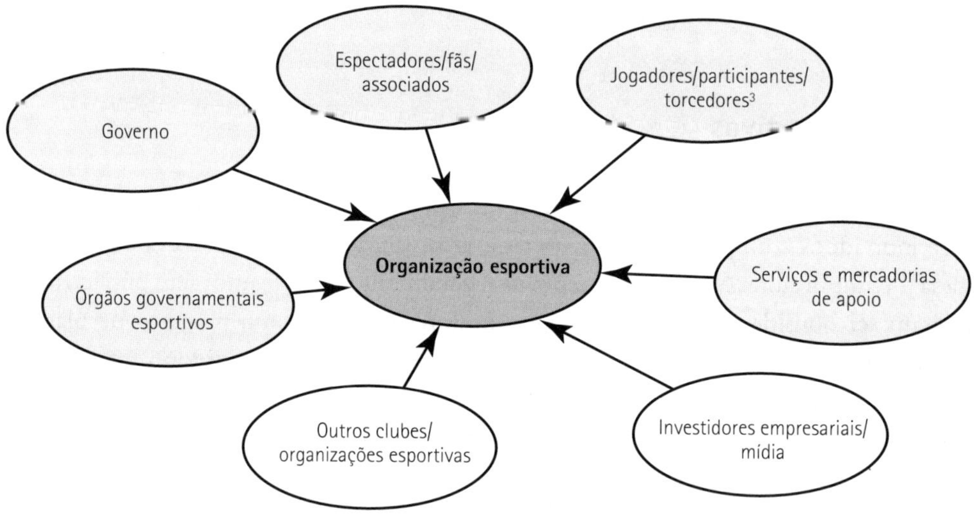

Adaptado de Shilbury et al., 2002, p. 26

[3] No Brasil, o público que deve ser considerado como consumidor e potencialmente consumidor é o torcedor. (NRT)

ter um efeito imediato sobre o fornecimento do produto (lembre-se da ocasião em que todos os jogadores de beisebol dos Estados Unidos entraram em greve no ano de 2001). Eles também produzem um efeito de demanda com o qual podem influenciar e influenciam a forma e a estrutura do produto, e agem como clientes do jogo, particularmente quando o marketing enfatiza o recrutamento de jogadores ou associados.

O marketing moderno lançou nova perspectiva sobre os públicos participantes. Enquanto o marketing tradicional utilizava os esportes praticados pelos indivíduos e a partir deles descobria formas de promovê-los de modo que atraísse mais simpatizantes ou investimentos empresariais, bem como a atenção da mídia, o marketing esportivo moderno utiliza-se da abordagem inversa, isto é, identifica oportunidades de mercado e necessidades de investimento em negócios e mídia e cria um novo produto "esportivo", especialmente para aproveitar essas oportunidades e também apoiar e vender outros produtos ou apoiar marcas próprias. Essas decisões de marketing foram todas tomadas sem considerar inicialmente os participantes no processo. Um exemplo disso é o fenômeno dos esportes radicais originalmente criado pela Pepsi para vender refrigerantes. Toda a cultura, o desenvolvimento dos participantes e a elaboração do esporte foram arquitetados para atender às necessidades de uma empresa de refrigerantes. Hoje, naturalmente, o esporte tem vida e identidade próprias, e sua existência independe da influência da Pepsi. Outras modalidades esportivas, como o Campeonato de Bull Riding (Montaria no Touro) e o Pro Rodeo, também foram criadas utilizando esse modelo. No Brasil, entre 1990 e 2000, houve um valor de investimento altíssimo nos rodeios, que, transformados em esporte, geraram mais de 2.000 festas regionais chamadas de Festas do Peão de Boiadeiro, um fenômeno de público e faturamento durante mais de 10 anos.

Público de negócios/mídia

Os públicos de negócios/mídia tendem também a exercer um impacto de fornecimento e de demanda sobre o produto esportivo. Públicos de negócios são aqueles que procuram investir no e/ou estão envolvidos com o produto esportivo por motivos comerciais (geralmente sua meta é gerar lucros no longo prazo). Os públicos de mídia são aqueles que utilizam o produto esportivo a partir de uma perspectiva de mídia para, mais uma vez, satisfazer um objetivo lucrativo.

Esses públicos requerem que o produto esportivo seja estruturado de forma que possa gerar o retorno exigido para o seu investimento (efeito de demanda). No caso dos públicos de negócios, esses grupos poderão ter influência sobre aspectos como atrativos da concorrência (quem faz o papel do que e onde) e, possivelmente, sobre a administração de um esporte, para assegurar que as decisões em relação ao futuro e à estrutura do esporte sejam tomadas tendo suas exigências em mente. Os públicos de mídia também têm um efeito de demanda sobre o produto esportivo graças à sua influência sobre fatores como horários e lugares (os horários planejados para atender ao público espectador, e os lugares planejados para favorecer a transmissão televisiva).

Em termos de efeitos de fornecimento, ambos os públicos oferecem serviços essenciais e recursos que permitem o funcionamento do produto esportivo. No caso dos de negócios, o investimento e o apoio por eles oferecidos geralmente permitem à modalidade esportiva atrair um perfil mais amplo, tornando-se, assim, mais lucrativa e bem-sucedida. No caso dos públicos de mídia, eles permitem que o produto esportivo seja oferecido aos vários públicos espectadores em horário e local diferentes daqueles de realização do jogo (por meio de transmissões televisivas e cobertura impressa dos eventos e artigos esportivos).

Públicos de serviços e mercadorias de apoio

Os públicos de serviços e mercadorias de apoio surgem na seção de fornecimento do diagrama da indústria e consistem em organizações e indivíduos que fornecem mercadorias e serviços de apoio essenciais àqueles indivíduos centrais do produto esportivo. Esses públicos podem ser os fornecedores de serviços de *catering*[4], sindicatos dos atletas e trabalhistas, empresas responsáveis pela fabricação e pelo fornecimento de equipamentos esportivos especializados e vestuário, equipes de segurança e até mesmo empresas de transporte responsáveis pela locomoção dos espectadores ao evento esportivo ou aos locais onde os participantes praticarão sua modalidade esportiva.

Esses públicos geralmente não exercem qualquer influência sobre a forma ou o funcionamento do produto esportivo e, portanto, são exibidos apenas para produzir um efeito de fornecimento em relação à indústria esportiva. Eles simplesmente reagem às mudanças e exigências dos envolvidos com a parte principal do produto esportivo.

Públicos governamentais

Diversas modalidades de esporte na Austrália e Nova Zelândia são, em graus variados, lançadas pelos governos local e federal. Os públicos governamentais, mesmo quando não são responsáveis diretos pelo lançamento de modalidades esportivas altamente lucrativas, estão geralmente envolvidos nos níveis de desenvolvimento de vários esportes no âmbito das comunidades locais. Eles fornecem o investimento de infra-estrutura para instalações, locais de treinamento e bolsas escolares esportivas, entre outros, além de geralmente auxiliar no estímulo ao esporte como uma contribuição valorosa à vida da comunidade. O valor total de investimentos gastos em esporte pelo governo australiano em 2000 foi maior do que A$ 2 bilhões, enquanto na Nova Zelândia o governo gastou NZ$ 534 milhões no desenvolvimento do esporte (Statistics New Zealand, 2000). Ambos os países pretendem investir ainda mais nos próximos anos, pois perceberam o quanto o esporte contribui para suas economias nacionais. Na Austrália, essa contribuição é de cerca de 1,2% do PIB, e na Nova Zelândia ela gira em torno de 0,9% (ABS, 2000; Statistics New Zealand, 2000).

Os públicos governamentais, que se assemelham aos públicos de negócios/mídia, são conhecidos como geradores tanto de um impacto de fornecimento como de demanda sobre seu produto

---

[4] Alimentos e bebidas específicos do local e público específicos. No Brasil, cachorro-quente, pipoca, amendoim, sorvetes, água, cervejas e refrigerantes em lata. (NRT)

esportivo. Possuem uma função de fornecimento em termos de investimento e apoio à geração e infra-estrutura do esporte. Causam também um impacto de demanda nas áreas em que os governos requerem consideração quanto aos seus investimentos na forma de voto ou benefício político geral.

Públicos espectadores

O último grupo a merecer consideração no exame da indústria esportiva é o público espectador, que provavelmente é o mais importante do ponto de vista de marketing, pois sem ele o produto esportivo não teria um futuro viável. Esses públicos abrangem espectadores do esporte em todas as formas – espectadores de jogos ao vivo e os que participam por meio do fornecimento dos produtos esportivos pela mídia (tanto no formato eletrônico quanto impresso). São considerados geradores de um efeito de demanda sobre o produto esportivo, pois, afinal, qualquer esporte se torna desvalorizado e perde sua importância tanto em termos de negócios quanto de participação se perder seu público espectador. Assim, por meio de sua influência e opinião, eles geralmente afetam o formato de um esporte, suas regras, seus regulamentos, seus locais e, às vezes, até mesmo seus participantes.

Muitos dos públicos de demanda tentam influenciar o produto esportivo com base no seu nível de envolvimento financeiro com o esporte. Em contrapartida, os públicos de fornecimento oferecem os produtos e serviços essenciais à indústria esportiva para que esta funcione de modo eficaz. Como mencionado anteriormente, as necessidades conflitantes dos públicos de fornecimento e de demanda causam dificuldade de gerenciamento aos profissionais de marketing esportivo. Especificamente, os públicos de demanda tentam, em geral, influenciar a oferta do produto para satisfazer suas motivações particulares e adequá-lo a seus programas, enquanto os públicos de fornecimento parecem estar mais interessados em obter *status quo* com a oferta do produto, de modo que atenda suas exigências empresariais e sua agenda de planejamento. Esse conflito direto significa que os profissionais de marketing esportivo constantemente precisam pensar de forma estratégica sobre o modo como satisfarão esses grupos, tendo em vista as restrições do mix de marketing e seus próprios objetivos estratégicos.

Outros clubes esportivos

Compreender o impacto dos clubes esportivos e a forma como suas atividades influenciam sua organização é um aspecto também importante. Outros clubes terão objetivos semelhantes em relação ao recrutamento de associados e jogadores e à concentração nos investimentos empresariais, que, dependendo do tamanho do mercado em que a organização esportiva opera, poderão resultar em um ambiente altamente competitivo. Isso se aplica particularmente às organizações esportivas operando em áreas regionais em que as oportunidades de investimento empresarial e o crescimento do número de associados são limitados.

As áreas regional e rural da Austrália lidam atualmente com fatores sociais e econômicos que vão da desregulamentação do setor financeiro, privatização das empresas governamentais e reforma microeconômica à introdução da política de concorrência nacional. O efeito de muitos desses assuntos mais abrangentes influencia os negócios locais e sua capacidade de investir no esporte e, conseqüentemente, os perfis demográficos dessas comunidades regionais. Assim, outros clubes esportivos produzem um efeito de fornecimento na organização esportiva, visto que eles limitam o tamanho do mercado potencial.

Órgãos governamentais esportivos

Os órgãos governamentais reguladores de vários segmentos esportivos tendem a produzir um efeito de fornecimento e de demanda sobre eles. Esses órgãos são responsáveis pelo estabelecimento das regras e regulamentações que regem o esporte, bem como pela assistência a essas organizações em assuntos como: seguro, treinamento e treinamento no comando.

Por exemplo, a associação Surfing Australia visa atender aos clubes de surfe em toda a Austrália, das zonas rurais e em nível regional até os padrões da Associação Profissional de Surfe (ASP). A associação está envolvida na administração e gestão esportiva, em treinamento de surfe, gestão de eventos, desenvolvimento atlético, programas educacionais e assuntos e interesses ambientais. Ela atua também como um ponto central de contato quanto a quaisquer dúvidas relacionadas ao surfe e ao oceano. Oferece a seus associados opções de seguro, assistência em viagens, ingressos para competições oficiais e informações sobre o setor (www.surfingaustralia.com).

Etapa 4: Desenvolvimento de um mix de marketing para cada segmento

Nesse estágio, é necessário que os profissionais de marketing considerem cada um de seus mercados-alvo separadamente e desenvolvam um mix de marketing adequado, ajustado a suas necessidades específicas. Os elementos básicos de um mix de marketing a serem considerados para todos os produtos e serviços abrangem: preço, produto, promoção e distribuição (ponto-de-venda); e é provável que cada mercado-alvo precise de uma combinação diferente de estratégias de mix de marketing que atendam a suas necessidades particulares. Isso implica considerar ofertas de produtos ou serviços alternativas para diversos segmentos; talvez diferentes estratégias de definição de preços; distintos sistemas de distribuição; e, certamente, vários programas promocionais. Uma vez determinado o mix de marketing para cada segmento, os profissionais de marketing poderão considerar se há semelhanças entre os grupos e se alguns esforços poderão ser combinados a fim de economizar recursos.

É importante que os profissionais de marketing esportivo considerem como cada um dos elementos do mix de marketing se integra e se relaciona aos demais. Por exemplo, produtos esportivos sem uma definição de preços estrategicamente elaborada ou até mesmo elaborada de forma incorreta ou injusta poderão acabar gerando um impacto maior na forma como os consumidores enxergam a organização e o produto. Efeitos promocionais desagradáveis, inadequados e discriminatórios poderão também gerar o mesmo impacto que uma situação na qual os ingressos para um esporte popular não foram disponibilizados ao público interessado em assistir a ele. Vejamos de forma resumida o que está envolvido em cada uma dessas variáveis de mix de marketing, partindo de uma perspectiva estratégica. Essas decisões estratégicas são analisadas mais detalhadamente nos Capítulos 6 a 8.

Estratégias de produto

Em se tratando de esporte, o produto geralmente é o jogo propriamente dito, mas há também alguns componentes intangíveis que precisam ser considerados. Os elementos tangíveis do produto esportivo são os praticantes de determinado esporte, o tipo de competição ou jogo praticado, as decisões de merchandising (camisetas, bonés, equipamentos etc.) e os locais dos jogos. Os elementos intangíveis são as impressões, experiências, emoções e interpretações demonstradas pelas pessoas em relação ao esporte, sejam elas participantes ou não.

Por si só, o produto esportivo é altamente inconsistente e imprevisível, e se isso, por um lado, torna-o atraente para muitas pessoas, por outro, seu marketing fica muito mais difícil. Imagine como seria tentar tomar decisões de marketing estratégico para um produto sobre o qual você não tem nenhum controle! Os profissionais de marketing esportivo não sabem como será o desempenho de seus times, se os jogadores irão envolver-se em escândalos ou se os horários das partidas (geralmente estabelecidos por terceiros) influenciarão em seu sucesso e/ou preferência em determinado mercado (o Capítulo 6 trata mais detalhadamente desses assuntos). Os elementos intangíveis do produto esportivo carregam em si muitas das características encontradas nos serviços, a saber:

- perecível – uma vez encerrado um evento esportivo, encerram-se também as possíveis vendas "ao vivo";
- inseparável – os produtos esportivos são simultaneamente produzidos e consumidos quando jogadores, treinadores, dirigentes e fãs criam o evento que consomem;
- heterogêneo – os produtos esportivos são subjetivos e têm como base a experiência do consumidor ou produtor do esporte e, portanto, cada evento ou experiência esportiva será diferente;
- intangível – muitos elementos do produto esportivo são intangíveis.

Estratégias de definição de preços

Definição de preços é uma questão crítica e delicada em muitas decisões de marketing estratégico, e no esporte é, além de tudo, complexa. O preço de compra de um ingresso para um evento esportivo tem como base não apenas o valor do dólar para aquele ingresso, mas também o valor oriundo da experiência e das expectativas de desempenho dos jogadores que o público encontrará. Além disso, para muitos produtos esportivos, uma estratégia diferenciada de definição de preços é comum – preços diferenciados são cobrados pelos diversos lugares ou benefícios incluídos no ingresso.

Para a maioria dos esportes jogados em estádio, a receita obtida com o preço dos ingressos é menor do que a receita prevista com os direitos de transmissão e vendas de ingressos corporativos. Isso não se aplica às organizações esportivas amadoras ou regionais de porte inferior, que geralmente são obrigadas a fazer da venda de ingressos sua principal fonte de renda. Portanto, seria necessário aplicar várias estratégias de definição de preços a cada caso (o Capítulo 8 examina mais detalhadamente a questão da definição de preços em organizações esportivas).

Estratégias de distribuição

Decisões sobre distribuição tratam de onde os consumidores podem comprar o produto e onde o produto é consumido. Questões como gestão de inventário, armazenagem, varejo, transporte e gestão de canal são consideradas na tomada de decisão estratégica sobre distribuição de bens físicos. Algumas dessas decisões também serão aplicáveis aos elementos tangíveis do produto esportivo (mercadorias e equipamentos esportivos, por exemplo).

Os elementos intangíveis do esporte são igualmente afetados por decisões de distribuição estratégicas. Onde os ingressos são vendidos, onde estão localizados os clubes dos torcedores, como atrair pessoas aos jogos e como estabelecer um contato entre nossos jogadores e os torcedores são decisões relacionadas à distribuição e relevantes para a organização esportiva. Além desses elementos, as decisões sobre instalações esportivas poderão também enquadrar-se na categoria de distribuição. Onde deverão localizar-se os campos ou estádios, qual deve ser sua aparência, quais questões sobre o acesso deverão ser consideradas e como as pessoas chegarão até eles são perguntas que precisam ser respondidas (o Capítulo 8 tratará desses assuntos com mais detalhes).

Estratégias promocionais

Uma estratégia promocional lida com os mix de promoção – cinco elementos de promoção que precisam ser combinados da melhor forma possível para assegurar que os consumidores-alvo da organização tenham conhecimento sobre os produtos e serviços oferecidos, bem como sobre a forma de acessá-los. Os cinco elementos do mix de promoções são:

- propaganda;
- venda pessoal;
- promoção de vendas;
- relações públicas;
- marketing direto.

O objetivo principal de uma decisão promocional é assegurar que todos os elementos do mix de promoções estejam integrados com os objetivos de marketing, tendo em conta também as decisões e orientações selecionadas em relação a outros elementos do mix de marketing. Um programa de comunicação integrada de marketing (IMC – *integrated marketing communications*), examinado mais detalhadamente no Capítulo 7, é a solução ideal para a tomada de decisão promocional estratégica.

Etapa 5: Implementação e coordenação dos planos de marketing

Nesse estágio do processo, os planos de marketing são colocados em prática e decide-se quem executará as diversas tarefas e será responsável por elas, quais recursos financeiros ou de outra natureza serão necessários e o cronograma dessas atividades. Esse estágio envolve esforços de coordenação e comunicação consideráveis entre todas as áreas da empresa. Há muitos casos em que grandes planos estratégicos falharam nesse estágio do processo. Geralmente, as razões são:

- falha em considerar o impacto em todas as áreas funcionais no contexto da organização na fase de planejamento;
- falta de comunicação sobre os objetivos dos planos;
- resistência à mudança.

Planejamento estratégico é um conceito ou forma de pensamento; apesar disso, elaborar um *plano real por escrito* é parte essencial do processo de planejamento. Um plano estratégico deve ser preparado por escrito e distribuído em todas as principais áreas funcionais e atuantes dentro da organização. Para cada iniciativa individual poderão ser necessários diferentes planos estratégicos. Por exemplo, talvez uma organização esportiva disponha de um plano estratégico para obtenção de patrocínio entre os sócios corporativos e outro para aumentar a participação de amadores em sua modalidade esportiva. Para alguns clubes, um plano de negócios de participação esportiva poderá prestar auxílio nessa área. Esses planos geralmente contêm informações sobre o foco estratégico do clube, uma síntese da análise situacional, informações sobre o produto e foco de mercado e, por fim, projeções e avaliação de dados financeiros e estratégias de implementação.

Etapa 6: Controle e avaliação da estratégia

Uma vez implementados os planos e a estratégia de marketing, é essencial que haja uma avaliação do seu sucesso e um monitoramento contínuo de seu progresso. O controle de marketing abrange a medição, avaliação do desempenho e o estabelecimento de medidas corretivas, caso sejam solicitadas. Essa é a razão pela qual objetivos claros e mensuráveis

(Etapa 1) são tão importantes. Se essa etapa não for bem executada, será impossível determinar se uma estratégia de marketing foi bem ou mal executada.

Esta seção proporcionou uma breve visão e revisão do processo de marketing estratégico em termos gerais, além de alguns dos aspectos importantes que essa abordagem representa para as organizações de marketing esportivo.

Marketing esportivo estratégico

Esporte é um produto complexo com públicos múltiplos e que requer planejamento cuidadoso, bem como manipulação estratégica das variáveis do mix de marketing. A Figura 2.6 ilustra um modelo de relação das variáveis do mix de marketing e dos públicos esportivos. Esse modelo indica claramente que as funções do mix de marketing e as decisões estratégicas precisam levar em conta os impactos e as exigências dos vários consumidores e públicos esportivos no contexto do ambiente externo para se tornarem eficazes. O efeito de demanda de diversos públicos pode afetar o próprio produto central, enquanto o efeito de fornecimento de outros públicos sofre, por conseqüência, o impacto de quaisquer mudanças ocorridas no produto central. Cada uma das áreas destacadas nesse modelo será discutida mais detalhadamente nos capítulos subseqüentes.

Contraponto: O esporte é um negócio?

O montante gerado com esporte no mundo todo tornou-se tão exorbitante que agora o esporte já é considerado realmente um negócio. Ele figura na lista dos ativos nacionais, sua gestão e marketing são concebidos como parte de programas empresariais, e gestores governamentais e do setor privado dedicam-se ao seu controle. Contudo, essa idéia contraria o propósito social, físico e emocional do esporte, isto é, o envolvimento? É certo que os investidores de nossos jogos e esportes nacionais não projetaram desafios individuais ou coletivos considerando que eles seriam empacotados, televisionados, vendidos, negociados, comercializados e digitalizados?

A resposta a essa questão pode ser discutida e, na verdade, é discutida por diferentes membros da comunidade. Entretanto, o fator crítico em nosso ambiente de negócios e social atual é que o esporte é um negócio em que as pessoas podem assistir e participar de acordo com sua preferência. Ao considerar alguns desses argumentos, seria aconselhável lembrar que o lucro não é o objetivo de todas as organizações esportivas. Assim como tantas outras grandes empresas públicas "não operam com fins lucrativos", também é possível que uma organização esportiva exista para proteger o esporte, assegurando que as oportunidades de participação existam etc. A razão pela qual um pequeno clube de críquete social precisa de um plano estratégico é a necessidade de proteger

Figura 2.6: Um modelo de marketing esportivo

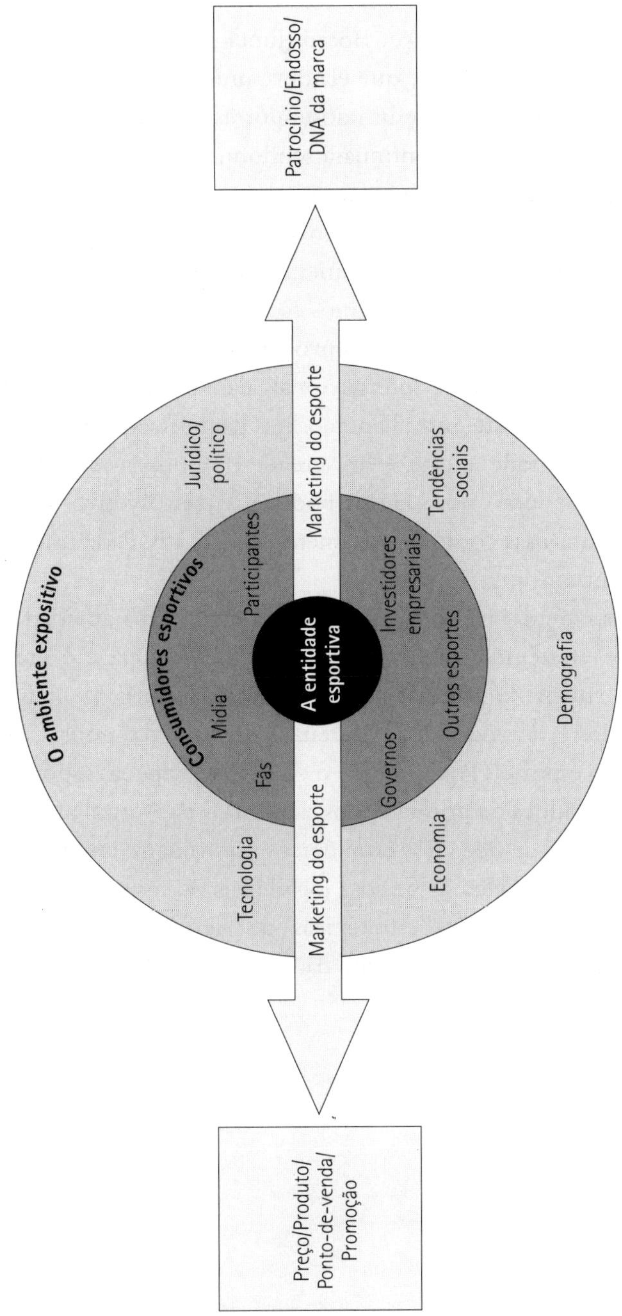

suas instalações para jogos. É necessário assegurar-se de que terá associados (isto é, jogadores) no futuro e que esses associados contarão com um campo para jogar e, talvez, alguns patrocinadores para ajudá-los com uniformes e taxas de inscrição.

A razão pela qual a Australian Cricket Board (Junta de Críquete Australiana – ACB) precisa de um plano estratégico reside no fato de que ela deve prestar contas às partes interessadas. Ela está encarregada da gestão justa e imparcial de um dos esportes nacionais mais populares da Austrália, e sua missão é assegurar que o críquete continuará sendo um esporte popular no futuro como jogo social e esporte competitivo em âmbito internacional. O planejamento estratégico tem permitido à ACB compreender que deve incentivar o desenvolvimento do críquete em outros países.

A ACB patrocina jogadores e o desenvolvimento oficial do esporte nos países do sudeste asiático para que os jogadores de críquete australianos continuem a ter com quem competir no futuro. Esporte sem competição não é esporte. Ao desenvolver a competição, a ACB não apenas atende às necessidades dos jogadores de críquete internacionais da Austrália, mas também protege os interesses dos consumidores do esporte australiano ao lhes garantir espetáculos de críquete no futuro. O planejamento estratégico pode ajudar, e na verdade os ajuda, a identificar oportunidades para negócios lucrativos, mas esse lucro, por sua vez, pode satisfazer objetivos não-financeiros por meio de programas destinados a causas como envolvimento social, atividade física e desenvolvimento de habilidades em grupo entre os jovens.

O planejamento estratégico não deveria ser considerado uma atividade para os megaesportes apenas. De fato, planos estratégicos são vitais para a sobrevivência e o crescimento de todos os esportes e organizações envolvidas com o esporte, de órgãos governamentais nacionais a ligas locais para jogadores abaixo dos 8 anos de idade. Portanto, no final das contas, talvez não tenhamos o direito de comercializar o esporte[5]. Pode ser que o esporte seja apenas esporte. Por que todos os que fazem parte de pequenos clubes de críquete e os associados da Australian Cricket Board deveriam ser forçados a elaborar planos de negócios estratégicos muito bem enredados? Não é seu propósito básico apenas fornecer recursos para as pessoas jogarem e/ou assistirem partidas de críquete? Por que precisam identificar oportunidades "estratégicas" de negócios? O planejamento estratégico não é apenas uma forma de imaginar esquemas que dão dinheiro? O que você acha?

---

[5] Toda modalidade esportiva que pretende desenvolver-se como esporte, com objetivos olímpicos, com base em um processo nacional associativo, necessita de um planejamento estratégico. (NRT)

Resumo

- **explique por que os elementos singulares do esporte influenciam o processo de planejamento estratégico**

A satisfação com eventos esportivos é, em grande parte, determinada pela qualidade das experiências dos espectadores esportivos e essas experiências sofrem influência de outros consumidores, do contexto físico (cenário do serviço) e do humor e das sensações próprios dos consumidores. Visto que os profissionais de marketing esportivo não podem controlar nem prever as emoções do consumidor (humor e sensações) ou a interação com outros na experiência de consumo dos indivíduos – e, na verdade, não há como controlar o resultado de uma partida em particular –, seus desafios de superação são singulares, e os princípios de marketing tradicional nem sempre são capazes de enfrentar tais desafios. Dessa forma, os profissionais de marketing esportivo devem tomar decisões de marketing no contexto de um ambiente em que o resultado de várias dessas decisões sobre produto, colocação e satisfação é imprevisível.

- **discuta, em termos gerais, os princípios do marketing estratégico**

Estratégia de marketing é o processo de planejamento, implementação e controle dos esforços de marketing com o objetivo de alcançar metas organizacionais e satisfazer as necessidades do consumidor.

Esforços de marketing abrangem identificação de segmentos de marketing apropriados e lucrativos; compreensão do comportamento, das necessidades e dos desejos dos clientes nesses segmentos; desenvolvimento de produtos diferentes; estratégias de definição de preços; sistemas de distribuição e planos promocionais para cada segmento; e, por fim, monitoramento da eficácia de todo esse esforço para assegurar que os clientes de cada segmento estejam satisfeitos com suas trocas.

- **discuta os vários componentes do modelo estratégico para o marketing esportivo**

O processo de planejamento estratégico pode ser resumido em uma variedade de fases ou etapas-chave. São elas:

1. Esclarecimento e definição de objetivos organizacionais e de marketing.
2. Análise situacional.
3. Identificação e descrição dos mercados-alvo.
4. Desenvolvimento de um mix de marketing para cada segmento.
5. Implementação e coordenação dos planos de marketing.
6. Controle e avaliação da estratégia.

- **descreva o processo de troca e indique o quanto ele é importante para o processo de planejamento de marketing**

O processo de troca é vital para qualquer estratégia de marketing. Uma troca é uma transação de marketing em que o comprador oferece algo de valor a um vendedor em troca de mercadorias, serviços ou outros benefícios. Trocas são geralmente descritas como processos de criação de valor, pois normalmente colocam as partes envolvidas em melhor situação.

- **discuta os fatores ambientais críticos para a tomada de decisão de marketing esportivo estratégico**

  Os fatores ambientais críticos para o marketing esportivo geralmente são externos à organização e podem ser agrupados em cinco forças-chave. São elas: governos e políticas, tecnologia, demografia, tendências sociais e forças econômicas.

- **identifique os principais públicos esportivos com capacidade de influenciar o processo de marketing esportivo estratégico**

  Como em qualquer ramo de atividade, a identificação de públicos relevantes ou dos principais grupos de indivíduos com poder de influenciar a organização é importante. Na indústria esportiva, geralmente classificamos sete públicos ou grupos a serem considerados, além dos consumidores esportivos, no processo de planejamento de marketing. São estes os grupos:

  1. jogadores ou participantes;
  2. investidores de negócios e/ou mídia;
  3. organizações de serviços e mercadorias de apoio;
  4. governos;
  5. espectadores;
  6. outros clubes esportivos;
  7. órgãos governamentais esportivos.

Perguntas de revisão

1. Quais são os elementos singulares do esporte que influenciam o processo de planejamento de marketing esportivo estratégico?
2. Quais são os ambientes externos que uma organização esportiva deve levar em consideração ao desenvolver um plano estratégico?
3. Por que é necessário que uma organização esportiva compreenda seus consumidores e como deveria proceder nesse caso?
4. Especifique e discuta os vários públicos a serem considerados pelas organizações esportivas no desenvolvimento de um plano estratégico e indique se eles possuem uma função de fornecimento ou de demanda.
5. Por que uma organização esportiva deveria elaborar planos quando o ambiente está em mudança constante?

Atividades aplicadas

1. Vá até o site da Queenland Swimming Association (Associação de Natação de Queensland) na internet em www.qld.swimming.org.au e verifique se você é capaz de identificar qualquer evidência de atividade relacionada a planejamento estratégico. Tente principalmente identificar o mercado-alvo para o qual a Queensland se dedica, se foram considerados os fatores ambientais, se há divulgação de sua missão e se ela presta serviços aos seus consumidores (outros pequenos clubes de natação e indivíduos). Que conclusões você pode tirar a partir dessas observações e quais recomendações você faria?
2. Escolha uma modalidade de esporte local e faça uma análise equivalente à das cinco forças de Porter (veja a Figura 2.3). Que conclusões relativas a marketing você pode estabelecer para essa organização?
3. Faça uma análise situacional estratégica de uma organização esportiva local. Quais são as implicações para essa organização com relação à maneira como realiza sua auto-apresentação a seus consumidores e públicos e que recomendações de marketing você faria nesse caso específico?
4. Exercício de internet: vá até www.sparc.org.nz e a http://www.ausport.gov.au/info/statistics.htm e dê uma olhada nas informações esportivas gerais disponibilizadas gratuitamente às organizações esportivas na Nova Zelândia e Austrália. Qual website apresenta o layout mais simples para localização de informações? Faça seus comentários. Você é capaz de localizar e comparar os dados relativos aos indivíduos na faixa dos 18-25 anos de idade que participam de alguma modalidade esportiva em cada um desses dois países? Qual país tem os melhores índices?

Referências

ABS, 2003, www.abs.gov.au.

Bloggs, J. *I will survive*. Brisbane, Austrália: John Wiley and Sons, p. 12, 2002.

http://www.onsport.com.au/ BigPond makes big splash. Artigo 74, 23 de julho de 2003.

Kiel, G. *Marketing: A strategic approach*, Nelson ITP, 1997.

Kotler, P. *Marketing management*. Nova Jersey: Prentice Hall, 1980.

Mallard, T. 2001, Report of the sport, fitness & leisure ministerial taskforce, 2001. Disponível em: www.executive.govt.nz/minister/mallard/sflreview/taskforce/part3.htm. Acesso em: 20 mar. 2004.

Mullin, B. Characteristics of sport marketing. In: Lewis, G.; Appenzellar, H. (Eds.). *Successful sport management*, Charlottesville, VA: Michie Co, 1985.

Porter, M. *Competitive strategy*. Nova York: Free Press, 1985.

Safe, M. An extremely bright future. *The Weekend Australian Magazine*, p. 14-19, 28-29 jun. 2003.

Shank, M. *Sport marketing: a strategic perspective*. Nova Jersey: Prentice Hall, 2002.

Shilbury, D.; Quick, S.; Westerbeek, H. *Strategic sport marketing*. Sydney: Allen & Unwin, 1998.

Shilbury, D.; Quick, S.; Westerbeek, H. *Strategic sport marketing*. Sydney: Allen & Unwin, 2002.

Statistics New Zealand. 2000, www.stats.govt.nz.

Stensholt, J. Sport for sponsors. *Business Review Weekly*, p. 58-62, 13-19 mar. 2003.

Summers, J.; Gardiner, M.; Lamb, C.; Hair, J.; McDaniel, C. *Essentials of marketing*. Melbourne: Thomson Nelson Publishing, 2003.

Summers, J.; Johnson, M. Sport marketing. In: McColl-Kennedy, J. R.; Kiel, G. C. *Marketing: a strategic approach*, Nelson ITP, 2000.

Wann, D. L. Preliminary validation of the sport fan motivation scale. *Journal of Sport and Social Issues*, v. 19, p. 377-96, 1995.

Wann, D. L.; Schrader, M. P.; Wilson, A. M. Sport fan motivation: questionnaire validation, comparisons by sport and relationship to athletic motivation. *Journal of Sport Behaviour*, v. 22, 1. ed., p. 114-40, 1999.

Estudos de Caso para a Parte 1

Segura, Peão![1]

Dra. Jane Summers

O rodeio profissional ganha popularidade tanto na Austrália quanto nos Estados Unidos. Nesse último, o índice de participação do público nesses eventos garante ao rodeio a posição de sétimo esporte mais popular do país, à frente do golfe e do tênis, com um público de cerca de 23 milhões de fãs (www.texasstampede.org). Essa nova onda parece estar pegando na Austrália, com o Monte Isa Rotary Rodeo, hoje apontado como o maior rodeio do hemisfério sul, responsável pela invasão da cidade por cerca de 30.000 pessoas que chegam para curtir os dois dias de festival, além dos shows de música *country* e de *pick-ups*, o concurso do "local mais bem decorado", bailes e concertos e o prêmio de A$ 200.000 que é oferecido pelo próprio rodeio.

O Monte Isa Rodeo foi criado há 40 anos, quando o Monte Isa Rotary Club decidiu lançar um evento que pudesse arrecadar fundos para a comunidade local e "colocar o Monte Isa no mapa". O comitê criador do evento não possuía experiência em rodeios nem conhecimento sobre a gestão do evento, mas tinha grande experiência em negócios e bom posicionamento de marketing.

O comitê realizou uma revisão e uma análise estratégicas do problema em suas mãos. Considerou seus objetivos (levantar fundos e estabelecer um perfil da comunidade), realizou análises do tipo SWOT e da concorrência e, a partir destas, chegou à conclusão de que havia uma oportunidade de mercado para a criação de um megaevento esportivo – um rodeio. Mas por que foi escolhido um rodeio?

Primeiro, o Monte Isa localiza-se na faixa de Selwyn, no noroeste de Queensland. Essa área é considerada pelas comunidades próximas como a "capital" do noroeste de Queensland. As principais atividades industriais da região são a mineração e a agricultura; portanto, quando pensou em um esporte capaz de conseguir o apoio da comunidade local e atrair um público maior, o comitê precisava encontrar uma modalidade que não estivesse ainda supersaturada e supercomercializada pelas principais grandes cidades, e, dessa forma, o rodeio era opção perfeita. Muitos moradores das áreas vizinhas possuíam ou montavam cavalos como forma de ganhar a vida, e a cultura do vaqueiro estava viva e em boa fase, o que ajudou o comitê a perceber uma tendência de muitos a retomar as origens – e o que tinha mais a ver com "rural" do que o rodeio?

---

1 Cabe exemplificar que a Festa de Peão Boiadeiro de Barretos, em São Paulo, Brasil, movimenta em 10 dias cerca de 1,5 milhão de pessoas diretamente envolvidas no evento. (NRT)

Ao concluir sua análise, o Comitê do Rotary de Monte Isa elegeu o rodeio como seu esporte. Percebeu também que dispunha de um local perfeito para o rodeio no Parque Kalkadoon. Esse local lhe proporcionou a maior arena de rodeio da Austrália, com capacidade para cerca de 30.000 espectadores, 10 locais para refeições e pavilhões para mercadorias, além de espaço para três bares e passeios a cavalo permanentes.

Qual seria, então, seu público-alvo? Nos primeiros dias, o rodeio atraiu homens e mulheres dos arredores da cidade, bem como a comunidade local. Hoje, as pessoas viajam de Brisbane, Sydney e Melbourne para assistir ao evento e participar dele, e a cidade fica 100% lotada durante o fim de semana de agosto em que o rodeio acontece. Parece que a agitação, a música e a imagem imponente do caubói atraem uma grande parte da população, particularmente pessoas na faixa dos 15 aos 30 anos de idade. O esporte atrai homens e mulheres, embora as competições mais perigosas sejam dominadas principalmente pelos homens, como a montaria de búfalos e cavalos selvagens.

Desde seu início, o rodeio já ultrapassou a marca dos A$ 2,5 milhões, revertidos para organizações de caridade, da comunidade, culturais, esportivas e de serviços localizadas no Monte Isa e arredores – nada mal para um pessoal que sequer montava um cavalo! Atualmente, o Monte Isa Rotary Rodeo e seu irmão mais novo, o Warwick Gold Cup, são promovidos como eventos esportivos familiares e geralmente sua atmosfera é de uma grande festa, com festivais de música *country* e semelhantes, bem como eventos associados acontecendo ao mesmo tempo, de forma que propicie o máximo de entretenimento para seu público. A dúvida do Monte Isa, no momento, é: qual deve ser seu próximo passo? Para onde eles deveriam levar o marketing do rodeio e de que forma deveriam resolver a questão do plano de marketing estratégico?

Questões

1. Na sua opinião, o Monte Isa Rotary Rodeo seguiu o processo de planejamento de marketing estratégico delineado no Capítulo 2? Justifique sua resposta com base na teoria deste capítulo.
2. Com base no processo de planejamento de marketing do Capítulo 2, quais seriam suas recomendações para o Monte Isa Rotary Rodeo quanto a seus processos e por quê?
3. Quais seriam suas recomendações para o comitê do Monte Isa Rotary Rodeo sobre como seu evento poderia ser comercializado no futuro (talvez uma pesquisa na internet para ver o que outros rodeios no mundo estão fazendo possa ajudar)?

Fontes: http://www.isarodeo.com.au/; Lewis, P. True rodeo lovers head for Mt Isa, *Landline*, 20, 2000. Agosto; www.texasstampede.org/rodeo.

Estádio Telstra: Um parceiro esportivo desde o início

Dra. Jane Summers

Cenário esportivo é um termo comumente usado no marketing esportivo para designar a área física nos arredores de um estádio de esportes capaz de afetar a vontade dos espectadores em termos de comparecer e retornar ao estádio para assistir a uma partida (Shank, 2002). Os fatores que exercem impacto sobre o cenário esportivo e, conseqüentemente, sobre as impressões do espectador com relação ao local são: acesso ao estádio, estética, qualidade do placar, conforto dos assentos e, geralmente, acessibilidade oferecida pelo layout do estádio. Pesquisas demonstraram que a sensação de prazer ou desprazer do espectador associada ao cenário esportivo pode influenciar de forma positiva ou negativa não apenas sua diversão em um evento esportivo, mas também a probabilidade de retorno do espectador ao local para futuros eventos.

Isso quer dizer que os modernos projetistas de estádios estão concentrando sua atenção na satisfação do cliente ao elaborar seus projetos, e os administradores das instalações também oferecem mais opções, bem como uma maior qualidade em todos os aspectos, de assentos a opções para comidas e bebidas. Foram-se os dias em que um assento de cimento duro e uma cerveja morna bastavam para quem queria assistir a seu time favorito jogar. Hoje, os estádios estão instalando arquibancadas, separando áreas exclusivas para seus associados, oferecendo opções para refeições *gourmet* e cardápios completos para vinhos e drinques. Os estádios modernos são obrigados a competir com o padrão de conforto e conveniência das salas de estar – completas, hoje em dia, com grandes TVs de tela plana e som estéreo. Assim, a experiência ao vivo é o ingrediente decisivo a ser vendido pelo estádio moderno, bem como o calor da torcida e as emoções que não podem ser reproduzidas em uma sala.

O estádio Telstra, em Sydney, é um dos modelos de estádio moderno. Sua construção foi iniciada em setembro de 1996 e foi finalmente concluída em outubro de 2003; recebeu seu primeiro evento esportivo (um jogo da liga nacional de rúgbi) em março de 1999 com um público de 104.000 espectadores. O estádio tem, hoje, capacidade para 80.000 lugares e mais 3.500 camarotes, e foi palco das Olimpíadas de 2000, em Sydney. A disposição de última geração dos assentos permite que as fileiras mais baixas das áreas leste e oeste se aproximem 15 metros da ação das partidas de rúgbi *union*, futebol e rúgbi *league* ou permaneçam na posição mais afastada nos jogos em que um campo mais extenso é exigido, como os jogos de críquete e futebol australiano.

O estádio Telstra é um dos estádios mais tecnologicamente avançados do mundo, com sistemas digitais e de fibra óptica para transmissão e comunicação de dados. Há também uma ampla cobertura de rede sem fio por todo o estádio. Outros dados estatísticos são apresentados na Tabela 1.

O estádio pertence ao Stadium Australia Group (SAG), a quem os governos estadual e federal concederam um contrato de arrendamento de 31 anos para uso do terreno. Isso significa que, para arcar com as despesas consideráveis relativas à administração do estádio, o SAG tem de obter e manter grandes contratos para a aquisição de acessórios esportivos e promoção de eventos, e também atividades culturais que venham a ser programadas na área de Sydney. O direito de uso do nome Telstra contribuiu nesses sete anos para que o estádio se transformasse no maior "campeão de vendas" de eventos esportivos, o que responde principalmente pelo seu lucro operacional de 12,4 milhões (Telstra Stadium, 2003). Esses eventos incluem as partidas iniciais e as grandes finais da NRL, os jogos *state-of-origin* da ARL, diversas partidas de futebol australiano com bom público, os jogos da ARU Bledisloe da Copa do Mundo de Rúgbi, bem como um bom número de confrontos internacionais de críquete. Em 2004, cerca de 750.000 espectadores compareceram a eventos no estádio Telstra, um aumento de 150.000 em relação a 2003.

Apesar dos números impressionantes de público, é interessante observar que a renda obtida com o aluguel para esses eventos não representa a principal fonte de lucro do estádio. Pelo contrário, grande parte da renda é gerada pela venda de ingressos corporativos via pacotes que incluem camarotes, camarotes especiais e restaurantes, mensalidades dos sócios do Telstra Stadium Club (todos os títulos ouro e platina foram vendidos aos sócios em 2004), direitos de uso de nome e marcas, receita com venda de alimentos e bebidas e merchandising. Concorrendo com as necessidades comerciais por lucratividade, sobrepõe-se o envolvimento considerável do governo da NSW no estádio, que exige que o desenvolvimento e o apoio esportivos sejam parte da estratégia de marketing implementada pelo estádio.

Um exemplo disso é o envolvimento do estádio Telstra na Australian Rugby Union (União Australiana de Rúgbi), visando ao crescimento e à viabilidade financeira desse esporte em termos gerais. Quanto à candidatura da ARU para que a Austrália sediasse a Copa do Mundo de Rúgbi de 2003, o estádio não só pôde oferecer recursos de última geração capazes de atrair grandes públicos pagantes internacionais, como também instalações livres de propagandas de nomes ou marcas. Isso, aliado a compromissos para a possível venda de ingressos corporativos no estádio, foi

Tabela 1: Estatísticas gerais sobre o estádio Telstra

O custo da construção foi de A$ 690 milhões	92 catracas instaladas com capacidade para 1.400 pessoas cada
A altura do estádio é de 58 metros	284 camarotes, além de camarotes especiais
12 restaurantes e saguões para os associados	124 pontos de alimentação
53 bares	4 vestiários
24 escadas rolantes	350 aparelhos de TV
Seria possível estacionar quatro Boeings 747 um ao lado do outro sob o vão do arco principal	Maior público – Decisão do ouro olímpico de futebol com 112.000 espectadores (cerimônia de abertura, 99.772)

o argumento final para que o Telstra se candidatasse. Por uma taxa de A$ 14 milhões, a ARU pôde alugar o estádio sem propagandas. Esse fato, juntamente com os custos do torneio de cerca de A$ 120 milhões, representou uma despesa considerável para a ARU recuperar. No entanto, a grande capacidade de assentos e de espaço corporativo do estádio permitiu que apenas a venda de ingressos para as partidas disputadas ali recuperasse cerca de A$ 135 milhões, e que os ingressos corporativos recuperassem mais de A$ 1 milhão.

Atualmente, o estádio Telstra lançou uma iniciativa para apoiar a liga de críquete australiana de maneira semelhante. Foi sugerido que, se as partidas internacionais de críquete, que são jogadas em um dia, fossem realizadas no estádio Telstra, em vez de no Sydney Cricket Ground, o críquete australiano experimentaria um aumento nas receitas de cerca de A$ 1 milhão, e isso só com o aumento na oferta de lugares. Caso os direitos com a venda de ingressos corporativos fossem incluídos, essa soma seria duplicada facilmente.

Portanto, por que uma empresa como a Telstra desejaria assegurar os direitos de nome de um estádio esportivo, particularmente pelo fato de a mesma empresa deter direitos de nome em uma outra localidade semelhante em Melbourne (o Telstra Dome)? Uma das razões mencionadas diz respeito aos benefícios de que a Telstra dispõe com as oportunidades de alavancagem obtidas com seu envolvimento. Freqüentemente, grandes eventos de apoio, como os mencionados, implicarão parcerias com a Telstra para assegurar exposição e cobertura máximas a todos os produtos e serviços oferecidos pela empresa de telecom. Além disso, a Telstra utiliza também os estádios para treinamento do seu pessoal, oferece incentivos (por meio de ingressos e acesso às instalações corporativas), prêmios aos clientes e lançamentos de produtos. A Telstra detém também licenças exclusivas para viabilização de toda a telecomunicação dentro do estádio, inclusive com aplicativos sem fio e, caso você venha a participar de algum grande evento esportivo no futuro, descobrirá que, se não estiver ao celular conversando com alguém ou enviando uma mensagem de texto durante uma das partidas, você faz parte da minoria. Já nas grandes finais da NRL, a Telstra promoveu um envolvimento maior dos espectadores ao criar concursos para os presentes nos quais eles deveriam enviar mensagens SMS com suas respostas para as várias perguntas propostas durante a noite – todas elas geram receitas consideráveis para a Telstra.

O estádio Telstra não tem mais de quatro anos e meio de funcionamento e já mudou a cara dos eventos esportivos em Sydney, Austrália. Contudo, a fim de manter sua superioridade sobre as salas de estar, a Telstra precisa permanecer atenta aos fatores com poder de afetar o cenário esportivo e continuar a oferecer opções de entretenimento de alta qualidade ao mercado. É necessário, também, desenvolver novos mercados (como o de críquete), buscar e desenvolver novos fãs e associados, além de continuar a oferecer uma experiência de consumo superior àqueles que visitam o estádio.

Questões

1. Há cinco fatores que podem influenciar o cenário esportivo. Na sua opinião, qual o impacto individual de cada um desses fatores na satisfação do público em um determinado estádio? Discuta.

2. O contrato entre a ARU e o estádio Telstra deveria ser renovado em dezembro de 2005. Se fosse gerente da ARU, o que você consideraria na hora de decidir renovar ou não o contrato e qual seria sua decisão?
3. Caso a Telstra abrisse mão dos direitos de nome, que outros tipos de empresas poderiam assumi-los e o que teria de ser considerado no momento de tomar uma decisão nesse sentido?
4. Esse caso se preocupou, em grande parte, com os fatores que podem ser controlados pela administração de um estádio para influenciar a satisfação do espectador ao comparecer a um evento esportivo. Contudo, alguns dos fatores que influenciam a apreciação de um espectador em relação ao evento esportivo, mesmo quando presente no estádio, estão fora do controle da administração do estádio. Por exemplo, o comportamento do público, o clima e o desempenho dos times em campo. Que estratégias você recomendaria à equipe de administração do estádio para ajudá-la quando algo der terrivelmente errado para os espectadores?

O ambiente esportivo

capítulo 3

Esporte e sociedade

Objetivos de aprendizagem

Após ler este capítulo, você deve ser capaz de:

- definir o esporte como um elemento cultural
- identificar exemplos do papel do esporte na definição da identidade nacional
- compreender o poder subcultural do esporte
- enumerar os benefícios e as responsabilidades do governo em relação ao esporte
- explicar o papel do esporte na socialização de crianças
- discutir os agentes e questões envolvidos na socialização em torno do esporte

Introdução

O esporte em todas as suas manifestações envolve milhões de pessoas e milhões de dólares em todo o mundo. Ao tentar compreender a magnitude e a importância do esporte na sociedade, é necessário explorar os conceitos de cultura e sociedade. O esporte, além de exercer um papel fundamental na definição de quem somos e daquilo em que acreditamos, ajuda a definir nossa identidade nacional e distinguir a identidade de outros.

Este capítulo irá explorar os conceitos de cultura e subcultura. O esporte foi reconhecido como fenômeno cultural por seus próprios méritos, e os mercados esportivos subculturais estão tornando-se um desafio para os profissionais de marketing esportivo na atualidade.

O capítulo irá investigar os benefícios e responsabilidades do governo em relação ao esporte. As questões centrais a serem exploradas abrangerão: os benefícios da saúde e do bom condicionamento físico para o governo e para uma comunidade mais ampla, o impacto do sucesso esportivo internacional e as questões comunitárias relacionadas a sediar megaeventos esportivos.

Finalmente, este capítulo explicará o papel do esporte na socialização de crianças no âmbito da sociedade e considerará ainda, separadamente, a questão da socialização de crianças[1] como consumidores de esporte. Os agentes envolvidos nesses processos e as oportunidades pertinentes também serão discutidos[2].

Esporte e cultura

Como mencionado anteriormente, o esporte é considerado um fenômeno cultural. Assim como a música e a arte em geral, ele faz parte da história de todas as culturas do mundo e continua sendo um veículo atual de definição cultural. Pessoas e comunidades podem definir e expressar sua própria identidade e raízes comuns por meio do esporte e dos rituais a ele associados. Basta olhar para as Olimpíadas e descobrir centenas de exemplos de expressão cultural *por meio* do esporte. A cerimônia de abertura, com todo o seu esplendor, é uma verdadeira demonstração cultural adornada pelo tremular de bandeiras nacionais e desfiles de vestuários típicos. Cantos e gritos de guerra levam participantes e espectadores a reforçar ainda mais suas raízes culturais, elevando a emoção dos eventos.

---

1 No Brasil, esse mecanismo foi aplicado na comunidade da Mangueira, no Rio de Janeiro, para, mediante a prática de esportes, gerar socialização. (NRT)

2 Nesse contexto, a realidade brasileira tem muito a aprender com os países da Oceania. Foi por desenvolver esse espírito do esporte como ferramenta social que a Austrália já foi sede de uma Olimpíada. (NRT)

Além de ser um veículo de expressão cultural, o esporte, por seus próprios méritos, é também um instrumento de definição de determinada cultura. Os australianos geralmente são descritos pelos turistas como indivíduos "descontraídos e esportistas". Boa parcela desse estereótipo esportivo está relacionada à presença australiana em esportes terrestres e aquáticos. Outros ícones culturais da Austrália incluem o críquete e o futebol australiano. Praticar um esporte ou assistir a uma partida esportiva são, de fato, reconhecidos como típicas atividades "australianas".

Nem todos os esportes permanecem confinados à sua herança cultural, e, com o crescimento das exportações e dos negócios globais, o esporte geralmente migra para novos países. Esse é um fenômeno interessante, pois muito do ritual e do espírito esportivo pode ser impresso em outra cultura. Nesse caso, o esporte que tem origem em certa cultura poderá ser adaptado e modificado quando incorporado a outra, ou essa incorporação poderá trazer consigo alguma transferência cultural a partir da cultura de origem. Nesta seção consideraremos essas questões, definindo exatamente o que se entende por cultura e avaliando a forma de contribuição que o esporte presta à identidade cultural.

Cultura definida

Há, literalmente, centenas de definições para cultura na linguagem de marketing, muitas das quais com suas raízes na sociologia e na antropologia. Para os profissionais de marketing, o foco principal dos estudos sobre cultura deveria ser a forma como os elementos da cultura afetam os pensamentos, atitudes, comportamentos e experiências dos consumidores. Para isso, cultura, segundo nossa investigação esportiva, poderia ser definida como:

> A totalidade dos padrões comportamentais e cognitivos socialmente transmitidos, definidos pelas crenças comuns, instituições, rituais, as artes, atividades físicas e todos os outros produtos da habilidade e do pensamento humanos.

Em essência, isso significa que as pessoas absorvem padrões de pensamento e comportamento aceitáveis ou normais de outros membros da sociedade em que estão inseridas, os quais são expressos por meio de elementos como escola, governo, leis, religião, esportes, dança, música e mesmo espetáculos teatrais.

Neste ponto, é importante diferenciar cultura de raça e etnia. O termo cultura não faz qualquer alusão a características biológicas como cor ou outros atributos psicológicos. Isso se deve ao fato de a cultura ser aprendida ou "socialmente transmitida", conforme a definição sugere. Suas outras características essenciais a descrevem como difusora, funcional e dinâmica. Mais considerações sobre essas características são apresentadas na Tabela 3.1.

Tabela 3.1: Características de cultura

Característica	Definição	Exemplos no esporte
A cultura é *aprendida*	As pessoas não nascem conhecendo os valores e normas da sua sociedade. Elas aprendem com suas famílias, seus professores e amigos o que é aceitável.	Desde a idade mais tenra, pais e professores ensinam as crianças a apertar as mãos após uma partida esportiva válida por uma competição qualquer, tanto em modalidades individuais quanto em grupo, como o tênis e o futebol australiano. Esse sinal de respeito e ética denominamos desportismo.
A cultura é *funcional*	A interação humana produz valores e prescreve comportamentos aceitáveis para cada cultura.	Aceitar como final a palavra de um juiz ou árbitro em um evento esportivo é um costume cultural. Não é aceitável desobedecer às instruções dos árbitros durante uma partida.
A cultura é *dinâmica*	A cultura adapta-se às necessidades de mudanças e a um ambiente em desenvolvimento.	O rápido desenvolvimento da tecnologia nos bombardeou com imagens de mídia e proporcionou às crianças um acesso jamais visto às lendas e aos ícones esportivos. A violência física costumava ser esperada, e até mesmo sutilmente premeditada, em esportes como o rúgbi *league*, mas hoje é vista como uma mensagem inaceitável para crianças e a sociedade em geral.
A cultura *se difunde*	A cultura abrange tudo aquilo que os consumidores fazem sem uma escolha consciente, pois seus valores culturais, costumes e rituais estão arraigados em seus hábitos diários.	Futebol australiano de sexta à noite, algo bastante popular na Austrália atualmente, foi fadado ao fracasso por alguns críticos que duvidavam do seu poder de substituir o hábito cultural de assistir às partidas aos sábados à tarde. Outro exemplo bastante diferente é o uso de expressões como "pendurar as chuteiras" ou "pisar na bola". Quem nunca as usou? Por que essas expressões têm peso em nossa cultura?

Talvez o elemento que melhor defina uma cultura sejam os valores, ou seja, as crenças duradouras compartilhadas pela sociedade de que certos tipos ou modelos de comportamento são mais aceitáveis pessoal e socialmente do que outros. Valores individuais e coletivos são de grande importância para os profissionais do marketing esportivo, pois permeiam as atitudes que moldam os comportamentos e interpretações empíricas dos consumidores. Em outras palavras, esses valores definem se certas coisas são ou não divertidas, cativantes, atraentes ou até mesmo importantes.

Valores culturais geralmente são empregados como variáveis de segmentação, visto que valores compartilhados oferecem aos profissionais de marketing uma perspectiva sobre como determinado grupo reagiria ao estímulo de marketing. Austrália e Nova Zelândia apresentam sistemas de valores relativamente semelhantes, sendo descritas como sociedades individualistas, competitivas, românticas, machistas, jovens e paternalistas. Contudo, o reconhecimento de que a cultura é dinâmica tem provocado diversas mudanças culturais aparentes em ambos os países. Se, por um lado, juventude sempre foi um fator altamente valorizado pela mentalidade pioneira das culturas australiana e neozelandesa, o envelhecimento demográfico da população e o crescimento do poder econômico e político entre os cidadãos mais velhos têm testemunhado uma inversão desse valor cultural. O constante crescimento do multiculturalismo australiano e neozelandês, aliado ao reconhecimento cada vez maior da importância das culturas indígenas aborígene e maori, contribuiu também para que os consumidores mais velhos fossem lembrados. Migrantes da Europa, Ásia e de culturas indígenas valorizam muito a figura dos idosos em suas comunidades. As pessoas, especialmente na Austrália, aprendem com os imigrantes sobre os padrões culturais trazidos por eles para o novo país.

Com o crescimento do valor dos consumidores mais velhos em nossas culturas, surgem produtos e serviços para atendê-los. Com o esporte, isso não é diferente, pois a idade é uma variável de segmentação importante em muitos setores da indústria. Muitas academias oferecem aulas especiais para seus membros seniores, os Masters Games recebem cada vez mais cobertura da mídia, e os torneios Senior Golf Tournament (Torneio de Golfe Sênior) e Masters Tennis são excelentes veículos para atingir os mercados de consumidores mais velhos, além de não ocuparem mais uma posição secundária em relação às competições mais jovens. Com os *baby boomers* se aposentando e tendo mais tempo para o lazer, os profissionais de marketing deveriam considerar uma mudança em suas estratégias visando atender a esse importante mercado-alvo.

Outra mudança cultural na Austrália e também nos Estados Unidos é o reconhecimento do papel da mulher na sociedade e o seu poder cada vez maior. Em sociedades tradicionalmente machistas, isso é de grande relevância, pois abre caminho para mercados totalmente novos, bem como para novas soluções de marketing no esporte. Apesar do evidente domínio dos esportes masculinos em todo o mundo, percebemos uma crescente aceitação e apreciação pelos esportes femininos e suas atletas. Muitos governos, inclusive os da Austrália, Nova Zelândia, Estados Unidos e Reino Unido, estão investindo o dinheiro do contribuinte no desenvolvimento do esporte feminino. Já houve um aumento notável no número de mulheres que alcançaram o status de ícone normalmente reservado a esportistas como Michael Jordan, Ian Thorpe e Tiger Woods. Venus e Serena Williams são reconhecidas internacionalmente, e a australiana Cathy Freeman é, talvez, a atleta de decatlo mais conhecida da Austrália.

Na realização do marketing de um esporte ou na utilização do esporte como ferramenta de marketing, é aconselhável manter-se sempre atento ao fato de que o estímulo de marketing é transmitido e recebido no âmbito de um contexto cultural. Os traços culturais oferecem aos profissionais de marketing perspectivas sobre como melhor atender às necessidades dos seus consumidores.

É difícil determinar se certos valores foram derivados ou não de seu significado esportivo ou se o esporte é simplesmente um fórum para a sua expressão. Nos Estados Unidos e em algumas partes da Europa, estrelas bem-sucedidas do esporte são rapidamente elevadas ao status de ícones com todas as características peculiares do herói. Michael Jordan provou ser um prêmio da loteria de marketing para a Nike, algo que não apenas garantiu seu sucesso no basquete como também seu generoso fã-clube que o considera uma lenda. A adoração heróica a essas superestrelas norte-americanas parece torná-las imunes ao julgamento normal e aos valores morais impostos a outros membros da sociedade. Mesmo os condenados por crimes sérios recuperam, de algum modo, o *glamour* ou até mesmo retornam aos palcos esportivos. Mike Tyson, condenado por estupro e agressão, embolsou mais de US$ 25 milhões com lutas desde que saiu da cadeia. Especula-se muito que a fama de O. J. Simpson como jogador de futebol americano influenciou sua absolvição no processo judicial contra ele pelo assassinato de sua esposa.

Os australianos parecem atribuir um tipo de estrutura de valores bastante diferente a seus heróis esportivos. Em vez de premiá-los com indulgência moral, o que se espera das estrelas do esporte australiano é que elas superem a rejeição do público esportivo. Os australianos preferem apoiar seus "injustiçados" ou "brigões" nas competições e não permitem que ninguém tire vantagem de sua fama. Isso é o que provocou algo conhecido como "síndrome do nariz empinado" na Austrália, isto é, uma crítica dura feita às estrelas do esporte quando elas alcançam muito sucesso ou demonstram muita presunção. Os valores do país incluem a importância de dar a todos "oportunidades justas" ou tratamento igual, então, os ícones esportivos são considerados altamente privilegiados. No Brasil, os jogadores de futebol recebem esse tratamento, a despeito da pouca base cultural ou de educação que tenham. São transformados em ícones que alcançaram sucesso. Esse privilégio é levado a sério pelo público esportivo, que não tolera qualquer violação praticada por suas estrelas do esporte. O incidente em que o jogador australiano de AFL Wayne Carey cometeu adultério com a esposa do seu colega de equipe é um bom exemplo disso. Esse acontecimento não influenciou seu desempenho esportivo e, embora seja moralmente questionável, não é um ato ilegal nem uma ameaça à vida. Contudo, o público australiano e seus torcedores sentiram-se ofendidos por sua imprudência moral, e a carreira desse atleta e o desempenho do seu clube de AFL foram seriamente afetados. Polêmicas recentes de jogadores de AFL e NRL na Austrália e nos Estados Unidos e de futebol no Reino Unido envolvidos em atividades sexuais questionáveis e acusados de abuso sexual levantaram dúvidas quanto ao exemplo dado por essas celebridades esportivas tão influentes. A maioria dos times e clubes profissionais da Austrália investe hoje certa porcentagem de seus orçamentos em programas destinados à instrução de atletas[3] de ponta

[3] Falta no Brasil uma política de educação e orientação a seus atletas. Só ocorreu essa orientação aos atletas que se filiaram a associações religiosas como os Atletas de Cristo. (NRT)

em assuntos como discurso em público, controle da irritação, comportamento socialmente aceitável e administração financeira. Demonstrou-se alguma preocupação quanto ao fato de muitos atletas bem-sucedidos saírem direto do ensino médio para os clubes e times onde alcançam fama sem um diploma escolar ou mesmo educação para a vida que o público em geral recebe.

O esporte como elemento da cultura e identidade nacional

O esporte está presente nas culturas, mas também é um fenômeno cultural por seus próprios méritos e desempenha um papel importante na definição da identidade nacional e na satisfação de muitas necessidades individuais e sociais. Isso significa que o esporte não apenas funciona como parte de uma cultura, mas também contribui para moldá-la. "Em todas as suas formas e expressões e em todos os seus níveis, o esporte é determinado tanto pela cultura material quanto pela espiritual" (Leska, 2001, p. 10).

Esporte e cultura são vistos como assuntos de importância nacional e internacional. No Brasil, nossos melhores atletas do futebol profissional foram negociados com times europeus e, por esse motivo, a grande referência do futebolista profissional brasileiro é apresentar um alto desempenho que possa proporcionar um contrato com times do exterior. Em outras modalidades, como o vôlei, somos exportadores de jogadores tanto masculinos como femininos para times da Itália. Por esses motivos, nossos atletas almejam melhor remuneração no mercado europeu e trabalham para conseguir esse nível de oportunidade. Talvez pelos mesmos motivos não haja investimento governamental na educação desses atletas.

Esses dois aspectos geralmente são tratados em conjunto pelos órgãos governamentais e, em 1995, um grupo de líderes esportivos de 24 países diferentes formou a Associação Internacional de Esporte e Cultura (Isca). Hoje, a Isca conta com cerca de 100 organizações afiliadas em quatro continentes, totalizando mais de 20 milhões de associados. Os propósitos da associação são assim definidos:

- Promoção do entendimento entre indivíduos ao longo das fronteiras por meio de atividades esportivas e culturais.
- Ênfase na visão do esporte como guardião de uma identidade cultural local, regional ou nacional, posicionando-o, dessa forma, no centro do intercâmbio internacional de idéias, opiniões e expressões culturais.
- Incentivo a uma participação o mais abrangente possível dos membros afiliados em atividades esportivas e culturais dentro e fora de suas organizações (Associação Internacional de Esporte e Cultura, 2001).

A Isca, além de considerar o esporte como uma ferramenta poderosa, acredita ser ele também indispensável para o fortalecimento do comportamento cívico e do sentimento de ser parte da sociedade. O esporte de fato une as pessoas fisicamente e também tem o poder de uni-las emocionalmente ao criar um sentimento de apoio mútuo a um time ou mesmo a um país. Quando o *Australia II* competiu e venceu a America's Cup, superando a marca de 132 corridas vencidas pelo New York Yacht Club, a campanha produziu novos ícones, como o canguru boxeador e o novo sucesso da banda Men at Work, que proclamava "*We come from a land down under...*" (Nós somos da Austrália...). Muitos australianos sequer haviam ouvido falar na America's Cup antes dessa inesquecível vitória, mas a comemoração nacional foi enorme, levando o então primeiro-ministro Bob Hawke a proferir suas memoráveis palavras ao conceder um dia de folga à nação dizendo: "Todo chefe que demitir um funcionário por não comparecer amanhã ao trabalho só pode ser um zero à esquerda" (Wilkins, 2003).

Pense no quanto o esporte está associado à forma como comemoramos ou desfrutamos diferentes feriados. Jogar críquete no quintal no Natal é uma tradição australiana, e as pessoas nos Estados Unidos tradicionalmente assistem ao futebol americano no fim de semana do Dia de Ação de Graças. Esses não são apenas exemplos de como esporte e cultura se fundem. Um fenômeno cultural bastante interessante é o uso do *haka* por equipes esportivas da Nova Zelândia como sinal de sua origem e fator de intimidação. O propósito original do *haka* era reunir homens e guerreiros das tribos para ungi-los com coragem e provocar medo nos corações de seus inimigos (Thomas e Dyall, 1999). O uso esportivo do *haka*, lançado pelo time de rúgbi All Blacks, transformou-se em símbolo esportivo cultural da Nova Zelândia em âmbito mundial. É uma celebração esportiva singular, que confere aos guerreiros esportivos da atualidade o mesmo senso de unidade e coragem vivenciado pelos membros das antigas tribos, um grito de guerra esportivo dos torcedores da Nova Zelândia. É interessante, no entanto, observar que jamais alguém admitiria a execução do *haka* por mulheres, algo considerado um insulto se levado para o esporte feminino.

Há muitos esportes que consideramos parte de diferentes identidades nacionais. O futebol australiano é tão icônico quanto tortas de carne e cangurus na Austrália. O futebol é a essência do esporte inglês. O beisebol é tão norte-americano quanto torta de maçã, e a luta de sumô é inegavelmente japonesa. Os canadenses vivem para o hóquei no gelo, enquanto os noruegueses nasceram sobre esquis. Isso não significa que cada um dos referidos países detém o monopólio desses esportes. O futebol é popular em países de todo o mundo, especialmente na Europa e na América do Sul. Da mesma forma, o hóquei e a patinação no gelo, o beisebol e mesmo a luta de sumô são populares em outros lugares além de seus países de origem. Para que um esporte se torne parte de uma cultura ou um ícone ou fenômeno cultural, não é necessário que tenha surgido na região ou país onde está sendo praticado.

O rúgbi é um esporte imensamente popular na Nova Zelândia, e o time de rúgbi All Blacks é internacionalmente famoso. Contudo, o rúgbi foi levado para a Nova Zelândia com a reputação de jogo violento e de contato físico que surgiu das cenas corriqueiras nos campos das escolas públicas inglesas. Os estudiosos acreditam que toda essa popularidade, aliada ao fato de o rúgbi figurar como parte da estrutura social e identidade nacional da Nova Zelândia, é fruto do papel desempenhado pelo esporte na unificação da colônia. Crawford (1999, p. 7-8) escreve:

> No século XIX, as formas culturais de expressão neozelandesas como música, arte, teatro e literatura fracassaram em produzir um símbolo internacional que contribuísse para o desenvolvimento de um sentimento de identidade nacional. O rúgbi, visto como forma dramática na Nova Zelândia colonial, ofereceu aos indivíduos a chance de assumir um papel importante e comunicar experiências comuns, bem como transmitir significados compartilhados... para uma fama transferida, apresentada como "bagagem cultural", que rapidamente se transformou em passatempo nacional e discutivelmente em símbolo de nacionalidade e identidade nacional em um fragmento remoto do Império Britânico Vitoriano.

Alguns esportes absorvidos pela cultura nacional não seguiram sua forma original, mas assumiram versões modificadas e adaptadas do jogo. Ao considerarmos o esporte como cultura, será útil examinar as formas como um esporte que tem suas origens em uma cultura pode ser adaptado e modificado quando incorporado em outra cultura (Thomas e Dyall, 1999). Por exemplo, o críquete de Samoa ou *kirikiti*, como é conhecido, foi adaptado do jogo britânico e acabou sendo integrado aos estilos e contexto culturais samoanos (Thomas e Dyall, 1999). O *kirikiti* é jogado por times grandes de 20 a 25 jogadores de ambos os sexos usando uma bola e um bastão comprido seme-

Christian Liewig/Liewig Media Sports/Corbis/LatinStock

Jogadores da Nova Zelândia executam o *haka*.

lhante ao do beisebol, mas com uma seção cruzada em forma de triângulo. Apenas os samoanos entendem as regras, e o jogo é um exemplo maravilhoso da "inculturação" de uma importação de cultura esportiva (Burge, 2001).

O poder cultural do esporte não pode ser compreendido, e os Jogos Olímpicos talvez sejam o único exemplo verdadeiro de que dispomos de harmonia mundial. Apesar de boicotes ocasionais promovidos por países defendendo seus princípios políticos e morais, os Jogos Olímpicos reúnem não apenas pessoas de diferentes nações, mas também povos com diferentes etnias dentro dessas mesmas nações. De um lado, as Olimpíadas e os esportes que elas abarcam podem definir a identidade nacional de um atleta ou espectador e fortalecer suas raízes culturais. Por outro, os esportes e esse sentimento de raiz cultural podem ajudar a superar identidades nacionais que, de alguma forma, excluiriam determinados grupos étnicos ou provocariam segregação racial. Apesar da natureza universal dos jogos, ela também os torna alvos dos interesses de certos grupos políticos e religiosos, que utilizam os eventos como forma de protesto ou para transformá-los no palco de atos terroristas.

O periódico *Sports Illustrated* publicou um comentário sobre o poder cultural do esporte em um artigo sobre o poder do basquetebol de promover a união na Iugoslávia (Wolff, 2001). Em 2001, em um esforço conjunto das Nações Unidas, da NBA (Associação Norte-americana de Basquetebol) e da Fiba (Federação Internacional de Basquetebol), 50 crianças reuniram-se para disputar o Basquete Sem Fronteiras. A importância do evento era o fato de as 50 crianças terem sido selecionadas dos cinco estados criados a partir da antiga Iugoslávia. Onde a religião, o contexto étnico e mesmo os alfabetos dividiram as culturas da antiga Iugoslávia, o basquetebol promoveu a união.

Subcultura

O esporte deixou sua marca em muitas economias mundo afora; é o que demonstram os dados sobre geração de empregos e receitas. Mais que mero fator da economia contemporânea, o esporte faz parte da cultura e do estilo de vida de um país. Nesta seção, discutiremos o conceito de subcultura e como alguns esportes criam suas próprias subculturas.

De uma forma mais ampla, uma *subcultura* pode ser definida como:

> Um grupo homogêneo de pessoas que compartilham elementos da cultura geral, bem como elementos exclusivos do seu próprio grupo.
>
> Summers, Gardiner, Lamb, Hair e McDaniel, 2003, p. 41

No marketing esportivo, o conceito de subcultura é muito importante. Quase todos os aspectos da participação e audiência esportivas refletem filiação subcultural. Torcedores e praticantes unem-se por motivos comuns, vestem uniformes ou, às vezes, adquirem artigos de merchandising do time para demonstrar sua filiação. Geralmente, empregam terminologias semelhantes quando discutem sobre o esporte de sua predileção, ou seguem rituais como o hino do time, rotinas de aquecimento ou gritos de guerra e mascotes. Ao considerar esses fatores, será útil levar em conta a definição de *subcultura de consumo* no marketing esportivo:

> Um subcultura ou comunidade de consumo é um subgrupo distinto da sociedade que pratica a auto-seleção, compartilhando um compromisso com determinada classe de produtos, marca ou atividade de consumo. Esses grupos apresentam uma estrutura social identificável e hierárquica, um conjunto de crenças e valores em comum e jargões, rituais e formas de expressão simbólica exclusivos. Dessa forma, essas comunidades atuam como grupos de referência para seus membros, bem como para os que aspiram fazer parte delas (ou evitá-las).
>
> Neal, Quester e Hawkins 2002, p. 372-3.

No caso do esporte, a auto-seleção baseia-se na participação em um determinado esporte ou no interesse por esse esporte e/ou um indivíduo, grupo ou time em particular de alguma forma relacionado àquele esporte. A compreensão do poder de atração subcultural que o esporte tem é muito importante para o negociante. Ela poderia trazer certa luz sobre novas oportunidades de produtos, contribuir com o projeto e a entrega de promoções e, sem sombra de dúvidas, é uma importante variável de segmentação. Ao compreender a atração e/ou rejeição de certas subculturas, os profissionais de marketing podem usar o apelo dos grupos de referência no marketing esportivo e também promover outros produtos e serviços usando o esporte.

A idéia de grupos de referência aspirantes pode ser facilmente aplicada ao esporte. O sonho de muitas pessoas é ser seu ídolo esportivo. Quem não desejaria ser o novo Tiger Woods, Lleyton Hewitt, Lisa Curry, Dawn Fraser, Alisa Camplin, Steve Waugh ou Serena Williams? A influência do grupo de referência, porém, nem sempre será positiva. Por exemplo, se você detesta surfistas e tem uma opinião negativa com relação a eles, com certeza jamais se vestiria como um, nem usaria o mesmo linguajar que usam.

Há também situações subculturais complicadas que envolvem influências associativas e dissociativas. Por exemplo, James é louco por basquete e torcedor do Bulls. Ele se considera um membro fiel da grande família dos Bulls e gosta de se reunir com outros torcedores para assistir aos jogos. Seu jogador preferido é Michael Jordan e ele tem diversas camisetas e bonés do time. James gosta de ler sobre o time e acompanhou a carreira de Jordan bem de perto, pois nutre por ele eternos respeito e afeição; na verdade, se pudesse bater uma bola com um jogador de basquete, certamente seria Jordan. Mas James ficou muito aborrecido com o Bulls quando o clube contratou Dennis Rodman. Apesar das conquistas de Rodman como jogador de basquete, James não gostava da atitude dele, que era adepto do *cross-dressing* (o uso de peças de vestuário e adereços prescritos exclusivamente ao sexo oposto). No auge do interesse da mídia por Rodman, em plena realização da fantasia do jogador de se vestir de noiva, James sentiu-se envergonhado por ser um torcedor do Bulls. Ele parou até mesmo de usar as jaquetas do time aos domingos quando assistia aos jogos. Para James, Rodman havia passado dos limites, e ele não queria ter sua imagem associada a alguém assim.

Nesse caso, é necessário que o profissional de marketing tenha um conhecimento profundo do seu mercado-alvo. Se você fosse um patrocinador do Chicago Bulls tentando alavancar seu investimento, provavelmente pensaria duas vezes antes de incluir Rodman e lhe dar destaque em qualquer forma conservadora ou tradicional de mercado já empregada. Por outro lado, se seu mercado-alvo fosse alternativo ou, neste caso, talvez transexual ou *cross-dressing*, seria realmente aconselhável usar Rodman em sua campanha de marketing. A subcultura é um influenciador cognitivo e comportamental poderoso, contudo, os profissionais de marketing deveriam assegurar-se de que dispõem de uma clara compreensão de todos os fatores a serem trabalhados, especialmente no caso de um grupo ou time.

O esporte como subcultura

Seja qual for a situação – promover o marketing de um esporte ou promover o marketing de um produto ou serviço por meio do esporte –, compreender a forma de alavancar a subcultura do esporte é essencial. O esporte é um fenômeno complexo que inclui produtos, serviços e diversos fatores intangíveis, como emoção, orgulho, lealdade, competitividade e determinação. Por essa razão, não é suficiente considerar apenas a satisfação do consumidor em relação a determinado esporte ou a importância desse esporte para ele. É necessário um profundo estudo do comportamento dos consumidores do esporte em todas as suas modalidades: praticantes, torcedores, simpatizantes e consumidores de itens das agremiações.

Pesquisas no campo do marketing esportivo indicam que a satisfação dos consumidores de eventos esportivos deriva, pelo menos em parte, de sua identificação com a subcultura do esporte (Green, 2001). Isso é realmente importante para os profissionais de marketing, pois o consumo de um esporte e dos produtos a ele relacionados não apenas atende às necessidades de lazer e recreação, mas também representa um tipo de consumo simbólico do consumidor. No anseio de identificar-se com alguma subcultura esportiva, o consumidor utiliza o esporte para revelar sua identidade pessoal. Por que, então, o esporte é tão importante e por que carrega consigo tanto significado subcultural? Há diversas razões. O esporte oferece um ambiente altamente visível, facilmente acessível e particularmente notável para a formação da subcultura e da expressão dos valores subculturais, tanto por parte dos praticantes quanto dos espectadores. Existe aqui uma diferença entre participante e espectador, pois representam duas interações distintas, e a atração de cada tipo de consumidor abrange diferentes estratégias de marketing. O importante é que a noção de subcultura pode ser aplicada de forma homogênea a ambos os grupos.

É importante compreender que o esporte por si só não é uma subcultura. Cada tipo distinto de esporte oferece seu conjunto singular de comportamentos, valores, crenças e expressão simbólica. Mesmo as variações esportivas podem apresentar duas subculturas diferentes. As subculturas do críquete e do críquete em campo coberto são bem diferentes, e a adaptação cultural do *kirikiti* implica uma subcultura ainda mais distinta. Como no Brasil, os públicos de futebol de campo, futebol de salão, futebol de areia e outros compõem-se de diferentes praticantes, torcedores e simpatizantes.

Os esportes com prancha, como surfe, *skateboard*, *snowboard* e, no Brasil, *sandboard* (surfe com prancha nas dunas de areia), desenvolveram um conjunto singular de significados que têm grande influência sobre o estilo de vida de seus praticantes. Apesar de intimamente influenciado pelo surfe e pelo *skateboard*, o *snowboard* desenvolveu sua própria subcultura. Nascido sob o rótulo de esporte de neve rebelde nos anos 1960 e proibido em muitas estações de esqui, a popularidade do *snowboard* alcançou status Olímpico em 1998 (Thomas, 1998). A subcultura do *snowboard* tem um sentimento subjacente de antiestabelecimento, e seus praticantes são vistos como os rebeldes do mundo dos esportes de inverno. Quando o *snowboard* chegou ao seu auge olímpico, em 1998, muitos comentaristas o classificaram como um esporte anárquico. A mascote da equipe de *snowboard* dos Estados Unidos era o "Animal" dos Muppet Babies, e competidores atraíam a atenção em suas roupas largas, bonés virados para trás e uma profusão de *piercings* espalhados pelo corpo. Alguns *snowboarders* até se recusaram a vestir o uniforme do time do seu país na competição em Nagano, alegando ser isso uma afronta à sua imagem. Michele Taggart, da equipe de *snowboard* norte-americana, competiu usando o uniforme da delegação, mas comprou uma briga com os chefes da delegação americana pelo direito de usar seu próprio estilo de roupas na vila olímpica. Taggart declarou: "Para a maioria dos *snowboarders*, é difícil aceitar esse lance de autoridade... Quero ser exclusiva e única, usar roupas que são minha cara", afirmou ela. "Enquanto não me expulsarem, vou lutar por isso" (Thomas, 1998, p. 1).

O *snowboard* e os *snowboarders* são nada mais que uma tendência, e suas roupas, linguagem e atitudes rebeldes os ajudam a se identificarem uns com os outros. Fazendo uma comparação direta, os adeptos do *snowboard* usam o significado e o sistema de valores do esporte como forma de expressar e compreender sua relação com o mundo ao redor. Os skatistas exibem um comportamento beirando o tribal quando se reúnem com suas roupas exageradamente largas, vestidas de formas inusitadas – ao contrário ou do avesso –, comunicando-se em um linguajar particular. Em sua maioria, são meninos atraídos pelo esporte em razão de sua impopularidade entre adultos e autoridades. Como subcultura, o skate é exclusivo para quem o pratica, e geralmente atrai adolescentes com problemas ou revoltados contra uma juventude problemática.

O fisiculturismo radical representa uma subcultura ilusória e fanática, que também possui seu conjunto singular de valores e princípios morais. Fisiculturistas são facilmente identificáveis por seu físico muito bem definido e por quase sempre exibirem bronzeados intensos. À primeira vista, essa subcultura parece ser um grupo extremamente saudável, com rotinas e hábitos rígidos. Contudo, quando o indivíduo se vê totalmente imerso na cultura fisiculturista, pode haver implicações bastante sombrias na busca por seus "eus" ideais. Os fisiculturistas radicais geralmente demonstram grande orgulho em conhecer e utilizar drogas para melhorar o físico. Embora considerada como parte *necessária* da subcultura, a superutilização de esteróides pode resultar em problemas físicos e psicológicos (Berardi et al., 2002). Os rituais do fisiculturismo são bastante evidentes, e os fisiculturistas têm seu próprio jargão esportivo.Você sabia que a grande meta do fisiculturista é tornar-se uma "aberração"?!

A montaria em rodeios é uma subcultura com representação visual bastante peculiar e um sistema de valores forte. A Tabela 3.2 apresenta uma visão geral de alguns dos aspectos tangíveis e intangíveis da subcultura do rodeio.

Um dos paradoxos interessantes do esporte como subcultura é que a própria subcultura difere, de algum modo, da cultura principal e, muitas vezes, não é atrativa para uma parcela maior da população nem aceita "estranhos" provenientes dessa maioria. O surfe é um bom exemplo de subcultura que não aceita prontamente o "meio-simpatizante" ou o público não-surfista. De fato, a maioria das subculturas dos esportes com prancha prefere ser composta apenas por praticantes. Por sua vez, esportes mais dominantes, como o tênis, atraem um público maior de espectadores, que poderão ter ou não algum envolvimento de fato com o esporte.

A possibilidade de transferência dos valores esportivos e a experiência empírica são aspectos de grande importância para os profissionais de marketing. Um esporte que busca de todas as formas proteger-se contra a comercialização de sua subcultura provará ser um mercado de difícil penetração. O *snowboard* e o *skateboard* estão no topo da lista dos cinco esportes que mais cresceram no mundo, mas grandes nomes do marketing, como a Nike, têm tido pouco sucesso no mercado de calçados para skate utilizando patrocínio esportivo e táticas de promoção tradicionais. A empresa de surfe australiana Billabong obteve maior sucesso ao adotar uma estratégia rotativa de reinvestimento do dinheiro gasto no mercado do esporte em que está tentando penetrar. Os esportes de rodeio são uma subcultura que tenta efetivamente encontrar projeção comercial para suas estrelas

Tabela 3.2: A subcultura do peão de rodeio

Tangíveis	Intangíveis
Aparência: • Roupas no estilo caubói – botas, chapéus, camisas típicas, enormes fivelas no cinto • Dirige caminhonetes/caminhões • É bronzeado e desafia as intempéries	Valores, comportamentos e estilo de vida: • Família • Masculinidade • Tradição • Sensibilidade • Nostalgia • Obstinação • Romance • Aventura • Adrenalina • Despreocupação com a segurança física • Estilo de vida nômade

e modalidades esportivas em geral. O rodeio na Austrália é uma antiquada cultura provinciana que investe pesado para entrar na era comercial. É um esporte rural buscando reconhecimento e credibilidade nos palcos predominantemente urbanos e de esporte profissional (Hicks, 2001).

No Brasil, as festas de peão boiadeiro tornaram-se freqüentes nas cidades do interior dos estados, em complemento ou substituição às feiras agropecuárias e industriais. Eram no início um novo programa para atrair público e, no decorrer de alguns anos, tornaram-se eventos individualizados, tidos pelo público como espetáculo e jamais foram consideradas como prática esportiva.

Esporte, política e governo

O ambiente político é uma variável importante em qualquer avaliação de marketing. O governo e a política podem influenciar o ambiente em que o esporte está sendo comercializado; e o esporte, por sua vez, pode ter impacto sobre o governo e a política. Além disso, o esporte como produto e mecanismo social pode ser modificado e/ou regulamentado pela política governamental. O porte e a importância de alguns eventos esportivos são tão grandes que a própria infra-estrutura do país sofre impacto, o que, conseqüentemente, exige o envolvimento do governo. As três maiores responsabilidades do governo com relação ao esporte são demonstradas na Figura 3.1. É importante observar que esses benefícios e responsabilidades são amplamente legítimos em se tratando de nações ocidentais desenvolvidas, mas o papel e/ou a filosofia do governo em relação ao esporte podem variar significativamente de um país para outro. Esta seção examinará algumas das grandes questões governamentais relativas ao esporte, inclusive o papel do governo no bom

Figura 3.1: As responsabilidades do governo no esporte

condicionamento físico, a intervenção e provisão governamental no esporte, a capacidade de sediar megaeventos esportivos e a importância do sucesso esportivo internacional para o governo.

O papel do governo na boa forma física

Há uma variedade de prováveis benefícios resultantes do esporte que são potencialmente vantajosos para os indivíduos, a sociedade e os governos dessas sociedades. Os benefícios incluem:

- satisfação pessoal e vida social de melhor qualidade;
- melhoramento do ambiente;
- melhores resultados escolares;
- melhor qualidade da saúde por meio da boa forma física;
- redução da criminalidade.

O primeiro desses benefícios – satisfação pessoal e vida social de melhor qualidade – é vantajoso para o governo, porquanto traz melhorias para a qualidade de vida de seus eleitores e abre caminho para uma sociedade mais equilibrada. O ambiente pode ser melhorado por meio do esporte, já que instalações esportivas geralmente requerem grandes investimentos de capital e podem ser construídas em locais que precisam de redesenvolvimento. Vamos examinar com mais detalhes os demais benefícios.

O esporte e o desempenho escolar

Melhorar a educação é a principal meta de muitos governos, tanto nos países desenvolvidos quanto naqueles em desenvolvimento, e comenta-se que o esporte pode contribuir para a melhoria do desempenho escolar. Há três teorias que podem ser utilizadas para argumentar sobre o vínculo existente entre a prática esportiva e o desempenho escolar:

1. **Condições preexistentes.** A atividade física não gera qualquer efeito sobre desempenho e avaliação acadêmicos, e qualquer correlação entre eles é resultado de condições preexistentes, como traços de personalidade individuais, a saber, motivação ou dinamismo.
2. **Teoria da soma zero.** Os alunos dividem tempo e energia provenientes de uma fonte limitada para a realização de atividades diversas. Portanto, quanto maior for o tempo gasto com esporte, menor será a disponibilidade para atividades acadêmicas.
3. **Teoria do desenvolvimento.** Por meio da participação nos esportes e em outras atividades extracurriculares, o aluno é exposto a relações sociais, como com funcionários da escola e outros colegas com os mesmos objetivos, que poderão gerar ou reforçar as metas acadêmicas

> do indivíduo. A participação pode também melhorar a visibilidade e a popularidade do aluno, influenciando, dessa forma, suas motivações escolares de forma positiva. Atividades como o esporte contribuem para que o aluno adquira habilidades e qualidades como organização, administração do tempo, disciplina, auto-estima, motivação e habilidades interpessoais. Essas habilidades podem conduzir ao futuro sucesso escolar.
>
> Cabinet Office (UK), 2002, p. 53.

O investimento contínuo de tempo e dinheiro no esporte por parte das fontes de recursos pública e privada, aliado a um volume substancial de pesquisa sociológica, apóia a argumentação a favor da teoria do desenvolvimento.

O esporte e a boa forma física

Poucas pessoas argumentariam que a atividade física e o bom condicionamento físico não são pessoalmente benéficos e importantes para a manutenção de uma boa saúde. Contudo, saúde e boa forma física não são simplesmente preocupações pessoais. Governos expressam sua preocupação com relação à saúde e à boa forma física de seus eleitores, pois as implicações disso podem afetar a economia do país. O custo gerado pelo sedentarismo ou pelo mau condicionamento físico pode saturar o orçamento ou os recursos reservados pelo governo para a saúde. A Tabela 3.3 ilustra o custo estimado do sedentarismo físico na Austrália, Nova Zelândia, no Reino Unido e nos Estados Unidos.

O alto custo do sedentarismo e a economia que poderia ser obtida com um maior envolvimento da população em atividades físicas são motivadores de campanhas para o bom condicionamento físico patrocinadas pelo governo. Os benefícios à saúde de adultos gerados pela atividade física incluem redução dos riscos da obesidade, de doenças cardiovasculares, algumas formas de câncer, derrames cerebrais, osteoartrite e diabetes não-insulinodependente (Cabinet Office [UK], 2002).

Para incentivar o condicionamento físico, os governos ao redor do mundo promovem uma combinação de atividades físicas com envolvimento esportivo para os cidadãos. É recomendada a prática de exercícios de moderados a intensos, 30 minutos ao dia, pelo menos quatro vezes por semana (Cabinet Office [UK], 2002).

Os governos lançam diversas iniciativas para estimular a prática do esporte, de modo que as pessoas pratiquem a quantidade mínima de atividades físicas recomendadas diariamente. Para isso, desenvolvem campanhas de promoção educacional destinadas a ensinar às pessoas o que pode ser feito para melhorar a qualidade de vida. Disponibilizam instalações públicas como parques, quadras de basquete e tênis, campos de futebol, pistas de ciclismo e trilhas para caminhadas. Oferecem também doações a órgãos esportivos visando aumentar a prática do esporte e, em alguns casos, o lançamento de modalidades esportivas novas ou já existentes em novos mercados-alvo.

Tabela 3.3: O custo do sedentarismo por país

País	Custo anual estimado com o sedentarismo	Economia potencial anual gerada com base em um aumento de 10% nos adultos
Austrália	A$ 377 milhões	A$ 90 milhões
Nova Zelândia	NZ$ 135 milhões*	NZ$ 48 milhões
Reino Unido	£ 2 bilhões	£ 500 milhões
Canadá	C$ 2,1 bilhões	C$ 150 milhões
Estados Unidos	US$ 24 bilhões	US$ 7,6 bilhões

* Custos indiretos da obesidade apenas

Esporte e redução da criminalidade

Há dois mecanismos com base nos quais o esporte pode gerar um impacto positivo na redução da criminalidade: deslocamento e prevenção terapêutica. Em um relatório sobre seu papel no esporte, o governo do Reino Unido explicou as teorias do deslocamento e da prevenção terapêutica como segue:

1. Deslocamento – quando indivíduos envolvidos com o esporte não se encontram disponíveis para a prática do crime.
2. Prevenção terapêutica – quando a prática esportiva pode levar à redução da criminalidade por ser:
   i. Um antídoto contra o tédio. Visto que o tédio é um grande incentivador da prática do crime, o ato de praticar esportes poderá oferecer uma fonte de entusiasmo socialmente aceitável;
   ii. Uma forma de melhorar a auto-estima por meio da boa forma física e de conquistas. Uma baixa auto-estima pode aumentar a probabilidade de um indivíduo cometer crime. Se as conquistas esportivas aumentam a auto-estima, conseqüentemente reduzirão a criminalidade;
   iii. Uma forma de aperfeiçoar habilidades cognitivas. A prática do esporte aperfeiçoa as habilidades cognitivas (por exemplo: autodisciplina e empatia), o que poderá reduzir a inclinação para um padrão de comportamento criminoso;
   iv. Uma alternativa contra a adesão a grupos delinqüentes. A teoria da associação diferencial propõe que adolescentes se adaptam aos valores e normas de um ambiente social

particular; esse ambiente pode ser disfuncional. O esporte oferece um ambiente social alternativo; e

v. Uma criadora de relações positivas com "outras pessoas de valor". O esporte une seus praticantes a uma boa quantidade de pessoas (por exemplo, treinadores e professores) que poderão desempenhar o papel de modelos adequados, aderindo a valores convencionais e comportamentos conformistas.

Cabinet Office (UK), 2002, p. 58

Outros governos investigaram a prevenção do crime a partir da óptica do esporte e da atividade física. O argumento-base dos Police Citizens Youth Clubs na Austrália foi sempre o de promover relações entre os jovens e a lei, utilizando para isso o campo neutro do esporte, além de manter os jovens ativos e envolvidos, o que funciona como uma distração potencial contra a prática de atos criminosos ou perniciosos.

Uma força-tarefa do governo da Nova Zelândia divulga a prevenção ao crime como um dos "bens sociais" alcançados por meio do esporte. O Instituto de Criminologia Australiano alerta contra o poder solitário que o esporte tem para prevenir o crime, mas realça casos em que o esporte e as organizações esportivas agiram de forma positiva sobre as estatísticas relativas a crimes locais. O "Destaque esportivo" desta seção evidencia algumas de suas descobertas.

Destaque esportivo

Esporte como meio de prevenção à criminalidade na comunidade

Clubes esportivos profissionais engajam-se com as comunidades com a intenção de alcançar resultados diretos ou indiretos na prevenção à criminalidade. Talvez um dos clubes mais afamados internacionalmente seja o Liverpool Football Club – um dos maiores, mais ricos e mais bem-sucedidos times do mundo futebolístico, que luta contra a violência e outros problemas. Particularmente na Europa, o futebol é associado ao vandalismo e à violência organizada, geralmente incentivada por sentimentos ou motivos racistas.

Como parte de suas responsabilidades, o Liverpool Football Club estabeleceu um desenvolvimento comunitário e um programa de relações públicas. No final dos anos 1980, a Associação de Jogadores de Futebol Profissionais deu início a um esquema-piloto em seis clubes da modalidade, com o objetivo de melhorar as relações entre clubes de futebol e as comunidades locais. Em 1993, o programa se expandiu com a entrada de investimentos governamentais, e profissionais da associação foram alocados aos clubes de futebol como parte do Programa Futebol e a Comunidade.

São inúmeros os exemplos de atividades direcionadas à comunidade com destaque para a prevenção do crime. Entre elas, destacam-se encontros com a presença de astros dos gramados, os quais promovem campanhas antifumo e antidrogas. Um programa destinado ao combate ao absenteísmo escolar premiava com um adesivo e um certificado do Liverpool Football Club as crianças com histórico de ausência às aulas que passaram a permanecer na escola por mais tempo. Os alunos que tivessem melhorado sua freqüência eram convidados a ir ao clube para uma apresentação. Outro programa realizado em conjunto com o Corpo de Bombeiros de Merseyside teve como objetivo reduzir os 7.000 trotes que os bombeiros recebem todos os anos. Para enviar uma mensagem aos estudantes, o clube produziu um vídeo com jogadores veteranos (Hall, 1995, citado em Cameron e McDougall, 2000).

Na Austrália, os clubes de futebol australiano, críquete e rúgbi profissionais participam do desenvolvimento comunitário. Por exemplo, a Liga de Futebol Australiano (AFL) investirá A$ 3 milhões em três anos no desenvolvimento infantil em Queensland. Um diretor de desenvolvimento do Cape York espera que o programa Kick-Start (Pontapé Inicial) da AFL aborde muitos dos problemas sociais, inclusive o da prática de cheirar gasolina. Parte do programa envolve jogadores de futebol da AFL que cresceram na região, visitando, educando e conversando com os meninos e meninas sobre estilo de vida saudável e a prática esportiva (Burke, 2000, citado em Cameron e McDougall, 2000).

Clubes particulares participam também de programas de prevenção à criminalidade. Como modelos positivos, por exemplo, membros dos Clubes de Futebol Carlton e Kangoroos (antigo North Melbourne) costumam visitar o *Parkville Youth Residential Centre* (Centro Residencial para a Juventude Parkville) (Inform, 1999). Os jogadores do Hawthorn também trabalham com jovens estudantes aborígenes, na esperança de que estes não abandonem a escola (Dubecki, 2000, p. A4, citado em Cameron e McDougall, 2000)

Programas com base em aconselhamento ou modelamento geralmente operam sem desenvolvimento de política (Drummond, 1999). Entretanto, os Raiders, um time de rúgbi *league* de Camberra, parece ter desenvolvido um programa eficiente (Gearin, 1999, p. 16-17, citado em Cameron e McDougall, 2000).

Um programa que está sendo desenvolvido nos Estados Unidos e na Nova Zelândia, conhecido como "*Going for Goal*" (Correndo atrás do seu Objetivo), é uma abordagem promissora para ensinar aos jovens habilidades para a vida, que pode ser adaptada de um contexto para outro; por exemplo, do esporte para a sala de aula (Tatz, 1999, p. 138, citado em Cameron e McDougall, 2000).

Fonte: Cameron e McDougall, 2000

Embora seja uma tarefa muito difícil avaliar a real eficácia do combate à criminalidade por meio de programas esportivos, a maioria das pessoas concorda que esses programas têm um efeito positivo, e qualquer redução no crime, seja no curto ou no longo prazo, é benéfica à comunidade em geral. É óbvio o motivo pelo qual esse fenômeno é de interesse da manutenção da lei e da ordem, e dos governos. Mas qual é sua importância para os profissionais de marketing e gestores esportivos?

É importante que qualquer profissional de marketing compreenda as características do seu produto e os sentimentos, emoções e comportamentos que o produto provoca. Profissionais do marketing esportivo ou profissionais de marketing que utilizam o esporte como ferramenta de trabalho necessitam compreender o valor social atribuído ao esporte e as sensações e os comportamentos poderosos e positivos associados a ele. Os profissionais de marketing dos clubes mencionados no "Destaque esportivo" são incentivados por seus clubes a participar dos programas de prevenção à criminalidade na comunidade, visto ser este um excelente exercício de relações públicas que pode ajudá-los na atração de publicidade e, talvez, até mesmo de subsídios comunitários e governamentais adicionais. Os patrocinadores desses clubes acabam recebendo também um pouco dessa boa publicidade graças ao efeito repercussão, por meio do qual são vistos como bons cidadãos corporativos patrocinando aqueles que lutam para tornar a comunidade melhor. Finalmente, as crianças e mesmo os adultos cadastrados em programas desse tipo tornam-se parte do mercado-alvo esportivo, provavelmente leais aos clubes que os ajudaram e adeptos do esporte em geral.

O papel do governo na organização e no financiamento de eventos esportivos internacionais e em sediar megaeventos

Os benefícios do esporte em âmbito popular já foram traçados, mas quais benefícios o esporte competitivo em âmbito nacional e até mesmo internacional pode oferecer? Os benefícios de sediar um megaevento e os benefícios associados ao sucesso do esporte em campo internacional são aspectos inerentemente ligados, pois a maioria desses eventos envolve projeção mundial.

O sucesso do esporte internacional poderá ter pequena ligação com a prática esportiva de uma nação em âmbito popular. Do mesmo modo, o sucesso internacional pode não ser um fator que contribui para o desenvolvimento de graus mais acentuados da prática esportiva. A Figura 3.2 oferece uma comparação entre participação em massa no esporte e a posição de cada nação quanto ao sucesso esportivo de renome. Por exemplo, os Estados Unidos aparecem em primeiro lugar na contagem geral de sucesso esportivo internacional, porém registram um dos patamares mais baixos de prática esportiva em âmbito popular em geral. A Finlândia, por outro lado, registra um dos índices mais altos de prática esportiva, mas está na 20ª posição em termos de sucesso internacional na elite esportiva.

Por que, então, governos, juntas esportivas e entidades corporativas organizam eventos esportivos internacionais e investem neles? Quais são os benefícios? Eles se dividem em duas categorias distintas: tangíveis e intangíveis. Os benefícios intangíveis podem ser livremente agrupados e denominados "fator sensação boa", referindo-se ao senso de identidade e orgulho nacionais e ao impacto positivo que o êxito esportivo internacional traz para a imagem do país (Cabinet Office [UK], 2000). Os benefícios tangíveis incluem a possibilidade de que o êxito esportivo internacional possa gerar benefícios econômicos.

Figura 3.2: Comparação entre prática esportiva em massa e sucesso em competições de renome

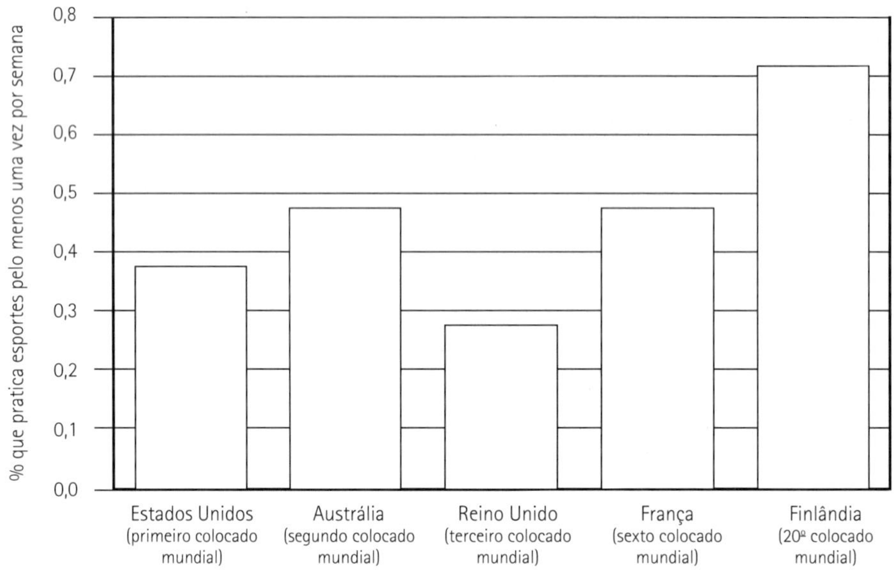

Fonte: Cabinet Office (UK), 2002

Sediar um "megaevento" traz benefícios semelhantes, alguns tangíveis e outros intangíveis. Megaeventos geralmente são grandes competições esportivas de renome, e os melhores exemplos incluem os Jogos Olímpicos de Verão e de Inverno, a Copa do Mundo de Rúgbi e a Copa do Mundo de Futebol. Geralmente, há uma disputa para decidir qual país sediará os eventos; durante esse processo, o que vale é explorar a motivação por trás da disputa. Há muitos outros "eventos" esportivos que um país pode sediar, como os Jogos Mundiais de Masters, o Grande Prêmio de Fórmula Um e qualquer outro campeonato "mundial" ou competição de renome disputada por qualquer faixa etária. A Figura 3.3 ilustra algumas atitudes internacionais com relação à hospedagem de megaeventos/grandes eventos esportivos.

Há cinco tipos de benefícios tipicamente utilizados para justificar investimentos em um megaevento:

- benefícios sociais, culturais e das comemorações;
- benefícios do legado da regeneração urbana;
- benefícios do legado esportivo;
- benefícios do turismo e da imagem;
- benefícios econômicos mais amplos.

Cabinet Office (UK), 2002

Figura 3.3: Atitudes internacionais com relação a megaeventos/grandes eventos

Austrália

A Comissão Esportiva Australiana, em sua revista *Beyond 2000* (Além de 2000), afirmou que um de seus objetivos seria "contribuir para a segurança de futuros eventos esportivos internacionais". Como parte das atenções internacionais da Comissão, isso contribuiria para a "geração de benefícios para os esportes e atletas australianos, propiciaria retornos comerciais para a Comissão e atenderia às políticas governamentais e às regras das relações internacionais".

Canadá

A nação esportiva canadense vislumbra uma ampla variedade de benefícios gerados a partir dos eventos esportivos, e que incluem benefícios para os atletas, treinadores, dirigentes e voluntários envolvidos, benefícios para as federações esportivas (exposição, experiência e influência) e benefícios por meio da prática crescente do esporte. Outros benefícios identificados abrangem os econômicos (geração de empregos, desenvolvimento regional, turismo, exportações, infra-estrutura e receita fiscal), sociais (inclusive treinamento e prática esportiva para jovens) e culturais (expressão da identidade canadense).

França

A política do Ministério da Juventude e do Esporte com relação a trazer para o país grandes eventos é justificada sob os fundamentos da política estrangeira, assegurando o reconhecimento da França em âmbito internacional e também desenvolvendo o esporte no país, especialmente em termos de beneficiamento das federações nacionais.

Fonte: Cabinet Office (UK), 2002

Benefícios sociais, culturais e das comemorações

O primeiro fator – "benefícios sociais, culturais e das comemorações" – assemelha-se muito ao "fator sensação boa" mencionado anteriormente. Estamos nos referindo ao sentimento de orgulho nacional e aos inúmeros fatores psicológicos que são difíceis de ser medidos. Os benefícios sociais e culturais de um megaevento ou de qualquer competição esportiva internacional são difíceis de qualificar e, na maioria das vezes, imprevisíveis. As Olimpíadas de 2000, em Sydney, são um exemplo clássico de megaevento com forte impacto psicológico sobre a nação, que propiciou um palco internacional para a celebração e expressão do orgulho nacional. Do ponto de vista empresarial, deveríamos sempre nos preocupar com o retorno de investimento direcionado a eventos de tal porte que são impulsionados pelo capital; contudo, a geração dessas fortes sensações positivas é também de importância vital para os profissionais de marketing. Estar associado a um evento capaz de gerar tal volume de orgulho, comemorações e emoções positivas é algo que o profissional de marketing não compra simplesmente e, portanto, representa uma oportunidade de patrocínio fantástica se alavancada da forma correta.

Do ponto de vista governamental, há certa crença de que sediar um megaevento é também uma recompensa pública para os cidadãos de uma nação. Szymanski (2002) acredita que:

Em vez de considerar um evento como um investimento para geração de retorno econômico, ele deveria ser considerado como uma forma de consumo público - uma recompensa por esforços passados.

Os demais benefícios econômicos – restauração urbana, legado esportivo e turismo – podem ou não ser realizados, dependendo do evento e do seu planejamento e administração.

Regeneração urbana

Sediar um megaevento geralmente requer uma inspeção das instalações da cidade-sede, incluindo acomodações e serviços de transporte, além de espaços públicos e recursos. Isso normalmente inclui uma análise da administração e da política pública da cidade e do país e mesmo do desempenho e da política de direitos humanos. Contudo, apesar do fato de que sediar um megaevento como os Jogos Olímpicos envolve restauração urbana e o desenvolvimento de uma infra-estrutura esportiva, como estádios e arenas esportivas, isso geralmente implica custos enormes para o país-sede. Além das desvantagens óbvias de uma alta dívida pública, a infra-estrutura criada pode também tornar-se obsoleta ao final do megaevento.

Benefícios do legado esportivo

O desenvolvimento de instalações esportivas é uma exigência óbvia para sediar um megaevento do porte das Olimpíadas. Além disso, muitas instalações já existentes sofrem, na maioria das vezes, um processo de modernização e restauração, particularmente durante eventos como a Copa do Mundo de Rúgbi, que requerem múltiplas instalações e campos de treinamento. A Copa do Mundo de Rúgbi de 2003, na Austrália, totalizou para a *International Rugby Board* (Junta Internacional de Rúgbi) um superávit de US$ 150 milhões, e lucros de A$ 43 milhões para o *Australian Rugby Union* (União Australiana de Rúgbi), que elaborou um plano estratégico de cinco anos para a aplicação desse dinheiro, incluindo investimentos de A$ 22,6 milhões em programas estratégicos com o objetivo de maximizar o número de associados e torcedores, as oportunidades comerciais e o desenvolvimento de jogadores de renome. Outros A$ 20 milhões foram destinados a reservas de capital (Harmon, 2004). Legados desse porte abrem as portas para o desenvolvimento futuro do esporte em todos os níveis.

Desenvolvimento do turismo

O lucro com turismo embolsado em um megaevento pode surgir diretamente à época do evento e indiretamente por meio da melhoria da imagem internacional do país ou cidade-sede. As

Olimpíadas de 2000, em Sydney, colocaram a Austrália em posição de destaque no turismo mundial. O patrocínio olímpico promovido pela Visa causou projeção internacional ao incluir a Austrália em 500 programas oferecidos aos Portadores do Cartão Visa espalhados em 50 países do mundo. Acredita-se que essa iniciativa resultou em um aumento de 7% no turismo e 23% no volume de transações com cartões Visa durante os jogos (Li, 2003). Contudo, o investimento em um megaevento nem sempre é recuperado pelo dinheiro arrecadado com turismo, o que requer uma análise independente e cuidadosa ao se avaliar o impacto do evento tanto no curto quanto no longo prazo.

Benefícios econômicos mais amplos

Sediar um megaevento propicia ao país a oportunidade de exibir mais do que simplesmente suas instalações esportivas. Muitos países aproveitam a publicidade internacional para tirar vantagem das oportunidades comerciais. O governo australiano conduziu grandes negociações comerciais durante as Olimpíadas de 2000, em Sydney, e a Copa do Mundo de Rúgbi de 2003, o que resultou em diversos acordos lucrativos de exportação e comércio. Além disso, benefícios econômicos mais amplos são desfrutados por meio do consumo de diversos produtos e serviços de apoio como resultado direto do megaevento, injetando, assim, grandes somas de dinheiro na economia do país-sede. Megaeventos são também invariavelmente responsáveis pela geração de empregos no curto e no longo prazos. Indústrias como a do marketing esportivo, da mídia e da administração de eventos se beneficiam também da experiência obtida com esses eventos e com o conseqüente enriquecimento do mercado de mão-de-obra do país.

Os governos devem considerar com cuidado os benefícios do investimento em programas esportivos internacionais e a sede de megaeventos, pois os investimentos realizados são custeados pelo dinheiro do contribuinte. Uma pesquisa sobre subsídios provenientes do dinheiro dos contribuintes e direcionados a eventos esportivos realizada na Austrália (Mules, 1998) revelou que, apesar da geração de receita com o turismo e o desenvolvimento da infra-estrutura comunitária, o contribuinte é, geralmente, quem perde com seu país sendo sede de grandes eventos esportivos. Esta pode ser uma questão particularmente delicada quando fatores como segurança pública, grupos de hospedagem e do bem-estar da comunidade competem com o evento esportivo pela obtenção de apoio financeiro do governo. Talvez a conclusão mais interessante da pesquisa seja a identificação dos eventos com maior probabilidade de gerar altos ganhos econômicos e nacionalmente. Primeiro, vamos esclarecer a diferença entre eventos de audiência e eventos participativos. Evento de audiência é aquele em que um grande número de espectadores assiste a exibições com um pequeno número de atletas em competições de renome, como o Grande Prêmio de Fórmula Um ou a Copa do Mundo de Rúgbi. Um evento participativo atrai não apenas espectadores, mas também tem a participação em massa de atletas, como os Jogos Mundiais de Masters, as etapas do *Australian Surf Lifesaving* (com mais de 5.000 competidores) ou quaisquer festivais ou jogos semelhantes ao festival de boliche ou os Jogos da Polícia e do Corpo de Bombeiros. Eventos participativos como esses envolvem literalmente milhares de competidores, os quais, por sua vez, trazem consigo seus cônjuges, filhos, amigos e parentes. Acredita-se que os eventos participativos, ao contrário dos eventos de audiência, trazem maiores benefícios econômicos para a nação-sede. A cidade do Rio de Janeiro será sede dos Jogos Panamericanos em 2007. O objetivo declarado do Comitê Olímpico Brasileiro é gerar fluxo turístico para a cidade, já reconhecida por seus atrativos, estimular o senso da prática esportiva como base de melhor higidez da população, além de reciclar nossos atletas nas práticas do esporte. A pesquisa demonstra que as características gerais desejáveis aos eventos participativos com maior probabilidade de gerar altos lucros econômicos em âmbito nacional são as seguintes:

1. deveriam ser do interesse de, e envolver como seus praticantes, indivíduos de meia-idade e da classe média;
2. deveriam ser populares em países afluentes, como os Estados Unidos e a Escandinávia;
3. deveriam ser populares em países onde a população é propensa ao turismo;
4. não deveriam permitir sua exposição televisiva em massa; e
5. não deveriam exigir uma nova infra-estrutura dispendiosa (Mules, 1998).

Essas características apontam para eventos com poder de atrair um mercado-alvo composto por indivíduos ativos, com tempo disponível e que dispõem de melhores condições financeiras. Os eventos preferidos seriam aqueles que não requerem infra-estruturas de capital caras ou que não dependem de direitos de mídia inflacionados[4].

O esporte deve apresentar benefícios positivos para a comunidade em geral; não devemos, porém, ignorar as conseqüências negativas do esporte para a sociedade. À semelhança dos benefícios positivos, os aspectos negativos do esporte podem ser classificados como tangíveis e intangíveis. As desvantagens dos tangíveis abrangem a aplicação de fundos públicos no esporte e em instalações de lazer e atividades relacionadas que poderiam ser gastos de outra forma, com necessidades prioritárias da comunidade, como educação e saúde. Geralmente, a posição privilegiada de que desfrutam celebridades esportivas exerce uma atração irresistível sobre políticos à procura de apoio eleitoral e favores – favores esses facilitados por sua aparição ao lado de heróis e lendas esportivas. As vantagens no curto prazo de apoiar eventos e propostas esportivas podem ofuscar o julgamento objetivo sobre o evento atender ou não aos melhores interesses econômicos da comunidade ou da nação.

O palco altamente emocional do esporte também pode causar desvantagens dos intangíveis, como derrota, frustração e até mesmo ira. Apesar da possibilidade de uma experiência esportiva provocar o "fator sensação boa", um resultado negativo poderá induzir à frustração geral ou a situações mais sérias, como violência esportiva ou vandalismo. Isso é particularmente evidente no futebol, em que torcedores fanáticos têm protagonizado os mais violentos incidentes da história do esporte.

4 Esse comentário pode ser válido para a Oceania, porém, utópico para o Brasil. Eventos com direitos de mídia inflacionados significam eventos de sucesso e de grande interesse público, portanto, que valem ser transmitidos. (NRT)

Esporte e socialização

Já consideramos o esporte como elemento da cultura e o papel do governo no esporte, sendo estas duas grandes forças ambientais. Passaremos agora ao exame do esporte e seu papel no desenvolvimento social do ponto de vista geral e, em seguida, analisaremos mais especificamente as questões envolvidas na socialização voltada ao esporte. A socialização do consumidor é o processo pelo qual os indivíduos desenvolvem, por meio da interação com outros, padrões específicos de comportamento e de experiência socialmente relevantes (Hanna e Wozniak, 2001). O esporte pode ser um veículo importante a ser utilizado por pais, professores, treinadores e jogadores para o desenvolvimento dos valores da vida nas crianças; valores como respeito, trabalho em equipe, condicionamento físico, dedicação, comprometimento e lealdade. Os conceitos de esporte e socialização são igualmente importantes, pois as crianças não apenas aprendem sobre a vida por meio do esporte, mas também sobre a importância do esporte para a vida. Esta seção examinará a socialização por meio do esporte, bem como a socialização voltada ao esporte.

Socialização por meio do esporte

O esporte, um fórum importante de oportunidades estruturadas e supervisionadas, abre as portas para o crescimento, a interação e o desenvolvimento de maneira muito semelhante a outras instituições socializantes, como escola e igreja. De fato, um estudo canadense revela que o esporte, na comunidade, figura entre as forças mais positivas na vida dos jovens daquele país, muito mais do que influências como a escola, amigos e colegas, a indústria da música/entretenimento e até mesmo a religião (Decima Research, 2002). Apenas a família é considerada como elemento de influência na moldagem do desenvolvimento da geração mais jovem.

A socialização, ao mesmo tempo um processo e um resultado, é a jornada de uma vida, e não apenas um acontecimento de uma idade específica. Essas considerações podem ser classificadas em três tipos:

- o desenvolvimento de traços e habilidades individuais;
- o aprendizado sobre o meio ambiente;
- o aprendizado sobre como interagir com o meio ambiente.

Além das habilidades tangíveis e físicas, o esporte pode ensinar e/ou reforçar um número de valores e atitudes. Não seria justo mencionar apenas os valores positivos nesse ponto; portanto, a Tabela 3.4 apresenta os valores positivos e negativos e as atitudes associadas ao esporte. O ponto-chave na elaboração, no apoio financeiro e no patrocínio a qualquer programa esportivo é realçar os atributos positivos e minimizar os negativos. Os profissionais de marketing devem ter muita cautela quanto

Tabela 3.4: Valores e atitudes positivos e negativos associados ao esporte

Valores e atitudes positivos	Valores e atitudes negativos
Trabalho em equipe	Ganhar é tudo
Compromisso com uma meta ou propósito	Não há problema em recorrer à desonestidade e à trapaça de vez em quando
Trabalho duro	Os fins sempre justificam os meios
Busca constante pela excelência	Violência e agressão são aceitáveis em alguns casos
Jogo limpo	Força e poder dominam
Coragem para tentar	Assédio
Aceitação de coisas novas	Intolerância e racismo
Respeito pelos demais	Drogas usadas para melhorar o desempenho "não são de fato drogas"
Respeito pela tradição	
Respeito pelas regras e pelos limites	

à cultura esportiva que está sendo desenvolvida por seu esporte ou clube individual. A intenção de qualquer provável patrocinador ou parceiro estratégico é ter sob seu controle o poder dos atributos positivos que o esporte pode propiciar a um indivíduo, família ou mercado-alvo mais amplo.

Socialização no esporte

O esporte desempenha um papel importante na vida de algumas pessoas, e elas podem desenvolver relações psicológicas profundas com o esporte, independentemente de serem praticantes ou espectadores. O Modelo de *Continuum* Psicológico (PCM) é uma estrutura conceitual de compreensão da relação psicológica do indivíduo com o esporte. A Figura 3.4 ilustra cada um dos quatro níveis de PCM. A Fase 1 está ligada à conscientização, causada por fatores externos, e refere-se essencialmente à forma como as crianças se socializam como esportistas. Como você aprendeu as regras do críquete? Tênis? Futebol? Quando você percebeu pela primeira vez que existiam times e

Figura 3.4: Modelo de *continuum* psicológico (PCM)

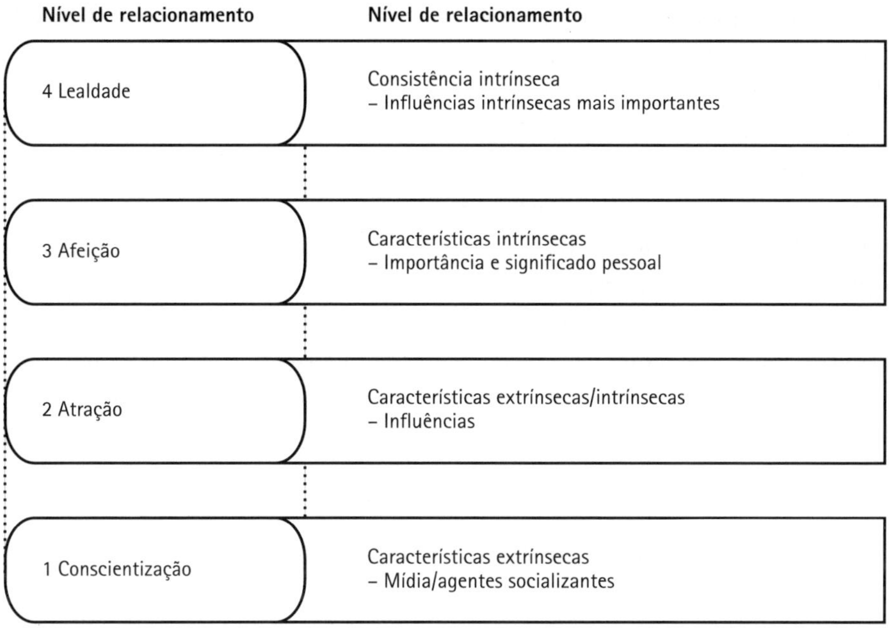

Fonte: Funk e James, 2001

esportes diferentes? Esse processo é denominado socialização esportiva e marca o começo do nível de relação psicológica com o esporte.

A socialização nos papéis do esporte – sejam papéis primários de praticante ou secundários de espectador – envolve muitos dos agentes da socialização do consumidor. Pais, professores e colegas imprimem na criança, de forma progressiva, sua influência e suas preferências à medida que ela cresce. Os pais moldam o interesse da criança por jogos e atividades, e é o pai que desempenha um papel importante na iniciação dos filhos, principalmente dos meninos, no esporte (Funk e James, 2001). Após os 5 anos de idade, quando as crianças são expostas a influências mais amplas da escola e dos colegas, os pais prosseguem na tarefa de socialização esportiva. É importante ressaltar o papel dos pais na apresentação do esporte televisivo aos filhos. Por meio de experiências primárias ou secundárias, as crianças passam a conhecer times ou atletas, desenvolvendo preferências e lealdade por determinado esporte, time ou indivíduo. Nesse ponto, pais e colegas exercem novamente grande influência no estabelecimento desses padrões de preferência por um esporte ou time. Naturalmente, o resultado de não expor a criança ao envolvimento esportivo primário ou secundário pode determinar que ela não desenvolva qualquer interesse ou envolvimento com o esporte.

A socialização no esporte é um conceito bastante interessante e importante para os profissionais do marketing esportivo, pois representa uma oportunidade para moldar crenças, atitudes e comportamentos dos futuros mercados-alvo esportivos. A AFL, na Austrália, investe milhões de dólares todos os anos em seu Programa Auskick, destinado a incentivar crianças pequenas a jogar o futebol australiano. Apesar de esse programa ser declaradamente destinado a oferecer às crianças a oportunidade de desenvolver habilidades e o bom condicionamento físico, a AFL também se beneficia de sua contribuição para a socialização de milhares de crianças que se tornam praticantes de AFL. O programa não apenas desenvolve um banco de dados de futuros jogadores e patrocinadores, mas também oferece um fórum para crianças, pais e treinadores interagirem – todos eles representam mercados-alvo potenciais para a AFL.

A Simpson Australia, fabricante de eletrodomésticos, patrocina o Programa Auskick e aproveita o poder positivo da socialização por meio do esporte para vender seus produtos domésticos. Atuando em um ambiente que promove a honestidade, a integridade, a amizade e o compromisso, a Simpson é vista como uma empresa que auxilia os pais na transmissão dos valores da vida a seus filhos. Pais com crianças pequenas são também um mercado-alvo para a Simpson e, portanto, ótimos parceiros estratégicos para sua campanha promocional.

Contraponto: O fator "sensação não tão boa"

Assim como o esporte contribui para o desenvolvimento positivo e a socialização de crianças, pode também gerar modelos negativos de comportamento, reforçar a eficácia da violência e da agressão e induzir a estereótipos prejudiciais. Um estudo sobre a mídia esportiva nos Estados Unidos (Messner, Hunt e Dunbar, 1999) concluiu o seguinte:

- Agressão e violência entre homens são descritas como comportamento empolgante e gratificante.
- A cobertura esportiva realça a noção de que a violência já é esperada.
- Os atletas que "jogam com dor" ou "dão o sangue pelo time" são geralmente vistos como heróis.
- Os comentaristas constantemente usam metáforas marciais e linguagem de guerra e artilharia para descrever os lances esportivos.
- Os comentaristas esportivos freqüentemente descrevem e reprisam incidentes em que os atletas são violentamente atingidos ou realizam atos impensados envolvendo alta velocidade e acidentes violentos.
- Os jogos são geralmente promovidos pela criação ou incitação de conflitos entre duas estrelas esportivas.
- Os programas esportivos às vezes destacam estereótipos raciais ou chamam a atenção para raça/etnia em seus comentários.
- Atletas femininas recebem pouca cobertura em programas esportivos que supostamente exibem atletas do sexo masculino e feminino.

- As mulheres geralmente não participam de programas esportivos de audiência masculina e, quando são convidadas, são vistas de maneira estereotipada.

Considerando a violência, os modelos de conduta negativos e a criação prejudicial de estereótipos no âmbito do esporte, deveríamos tentar minimizar o papel do esporte em nossa sociedade? Seria esse o momento de reconsiderarmos o enorme investimento esportivo feito em nossas comunidades e revertermos nosso dinheiro para atividades e problemas mais relevantes?

Resumo

- **defina o esporte como um elemento cultural**
  O esporte foi definido como fenômeno cultural. Como a música e a arte, o esporte faz parte da história de todas as culturas do mundo e continua sendo um veículo atual de definição cultural. Pessoas e comunidades podem definir e expressar sua própria identidade e suas raízes comuns por meio do esporte e dos rituais a ele associados. O esporte está presente nas culturas, mas também é um fenômeno cultural por seus próprios méritos e desempenha um papel importante na definição da identidade nacional e na satisfação de muitas necessidades individuais e sociais. Isso significa que o esporte não apenas funciona como parte de uma cultura, mas também contribui para moldá-la.
- **identifique exemplos do papel do esporte na definição da identidade nacional**
  Pense no quanto o esporte está associado à forma como comemoramos ou nos divertimos em diferentes feriados. Jogar críquete no quintal no Natal é uma tradição australiana, e as pessoas nos Estados Unidos tradicionalmente assistem ao seu futebol no fim de semana do Dia de Ação de Graças. Esses não são os únicos exemplos de como esporte e cultura se misturam. Um fenômeno cultural bastante interessante é o uso do *haka* por equipes esportivas da Nova Zelândia como sinal de sua origem e fator de intimidação. No Brasil é comum a prática do jogo de futebol de campo aos sábados à tarde e assistir aos jogos nos estádios ou pela televisão aos domingos. Esportes de quadra.
- **compreenda o poder subcultural do esporte**
  No marketing esportivo, o conceito de subcultura é muito importante. Quase todos os aspectos da participação e audiência esportivas refletem a filiação subcultural. Torcedores e praticantes se reúnem por motivos comuns, vestem uniformes ou, às vezes, adquirem artigos de merchandising do time, para demonstrar sua filiação. Eles geralmente usam o mesmo vocabulário quando discutem sobre o esporte de sua predileção ou seguem rituais como o hino do time, as rotinas de aquecimento, gritos de guerra e mascotes. No Brasil, uma nova forma de socialização por um modelo subcultural formatou as torcidas dos clubes de futebol profissional de campo, nas chamadas torcidas organizadas – como no caso da Gaviões da

Fiel, do Sport Clube Corinthians Paulista e da Mancha Verde da Sociedade Esportiva Palmeiras, das quais decorreram outras características funcionais como a formação das escolas de samba que concorrem no carnaval paulista.

- **trace os benefícios para e as responsabilidades do governo em relação ao esporte**
  No esporte, o governo e a política podem influenciar o ambiente em que o esporte está sendo comercializado; e o esporte, por sua vez, pode ter impacto sobre o governo e a política. Além disso, o esporte como produto e mecanismo social pode ser modificado e/ou regulamentado pela política governamental. O porte e a importância de alguns eventos esportivos são tão grandes que a própria infra-estrutura do país sofre impacto, o que, conseqüentemente, exige o envolvimento do governo. As três maiores responsabilidades do governo e seus benefícios com relação ao esporte são conseguir o bom condicionamento físico dos cidadãos, sediar megaeventos e alcançar êxito esportivo internacional.
- **explique o papel do esporte na socialização de crianças**
  A socialização do consumidor é o processo pelo qual os indivíduos desenvolvem, por meio da interação com outros, padrões específicos de comportamento e de experiência socialmente relevantes (Hanna e Wozniak, 2001). O esporte pode ser um veículo importante a ser utilizado por pais, professores, treinadores e jogadores para o desenvolvimento de valores da vida nas crianças - valores como respeito, trabalho em equipe, boa forma física, dedicação, comprometimento e lealdade[5]. Os conceitos de esporte e socialização são igualmente importantes, pois as crianças não aprendem apenas sobre a vida por meio do esporte, mas também aprendem sobre a importância do esporte para a vida.
- **discuta os agentes e questões envolvidos na socialização em torno do esporte**
  A socialização nos papéis do esporte, sejam papéis primários de praticante ou secundários de espectador, envolve muitos dos agentes da socialização do consumidor. Pais, professores e colegas imprimem na criança, de forma progressiva, sua influência e suas preferências à medida que ela cresce. O modelo de *continuum* psicológico (PCM) pode ser utilizado para compreender a relação psicológica do indivíduo com o esporte e descreve as características psicológicas associadas a quatro níveis diferentes de relacionamento.

[5] Será excelente se o Brasil adotar essa perspectiva de utilização do esporte, como meio de obter os resultados no médio e no longo prazos. (NRT)

Perguntas de revisão

1. O que é cultura e qual o papel do esporte na expressão cultural?
2. Como o esporte pode contribuir para a definição de uma identidade nacional?
3. Por que o conceito de subculturas esportivas é importante para os profissionais de marketing?
4. Quais são os cinco prováveis benefícios do bom condicionamento físico obtidos pelo indivíduo, pela sociedade e pelos governos por meio do esporte?
5. O que é socialização, e como o esporte pode facilitar esse processo vitalício?

Atividades aplicadas

1. Reúna três anúncios relacionados a esporte que, em sua opinião, utilizam o orgulho nacional ou a identidade cultural como temas principais. Identifique os valores expressos e comente o quão bem-sucedido você acha que o anúncio pode ser.
2. Identifique três subculturas esportivas (como *skateboard*, corrida de motocicletas e futebol) e faça uma lista dos atributos tangíveis e intangíveis que definem cada uma delas. Como um profissional de marketing poderia utilizar essa informação para referir-se a cada mercado-alvo subcultural?
3. As Olimpíadas de 2000, em Sydney, foram consideradas um grande sucesso para o país-sede, a Austrália. Em sua opinião, como esse sucesso foi medido? Como ele deveria ser medido e por quê? Encontre estatísticas e comentários que ajudem a explicar as principais vantagens e desvantagens dos Jogos Olímpicos de 2000 para a Austrália.

Referências

Berardi, J.; Lowery, L.; Fortney, R. The bodybuilding subculture, 2002. Disponível em: http://www.johnberardi.com/articles/philosophy/subculture_pr.htm. Acesso em: 9 maio 2003.

Burge, E. *Our visit to Samoa*, Bootsnall.com, 2001. Disponível em: http://www.bootsnall.com/cgi-bin/gt/travelstories/pac/mar02samoa.shtml. Acesso em: 14 maio 2003.

Cabinet Office (UK) *Game plan: a strategy for delivering government's sport and physical activity objectives.* Londres: DCMS/Strategy Unit, Cabinet Office, 2002.

Cameron, M.; MacDougall, C. Crime prevention through sport and physical activity. Canberra: Australian Institute of Criminology, trends and issues in crime and criminal justice, AIC, p. 4, 2000.

Crawford, S. Rugby and the forging of national identity. Nauright, John (Ed.) *Sport, power and society in New Zealand: historical and contemporary perspectives.* ASSH Studies in Sports History, n. 11, p. 5-19, 1999.

Decima Research Inc. *2002 Canadian public opinion survey on youth and sport,* Ontário: Canadian Centre for Ethics in Sport, jul., 2002.

Funk, D. C.; James, J. The psychological continuum model: a conceptual framework for understanding an individual's psychological connection to sport. *Sport Management Review*, 4, p. 119-50, 2001.

Green, C. Leveraging subculture and identity to promote sport events. *Sport Management Review*, n. 4, p. 1-19, 2001.

Hanna, N.; Wozniak, R. *Consumer Behavior: An Applied Approach*. Nova Jersey: Prentice Hall, 2001.

Harmon, S. *Case study:* the 2003 rugby world cup – lesson to be learnt by the sports industry. Apresentado no 2º Encontro Empresarial Anual Esportivo, Conferências sobre Revisão Financeira Australiana, Melbourne, 16 de setembro de 2004.

Hicks, J. *Australian cowboys, roughriders & rodeos*. Rockhampton: Central Queensland University Press, 2001.

International Sport and Culture Association. About ISCA, 2001. Disponível em: www.isca-web.org/presEng.asp. Acesso em: 19 set. 2003.

Leska, D. *Culture – sport – politics during a period of a society transformation in the Slovak Republic*. Gymnica, v. 21, n. 2, p. 10, 2001.

Li, S. *Sports Sponsorship – A Global Business Affair*. Apresentação em nome da Visa realizada no Encontro Empresarial Esportivo da AFR, 16 de outubro de 2003, Sydney, Austrália.

Messner, M., Hunt, D.; Dunbar, M.A. *Boys to men, sports media*. Oakland, CA: Children Now, 1999.

Ministry of Health *DHB Toolkit: Physical Activity*, Ministry of Health, Nova Zelândia, www.newhealth.govt.nz/toolkits/physical, 2003.

Mules, T. Taxpayer subsides for major sporting events. *Sport Management Review*, 1, p. 25-43, 1998.

Neal, C.; Quester, P.; Hawkins, D. *Consumer behaviour implications for marketing strategy*, 3. Ed. Austrália: McGraw Hill, 2002.

Richards, D. Bush school with a difference. ABC Central Australia, 27 de junho de 2002. Disponível em: www.abc.net.au/central/stories/s591619.htm. Acesso em: 19 set. 2003.

Summers, J.; Gardiner, M.; Lamb, C.; Hair, J.; McDariel, C. *Essentials of marketing*, Austrália: Thomson, 2003.

Szymanski, S. The economic impact of the world cup. *World Economics* 3-1, p. 169-77, janeiro 2002.

Thomas, D. R.; Dyall, L. Culture, ethnicity, and sport management: a New Zealand perspective. *Sport Management Review*, 2, p. 115-32, 1999.

Thomas, P. Snowboarding – a subculture hits the olympics. BBC News, 1998. Disponível em: http://news.bbc.co.uk/1/hi/sport/winter_olympics_98/snowboard/53826.stm. Acesso em: 9 maio 2003.

Wilkins, I. Nationality issues at stake in America's cup outcome, 2003. Website oficial da America's Cup, http://americascup.yahoo.com/story1806.html. Acesso em: 14 maio 2003;

http://www7.boot.de/cipp/md_boot/custom/pub/content,lang,2/oid,5702/ticket,g_u_e_s_t. Acesso em: 18 fev. 2005.

Wolff, A. Basketball binds former Yugoslavia. *Sports Illustrated*, 2001. Disponível em: http://sportsillustrated.cnn.com/inside_game/alexander_wolff/news/2001/07/03/hoop_life. Acesso em: 9 maio 2003.

capítulo 4

O consumidor esportivo

Objetivos de aprendizagem

Após ler este capítulo, você deve ser capaz de:

- explicar os princípios básicos do comportamento do consumidor e por que esse é um conceito importante para os profissionais de marketing esportivo
- explicar os diferentes tipos de tomada de decisão do consumidor
- discutir os diversos tipos de risco percebido e como eles influenciam o processo de tomada de decisão
- descrever os estágios no processo de tomada de decisão do consumidor
- identificar e discutir os fatores sociais e psicológicos que influenciam o processo de tomada de decisão do consumidor
- discutir a importância do envolvimento e da motivação para o entendimento do comportamento do consumidor esportivo
- explicar o processo de segmentação do mercado e a relevância do posicionamento ao se desenvolver uma estratégia de marketing esportivo

Introdução

Em números atuais, o esporte participativo mais popular na Austrália para adultos (16 a 65 anos) é a natação (59% da população o relacionam como número 1) com cerca de 3,25 milhões de australianos nadando pelo menos uma vez em 2002. A natação é seguida pelo críquete ao ar livre (57%) e pelo tênis (55%) (Sweeney 2003). Na Nova Zelândia, o esporte participativo mais popular é a caminhada (70%), seguida pela jardinagem (65%) e, então, pela natação (40%), com quase metade da população declarando ter nadado pelo menos uma vez (Sweeney, 2003). Caminhar em mata/trilhas, ir à academia e pescar também são esportes participativos populares tanto na Austrália quanto na Nova Zelândia, com cerca de 2 a 2,5 milhões de pessoas participando. Em termos do consumo televisivo do esporte, 96% dos australianos admitiram assistir a esportes pela televisão; o críquete, o futebol australiano e o tênis são os mais populares, sendo assistidos por uma em cada duas pessoas (Sweeney, 2003).

Os processos pelos quais um consumidor ou praticante de um esporte passa ao definir se irá comparecer a um evento esportivo ou praticar um esporte e, então, por quais esportes irá torcer podem ser analisados por meio da compreensão do processo de tomada de decisão do consumidor[1]. O entendimento desse processo é um bloco de construção fundamental no desenvolvimento de qualquer estratégia de marketing bem-sucedida, e isso não é diferente no contexto esportivo. Tal processo consiste em cinco estágios que são influenciados por uma série de fatores situacionais e pelas características pessoais dos próprios consumidores. Além disso, fatores externos, como a influência de outras pessoas, da cultura e da classe social, também afetam as decisões que os consumidores tomam em relação ao consumo esportivo. A seguir, examinaremos detalhadamente o processo de tomada de decisão do consumidor.

O processo de tomada de decisão do consumidor

As preferências dos consumidores estão em constante mudança; assim, é importante que os profissionais de marketing entendam como seus clientes tomam suas decisões de compra, o que pode afetar suas escolhas e quais são os critérios importantes para sua tomada de decisão. O comportamento do consumidor é o estudo das ações diretamente envolvidas na obtenção, no consumo e no descarte de produtos e serviços, incluindo os processos de decisão que antecedem e sucedem essas ações (Neal et al., 2002).

Em geral, o processo de tomada de decisão do consumidor pode ser resumido em cinco fases ou etapas, como mostrado na Figura 4.1. Essas etapas são exibidas como se ocorressem uma após a

[1] No Brasil, só encontramos unanimidade quando tratamos da seleção brasileira de qualquer modalidade esportiva. (NRT)

outra, mas é claro que, em muitas decisões do consumidor, não é o que acontece. Com freqüência, os consumidores retrocedem e adiantam-se no processo, até que se sintam confiantes o bastante com as informações que possuem para tomar uma decisão final. Após a decisão ser tomada, eles tendem a refletir sobre os resultados – estão felizes/satisfeitos ou não? Essas informações são, então, usadas em decisões futuras para ajudá-los a fazer escolhas melhores (veja o ciclo de feedback).

Também precisamos entender que há diferenças nos tipos de decisão que os consumidores tomam. Por exemplo, a decisão de comparecer a um evento esportivo em um estádio local pode ser rápida e direta para a maioria. Esse tipo de decisão é chamado de tomada de decisão de baixo envolvimento. Em oposição, é provável que a decisão de comprar ingressos para a final da Copa do Mundo de Rúgbi em Sydney, com as passagens aéreas e a estada, seja mais difícil, com mais envolvimento, e é bastante provável que se considerem alternativas e opções diferentes. Esse tipo de decisão é conhecido como decisão complexa ou de alto envolvimento.

As decisões complexas ou de alto envolvimento tendem a fazer com o que o processo de decisão seja longo. Em tais decisões, os consumidores tendem a passar um tempo considerável procurando informações em fontes relacionadas e não-relacionadas ao marketing, para ajudá-los em sua escolha, e freqüentemente consideram uma série de opções (Assael, 2004). Na tomada de decisão complexa, todo o processo de decisão é seguido – todas as etapas são incluídas –, e os consumidores geralmente tomam essas decisões com calma. Além disso, eles freqüentemente têm dúvidas consideráveis sobre a compra (ou dissonância pós-compra) após a decisão ter sido tomada.

A tomada de decisão complexa geralmente ocorre quando as seguintes condições estão presentes:

- altos níveis de risco financeiro, social, físico, funcional ou psicológico percebido;
- produtos complexos e também produtos em que as diferenças entre as alternativas são de difícil percepção para o consumidor;
- decisões permanentes ou duradouras;
- falta de experiência com essa compra ou falta de conhecimento sobre a categoria do produto.

Em oposição, as decisões de baixo envolvimento geralmente são caracterizadas pelas seguintes condições:

- baixos níveis de risco percebido;
- produtos simples de conveniência;
- produtos comprados de forma regular ou, com freqüência, de forma habitual;
- produtos que possuem um ciclo de vida curto.

Nas decisões simples ou de baixo envolvimento, os consumidores freqüentemente pulam as fases de busca de informações e avaliação de alternativas do processo de tomada de decisão, contando com sua experiência em compras anteriores para nortear sua escolha. Eles também dificilmente

Figura 4.1: O processo de tomada de decisão do consumidor

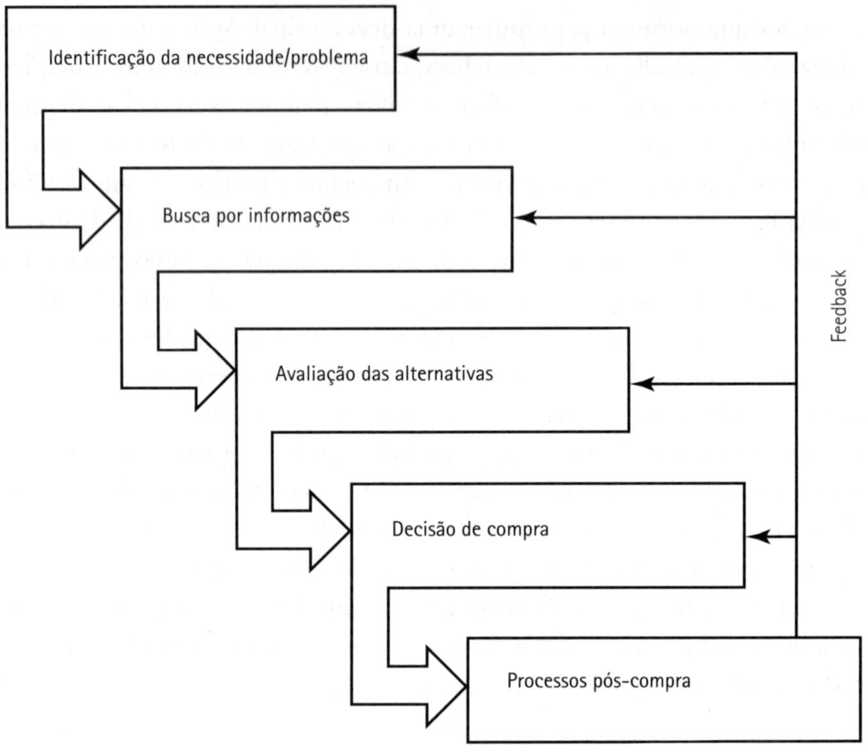

passam por dúvida ou dissonância pós-compra com esses tipos de aquisições. A Figura 4.2 ilustra esses tipos de decisão como um *continuum* com algumas das características observadas de cada um.

Em um contexto de marketing esportivo, muitas decisões serão simples ou de baixo envolvimento, no entanto, para a maioria dos consumidores, a decisão de praticar um esporte e/ou comparecer a um evento esportivo pode ser complexa e de alto envolvimento. O tipo da decisão dependerá das características individuais do consumidor, do nível de risco que ele percebe e da situação em que está tomando a decisão. Como os níveis de risco percebido são importantes para definir o tipo de decisão tomada, esse conceito precisa ser mais bem explorado.

Tipos de risco percebido

O risco percebido é um fator importante para definir quanto tempo e esforço as pessoas dedicam à tomada de decisão. O termo risco *percebido* é usado porque o nível e o tipo do risco só

Figura 4.2: O continuum de decisões de compra do consumidor

	Rotineira	Limitada	Complexa
Envolvimento	Baixo	Baixo a moderado	Alto
Tempo	Curto	Curto a moderado	Longo
Custo	Baixo	Baixo a moderado	Alto
Busca por informações	Apenas interna	Em grande parte, interna	Interna e externa
Número de alternativas	Uma	Poucas	Várias

Fonte: Summers, Gardiner, Lamb, Hair e McDaniel, 2003, p. 31

existem na mente dos consumidores individuais e podem ser diferentes para consumidores diferentes dos mesmos produtos e serviços.

É quase como um *continuum* no qual, em uma ponta, temos os consumidores com altos níveis de tolerância a riscos que raramente os *percebem* nas situações de compra. Algumas vezes, essas pessoas vêem risco em suas compras – como comprar mercadorias esportivas com grande desconto de ambulantes ou em mercados sem garantia do produto ou comprar pela internet ou por outro meio não-tradicional. Elas não se sentem preocupadas em tomar a decisão errada; freqüentemente, são as primeiras a comprar e experimentar novos produtos e, na verdade, gostam da *emoção* da incerteza na tomada de decisão.

Na outra ponta do *continuum*, temos consumidores que possuem aversão a riscos e preocupam-se bastante com a escolha errada. Eles tendem a demorar bastante para tomar decisões e consideram com cuidado todas as opções e alternativas antes de fazer uma escolha. Esses consumidores evitam situações de compra arriscadas (como em mercados ou na internet), e mesmo decisões como praticar ou não esportes "arriscados" seriam tratadas com cautela e reflexão. Esses indivíduos provavelmente não seriam encontrados escalando o Everest, praticando esportes que exijam contato corporal ou esquiando montanha abaixo. Eles também dificilmente seriam encontrados montando um cavalo ou fazendo mergulho. Mas também há, é claro, consumidores que estão no meio desse *continuum*. A posição onde o cliente está em relação ao risco nesse *continuum* irá nortear a quantidade de risco percebida e, por associação, a forma como ele toma decisões.

Quando discutimos o risco percebido, geralmente agrupamos os tipos de risco sentidos pelos consumidores em cinco categorias principais. São elas: risco financeiro, risco social, risco físico, risco funcional e risco psicológico. A seguir, discutiremos brevemente cada um deles.

Risco financeiro

Quanto aos níveis de risco associados a uma compra, o risco financeiro se relaciona ao custo do item em consideração. Produtos e serviços com preços altos geralmente são considerados com mais cautela pelos consumidores. Os níveis de risco financeiro sentidos pelos consumidores estão diretamente relacionados à sua situação socioeconômica e a suas percepções de *valor*. As influências cultural e familiar também são fatores que irão afetar a forma como um consumidor específico pode abordar o risco financeiro associado a diversos problemas e serviços.

Por exemplo, um consumidor provavelmente irá refletir com cuidado sobre a compra de um conjunto de tacos de golfe de US$ 3.000, a menos que seja muito rico ou um jogador profissional e os tacos representem sua ferramenta de trabalho e sejam necessários para que ele alcance uma boa posição no jogo. Além disso, algumas culturas nem sequer considerariam o golfe como um esporte aceitável ou desejável – então, a idéia de gastar US$ 3.000 em um conjunto de tacos seria inconcebível.

Risco social

O risco social está relacionado à consideração que os consumidores dão às idéias e opiniões de outros sobre suas compras. Ou seja, os outros acharão que foi uma boa compra e irão criticar-me por causa dessa compra? O risco social é normalmente sentido nos casos em que as compras podem ser facilmente vistas por outras pessoas (roupas, carros, comparecimento a eventos esportivos ou praticar um determinado esporte). Há muitos produtos e serviços altamente visíveis para os quais os consumidores poderão sentir mais o risco social. Por altamente visíveis, queremos dizer que outras pessoas conseguem claramente enxergá-los e criticá-los. Uma marca de geladeira, por exemplo, não seria um produto altamente visível, ao passo que um carro seria.

Perguntas como "Será que tenho a roupa 'certa' para malhar?", "Será que irão me criticar se eu não tiver?", "Ele está usando a 'marca certa' de bastão de críquete?', "Os tênis dela são da Nike?" são do tipo que os consumidores submetidos a risco social podem fazer. É interessante constatar que a personalidade também desempenha um papel nesse tipo de risco, com alguns consumidores se permitindo ser mais influenciados pelas opiniões de terceiros do que outros.

Risco físico

As preocupações com o risco físico estão relacionadas às preocupações com a segurança pessoal. As pessoas podem preocupar-se em comparecer a grandes eventos esportivos por medos de ataques terroristas ou de se verem envolvidas acidentalmente com violência, por exemplo, em uma partida internacional de futebol. Além disso, elas podem preocupar-se com a prática de um dado esporte que tenha uma alta taxa de lesões ou que seja de bastante contato físico. Na realidade brasileira, a decisão de ir a um estádio, para assistir a uma partida de futebol de campo, tornou-se de alto risco, por causa da violência perpetrada nos estádios pelas torcidas organizadas. E decidir pela prática de um esporte, por sua vez, ficou na condição de uma decisão de baixo risco, mesmo contando com todas as suas implicações.

Risco funcional

O risco funcional, por outro lado, está relacionado à preocupação de uma pessoa com o funcionamento esperado de um item adquirido. No caso de eventos esportivos, isso pode ser traduzido na preocupação com a qualidade dos assentos. "Será que conseguirei enxergar direito o jogo de onde estou sentado?" ou, talvez, "Se eu comprar agora os ingressos para a final da Copa do Mundo de Rúgbi, conseguirei ver meu time favorito jogar ou não?".

Quando aplicado às decisões sobre praticar esporte, o risco funcional pode levar o consumidor a fazer perguntas como "Perderei peso se começar a praticar esse esporte?", "Esse clube será o melhor para que eu possa aperfeiçoar minhas habilidades?" e "O quanto preciso treinar para ser selecionado para um time nacional ou internacional?"

Risco psicológico

O último tipo de risco que os consumidores podem sentir e que afeta o processo de tomada de decisão é o risco psicológico, que se relaciona à preocupação com a quantidade de tempo e esforço que uma pessoa usa para tomar uma decisão e se esse investimento psicológico foi justificado ou não. Às vezes, esse tipo de risco se manifesta quando demoramos tanto para tomar uma decisão que o item sobre o qual estávamos refletindo não está mais disponível ou foi adquirido por outra pessoa, e então ficaremos bastante frustrados por ter desperdiçado nossa energia sem obter algo em troca.

Por exemplo, uma pessoa que esteja ponderando o valor de comprar agora as passagens aéreas e reservar o hotel para a grande final de futebol australiano, para economizar dinheiro, também estaria considerando a probabilidade de seu time chegar à final e a chance de os ingressos não estarem disponíveis caso isso aconteça. A forma como tomar a melhor decisão, nesse caso, está repleta de risco psicológico.

Agora que entendemos como o processo de decisão funciona e algumas das diferenças nos tipos de decisões, precisamos entender melhor os vários estágios do processo e como essa compreensão pode ajudar os profissionais de marketing esportivo a desenvolver melhores estratégias de marketing.

Identificação de problemas

O primeiro estágio no processo de decisão do consumidor é a identificação de problemas ou necessidades. Esse estágio é definido como aquele que ocorre quando um consumidor reconhece uma discrepância entre seu estado atual (como está agora) e seu estado desejado (como gostaria de estar). Além disso, a discrepância tem de ser grande o bastante para motivar o consumidor a tomar uma atitude para resolvê-la.

Por exemplo, uma pessoa olhando para si mesma no espelho durante a primavera, após um longo e frio inverno, toda embrulhada em roupas largas e de lã: ela pode sentir algum desânimo e desconforto com sua aparência, especialmente em razão da proximidade dos meses mais quentes e do tempo de uso de pouca roupa. Essa pessoa pode ter experimentado uma discrepância entre seu estado atual (um pouco acima do peso) e seu estado ideal (mais magra), de forma que se sinta motivada a fazer algo a respeito – entrar para uma academia ou começar a correr.

Os profissionais de marketing podem influenciar os estados atuais e desejados dos consumidores por meio da comunicação de marketing. Em um nível simples, o profissional de marketing pode apelar para as necessidades fisiológicas e os impulsos humanos que eles sabem que irão surgir em certas situações. Por exemplo, o profissional de marketing de uma linha de barras de cereais com alta concentração de proteínas pode fazer propaganda das propriedades nutricionais e de melhoria de desempenho de seus produtos em academias e outros lugares onde as pessoas praticam exercícios e provavelmente desejam consumir alimentos e bebidas depois dessa atividade.

Diferentemente, os profissionais de marketing também tentam entender os motivos inconscientes ou psicológicos mais complexos dos consumidores, chamados de *carências*, que ocorrem quando há uma necessidade não-atendida. As carências não têm como base a necessidade; pelo contrário, sua base são os desejos ou as percepções que as pessoas têm sobre si mesmas. Por exemplo, os profissionais de marketing podem destacar as vantagens de se praticar um determinado esporte como sociais, físicas e culturais – todas elas desejáveis, mas nenhuma essencial. O Macquarie Bank usa sua associação ao ACT Brumbies como meio de despertar o interesse dos consumidores em seus produtos, além de utilizar a atração de encontros com jogadores famosos e a oportunidade de participação em aulas práticas de aperfeiçoamento em rúgbi como forma de estimular os estados desejados em suas diversas bases de clientes. Veja, no Apêndice 1 deste capítulo, o exemplo de envolvimento do Macquarie Bank com o esporte como meio de influenciar os processos de decisão de seus clientes na escolha de serviços financeiros.

Os consumidores identificam as necessidades e carências não-atendidas de várias maneiras diferentes. Uma das mais comuns é quando um produto ou serviço atual não tem o desempenho exigido e, assim, uma mudança se faz necessária: um indivíduo precisa de um novo tênis de corrida já que seu antigo tem furos no solado ou os jogadores de seu time não estão comprometidos com o que fazem e ele precisa mudar de clube para encontrar jogadores sérios.

Os consumidores também podem identificar carências quando são expostos a informações sobre produtos e serviços que são superiores aos existentes de alguma forma. Isso normalmente é feito por meio da comunicação de marketing: "Se você quer jogar como Michael Jordan, use produtos Nike". Os profissionais de marketing gastam muito tempo e dinheiro tentando criar desejos e carências por seus produtos e serviços na mente dos consumidores. Esse processo às vezes é mais fácil para produtos físicos (roupas e outros artigos esportivos) do que para serviços e experiências. Por exemplo, os profissionais de marketing tentando criar um desejo pelos ingressos de um evento esportivo têm de se concentrar em comunicar a atmosfera provável do evento, a emoção de estar lá e o fato de que, uma vez acabado o evento, ele nunca poderá ser recriado – como foi feito na publicidade da Copa do Mundo de Rúgbi de 2003. A grande ênfase dos comentaristas esportivos no Brasil se dá pela atribuição fatalista de suas afirmações. Por exemplo, em um jogo de futebol monótono o narrador descreve a situação: "É um jogo dramático, senhoras e senhores, uma guerra sem trégua".

Busca de informações

O segundo estágio do processo de tomada de decisão do consumidor é o estágio de busca de informações. É aqui que os consumidores consideram de quais informações adicionais podem precisar para auxiliar em sua decisão. A busca de informações pode ocorrer interna e/ou externamente, dependendo do nível de envolvimento do consumidor com a decisão e do nível de confiança que ele tem em fazer a escolha certa.

Quando os consumidores não estão particularmente preocupados com o resultado da decisão (baixo envolvimento) e a decisão é tomada de forma regular, eles confiarão, com freqüência, simplesmente em informações que armazenaram em suas memórias e não buscarão mais informações em fontes externas – isso é chamado de busca interna de informações. Por outro lado, quando os consumidores estão mais preocupados com o resultado da decisão (ou mais altamente envolvidos) e não estão confiantes de que possuem todas as informações necessárias para tomar uma decisão informada, irão buscar fontes externas de informações para ajudá-los. Isso é chamado de busca externa de informações. Essas informações externas podem assumir a forma de um material controlado pelo marketing, como anúncios, informações obtidas com vendedores ou na embalagem, e informações não controladas pelo marketing, como informações de amigos, parentes, notícias e outras fontes imparciais.

Para a maioria dos consumidores, as informações mais persuasivas são as das fontes não controladas pelo profissional de marketing e, de forma mais importante, as informações de amigos ou parentes confiáveis. Isso é chamado de comunicação boca a boca. Para compras como as do esporte, que têm um alto nível de intangibilidade e são, em grande parte, baseadas em experiências individuais, as fontes de informação não controladas pelo profissional de marketing tornam-se ainda mais importantes para os potenciais clientes. Além disso, as informações controladas pelo marketing dependem da tentativa de transmitir as emoções e os sentimentos associados a uma compra esportiva, já que esses são benefícios principais que os consumidores estão buscando.

Então, ao tomar decisões sobre como apresentar as informações aos clientes potenciais, os profissionais de marketing esportivo normalmente dependem bastante de imagens visuais para transmitir as emoções e a empolgação do esporte. A televisão, que contém tanto imagens visuais quando sonoras, é geralmente o meio mais bem-sucedido para comunicação dos benefícios do esporte. Além disso, vários profissionais de marketing esportivo também usaram a internet para fornecer informações sobre seus produtos e serviços, capitalizando sobre a interatividade desse meio e a capacidade de utilizar tanto informações visuais quanto auditivas.

Avaliação de alternativas

Assim que um consumidor tiver todas as informações de que precisa para tomar uma decisão, então irá considerar sua lista final de alternativas. Durante a fase de busca de informações, o consumidor normalmente termina com uma lista de opções entre as quais irá fazer sua escolha final. Essa lista final de opções é chamada de *conjunto evocado* (veja a Figura 4.3).

Os consumidores empregam uma gama diferente de regras de decisão para ajudá-los a fazer sua escolha final, e a complexidade das regras de decisão usadas depende bastante do consumidor individual e do tipo de compra. Para a maioria das decisões do consumidor, algum tipo de avaliação dos principais recursos ou atributos das diversas alternativas é realizado para determinar qual é a melhor opção. No caso das decisões de consumo esportivo, a intangibilidade e a falta de alternativas facilmente identificáveis e comparáveis tornam isso um pouco mais difícil. Assim, ao avaliar opções esportivas, os consumidores podem usar critérios como relação custo-benefício, aceitação social e relevância e qualidade do relacionamento com a equipe de vendas ou outros prestadores de serviços para ajudar em sua decisão.

Escolha

Uma vez consideradas as alternativas, o consumidor faz a escolha e, ao fazê-la, ele passa por outro processo de decisão, para decidir como e quando pagar e onde fazer a compra. Nesse estágio da escolha, os consumidores ficam interessados pelas opções de entrega – "Como receberei meus ingressos?", "Quando começa minha primeira aula de ginástica?" ou "Em quais noites treinamos e em quais dias será a competição?". Assim que a escolha é feita, os consumidores começam imediatamente um estágio de avaliação, no qual consideram sua satisfação ou não com a escolha que fizeram.

Processos pós-compra

Quando os consumidores adquirem produtos complexos, freqüentemente passam por um grau considerável de reflexão sobre a decisão e de análise sobre se fizeram ou não a escolha certa. Esse processo de reflexão e dúvida é chamado de dissonância cognitiva. Quanto maior for o risco percebido envolvido na compra e quanto menos confiante for o consumidor sobre o processo de decisão, maior será a dissonância sentida.

No caso do consumo esportivo, a decisão de praticar um esporte freqüentemente passa por uma considerável avaliação pós-compra. O consumidor irá questionar o valor de seu esforço e o custo da despesa inicial. Os profissionais de marketing esportivo precisam, assim, entender de forma detalhada as motivações para a prática de diversos esportes, já que isso servirá como um guia para as estratégias necessárias para ajudar a renovar a confiança dos consumidores e diminuir a dissonância.

Figura 4.3: O conjunto evocado

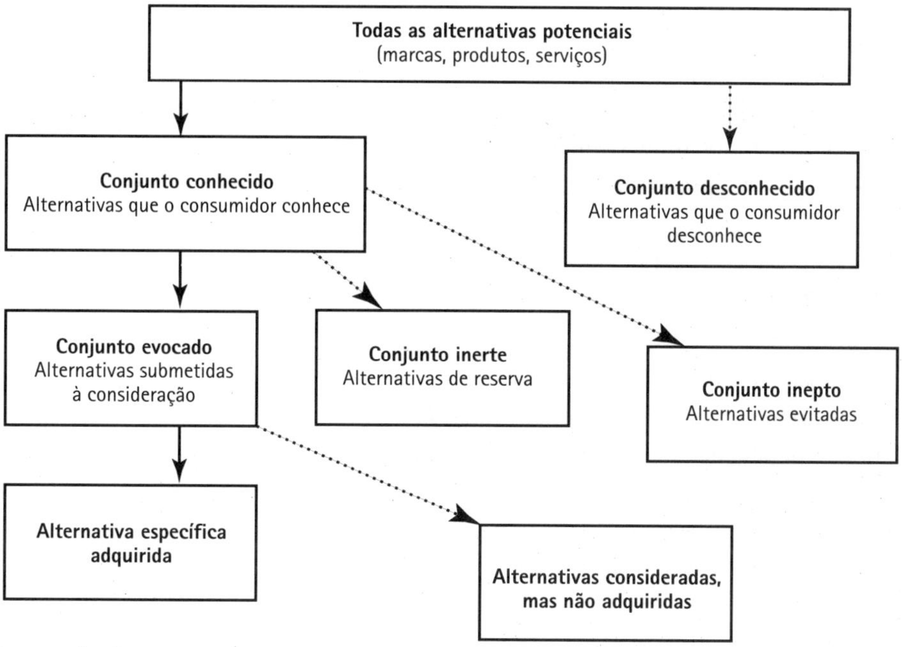

Fonte: Neal, Quester e Hawkins, 2002, p. 78

A motivação de um consumidor para fazer uma compra está diretamente relacionada com o critério que ele usaria para avaliar sua satisfação. Por exemplo, uma pessoa que se associa a uma academia para entrar em forma irá usar a melhora de seu nível de boa forma para medir seu nível de satisfação com a compra. Uma outra que se associar a uma academia para conhecer pessoas irá usar as interações sociais resultantes para medir sua satisfação com a decisão.

O processo de tomada de decisão de um consumidor é algo único de cada indivíduo e também irá mudar em diferentes situações de compra e quando as compras forem feitas em contextos diferentes. Para entender melhor como o processo de decisão pode diferir de consumidor para consumidor, é preciso compreender mais a fundo os fatores que influenciam o processo. Em essência, eles podem ser divididos em dois grupos: fatores internos ou psicológicos e fatores externos ou sociais. Exploraremos ambos os grupos a seguir.

Fatores internos ou psicológicos

A formação interna de um consumidor tem impacto significativo sobre como ele enxerga o mundo e interpreta as informações que lhe são apresentadas, e tais fatores psicológicos são exclusivos para cada consumidor individual. Personalidade, percepção, aprendizado e atitudes são fatores internos importantes que precisam ser entendidos. Um breve estudo a esse respeito é feito a seguir.

Personalidade

A personalidade é a mistura de características que tornam uma pessoa única, e essas características são razoavelmente consistentes e duradouras. Isso significa que as características fundamentais da personalidade de alguém raramente mudam. A personalidade de uma pessoa determina como poderá reagir ao ambiente ao seu redor e como provavelmente irá agir em situações sociais.

Há quatro teorias principais usadas para descrever a personalidade: (1) teorias psicanalíticas, (2) teorias socioculturais, (3) teorias de autoconceito e (4) teorias de traços (Assael, 2004), as quais variam bastante em sua abordagem. Entretanto, normalmente as teorias psicanalíticas e socioculturais possuem abordagem qualitativa, as de traços são quantitativas ou empíricas, e as teorias de autoconceito ficam no meio-termo.

As teorias psicanalíticas, usadas no marketing há muito tempo, são úteis para fornecer esclarecimentos sobre por que as pessoas tomam decisões de compra. As teorias de autoconceito, em oposição, analisam como a auto-imagem afeta o comportamento de compra e, com freqüência, são mais difíceis de ser efetivamente usadas nas estratégias de marketing, já que dependem de as pessoas entenderem e serem sinceras sobre sua auto-imagem. As teorias socioculturais da personalidade derivam de um entendimento sobre a formação cultural e social dos indivíduos, o contexto em relação à tomada de decisão e, mais uma vez, a sua natureza qualitativa as torna menos aplicáveis à estratégia de marketing. Provavelmente, a abordagem teórica da personalidade mais usada no marketing esportivo é a teoria dos traços.

A teoria dos traços sugere que a personalidade é composta por uma série de traços que descrevem predisposições gerais de resposta (Assael, 2004). A personalidade de um consumidor é quantificada ao se pedir a ele que responda a uma série de perguntas sobre traços específicos ou fatores de personalidade de um grande banco de inventários de personalidade. Depois de identificado um grupo de traços de personalidade, as combinações entre esses traços podem então ser usadas para segmentação, previsão de compras e comunicação de marketing.

Em relação ao esporte, os pesquisadores, com freqüência, tentam prever a relação entre personalidade e desempenho esportivo e até mesmo a escolha do esporte, mas seus resultados estão longe de ser consistentes. Não surgiu nenhum perfil de personalidade específico que distinga, de forma consistente, atletas de não-atletas, por exemplo, ou que distinga entre os atletas do sexo masculino e os do sexo feminino. Apesar disso, houve algumas descobertas interessantes na área de traços de personalidade de atletas, e a Tabela 4.1 mostra os traços de personalidade que foram percebidos em vários estudos e como eles estão relacionados à escolha de diversos tipos de esporte – em equipe *versus* individual e masculino *versus* feminino. Por exemplo, quem escolhe esportes em equipe tem chances de: ser menos abstrato; ter ego forte; ser mais extrovertido e ter tipo dependente de personalidade. Quem prefere esportes individuais, no entanto, tem mais chances de: ser objetivo; ter pouca ansiedade; ter raciocínio abstrato e ser introvertido.

Os pesquisadores também tentaram responder à pergunta "O esporte muda a personalidade ou certas personalidades sentem-se atraídas por esportes diferentes?" e, embora os testes possam fornecer indicadores sobre tendências, pontos fortes e pontos fracos das personalidades, eles podem oferecer apenas um *indicativo* de potencial desempenho e não prever o desempenho *real*. A Figura 4.4 mostra um perfil de vários traços de personalidade e como esses traços se relacionam com uma série de esportes diferentes. Algumas dessas descobertas podem ser consideradas um pouco controversas.

Por fim, os pesquisadores também sugeriram que a genética influencia bastante a personalidade, o desempenho esportivo e a escolha do esporte. O mais famoso desses teóricos é William Sheldon (Arraj e Arraj, 1988), que postulou que há três tipos físicos básicos, os endomorfos (corpos macios, arredondados, gordos), ectomorfos (corpos magros e frágeis) e mesomorfos (corpos musculosos, fortes, duros); veja a Figura 4.5. Ele sugeriu que cada tipo físico estava predisposto a traços de personalidade específicos e que um entendimento disso ajuda a prever as preferências esportivas e taxas de participação em esportes.

Tabela 4.1: Traços de personalidade de atletas

	Esportes em equipe	Esportes individuais	Atletas do sexo feminino
Traços de personalidade observados	Menos raciocínio abstrato	Mais objetividade	Voltadas a realizações
	Ego forte	Pouca ansiedade	Independentes
	Extrovertidos	Pensamento abstrato	Agressivas
	Dependentes	Introvertidos	Emocionalmente estáveis
			Positivas

Adaptado de www.Academic.uofs.edu/faculty/OAKESM2/spperson.html

No entanto, essas teorias não foram aplicáveis com as pesquisas e os testes modernos, mas são um ponto interessante para conversa e reflexão dos profissionais de marketing esportivo (www.age-of-the-sage, 2003).

Embora existam evidências que relacionem a personalidade e o tipo físico à prática e à escolha do esporte, é preciso ter em mente que tais ligações são apenas de natureza sugestiva e não são causais. Isso significa que não podemos prever com nenhum grau de certeza as ligações entre esporte e personalidade ou entre tipo físico, personalidade e escolha do esporte. É possível apenas fornecer indícios dos prováveis agrupamentos e relações entre esses fatores.

Além da personalidade, temos de entender os processos perceptuais de um consumidor ou como eles interpretam as informações do mundo exterior. Por exemplo, algumas pessoas podem perceber o rúgbi *union* como um esporte de alto contato, perigoso e agressivo. Outras acham que ele exige trabalho em equipe, resistência e força interna e, ainda assim, ambos os grupos estão refletindo sobre o mesmo esporte. Os profissionais de marketing tentam influenciar a percepção ao criar imagens de marcas, produtos e serviços nas mentes de seus públicos-alvo. É preciso, então, entender melhor a percepção para avaliar seu impacto sobre a tomada de decisão do consumidor.

Figura 4.4: Sua personalidade/seu esporte

MUITO ALTA — SOCIABILIDADE — MUITO BAIXA

Golfe → Tênis → Artes marciais → Esqui *downhill* → Aeróbica → Dança → Fisiculturismo → Esqui *cross-country* → Caminhada → Corrida → Ciclismo → Natação

MUITO ALTA — ESPONTANEIDADE — MUITO BAIXA

Tênis → Esqui *downhill* → Artes marciais → Dança → Aeróbica → Caminhada → Esqui *cross-country* → Ciclismo → Fisiculturismo → Natação → Corrida → Golfe

MUITO ALTA — DISCIPLINA — MUITO BAIXA

Corrida → Fisiculturismo → Ciclismo → Natação → Esqui *cross-country* → Artes marciais → Dança → Caminhada → Aeróbica → Tênis → Golfe → Esqui *downhill*

MUITO ALTA — AGRESSIVIDADE — MUITO BAIXA

Artes marciais → Fisiculturismo → Tênis → Esqui *downhill* → Golfe → Ciclismo → Corrida → Esqui *cross-country* → Aeróbica → Dança → Natação → Caminhada

MUITO ALTA — COMPETITIVIDADE — MUITO BAIXA

Tênis → Golfe → Esqui downhill → Artes marciais → Dança → Corrida → Fisiculturismo → Ciclismo → Esqui *cross-country* → Natação → Aeróbica → Caminhada

MUITO ALTA — CONCENTRAÇÃO MENTAL — MUITO BAIXA

Tênis → Golfe → Dança → Artes marciais → Esqui *downhill* → Fisiculturismo → Ciclismo → Aeróbica → Esqui *cross-country* → Natação → Corrida → Caminhada

MUITO ALTA — ASSUMIR RISCOS — MUITO BAIXA

Esqui *downhill* → Artes marciais → Tênis → Golfe → Ciclismo → Fisiculturismo → Dança → Esqui *cross-country* → Aeróbica → Natação → Corrida → Caminhada

Fonte: www.sasked.gov.sk.ca/docs/physed/physed2030/ypysport.pdf

Figura 4.5: Esporte, personalidade e tipos físicos de Sheldon

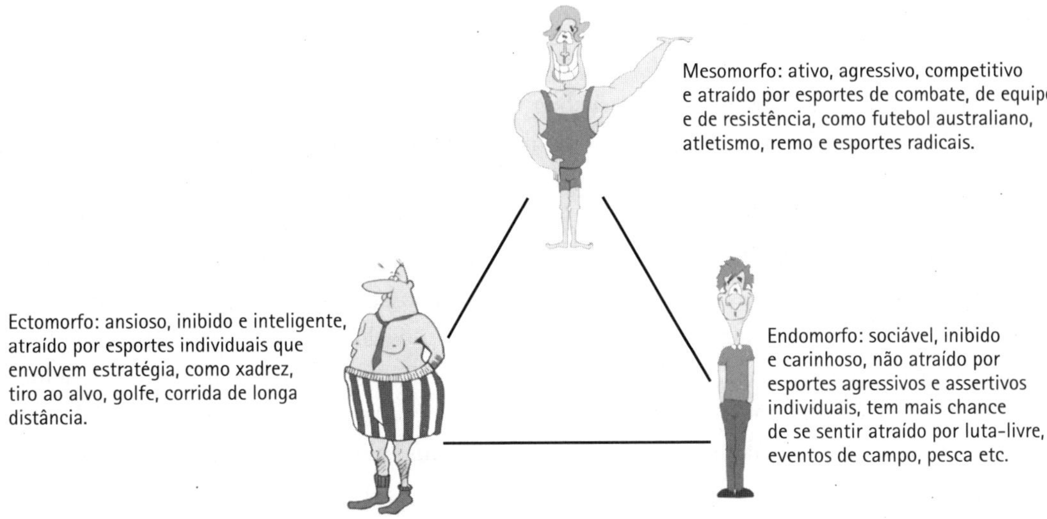

Adaptado de http://www.innerexplorations.com/psytext/3.htm

Percepção

A percepção é o processo pelo qual os consumidores selecionam, organizam e interpretam informações do ambiente externo por meio de um ou mais de seus receptores sensoriais (visão, paladar, tato, olfato, audição). Nesse caso, estamos interessados em entender como os consumidores do esporte podem selecionar, organizar e interpretar informações relacionadas ao marketing sobre o esporte e como seus processos perceptuais podem influenciar esse processo. Nossa imagem ou nossas percepções sobre os diversos esportes são modeladas por nossas interações com amigos, família, informações de marketing e exposição a outros meios. As experiências pessoais também ajudam a modelar os pontos de vista. Esse processo é mostrado na Figura 4.6.

O primeiro estágio do processo perceptual é a exposição. Se os consumidores não forem expostos à comunicação de marketing, não poderão começar a processar as informações. Além disso, essa exposição pode ser tanto aleatória quanto deliberada. A exposição aleatória ocorre quando um consumidor vê ou ouve uma comunicação de marketing que captura sua atenção quase que por acidente ou sem qualquer busca ou planejamento de sua parte. Por exemplo, alguém dirigindo seu carro pode ouvir uma propaganda de ingressos para um jogo de críquete a ser realizado no local para onde está viajando e decidir que comparecerá ao jogo. A exposição a essa informação foi aleatória.

Em oposição, a exposição deliberada ocorre quando um cliente busca informações de marketing para ajudá-lo em sua tomada de decisão. Um exemplo pode ser uma pessoa que lê o jornal local para obter informações sobre os eventos esportivos e seus horários. Sua exposição à informação foi bastante deliberada.

Isso significa que os profissionais de marketing esportivo precisam tentar garantir que o público desejado será exposto à sua comunicação e, quanto mais vezes ele for exposto, maior será a chance de que preste atenção a ela. É por isso que os profissionais de marketing esportivo buscam usar todas as mídias disponíveis em seus esforços de marketing em uma tentativa de aumentar as chances de exposição. Por exemplo, para um determinado evento esportivo, pode haver anúncios na televisão, outdoors, jornais, rádio e um site da internet, todos usados para tentar conseguir o máximo de exposição.

Uma vez que um consumidor esteja exposto aos estímulos do marketing, então precisa definir se prestará atenção a eles ou não. Como os consumidores são expostos a milhões de mensagens publicitárias todos os dias, com freqüência optam por não prestar atenção a boa parte delas. Essa triagem de estímulos é chamada de atenção seletiva. Os consumidores que já estão no estágio de identificação da necessidade ou do problema no processo de tomada de decisão têm mais chances de prestar atenção em informações que irão ajudá-los com sua decisão. Para os consumidores que não estão buscando informações ativamente, os profissionais de marketing tentam conseguir sua atenção ao criar contraste em sua comunicação.

Isso significa que eles tentam fazer sua comunicação se destacar de alguma forma para que sejamos forçados a prestar atenção nela, mesmo que não estejamos de fato interessados. Você já percebeu que o volume das propagandas na TV é normalmente mais alto que o programa? Isso é para chamar nossa atenção. Ou, às vezes, a propaganda não tem som algum – mais uma vez, para conseguir nossa atenção. Outras técnicas empregadas são: o uso do humor, do mistério e das cores. Geralmente, as propagandas de esportes radicais como o *snowboard* fazem um bom uso do princípio, mostrando um cenário bonito e uma habilidade esportiva espetacular.

Depois de capturada a atenção dos consumidores, os profissionais de marketing tentam, então, fazê-los interpretar a informação corretamente. Ou seja, entender as informações da maneira como o profissional de marketing planejou. Uma recente série de anúncios da Nike tinha como alvo o público feminino e tentava representar o fato de que a Nike é mais do que apenas um tênis de corrida e suor. Eles queriam informar às mulheres que a Nike pode fornecer os trajes (tanto esportivos quanto recreativos) para todos os aspectos de sua vida e que, além do mais, entendiam que a boa forma física é um estado do corpo e da mente. Visite o website da Nike e veja se sua interpretação dos anúncios corresponde à intenção do departamento de marketing da empresa (Nike, 2003). Repare na diferença de imagens e conceitos entre o site masculino e o feminino. O que isso lhe diz sobre a forma como a Nike quer que você a veja[2]?

---

2 Em 2006, a Nike patrocinou no Brasil uma série de dez maratonas em que o concorrente podia escolher o tamanho de seu percurso em quilômetros. A ênfase da comunicação de marketing por vários tipos de mídia tinha por referência: "Imagine o seu Prazer em Terminar o seu Percurso", em uma clara alusão ao conceito de superação dos limites que a própria pessoa se impôs. (NRT)

Figura 4.6: Percepção e processamento de informações

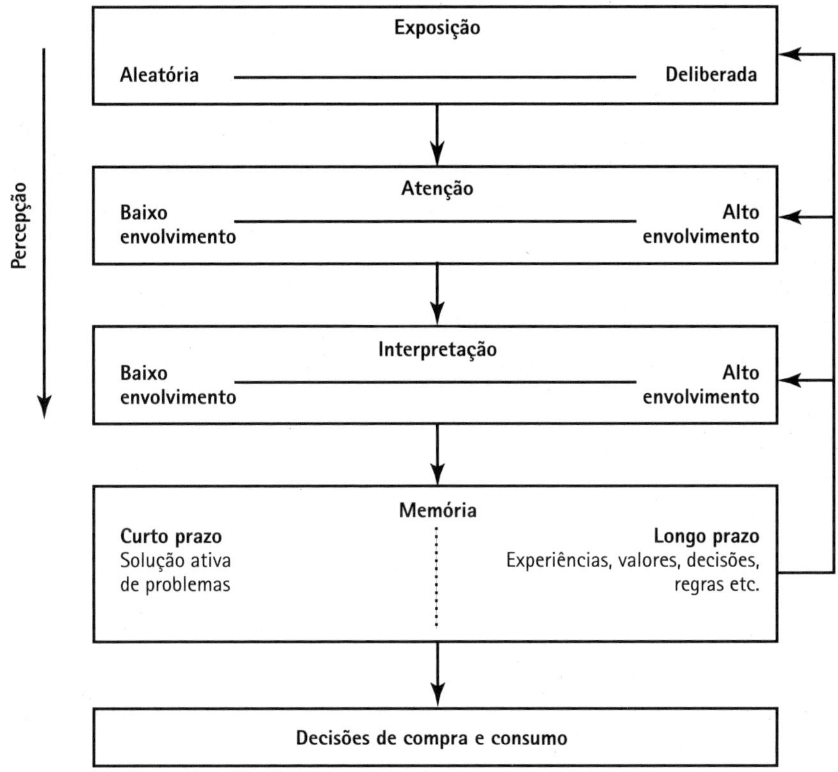

Fonte: Neal, Quester e Hawkins, 2002, p. 181

Por fim, uma vez que o consumidor tenha prestado atenção e interpretado as informações de marketing, os profissionais de marketing esperam que ele retenha essas informações para consulta e compras futuras. A retenção, assim como a atenção e a interpretação, também é seletiva. Às vezes escolhemos não lembrar aspectos desagradáveis de nossas experiências, e, outras vezes, escolhemos esquecer as partes agradáveis.

Alguém que odiava jogar basquete na escola quando criança, porque era muito pequeno e não conseguia acompanhar o jogo, provavelmente não irá lembrar com carinho do basquete como esporte e, assim, sua percepção dele provavelmente será negativa. No entanto, se essa mesma pessoa se lembrar apenas das vitórias e dos grandes momentos após jogar basquete, então suas percepções e escolhas sobre praticar basquete ou ver um jogo posteriormente têm chances de ser bem diferentes.

Aprendizagem

Além da personalidade dos consumidores e de sua percepção, também é importante entender como os consumidores aprendem. O aprendizado é essencial ao processo de consumo, já que todo o comportamento do consumidor é aprendido e não inato (ou seja, não nascemos com ele). Em sua maioria, nossos gostos, preferências, atitudes, valores e sentimentos sobre produtos, serviços e marcas são aprendidos (Neal et al., 2002). A aprendizagem ocorre quando há uma mudança na memória de longo prazo e pode ser tanto concentrada quando não concentrada ou até mesmo inconsciente.

Há duas linhas principais da teoria da aprendizagem: a aprendizagem cognitiva – que ocorre pela solução ativa de problemas; e a aprendizagem comportamental – que ocorre pela resposta condicionada a algum estímulo.Vamos agora analisá-las mais detalhadamente.

Aprendizagem cognitiva

Como mencionado, esse tipo de aprendizagem ocorre pela solução ativa de problemas e baseia-se na capacidade de um indivíduo de raciocinar e entender conceitos abstratos. Os tipos mais comuns de aprendizagem cognitiva são: a modelagem e o raciocínio. Com a modelagem, os consumidores aprendem pela observação dos resultados dos diversos cursos de ação tomados pelos outros. Essa técnica é freqüentemente usada na comunicação de marketing em que se mostra aos consumidores o que iria acontecer ou não se escolhessem uma determinada marca. Por exemplo, compre Nike e jogue basquete como Michael Jordan, use Speedo e nade como Ian Thorpe. Além disso, especialmente no esporte, vemos esse tipo de aprendizagem ocorrer quando as pessoas têm exemplos ou heróis que elas tentam imitar pelo jeito de vestir, pelo comportamento ou até mesmo por meio de preferências por marcas e produtos.

No caso da aprendizagem pelo raciocínio, os consumidores se envolvem em pensamentos complexos e freqüentemente abstratos. Os profissionais de marketing que usam essa técnica normalmente expõem o seu caso apresentando aos consumidores uma série de situações ou possíveis conseqüências de comportamento, e então permitem que cheguem às suas próprias conclusões sobre quais comportamentos adotar.

Por exemplo, um consumidor que tenha decidido perder peso poderá ler um anúncio de uma academia que oferece uma série de atividades e instalações para todos os níveis de forma física e saúde. Ele poderá concluir que essa academia é uma boa opção, pois lhe trará benefícios em longo prazo, por meio de atividades e aulas de alongamento, conforme ele perde peso e fica mais em forma. O importante para os profissionais de marketing que usam o raciocínio no desenvolvimento de suas estratégias é que precisam estar convencidos de que os consumidores ficarão motivados o suficiente para usar a solução de problemas complexos. Além disso, eles também precisam ter um entendimento claro das motivações e metas dos consumidores.

Aprendizagem comportamental

As teorias de aprendizagem comportamental têm como base o condicionamento e a repetição. No caso do condicionamento clássico, os consumidores aprendem a associar uma resposta emocional ou comportamental específica a um estímulo incondicional por meio da repetição constante. Uma pessoa que deseja muito ter uma família unida pode encarar os anúncios concebidos para aumentar a prática do futebol como imagens positivas, nas quais famílias felizes e saudáveis são mostradas jogando futebol juntas. As respostas positivas sentidas pelo consumidor diante das imagens de famílias compartilhando o momento e jogando juntas poderão, então, ser transferidas ao conceito de jogar futebol, desenvolvendo, assim, um desejo de se envolver nesse esporte para a família. Esse conceito é usado com freqüência pelos profissionais de marketing quando as emoções positivas evocadas por imagens, pessoas, cenários ou pela música são combinadas com um produto ou idéia na tentativa de fazer com que os consumidores transfiram essas emoções ao produto ou serviço sendo anunciado.

De maneira oposta, o condicionamento operante usa a repetição e o reforço para estimular a aprendizagem. Essa técnica é muito usada pelos técnicos para favorecer um melhor desempenho de seus jogadores. O reforço pode ser positivo (vencer) ou negativo (perder), e às vezes até mesmo o castigo é usado para moldar um comportamento desejado (ser retirado do time). No sentido de marketing, os consumidores podem ser recompensados por um comportamento positivo (comprar o produto ou serviço) por meio de coisas como incentivos – quando você compra esse produto, pode entrar em um sorteio para ganhar um carro. O reforço negativo pode ocorrer pela ameaça de se perder um prêmio ao não fazer uma compra – apenas os que enviarem três códigos de barras do produto XYZ poderão adquirir essa edição especial do uniforme de futebol australiano assinado por todos os jogadores.

As técnicas de aprendizagem também são usadas pelos profissionais de marketing para moderar e influenciar as atitudes dos consumidores. Dessa forma, analisaremos as atitudes a seguir.

Atitudes

Atitudes são combinações duradouras e consistentes de respostas emocionais, comportamentais e cognitivas a um dado objeto no ambiente (Neal et al., 2002). As atitudes são aprendidas e consistentes, o que significa que, embora os profissionais de marketing tenham a capacidade de influenciá-las, uma vez formadas elas são difíceis de ser modificadas. As atitudes acabam por nortear toda a tomada de decisão e, como todas as avaliações, elas podem ir do positivo ao negativo e ser veementemente mantidas ou muito fracas.

No geral, as atitudes são compostas por três elementos – emoções, comportamentos e pensamentos –, como mostrado na Figura 4.7. Esses três componentes interagem para formar nossas atitudes gerais e todos os componentes têm de ser consistentes. Isso significa que, se achamos que jogar *netball* é bom para nossa forma física e nos ensina habilidades valiosas de trabalho em equipe, então teremos um sentimento positivo sobre o *netball* como esporte e apoiaremos a idéia de praticá-lo ou, pelo menos, teremos interesse suficiente para assistir à sua prática quando houver uma oportunidade.

A parte realmente interessante das atitudes é que as crenças e emoções não precisam ser factuais. Por exemplo, você pode acreditar que o esporte mais perigoso é escalar montanhas ou o esqui radical e, assim, não gostar desses esportes e não praticá-los. No entanto, estatisticamente, o esporte mais perigoso do mundo é a pesca nas rochas, com 11 a 24 pessoas morrendo afogadas todos os anos (Royal Life Saving, 2003). Assim, a realidade e as crenças são freqüentemente diferentes. Este é, então, o desafio para os profissionais de marketing, que tentam criar atitudes positivas sobre os produtos ou serviços sobre os quais havia uma percepção enganosa anterior.

Os profissionais de marketing esportivo precisam entender as atitudes do consumidor antes de encorajar ou promover atitudes já positivas ou de tentar alterar as negativas. Com freqüência, tais profissionais se concentram em tentar mudar ou afetar o aspecto emocional das atitudes, já que isso é normalmente mais fácil de se alcançar – apesar de que, nas decisões de baixo envolvimento, conseguir um comportamento de teste pode também ser uma forma eficaz de criar atitudes positivas.

Figura 4.7: Modelo de atitudes

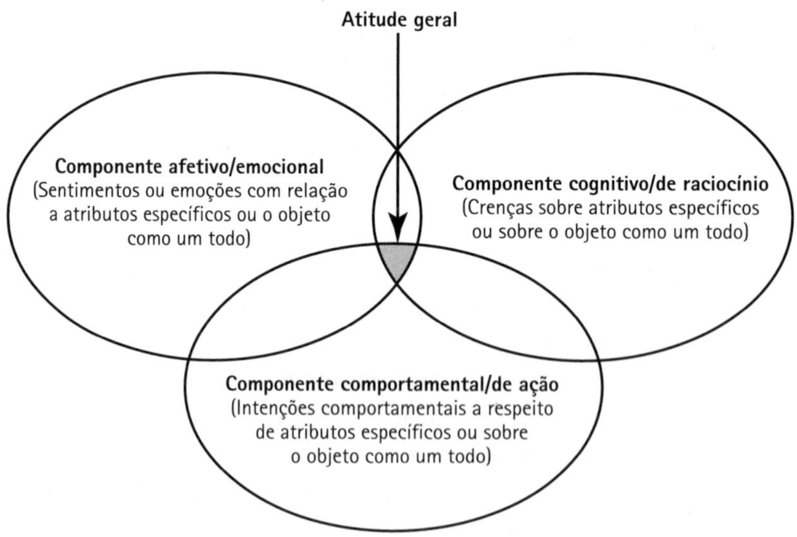

Fatores externos ou sociais

Agora que apresentamos uma visão geral dos principais fatores internos que afetam o processo de tomada de decisão de um consumidor, precisamos examinar brevemente os fatores sociais ou externos que podem afetar o resultado da escolha – entre os quais, a cultura, os grupos de referência, a família e as influências situacionais.

Cultura

A cultura é uma combinação complexa de idioma, demografia, valores e tradições que são compartilhados por grupos de pessoas e passados de geração a geração. A cultura é dinâmica, aprendida e duradoura, o que significa que, embora ela mude, essa mudança é lenta e não é algo com o qual nascemos. Os valores culturais afetam nossa tomada de decisão ao contribuir com normas, costumes, rituais e valores que usamos para tomar decisões de consumo. O que compramos, onde compramos, como usamos e o que não compramos são decisões impregnadas de cultura.

O Capítulo 3 esclareceu algumas formas de como o esporte pode desempenhar um papel na socialização e no desenvolvimento da cultura. Em oposição, neste capítulo examinaremos como a cultura de uma pessoa pode influenciar seus processos de tomada de decisão e por que esse é um conceito que os profissionais de marketing esportivo precisam considerar. Em relação ao esporte, a participação em atividades esportivas é algo que tem sido valorizado por praticamente todas as culturas durante muitos séculos (consulte o Capítulo 1). O esporte também está difundido em todas as culturas e sociedades, e transcende os obstáculos religiosos e idiomáticos.

Como o Capítulo 3 sugere, aprendemos nossos valores culturais por um processo conhecido como socialização, que ocorre naturalmente por meio da influência de familiares, experiências e amigos. Os profissionais de marketing esportivo interessados em atingir crianças e famílias, em especial, precisam entender o impacto da cultura e da socialização sobre as escolhas feitas. Muitos de nossos valores centrais como sociedade estão fortemente relacionados à participação no esporte. Diz-se que valores como sucesso, independência, autoconfiança, empatia e trabalho em equipe são desenvolvidos pela participação no esporte e eles são também reforçados no sistema de ensino, em que a prática de esportes é encorajada e, algumas vezes, imposta.

Pareceria óbvio dizer que os valores culturais serão diferentes, com grupos distintos dentro da sociedade, independentemente das fronteiras nacionais. No entanto, muitos consideram ser a nacionalidade sinônimo de cultura. Na Austrália, assim como em muitos países, isso não ocorre. Por exemplo, há grandes populações de europeus, asiáticos e neozelandeses, além dos aborígines, morando nesse país, e todos eles levam aspectos de suas culturas diversas para o dia-a-dia da população.

Assim, é muito importante entender que a cultura não é a mesma coisa que nacionalidade e que diferentes grupos culturais podem ficar facilmente ofendidos com observações e comportamentos insensíveis. A seção "Destaque esportivo" enfatiza esse problema, mostrando como o time de futebol do Real Madrid, pretendendo conquistar torcedores na China, arranjou alguns problemas sérios quando insultaram pessoas importantes, tudo por causa de um mal-entendido decorrente das diferenças culturais. Pode ser interessante discutir em sala como alguém, como um profissional de marketing esportivo potencial, tentaria obter qualquer atitude positiva dos chineses em relação a esse time!

Destaque esportivo

Como as diferenças culturais podem influenciar o esporte

O Real Madrid, em uma tentativa de conquistar torcedores na China, disputou uma série de partidas promocionais bastante noticiadas em 2003. No entanto, parece que o time não levou em consideração as diferenças culturais em sua preparação, o que acabou quase transformando sua visita em um desastre de relações públicas.

Nos primeiros três dias de sua visita, os campeões espanhóis conseguiram ofender quase todos os envolvidos em sua passagem pela Ásia. Eles começaram com o pé esquerdo quando os jogadores chocaram as autoridades chinesas ao esnobar o antigo ritual de passagem chinês para convidados que visitam o país pela primeira vez, saindo de um banquete meticulosamente preparado em sua homenagem apenas 15 minutos depois de seu início. "Foi o caos. Eles tomaram uma bebida rapidamente e saíram sem comer", disse uma autoridade de Kunming presente ao jantar. "Todos ficaram chocados. Eu fiquei chocado", disse ele. Os responsáveis pela equipe explicaram posteriormente que os jogadores estavam seguindo uma dieta rígida e que não perceberam que se esperava que comparecessem ao banquete como questão de diplomacia e educação.

Depois disso, as centenas de fãs que esperavam ansiosamente a chegada de David Beckham, Luis Figo, Ronaldo, Zinedine Zidane e o resto do time de astros para seu primeiro treino oficial no sábado ficaram a ver navios quando os jogadores não apareceram. O Real Madrid atribuiu o fiasco a um mal-entendido por parte dos organizadores locais, dizendo que eles nunca tiveram a intenção de treinar naquela manhã.

Então, no domingo, os campeões europeus por nove vezes decidiram treinar em um campo vizinho que não oferecia visão nenhuma aos fãs chineses com o ingresso na mão, sentados nas arquibancadas do campo original. O Real disse que o campo estava encharcado com a chuva e desgastado pelo uso, o que forneceu pouco consolo para os que enfrentaram a chuva forte durante uma hora para ver seus heróis.

Enquanto isso, a confusão quanto aos horários e regras rígidas, incluindo a falta de acesso ao mais novo astro da equipe, David Beckham, enfurecia a mídia chinesa. "Toda a mídia chinesa está insatisfeita, pois há muito pouco sobre o que escrever", disse Henry Yu, um repórter de Pequim.

Um representante do Real Madrid defendeu o clube dizendo: "Não recebemos nenhuma reclamação até o momento". Ele podia não estar ciente de que isso também faz parte do costume chinês de evitar humilhações, não criticando as gafes culturais ou comportamento rude dos visitantes.

Essa visita deveria ser uma viagem promocional do Real Madrid de três semanas e incluía visitas a Pequim, Tóquio, Hong Kong e Bangcoc. Executivos de marketing disseram que o clube embolsaria £ 8 milhões com o passeio. No entanto, a imprensa asiática local não ficou nada impressionada, com alguns descrevendo o time como "sanguessugas" e "mercenários" e acusando-o de cobrar três vezes mais que outros clubes para aparecer.

O Real disse que ficou desapontado com os comentários e defendeu suas ações. "Sabemos o que somos, sabemos o que estamos fazendo, não temos nada a esconder", disse Stephan Attia, diretor-presidente da Asia Sports Development, o grupo de marketing do Real Madrid na Ásia[3].

Fonte: iafrica.com, 2003

Grupos de referência

Grupos de referência são indivíduos que têm a capacidade de influenciar as atitudes e os comportamentos de compra de um consumidor e que, em alguns casos, podem definir normas de comportamento ou códigos de conduta. Alguns grupos de referência são ambicionados, o que significa que os consumidores ambicionam fazer parte deles, mesmo que não tenham qualquer contato direto com eles. Tenistas de elite, como Alicia Molik e Lleyton Hewitt, seriam um grupo de referência ambicionado por jovens tenistas, e nadadores de elite como Ian Thorpe e Jodie Henry também o seriam para jovens nadadores.

Outros grupos de referência podem ter um papel mais informativo e, assim, ser usados para fornecer informações que ajudam os consumidores a tomar decisões. As pessoas desses grupos são aquelas com as quais buscamos informações boca a boca e que são vistas como especialistas, de alguma forma. Há ainda outros grupos de referência que podem ter uma influência de valor expressivo sobre o comportamento. Isso significa que as pessoas expressam quem são ao fazer parte de algum grupo. Algumas das gangues e dos grupos dos quais se fez parte no colegial podem ser assim – a identidade de alguém é parcialmente formada em decorrência de sua associação a esses

3 Quando os contratados para ações de relações públicas são esportistas preparados para ações esportivas e não para ações de relações públicas, podem ocorrer descompassos como esse. No Grande Prêmio de Fórmula I, em São Paulo, no ano de 2002, a incumbência de dar a bandeirada de chegada da corrida foi concedida a Edson Arantes do Nascimento – Pelé –, que deixou o ganhador passar pela linha de chegada, ganhando a corrida sem receber a bandeirada. (NRT)

grupos. Por fim, alguns grupos de referência possuem uma influência normativa sobre o comportamento. Isso significa que eles têm a capacidade de definir regras e regulamentos que precisam ser seguidos para que se possa fazer parte deles. Muitos clubes esportivos exercem esse tipo de influência sobre seus membros.

Família

O grupo de referência mais importante para qualquer consumidor é sua família. As famílias também tomam decisões de compra juntas, que diferem dos tipos de decisões que os indivíduos podem tomar. No marketing esportivo, as famílias são um grupo muito importante, especialmente para os esportes destinados às crianças. Se os pais não estiverem preparados para gastar tempo, dinheiro e esforço em levar e trazer seus filhos dos treinos e jogos, então as crianças não irão praticar aquele esporte. De forma similar, os pais são, com freqüência, alvos do marketing relacionado à compra de vestuário esportivo e ao acompanhamento do esporte, já que eles é que terão dinheiro para gastar, além de ter – espera-se – o interesse de assistir a seu filho. Por exemplo, os pais dos membros do Pony Club seriam um bom mercado potencial para eventos eqüestres, já que seus filhos estarão interessados em aprender mais sobre seu esporte e ver o desempenho de seus heróis.

As mudanças nas estruturas familiares, do tradicional modelo pai, mãe e dois filhos, para uma família com pais solteiros, vários pais e padrastos/madrastas e até mesmo meio-irmãos, também estão afetando a arena do marketing esportivo. Em alguns casos, famílias divididas significam mais dinheiro gasto com os filhos e mais dinheiro gasto em atividades esportivas/de lazer, como o comparecimento a eventos esportivos, ao passo que, em outros, essa mudança na estrutura familiar pode resultar em menos dinheiro e tempo para atividades extracurriculares em família. Os profissionais de marketing esportivo podem aproveitar as oportunidades (e observar quaisquer ameaças potenciais) apresentadas por tais mudanças. Eles também precisam considerá-las em seus materiais publicitários e promocionais, não ignorando esses diferentes grupos familiares em fotos e outras imagens usadas para promover seu esporte.

Influências situacionais

Todas as decisões do consumidor ocorrem no contexto de diversas influências situacionais que afetam a forma como nos comportamos. Quando deparamos com estádios lotados e lojas barulhentas, podemos nos sentir ansiosos e estressados e ter menos chances de gastar dinheiro ou de não ter pressa para fazer a compra. Se estivermos felizes e apreciando a companhia de outras pessoas, temos muito mais chances de gastar mais dinheiro do que se estivermos sozinhos e, por fim, tomamos decisões de forma diferente se estivermos comprando coisas para uso próprio, em vez de presentes para outras pessoas. Em termos de marketing, consideramos cinco tipos diferentes de influência situacional: arredores físicos, arredores sociais, perspectivas temporais, definição de tarefas e estados anteriores. Agora discutiremos brevemente cada um deles.

Arredores físicos

Os arredores físicos se referem a local geográfico, decoração, sons, aromas, iluminação, clima e configurações visíveis do cenário da compra. Na hora de assistir a um esporte, isso corresponderia à localização e ao layout do estádio; no caso da prática de um esporte, seria a localização do clube ou dos campos de jogo; e em relação aos produtos esportivos, seria referente ao layout e à atmosfera da loja. Os profissionais de marketing esportivo têm a capacidade de influenciar significativamente os arredores físicos e precisam garantir que estão levando em consideração aspectos como conforto, segurança e bem-estar geral do consumidor em suas decisões sobre esse fator[4].

Arredores sociais

Os arredores sociais estão relacionados à presença de outras pessoas e sua capacidade de influenciar a experiência de consumo. Como o esporte normalmente é consumido em um cenário social, essa influência é importante para os profissionais de marketing esportivo. Infelizmente, eles não podem fazer muita coisa para influenciar esse fator específico, já que o comportamento e as interações dos outros estão muito fora de seu controle.

Perspectivas temporais

A perspectiva temporal está relacionada a questões de tempo, como a hora do dia, ou o ano, sazonalidade ou mesmo as restrições de tempo percebidas pelos próprios consumidores. As perspectivas temporais podem afetar de diversas maneiras a forma como os consumidores tomam as decisões. A sazonalidade é uma influência óbvia no esporte, com muitos esportes sendo praticados apenas em certas épocas do ano. Muitos profissionais de marketing esportivo tentaram cuidar disso ao ampliar as temporadas de jogos, incorporando as competições do hemisfério norte e modificando o jogo sendo disputado para permitir variações sazonais.

Isso é algo em que o Australian Cricket Board (Comitê Australiano de Críquete) teve bastante êxito. O críquete normalmente é um jogo de verão e isso limita a temporada de jogos no hemisfério sul de setembro a março. Ao jogar partidas de *test* críquete com os times no hemisfério norte, pode-se ampliar a temporada de jogos durante o verão no norte (inverno no sul) e aumentar as receitas potenciais do jogo. Ao longo de 2003, o críquete australiano também sediou partidas de

---

4 Autores como Hoffman, Bateson, Lovelock e outros – que abordam o marketing de serviço e entendem o esporte como um serviço – tratam com muita especificidade da evidência física no ambiente de serviço. Vale especificar que tratamento sensorial do ambiente de serviço é fundamental para a percepção, aceitação e recomendação do *serviço esportivo*. (NRT)

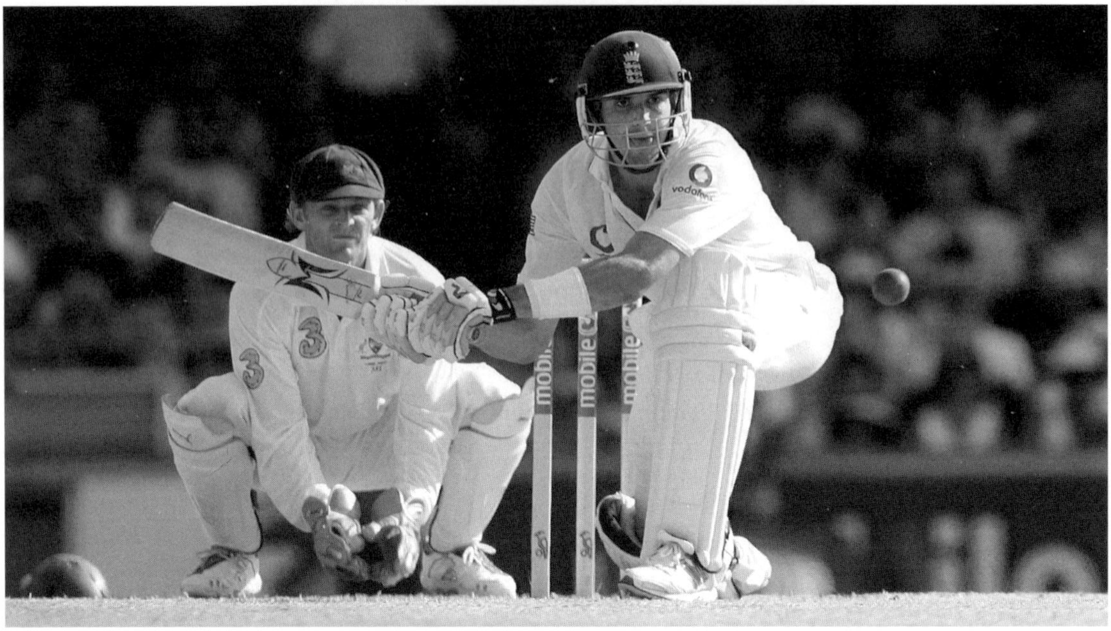

Philip Brown/Corbis/LatinStock

O *test* críquete é jogado durante o ano todo, aumentando a receita potencial.

teste nos estados do norte da Austrália (Northern Territory e North Queensland) durante os meses de inverno, em uma tentativa de gerar mais interesse e fidelidade ao jogo e também de aumentar as oportunidades de receita. O único aspecto negativo disso tudo reside no lado do jogador, que agora só passa de duas a quatro semanas por ano sem viajar ou jogar críquete.

Definição de tarefas

A definição de tarefas está relacionada ao motivo ou uso pretendido para a compra. As compras feitas para outros, como os presentes, freqüentemente têm um significado ou intenção bastante diferente das compras que alguém faz para si mesmo. De forma similar, os motivos pelos quais uma pessoa escolhe praticar um determinado esporte serão influenciados pelas conseqüências ou resultados desejados com o envolvimento.

Alguém que se junta a um time de *touch football* para conhecer outras pessoas de sua idade e entrar em forma irá basear sua escolha do time e do clube nessas motivações. Ou seja, ela escolherá o clube que tenha mais chances de oferecer esses resultados. Outra pessoa que deseja jogar *touch football* de forma competitiva e vencer e, quem sabe, ser escolhida para uma seleção estadual ou nacional pode fazer escolhas bem diferentes de clubes e times, já que os motivos para seu envolvimento (ou uso do produto) são diferentes.

Estados anteriores

A última influência situacional são os estados anteriores. Isso se refere a estados de ânimo ou condições temporárias, em oposição aos fatores de longo prazo. Por exemplo, uma pessoa que ganha US$ 300 em uma raspadinha pode, de repente, resolver comprar ingressos para a Copa do Mundo de Futebol, enquanto alguém que recebe uma série de contas altas em um mês pode ter de cortar qualquer gasto com esportes naquele mês. Uma pessoa que estiver muito ocupada no trabalho poderá não praticar nenhum esporte durante esse período, e assim por diante.

De forma similar, as pesquisas revelam que, quando as pessoas estão felizes e com um ânimo positivo, tendem a gastar mais dinheiro do que quando estão ansiosas ou tristes. Os profissionais de marketing tentam, com freqüência, influenciar o ânimo de um consumidor em suas comunicações de marketing usando o humor ou outras sensações positivas para que seu alvo tenha mais chances de transferir esses estados positivos de ânimo ao produto (usando os princípios de condicionamento clássico discutidos na seção de aprendizagem comportamental). Sob essa mesma luz, os profissionais de marketing esportivo podem influenciar os estados de ânimo potenciais dos consumidores em eventos esportivos ao vivo, por meio do controle dos arredores físicos – incluindo questões como animadoras de torcida, música e outros itens relacionados à atmosfera –, em uma tentativa de criar um ambiente agradável e confortável.

Todos esses fatores internos e externos têm a capacidade de influenciar o processo de tomada de decisão do consumidor e muitos deles estão, em grande parte, fora do controle dos profissionais de marketing. Apesar disso, é importante que os profissionais de marketing esportivo entendam os efeitos potenciais e seus consumidores-alvo, visando incorporar estratégias às atividades de marketing para lidar com os prováveis impactos.

Ao estudar o comportamento do consumidor, é importante entender que toda a tomada de decisão do consumidor é um processo individual. Embora muitos consumidores possam tomar a mesma decisão final (como comprar ingressos para a cerimônia de abertura dos Jogos Olímpicos), suas motivações para essa decisão diferem significativamente. Alguns podem ter comprado os ingressos para impressionar os outros, alguns por serem patriotas, ou para o benefício de seus filhos ou de outros familiares, ou porque sempre quiseram fazer isso, e assim por diante. Então, muito embora grandes grupos de consumidores possam tomar a mesma decisão de compra (comprar ingressos), precisamos dar um passo atrás e analisar suas motivações de compra, já que elas afetaram a forma como decidiram, as informações que usaram para auxiliar no processo e sua satisfação final com o resultado da decisão. A seguir, estudaremos a motivação.

O papel da motivação no processo de tomada de decisão do consumidor

A motivação é a força motriz que nos impele a tomar atitudes para satisfazer necessidades específicas. Os indivíduos são conduzidos por diferentes motivos para satisfazer necessidades distintas em vários momentos. A motivação é um estado essencialmente interno que faz surgir, direciona e mantém o comportamento. Os profissionais de marketing estão particularmente interessados em três perguntas em relação à motivação. O que faz uma pessoa iniciar um comportamento ou ação? Qual é o nível de envolvimento na atividade escolhida? O que leva uma pessoa a abandonar um comportamento escolhido ou desistir dele? Como profissionais de marketing esportivo, o entendimento da motivação não só pode nos ajudar a interpretar por que nossos consumidores tomam as decisões que tomam, mas também nos auxiliar a prever por que as pessoas praticam atividades e esportes específicos e por que escolhem não os praticar.

A motivação pode ser acionada internamente, com as recompensas de uma ação específica sendo internas à pessoa, como a felicidade, a satisfação pessoal ou o sucesso. Isso é conhecido como motivação intrínseca. Ou a motivação pode ser acionada externamente, com as recompensas sendo externas à pessoa, como dinheiro, fama ou desenvolvimento profissional – o que é conhecido como motivação extrínseca. Qualquer que seja o acionador primário, a motivação é sempre direcionada a metas, o que significa que sempre existe algo (uma necessidade) que os consumidores estão empenhando-se para conseguir ou satisfazer.

Na década de 1960, Abraham Maslow propôs uma hierarquia de necessidades[5] como um método para classificação das necessidades e motivações humanas em ordem de importância, como modo de auxiliar os pesquisadores a entender a motivação. Ele sugeriu que os seres humanos são direcionados ou motivados a satisfazer essas necessidades diversas de forma hierárquica, com as necessidades de ordem mais baixa tendo a preferência e as de ordem mais alta sendo buscadas apenas quando as necessidades de ordem mais baixa estiverem satisfeitas. Ele normalmente representava essa abordagem na forma de uma pirâmide (veja a Figura 4.8).

No caso do marketing esportivo, esse conceito pode ser usado para levar em consideração o motivo pelo qual alguém pode praticar um esporte – a necessidade de integração (necessidades sociais), necessidade de reconhecimento (necessidades de valorização) ou talvez a necessidade de autodesenvolvimento (necessidades de auto-atualização). Todas essas necessidades são, é claro, de ordem mais elevada – ou seja, estão acima das necessidades básicas, que são as fisiológicas e as de segurança.

Isso implica que a prática do esporte não é uma motivação básica, mas é algo que podemos aprender a apreciar e a desenvolver, impulsionados tanto pelas motivações intrínsecas quanto pelas extrínsecas, para quando nossas necessidades básicas de sobrevivência ou de ordem mais baixa

---

5 Conhecida como a pirâmide de Maslow. (NRT)

Figura 4.8: As necessidades hierárquicas de Maslow

Adaptado de Maslow, 1968

forem atendidas. As sociedades em que as pessoas passam fome ou não possuem abrigo ou segurança geralmente não estão interessadas em praticar esporte, ficar em forma ou se esforçar para conseguir aperfeiçoamento. Além disso, quando pensamos em atletas profissionais, alguns podem ser motivados pelos desejos de obter dinheiro ou fama que, por sua vez, são acionados pelo desejo de nunca ter de se preocupar com as necessidades de ordem mais baixa, como as necessidades fisiológicas, de segurança e de integração, que podem ter sido direcionadores importantes de suas vidas quando eram crianças. Um estudo recente sobre o sucesso do beisebol em países latino-americanos descobriu que o principal motivo pelo qual o esporte é tão popular é que ele oferece aos desprivilegiados uma oportunidade de mudar suas vidas. Eles são movidos por uma fome especial, pois não querem voltar ao padrão de vida do qual se esforçaram tanto para sair (*Hispanic Magazine*, 1999). No Brasil, ocorre o mesmo com o futebol, considerado o esporte nacional. Como o sucesso de jogadores brasileiros proporciona melhoria de condições de vida e boa parte da população brasileira passa por dificuldades socioeconômicas, no país cada indivíduo do sexo masculino se transformou em um potencial jogador de futebol. Nas classes sociais com maior dificuldade de acesso à educação, o mais provável é que a maior chance de sucesso dos garotos esteja no esporte, derivando dessa forma todo um interesse infantil para a prática esportiva em detrimento da educação.

A razão pela qual muitas pessoas praticam esporte e exercícios e as recompensas advindas disso há muito têm interessado os psicólogos do esporte e do exercício e, agora, os profissionais de marketing esportivo. A maioria deles conclui que a motivação para a prática do esporte é uma área complexa e, de fato, é parte de um processo comportamental-cognitivo dinâmico (Scully e Lowry, 2002). Os trabalhos clássicos de McClelland (1961) e Atkinson (1957) sugerem que, para uma pessoa ser motivada a realizar algo, seu motivo para o sucesso deve ser mais forte que seu motivo para evitar o fracasso, e que os que se empenham em atingir o sucesso e não temem o fracasso se sentirão atraídos por esportes competitivos. Em contrapartida, os indivíduos que não têm muitas realizações e que temem o fracasso nem se sentirão tentados a participar.

No contexto do marketing esportivo, isso traz esclarecimentos interessantes, especialmente se aliado à discussão anterior sobre personalidade e, de forma mais específica, sobre a personalidade esportiva. Se os profissionais de marketing esportivo conseguirem obter um maior entendimento de motivações, medos, metas e personalidades de seus consumidores, poderão ser capazes de ajustar as comunicações e estratégias de marketing de forma mais eficaz, para que se tornem atraentes a diversos grupos-alvo. Essas informações também podem ajudar os profissionais de marketing a analisar por que alguns esforços falham e por que alguns consumidores podem nunca entrar no mercado de produtos e serviços esportivos.

As implicações de marketing de se entender o comportamento do consumidor e os fatores que influenciam o processo de tomada de decisão foram destacados ao longo deste capítulo. No entanto, um dos principais motivos pelos quais os profissionais de marketing tentam descobrir mais sobre seus consumidores é para auxiliar no processo de segmentação e posicionamento. É impossível segmentar o mercado sem um entendimento claro das suas características, as quais são tanto físicas (idade, sexo etc.) quanto psicológicas (motivações, personalidade etc.). Para esclarecer melhor como o comportamento do consumidor auxilia na segmentação e no posicionamento, esses conceitos serão discutidos a seguir.

Segmentação e posicionamento

Todos os processos de marketing estratégico começam com uma análise dos potenciais mercados para os produtos e serviços e com decisões sobre se, e como, segmentá-los (consulte o Capítulo 2 para lembrar-se desse tópico). Além disso, é importante posicionar a marca ou produto para que os consumidores saibam diferenciar suas características das dos concorrentes. O posicionamento trata, assim, de criar uma imagem que os profissionais de marketing possam utilizar ao se comunicarem com os consumidores potenciais.

Para alguns bens e serviços, a agregação do mercado é uma opção viável. Isso significa considerar o mercado inteiro uma unidade homogênea. No entanto, essa opção normalmente só se aplica a bens simples, que são mercadorias, ou quando há poucas variações ou opções, e não a bens mais complexos ou produtos de tipo de serviço, em que pode haver diversas variações. Dessa forma, no caso do marketing esportivo, a agregação do mercado tem poucas chances de ser uma opção viável. A maioria dos profissionais de marketing esportivo adota uma abordagem de segmentação do mercado, o que significa que eles consideram que seus mercados potenciais têm grupos de consumidores com necessidades e motivos diferentes e, até mesmo, características físicas distintas, que exigem alguma modificação da oferta de marketing (incluindo o produto) para estimulá-los a comprar.

A segmentação do mercado é dividir o mercado potencial em subgrupos menores e homogêneos, que sejam viáveis em termos de tamanho, potencial geração de renda e acessibilidade.

Trata-se de um processo que trabalha muito de perto com o entendimento do comportamento do consumidor, já que ambos consideram as diferenças dos consumidores. A primeira etapa na segmentação é considerar quantos consumidores distintos existem no mercado potencial e se esses consumidores possuem algo em comum que permitiria que fossem agrupados para facilitar as estratégias de marketing. Uma vez agrupados, os profissionais de marketing precisam considerar se esses grupos são:

- capazes de serem descritos por um ou mais fatores comuns;
- grandes o suficiente para serem viáveis;
- capazes de serem atingidos por esforços de marketing.

As possibilidades de segmentação são praticamente infinitas, no entanto, uma série de variáveis ou bases tradicionais é geralmente usada para segmentação, e estas podem ser agrupadas em três classificações. São elas: características físicas ou demográficas, características psicológicas e características comportamentais. A Tabela 4.2 ilustra essas bases de segmentação com alguns exemplos. Vamos analisar cada um deles.

Características demográficas ou físicas

As características físicas dos mercados referem-se às coisas físicas usadas para descrever ou diferenciar os consumidores. As características demográficas são a principal base dessa forma de segmentação; a outra é a localidade geográfica ou física. A demografia está relacionada a idade, sexo, estado civil, ocupação, escolaridade, estágio no ciclo de vida familiar, religião, etnia e renda de um consumidor. Todas essas bases de segmentação são tangíveis e fáceis de medir. O principal problema de se contar apenas com esse tipo de segmentação é que ele não fornece informações mais detalhadas sobre *por que* as pessoas compram, ele apenas nos diz *quem* elas são. Para alguns produtos – como o esporte –, tipos diferentes de pessoas compram o mesmo produto, então ter somente os dados demográficos não é uma boa forma de agrupar os potenciais consumidores. Muitos profissionais de marketing esportivo usam as características físicas em conjunto com fatores psicográficos e/ou comportamentais para descrever e agrupar potenciais consumidores.

Tabela 4.2: Variáveis de segmentação do mercado

Variáveis demográficas	Variáveis psicográficas	Variáveis comportamentais
Idade	Personalidade	Benefícios buscados
Sexo	Estilo de vida	Situação de uso
Profissão	Valores	Taxa de uso (usuários constantes *versus* inconstantes)
Renda	Motivações	Fidelidade
Escolaridade	Atitudes	Local de compra (internet *versus* loja)
Estado civil		
Etnia		
Religião		
Local geográfico		

Características psicográficas

Em sua maioria, as características possíveis que os profissionais de marketing podem usar para segmentar mercados foram discutidas anteriormente neste capítulo. Elas incluem personalidade, estilo de vida, atitudes, motivações e valores. Todas são internas ao consumidor e, assim, bem difíceis de medir e identificar. Essas variáveis, com freqüência, trazem um entendimento melhor do comportamento de compra de um consumidor e são, assim, variáveis de segmentação mais poderosas do que as características físicas. Elas nos ajudam a entender *por que* um grupo de consumidores se comporta de uma determinada forma.

Características comportamentais

As características comportamentais incluem todos os elementos que nos permitiriam agrupar os consumidores com base em *como* compram nossos produtos. As bases usadas nessa forma de segmentação incluem o motivo para uso, a taxa de uso, o local de compra e a situação de uso. As influências situacionais já foram discutidas neste capítulo e podem ser bases de segmentação bastante úteis. As variáveis comportamentais por si só, assim como as variáveis físicas, geralmente não são suficientes para nos oferecer uma visão clara dos grupos de consumidores que queremos atingir e, assim, esses tipos de bases de segmentação são normalmente usados em combinação com outros.

No geral, quando a indústria esportiva é considerada, alguns pesquisadores sugerem modelos que nos ajudam a identificar os principais tipos de grupos no mercado que os profissionais de marketing esportivo poderão atender (veja a Figura 4.9). Esse modelo é um exemplo da forma

Figura 4.9: O modelo de segmentação da indústria esportiva

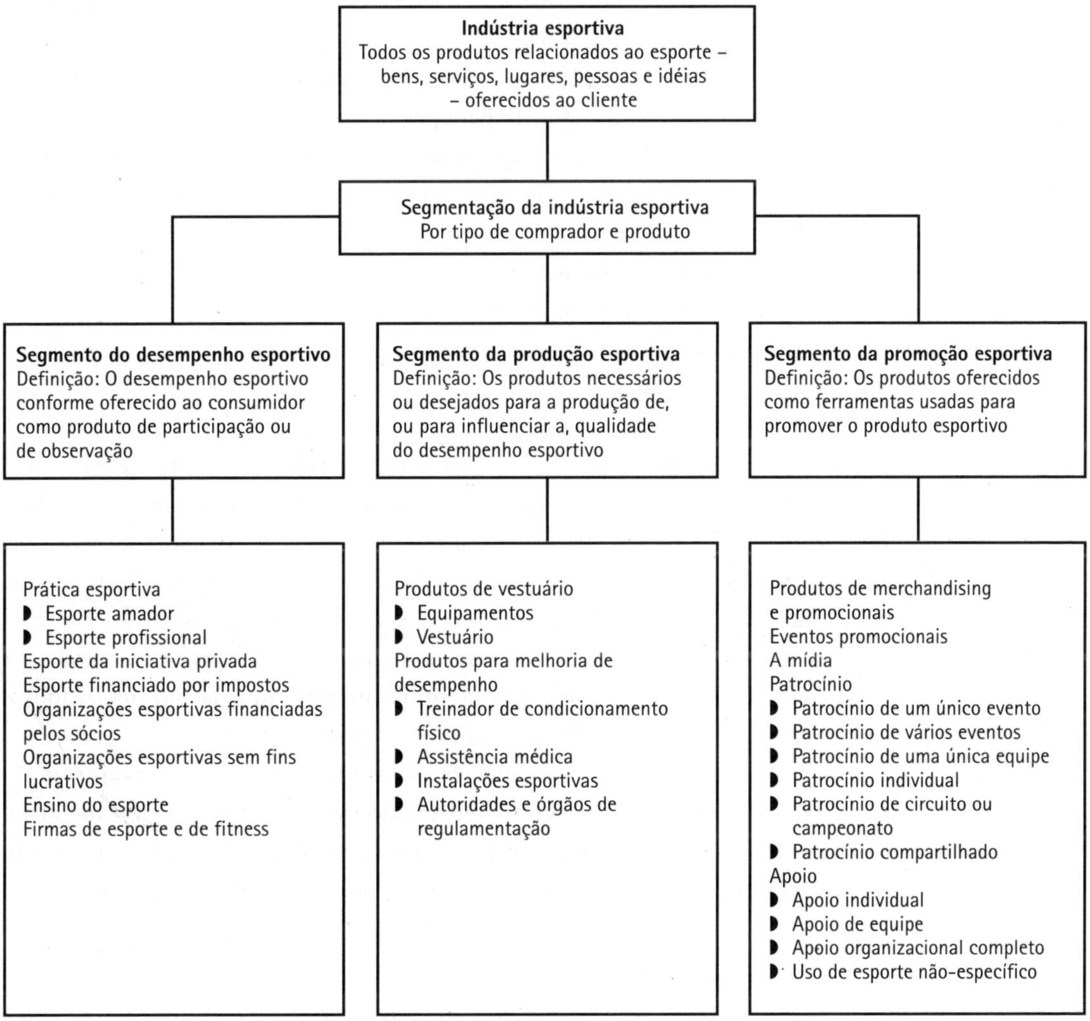

Fonte: Pitts et al., 1994, p. 15-24

como um profissional de marketing esportivo poderia analisar a indústria em termos de potencial de segmentação e de como vários aspectos da indústria podem estar relacionados uns com os outros.

No entanto, novos mercados estão sempre surgindo e os profissionais de marketing esportivo precisam estar cientes dos potenciais oferecidos por esses novos segmentos, além de ser criativos na forma de abordá-los e considerá-los. O surgimento do mercado de esportes radicais é um exemplo de um novo segmento que possui valores, hábitos de compra e preferências marcadamente distintos de vários outros mercados de jovens na indústria esportiva. Além disso, o uso da internet para se comunicar com os clientes e para vender produtos esportivos desenvolveu outro segmento comportamental com diferentes necessidades de estilo de informação, além de estilos de vida e valores diferentes dos consumidores que não usam esse meio.

Uma vez segmentado o mercado potencial, o profissional de marketing esportivo precisa considerar as diversas estratégias de posicionamento que irão logicamente fluir a partir desse processo. O posicionamento se refere à criação de uma imagem do produto na mente do consumidor em relação aos principais concorrentes. Por exemplo, o *snowboard* é posicionado como um esporte para jovens, ao passo que o esqui é visto como um esporte para pessoas mais velhas e mais abastadas.

A Hillary Commission na Nova Zelândia desenvolveu um programa chamado Kiwi Sport (SPARC, 2003), que é o esporte modificado, concebido especificamente para atrair as crianças e fazê-las praticar esporte, tornando-se mais ativas. O governo da Nova Zelândia identificou que as crianças viam muitos esportes como difíceis demais e não os achavam divertidos. Então, criou esse novo produto, que foi mostrado como divertido, emocionante e importante para as crianças, para aumentar seu nível de participação[6]. O governo australiano fez algo parecido com o programa Aussie Sports, introduzido nos anos 1980.

Os profissionais de marketing esportivo com freqüência usam a técnica do mapeamento para ajudá-los a definir como os consumidores vêem seus produtos em relação a outros. Essa técnica envolve identificar os principais critérios por meio dos quais os consumidores comparam ou avaliam produtos em uma determinada categoria e então mapear esses critérios de forma tridimensional, para que seja fácil enxergar os pontos fracos e fortes, além das posições comparativas. Um possível mapa de posicionamento de produto para calçados esportivos é mostrado na Figura 4.10. Os principais critérios usados nesse mapa para diferenciação entre as marcas foram o preço e o projeto (o quão bons eles são para a tarefa). Quatro marcas importantes foram posicionadas no mapa, após as perguntas sobre como as pessoas compram e vêem os calçados esportivos.

Dessa forma, o posicionamento se aplica aos esportes como um todo (futebol *versus* rúgbi) e aos produtos esportivos (como os ingressos para um determinado evento esportivo ou o merchandising esportivo). Os profissionais de marketing precisam entender as atitudes e os processos de raciocínio de seus consumidores para desenvolver estratégias de posicionamento eficazes.

---

[6] Desenvolver adaptabilidade para o uso esportivo, para segmentos diferentes ao originalmente destinado, amplia a possibilidade de aceitação e uso do produto esportivo. (NRT)

Figura 4.10: O mapa de posicionamento do produto para calçados esportivos

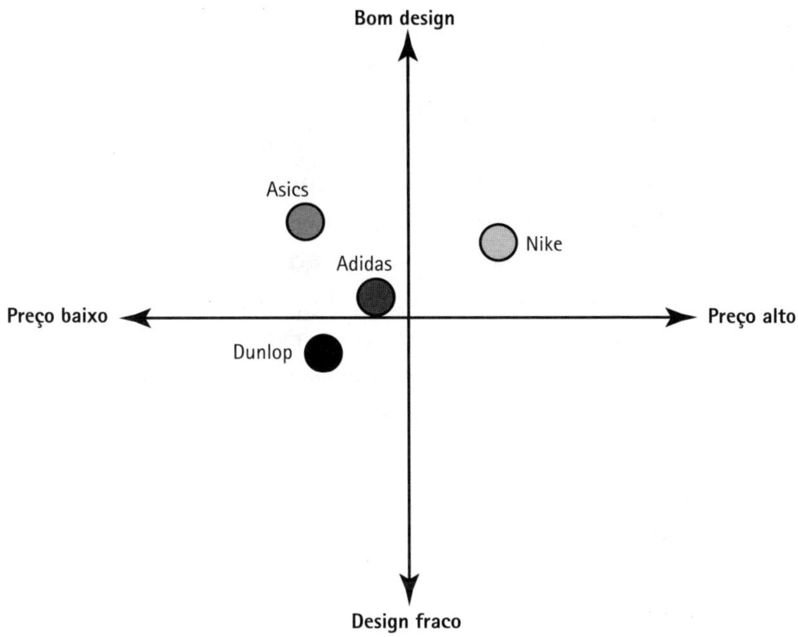

Contraponto

A finalidade de analisar os consumidores e seus comportamentos, na maioria das disciplinas de marketing, é prever as respostas dos consumidores, antever suas necessidades e atender a seus desejos. Boa parte da pesquisa de mercado sobre consumidores é dedicada a dar a eles exatamente o que pedem e a remover a "adivinhação" do marketing. Os sistemas de informações de marketing, por sua própria natureza, foram feitos para ajudar a previsão, a previsibilidade e a pró-atividade.

No entanto, os consumidores do esporte e o marketing esportivo podem muito bem ser a exceção a essa regra do marketing. É claro que os consumidores esportivos podem ser pesquisados, segmentados, perfilados e definidos como alvo, mas a essência do que querem pode ser um mistério! Isso ocorre porque o que desejam é a **imprevisibilidade**. Eles querem competição! É verdade que podemos traçar o perfil de um torcedor de tênis e definir que ele é um fã dedicado de Lleyton Hewitt. Nas finais do Torneio de Wimbledon, nosso consumidor previsivelmente deseja que Lleyton ganhe. No entanto, se Lleyton vencer os sets de forma consecutiva e a partida acabar rapidamente e sem dificuldades... nosso torcedor ficará desapontado. O fã de Hewitt ficará satisfeito, mas a maneira como a vitória foi conseguida será uma decepção.

Um artigo recente de um jornal indiano lamentando a tediosa previsibilidade do *test* críquete é um exemplo. O autor observou que "assistir a Carl Hopper tratar o críquete indiano com o mesmo desdém que um imperador romano teria reservado para seu ineficiente criado em um dia ruim" não foi nada imprevisível, e que o resultado final também era conhecido por todos mesmo antes de o time entrar em campo. O autor desse artigo específico continuou lamentando a perda de imprevisibilidade no esporte com os esportistas profissionais e a subseqüente perda da alma do esporte. Normalmente, espera-se que Tiger Woods ganhe qualquer competição de golfe da qual participe. Espera-se que Michael Schumacher[7] ganhe corridas, que a seleção australiana de críquete vença quando jogar, e assim por diante, em todo o mundo (Shekar, 2002, p. 1).

Então, como os profissionais de marketing esportivo irão conciliar o desejo de seus públicos por resultados previsíveis e populares com o desejo por reviravoltas surpreendentes que resultem na vitória de um herói não glorificado? Isso é suficiente para mandar um profissional de marketing tradicional de volta para a prancheta!

Resumo

- **explique o que é o comportamento do consumidor e por que ele é importante para os profissionais de marketing esportivo**
  O comportamento do consumidor é o estudo de como, quando, onde e por que os consumidores tomam determinadas decisões de compra e consumo. Isso é importante para os profissionais de marketing esportivo, pois a compreensão dos processos pelos quais um consumidor esportivo ou praticante de um esporte passa ao definir se irá assistir a – ou praticar – um esporte e por quais esportes torcer é essencial para o desenvolvimento de um plano de marketing estratégico bem-sucedido.
- **explique os tipos diferentes de tomada de decisão do consumidor**
  O comportamento do consumidor pode ser considerado um *continuum* no qual, em uma ponta, estão as decisões simples ou de baixo envolvimento, por exemplo, a decisão de comparecer a um evento esportivo em um estádio local. Enquanto isso, na outra ponta estão as decisões mais complexas ou de alto envolvimento, como a decisão de comprar ingressos para a final da Copa do Mundo de Rúgbi em Sydney, com as passagens aéreas e as reservas em hotéis.

---

7 A despedida da carreira desse piloto profissional foi marcante, com manobras magníficas e inusitadas, em sua última corrida no Brasil, o que o coloca em uma condição única como esportista. (NRT)

- **discuta os diversos tipos de risco percebido e como eles influenciam o processo de tomada de decisão**
  Há cinco tipos de risco percebido. São eles: risco financeiro, risco social, risco físico, risco funcional e risco psicológico.
- **descreva os estágios no processo de tomada de decisão do consumidor**
  Normalmente, o processo de tomada de decisão do consumidor pode ser resumido em cinco fases ou etapas, como mostrado na Figura 4.1. Essas fases são: identificação do problema ou necessidade, busca de informações, avaliação das alternativas, decisão de compra e processos pós-compra.
- **identifique e discuta os fatores sociais e psicológicos que influenciam o processo de tomada de decisão do consumidor**
  A formação interna de um consumidor tem impacto significativo sobre a forma como vê o mundo e interpreta as informações que lhe são apresentadas, e esses fatores psicológicos são únicos para cada consumidor individual. Os fatores psicológicos ou internos são motivação, personalidade, percepção, aprendizado e atitudes, por exemplo.
  Por oposição, os fatores sociais são externos aos indivíduos e incluem a cultura, a influência dos grupos de referência, a família e as influências situacionais.
- **discuta a importância da motivação para o entendimento do consumidor esportivo**
  A motivação é a força motriz que nos impele a agir para satisfazer necessidades específicas; é um estado interno que faz surgir, direciona e mantém o comportamento. Os indivíduos são conduzidos por motivos diferentes, para satisfazer necessidades diferentes em momentos diferentes. Os profissionais de marketing esportivo precisam entender as motivações de seus clientes, já que elas são usadas para direcionar a tomada de decisão, os padrões de busca de informações e preferências e critérios de escolha dos consumidores.
- **discuta como os profissionais de marketing segmentam o mercado e a relevância do posicionamento**
  Todos os processos de marketing estratégico começam com uma análise dos potenciais mercados para os produtos e serviços e com decisões sobre se, e como, segmentá-los. Além disso, é importante posicionar a marca ou produto para que os consumidores sejam capazes de diferenciar suas características das dos concorrentes. O posicionamento trata, assim, de criar uma imagem que os profissionais de marketing possam utilizar ao se comunicarem com os consumidores potenciais.

Perguntas de revisão

1. Quais são os estágios do processo de tomada de decisão do consumidor?
2. Quais são as características de uma decisão complexa ou de alto envolvimento?

3. Discuta as diferenças entre consumidores tolerantes ao risco e avessos ao risco.
4. Como as influências situacionais afetam o processo de tomada de decisão do consumidor?
5. Quais são os três componentes das atitudes?
6. Quais são as três bases principais usadas para segmentação?
7. O que significa o posicionamento?

Atividades aplicadas

1. Em pequenos grupos, considere o processo de tomada de decisão que poderia ser adotado por uma pessoa que está pensando em começar a praticar um esporte para ficar em forma. Comente sobre o que iria acontecer em cada fase do processo e sobre quaisquer fatores que poderiam afetar a decisão final. Cada grupo deve abordar um esporte diferente e, então, comparar suas respostas.
2. Como a internet influencia o processo de tomada de decisão para alguém que pensa em comprar ingressos para assistir a um evento esportivo? Escolha um evento específico para comentar.
3. Reveja a Figura 4.4 - Sua personalidade/seu esporte. Escolha três esportes, representando diferentes traços dessa figura e entreviste 10 pessoas sobre suas percepções dos traços de personalidade desses esportes. Comente sobre qualquer discrepância encontrada, usando outra teoria de comportamento do consumidor para ajudá-lo em sua resposta.
4. Em pequenos grupos, visite o site da Australian Football League (www.afl.com.au) e comente sobre os diferentes mercados que você acredita que eles estão tentando atingir e quais bases de segmentação estão usando. Além disso, comente sobre os critérios com os quais a AFL tem se posicionado e se você acha que são adequados.
5. Exercício de internet: Dê uma olhada no site da Copa do Mundo de Rúgbi (www.rwc2003.com.au) e comente sobre como ele apresenta as informações que irão auxiliar potenciais compradores de ingressos em sua decisão de compra. Há informações que poderiam ser fornecidas, mas que não foram incluídas? Você acha que o site o estimula e inspira a querer comprar os ingressos? Quais mudanças você recomendaria? Agora compare esse site com o da Copa do Mundo de Polocrosse (www.polocrosse.com.au) e comente sobre as diferenças. Por que você acha que seria esse o caso?

Referências

Arraj, T.; Arraj, J. *Tracking the elusive human, v. 1: A practical guide to C. G. Jung's psychological types, W. H. Sheldon's body and temperament types and their integration*. Chiloquin, Oregon: Inner Growth Books, 1988.

Assael, H. *Consumer behaviour: A strategic approach*. Boston: Houghton Mifflin, 2004.

Atkinson, J. W. Motivational determinants of risk taking behaviour. *Psychological Review*, v. 64, p. 359-72, 1957.

Hispanic Magazine, www.hispanicmagazine.com/1999/apr/Cultura.

Maslow, A. H. *Toward a psychology of being*. D. Van Nostrand Company, 1968.

McClelland, D. C. *The achieving society*. Nova York: Free Press, 1961.

Neal, C.; Quester, P.; Hawkins, D. *Consumer behaviour*. 3. ed. Sidney: McGraw-Hill Irwin, 2002.

Nike, 2003, www.nike.com.au. Acesso em: 30 mar. 2004.

Pitts, B.; Fielding, L.; Miller, L. Industry segmentation and the sport industry: developing a sport industry segment model. *Sport Marketing Quarterly*, 3 (1), p. 15-24, 1994.

Royal Life Saving, 2003, www.royallifesaving.com.au/_uploads/media/2_l16.pdf.

Scully, D.; Lowry, R. Why we do – and why we don't. *The Psychologist*, 2002, www.bps.org.uk/publications/thepsychologistdet.cfm?ID=444.

Shekar, N. Oh how boring (?) and predictable. *The Hindu*, quarta-feira, 17 de abril de 2002. Disponível em: http://www.hinduonnet.com/2002/04/17/stories/2002041701332200.htm. Acesso em: 28 ago. 2003.

SPARC, 2003, www.sparc.org.nz. Acesso em: 30 mar. 2004.

Summers, J.; Gardiner, M.; Lamb, C.; Hair, J.; McDaniel, C. *Essentials of marketing*. Melbourne: Thomson Learning, 2003.

Sweeney Sports Report 2002/2003, Sweeney Sports Pty Ltd, Victoria.

Texas Stampede, 2004, www.texasstampede.org/rodeo/. Acesso em: 14 mar. 2004.

Viseu, J. Sport consumption through media. *Minho University Working Paper Series*, Issue n. 5.

Wilson, T. The paradox of social class and sports involvement: the roles of cultural and economic capital. *International Review for the Sociology of Sport*, v. 37, Issue 1, p. 5-16, 2002.

www.Academic.uofs.edu/faculty/OAKESM2/spperson.html. Acesso em: 28 mar. 2004.

www.age-of-the-sage.org/psychology/sheldon.html#William_Sheldon 2003. Acesso em: 28 mar. 2004.

www.iafrica.com/pls/cms/iac.page?p_tl=4&p_t2=6&p_t3=0&p_t4=0&p_dynamic=YP&p_content_id=257549&p_site_id=2. Acesso em: 28 mar. 2004.

www.innerexplorations.com/psytext/3.htm.

www.sasked.gov.sk.ca/docs/physed/ physed2030/ypysport.pdf. Acesso em: 20 ago. 2003.

Apêndice ao Capítulo 4

Como o Macquarie Bank usa seu envolvimento com o esporte para influenciar o processo de tomada de decisão do consumidor?

Giulia Santamaria, Executiva de Marketing – Câmbio do Macquarie Bank, trabalha com a divisão de marketing esportivo do Macquarie Bank, além de gerenciar o Programa Sports Camp e o apoio a organizações beneficentes realizado pela instituição, incluindo a gestão das principais iniciativas de levantamento de fundos para a Australian Schoolboys Rugby Union e a Layne Beachley Aim for the Stars Foundation.

O Macquarie Bank usa o esporte como forma de estabelecer um vínculo com a comunidade, entreter seus clientes e construir uma imagem positiva da marca. O banco acredita que o esporte é um veículo poderoso para construir relações com clientes-chave e grupos interessados[8]. O esporte é o método preferido para estabelecer e fortalecer relações de negócios, pois seu apelo transpõe as barreiras culturais e socioeconômicas, fornecendo um pano de fundo para o desenvolvimento de contatos pessoais.

Seu envolvimento específico no marketing esportivo inclui:

- Associação com atletas individuais, como Matthew Hayden (críquete), que são então utilizados exclusivamente em atividades publicitárias e promocionais, como palestrantes convidados em eventos dos clientes e aulas de prática esportiva com os filhos dos funcionários e dos clientes.
- Patrocínio de times profissionais, como o ACT Brumbies, que são usados de forma parecida com a dos atletas individuais, para ampliar tanto as atividades de marketing internas quanto externas da empresa.
- Patrocínio e apoio em eventos comunitários e organizações esportivas, como a Balmoral Burn (corrida de entretenimento da comunidade) e a Gosford Netball Association, como iniciativas de envolvimento comunitário e de responsabilidade social.
- Aquisição de hospedagem corporativa em eventos esportivos de elite, por exemplo, uma suíte corporativa nas partidas do Super 12, para usar como incentivos para os funcionários (marketing interno), como incentivos de vendas e para os clientes, além de premiações promocionais e de produtos.

O Macquarie Bank avalia seu envolvimento no esporte por meio de uma auditoria que examina a relação custo-benefício da atividade comparada ao que custaria receber o mesmo nível de exposição da marca por meio de outras atividades de marketing, como propagandas ou publicidade editorial. Ele também leva em consideração os aumentos nas vendas ou o valor de quaisquer

---

8 Ações de CRM (*consumer relationship management* – marketing de relacionamento), por meio do esporte, são reconhecidas como as mais eficazes. (NRT)

novos relacionamentos para a empresa e calcula o seu custo somado à exposição da marca. Por fim, o Macquarie também analisa o impacto de sua associação ao esporte sobre o ânimo dos funcionários e sobre as relações com o cliente por meio de análise do feedback formal (cartas, e-mails, faxes) e informal, como em discussões e comentários.

A decisão de apoiar uma organização esportiva (profissional ou comunitária) ou atletas de elite tem como base o apelo que o esporte ou o indivíduo terão sobre os mercados-alvo da empresa – sejam eles internos ou externos. É importante para o banco que os interessados internos, incluindo os funcionários, sejam capazes de se sentir donos da propriedade de patrocínio ou do envolvimento com o esporte e sintam alguma conexão e algum nível de vínculo emocional com a atividade[9]. Por exemplo, o Macquarie Bank possui um alto nível de envolvimento com o rúgbi *union* em âmbito comunitário e profissional, e há bastante aceitação, entre os funcionários, dessa associação. Esportes alternativos com baixo nível de apelo entre os funcionários não seriam tão prontamente recebidos pela empresa.

Os clientes são outro público-alvo importante e qualquer esporte apoiado deve ter um alto nível de apelo para esse grupo. Os indivíduos e esportes apoiados também devem reforçar os valores da marca Macquarie, e, assim, os valores da organização esportiva, do indivíduo e do banco devem ser consistentes.

O Macquarie Bank usa seu envolvimento com o esporte para influenciar clientes-chave; pelo apoio a organizações esportivas comunitárias com as quais um cliente-chave pode estar envolvido, seu relacionamento com o banco pode ser significativamente fortalecido. O banco tenta atingir, especificamente, as fases de identificação de problemas e busca de informações, além de tentar desenvolver fidelidade e preferência pelas marcas do Macquarie para que, na fase de avaliação, os principais benefícios de seus produtos estejam vivos na memória desses clientes.

O público-alvo pode variar de uma pessoa-chave a um grupo de clientes ou até mesmo a um público maior – por exemplo, os gerentes de fundos. Definir o apelo de um esporte para cada público-alvo, de forma que um relacionamento possa ser forjado pelo esporte, realmente é a principal tarefa de marketing. A natureza emotiva do esporte oferece o veículo perfeito para estabelecer vínculos além do contexto de negócios, criando uma ligação emocional com o banco.

O Macquarie Bank irá determinar o sucesso do investimento no esporte ao medi-lo em comparação com os principais indicadores de desempenho. Por exemplo, o objetivo pode ser aumentar em 20% o conhecimento da marca nas comunidades de New South Wales. Por meio de pesquisas de reconhecimento de marca antes e depois da atividade, é possível medir o sucesso do patrocínio.

É importante reconhecer que muitos dos benefícios intangíveis do investimento no esporte são difíceis de quantificar. Assim, o valor de apresentar esportistas de elite aos clientes-chave não é fácil de medir; entretanto, *feedback* informal e uma melhora nos relacionamentos podem ocorrer logo após essas atividades.

Fonte: Giulia Santamaria, Marketing de Câmbio, Macquarie Bank, 2003 - comunicação pessoal

---

9 Por trabalharem em uma empresa patrocinadora, as pessoas sentem-se também patrocinadoras de um evento. (NRT)

capítulo 5

Pesquisa de marketing esportivo[1]

Objetivos de aprendizagem

Após ler este capítulo, você deve ser capaz de:

- explicar a importância da pesquisa de marketing para o marketing esportivo
- definir e explicar a diferença entre dados secundários e dados primários
- traçar as etapas do processo de pesquisa de marketing básico
- compreender os diferentes tipos de modelo de pesquisa de marketing esportivo
- descrever o processo para desenvolvimento de questionários

---

1 Neste capítulo, o leitor encontrará um modelo completo e seqüencial do desenvolvimento de estrutura de pesquisas em todos os seus segmentos. (NRT)

Introdução

Pesquisa é a principal ferramenta empresarial em qualquer área de marketing, e o marketing esportivo não foge à regra. Este capítulo explorará o papel da pesquisa de marketing esportivo, os seus diferentes tipos e as etapas de um projeto dedicado a esse setor de pesquisa.

O papel da pesquisa de marketing esportivo

Pode-se definir pesquisa de marketing como a função capaz de estabelecer um elo entre consumidor, cliente e público e o profissional de marketing por meio da informação – informação usada para identificar e definir oportunidades e problemas relacionados ao marketing; gerar, refinar e avaliar iniciativas de marketing; monitorar o desempenho de marketing; e melhorar a compreensão do marketing como processo.

Uma aplicação muito boa dessa definição pode ser também atribuída especificamente à pesquisa de marketing esportivo. Tanto na realização do marketing do esporte quanto na utilização do esporte como estratégia de marketing, informação é um elemento essencial à tomada de decisões estratégicas seguras. A pesquisa pode fornecer informações em todas as áreas-chave, inclusive: atitudes e comportamento do consumidor; desempenho financeiro, desenvolvimento, atribuição de preço, e estratégias de distribuição e desenvolvimento e eficácia promocional do produto. Sem a pesquisa, a empresa corre o risco de tomar decisões desinformadas. Decisões desinformadas e suposições são praticamente a mesma coisa, e não se pode sobreviver em uma indústria altamente competitiva, como a do esporte, sem o benefício de uma pesquisa de marketing confiável.

A pesquisa de marketing esportivo abrange da coleta de informações relativamente simples a projetos de pesquisa altamente complexos. O tipo de pesquisa realizada depende das informações exigidas e, com freqüência, do orçamento disponível. Decidir qual informação é necessária é um processo que geralmente se inicia pelo exame minucioso do problema enfrentado ou da decisão a ser tomada. A Tabela 5.1 apresenta alguns exemplos de possíveis problemas a serem enfrentados pelas diversas partes interessadas na indústria do marketing esportivo, bem como os tipos de informação de pesquisa de marketing que poderiam contribuir para a sua solução.

A pesquisa desempenha um papel vital em qualquer fase do processo de marketing esportivo estratégico. Tradicionalmente, a pesquisa de marketing foi considerada mais valiosa na fase de desenvolvimento, auxiliando os profissionais de marketing a compreenderem os consumidores. Contudo, os profissionais de marketing esportivo entendem hoje que a pesquisa de marketing contribui em cada estágio do processo estratégico de marketing, até mesmo na implementação, no controle e na avaliação dos estágios de todos os programas de marketing esportivo[2].

---

[2] Toda pesquisa que monitore comportamento humano deve ser periodicamente revista, pois uma alteração conjuntural, uma diferença sensível no câmbio, uma mudança do posicionamento político, interfere no comportamento humano, dirigindo-o, muitas

Tabela 5.1: Informações fornecidas pela pesquisa de marketing

Parte interessada/ Tomador de decisão	Problema enfrentado ou decisão a ser tomada	Informações obtidas com a pesquisa de marketing
Profissionais de marketing esportivo	Queda no comparecimento do público às partidas	◗ Qual a diferença entre o número de torcedores presentes aos nossos jogos e aos da concorrência? ◗ Quais são as médias nacionais para o público presente em jogos ao vivo nas diversas modalidades esportivas? ◗ Quem comparece aos nossos jogos e por quê? ◗ Quem assistia aos nossos jogos no passado e por que não o faz mais? ◗ Qual o grau de satisfação do público em relação à sua experiência nos nossos jogos?
	Precisamos aumentar as receitas por meio do merchandising do time	◗ Que tipos de merchandising vendem bem em nosso esporte? ◗ Em que tipos de merchandising nossos torcedores estão interessados? ◗ Quanto nossos torcedores dispõem para gastar com merchandising? ◗ Onde os torcedores esperam gastar com merchandising? ◗ Como conscientizar nossos torcedores sobre nossos produtos?
	Os jogadores da nossa liga amadora estão descontentes, e os números estão caindo	◗ Quem são nossos jogadores? ◗ Por que estão descontentes? ◗ Eles praticam outros esportes? ◗ Estão satisfeitos com a liga, inclusive no que diz respeito ao horário dos jogos etc.? ◗ Quem mais poderia juntar-se à liga? ◗ Seria possível mudarmos a estrutura dos jogos ou das partidas para melhor satisfazer os nossos jogadores?
	O patrocínio que recebemos é consideravelmente menor do que o patrocínio recebido por outros esportes do nosso nível	◗ Quanto nosso esporte recebe atualmente de patrocínio e qual a diferença, na comparação, de outras modalidades esportivas? ◗ Quantas pessoas atualmente praticam nossa modalidade esportiva em âmbito nacional? ◗ Quantas pessoas atualmente assistem às partidas da nossa modalidade esportiva em âmbito nacional? ◗ Como nosso esporte é visto por nossos patrocinadores, principalmente em termos de popularidade? Quais os patrocinadores em potencial?

vezes, em um sentido contrário ao que percorria, invalidando esforços que demandaram muitos recursos, mas que, pela inversão de função, tornaram-se inócuos. (NRT)

Parte interessada/ Tomador de decisão	Problema enfrentado ou decisão a ser tomada	Informações obtidas com a pesquisa de marketing
Patrocinadores esportivos	Nosso patrocínio é eficaz?	◗ Quais eram as metas do nosso patrocínio? Foi possível alcançá-las? ◗ Qual a popularidade do esporte que nós patrocinamos? ◗ Os nossos valores e metas são compatíveis com os valores e metas do esporte que patrocinamos? ◗ Qual a diferença entre o custo do nosso patrocínio e o custo de acordos de patrocínio semelhantes na mesma modalidade competitiva?
	Como deveríamos alavancar nosso patrocínio?	◗ Que formas de promoção são mais eficazes entre nossos mercados-alvo compartilhados? ◗ Como os torcedores vêem nossos produtos? ◗ Que tipos de ofertas especiais ou promoções atrairiam mercado(s)-alvo? ◗ Em que tipos de iniciativas de alavancagem nossos concorrentes estão envolvidos? Elas provaram ser eficazes? Por quê/por que não?
Governo	A quais esportes deveríamos direcionar nossos investimentos públicos?	◗ Quem são os esportistas e quais os esportes por eles praticados? ◗ Com que freqüência as pessoas praticam as diferentes modalidades esportivas e onde estas são praticadas? ◗ Quais esportes seriam mais beneficiados pelos investimentos públicos?
Rede de televisão	De quais esportes deveríamos adquirir os direitos de transmissão?	◗ Quanto custam os direitos de transmissão das várias modalidades esportivas e qual a diferença entre elas? ◗ Quais as estatísticas de audiência em cada temporada ou evento esportivo? ◗ Quais são os perfis demográficos do público presente a cada modalidade esportiva? ◗ Qual a diferença entre esses perfis e os do nosso público-alvo?

Em geral, a pesquisa de marketing esportivo pode ser realizada de duas maneiras diferentes. A primeira, em que é possível conduzir a pesquisa, trata-se de uma resposta a um problema ou situação específicos, como os apresentados na Tabela 5.1. A segunda refere-se à pesquisa como parte de um programa de monitoramento ambiental contínuo ou parte do sistema de informações de marketing[3].

Pesquisa específica à situação

Essa modalidade de pesquisa é conduzida pelos profissionais de marketing quando estão diante de um problema ou decisão específicos. O objetivo da pesquisa interrogativa é responder àquela questão em particular e oferecer aos profissionais de marketing as informações necessárias à tomada de decisão consciente. Estamos nos referindo aqui ao propósito da pesquisa, e não ao tipo de pesquisa ou à forma como é conduzida. A pesquisa pode ser tão simples ou complexa quanto for necessário.

Um exemplo de pesquisa específica a uma situação foi o projeto *Indigenous Participation* (Participação Indígena), realizado pela Associação Albury Netball como parte de uma concessão da iniciativa *Living in Harmony* (Vivendo em Harmonia) do Governo do Povo. O projeto tinha como objetivo aumentar a prática do *netball* entre mulheres indígenas nativas. Como parte da tarefa, a associação realizou um levantamento para averiguar se ele havia alcançado sucesso. A pesquisa resultante obteve retorno das praticantes indígenas e também de outros membros da associação.

Pesquisa de monitoramento ambiental

Monitoramento ambiental é uma tarefa de gestão estratégica que envolve a análise contínua dos ambientes empresarial e social. O objetivo desse monitoramento é identificar oportunidades, ameaças e tendências de mercado, bem como dimensionar a posição competitiva relativa no âmbito da indústria.

No processo de pesquisa de marketing, o monitoramento ambiental é hoje amplamente formalizado em dois diferentes tipos de sistemas. O primeiro é conhecido como *sistema de informação de marketing (SIM)*, um sistema de monitoramento interno que utiliza registros internos, inteligência de marketing e resultados da pesquisa específica a uma situação. O segundo é o *sistema de suporte à decisão (SSD)*, um sistema gerido por bancos de dados que permite aos tomadores de decisão, ao mesmo tempo, obter e manipular informações. As características de um sistema SSD eficiente incluem:

---

3 Percebe-se de forma clara que o modelo proposto de pesquisa é exploratório no sentido de novos posicionamentos específicos. É necessário que novos comportamentos sejam monitorados sempre, e de perto, para a identificação e determinação de novas oportunidades de negócio, geradas por novos comportamentos. (NRT)

- **Interatividade** – o sistema deverá ser de fácil utilização e permitir aos gerentes ministrar instruções simples e obter informações úteis.
- **Flexibilidade** – o sistema deverá fornecer o nível de informação necessário a cada usuário, isto é, manipulação de dados sofisticados para analistas de mercado e relatórios-resumo simplificados para gerentes.
- **Orientação quanto a descobertas** – sistemas eficientes permitirão aos seus usuários modelar diferentes situações de mercado e dar respostas a questões do tipo "e se", de forma que auxilie na tomada de decisão.
- **Acessibilidade** – é necessário que a tecnologia por trás do SSD seja a mais transparente possível, permitindo a coexistência entre simplicidade e fácil utilização e valor geral do sistema (Summers, Gradiner, Lamb, Hair e McDaniel, 2003).

Sistemas de apoio à tomada de decisão estão se tornando cada vez mais importantes no atual ambiente de marketing esportivo, e muitas organizações esportivas começam a perceber a força do marketing que emana do desenvolvimento de grandes bancos de dados de consumidores. A Liga de Futebol Australiano, por exemplo, utiliza seu programa de desenvolvimento secundário, o AFL Auskick, como forma de reunir informações relativas a torcedores e praticantes do esporte a partir das crianças e suas famílias, acompanhando esses consumidores no seu dia-a-dia como torcedores e praticantes do esporte. O banco de dados[4] constitui a espinha dorsal de um programa de marketing direto de grande força e valor, que, segundo a AFL, assegurará o sucesso financeiro e social no longo prazo da sua modalidade esportiva.

Tipos de dados de marketing esportivo

Há dois tipos básicos de dados de marketing esportivo: dados secundários e dados primários. Os dados secundários constituem-se em qualquer informação já obtida por algum motivo que não seja o do projeto de pesquisa em andamento – qualquer relatório disponível na internet, ou estatísticas divulgadas em um jornal, ou mesmo neste livro, são exemplos de dados secundários. Os dados primários, por sua vez, são informações desenvolvidas ou obtidas pelo pesquisador com o fim específico de fazer a(s) pergunta(s) da pesquisa pessoalmente. Isso significa que, se você fosse perguntar para os torcedores do seu time de futebol, portadores de ingressos para a temporada, se eles pretendem ou não comprar ingressos para a temporada do próximo ano, a informação obtida figuraria como dados primários.

---

4 Aqui reside um dos segredos de sucesso de monitoramento, de um programa de marketing direto, que pode ser utilizado por qualquer grupo que pretenda entender comportamentos. (NRT)

A decisão sobre qual tipo de dado usar depende muito da importância do projeto de pesquisa e dos orçamentos temporais e financeiros disponíveis. Ambos os dados, primários e secundários, têm vantagens e desvantagens. Geralmente, a coleta de dados secundários é mais barata que a de dados primários, e também relativamente rápida; contudo, nem sempre soluciona os problemas da pesquisa prontamente. Os dados primários, em geral, são mais caros e exigem um tempo maior na sua coleta, mas poderão resultar em dados mais precisos se reunidos e analisados utilizando-se os procedimentos e técnicas adequados. Um resumo das vantagens e desvantagens básicas de cada tipo de dados pode ser visto na Tabela 5.2.

Os dados de marketing esportivo primários e secundários serão discutidos mais detalhadamente nas próximas seções. É importante considerar as vantagens e desvantagens de cada tipo de

Tabela 5.2: Vantagens e desvantagens dos dados primários e secundários

	Vantagens	Desvantagens
Dados primários	• Abordam especificamente a questão levantada pela pesquisa • Confiabilidade, credibilidade e precisão são conhecidas • Podem abordar praticamente qualquer questão levantada pela pesquisa	• A coleta e a análise de dados podem ser dispendiosas • É necessário que o pesquisador seja hábil o bastante para conduzir a pesquisa primária • A pesquisa primária consome tempo
Dados secundários	• Podem gerar excelente custo-benefício • Geralmente, podem ser obtidos rapidamente • Não é necessário o mesmo nível de especialização exigido na coleta de dados primários	• Confiabilidade, credibilidade e precisão poderão ser desconhecidas • As unidades de avaliação poderão ser inadequadas • Os dados talvez não sejam apresentados em um formato útil • Ainda é necessário ter as habilidades de interpretação e análise • Os dados poderão ser prematuros ou desatualizados • A fonte ou o patrocinador da pesquisa poderão ser desconhecidos

dado, mas isso nem sempre é uma questão de escolha entre eles. A maioria dos projetos de pesquisa de coleta de dados primários utiliza dados secundários nas fases de preparação e análise.

Por exemplo, se o Comitê Australiano de Críquete desejasse descobrir quais esportes são mais populares nas escolas australianas entre garotos e garotas das várias faixas etárias, seu trabalho deveria iniciar com um levantamento das informações já existentes. Ele poderia consultar as autoridades educacionais estaduais e federais para averiguar se já possuem esse tipo de informação. Poderia adquirir, com uma empresa especializada em pesquisa, relatórios sobre dados secundários relativos à prática esportiva ou consultar dados do censo da Australian Bureau of Statistics (Agência Australiana de Estatística). Uma pesquisa na internet também reuniria artigos de revistas ou jornais esportivos relacionados a crianças e à prática esportiva. Se, após a consulta a algumas dessas fontes de dados secundários, for constatado que a quantidade de informações é adequada e suficiente, não será necessário prosseguir. Contudo, caso o nível de detalhamento dos dados secundários seja insuficiente ou os dados apresentem-se desatualizados ou inadequados para prover uma solução às perguntas, será necessário elaborar um projeto de pesquisa de dados primários. É quase certo que os dados secundários efetivamente reunidos irão ajudar a refinar as necessidades de informação e também decidir a forma como as informações relevantes serão reunidas.

A seguir, abordaremos mais detalhadamente os dados secundários, abrangendo, posteriormente, uma série de questões associadas à coleta de dados primários nas fases do projeto de pesquisa de marketing esportivo.

Dados secundários de marketing esportivo

Os dados secundários de marketing esportivo são organizados em duas áreas: fontes internas e fontes externas. Os *dados secundários internos* são os disponíveis dentro da organização. Para uma organização de marketing esportivo, isso poderá incluir o número de espectadores presentes nos jogos, registros sobre vendas de merchandising, renda com patrocínio etc. As organizações que operam em áreas relacionadas ao esporte ou que utilizam o esporte para negociar seus produtos e serviços poderão também fornecer dados secundários internos relevantes, como valores em termos de vendas regionais e/ou demografia do consumidor. Muitos desses dados internos podem fazer parte do sistema de informações de marketing da organização ou dos sistemas de apoio à tomada de decisão discutidos anteriormente.

Dados secundários externos são todas as informações existentes fora da organização. Encontra-se à disposição uma quantidade considerável de informações locais e internacionais sobre esporte, consumo esportivo e questões relacionadas ao esporte. Esporte é um assunto social difuso que atrai a atenção da pesquisa em áreas como saúde, psicologia, negócios, sociologia, estudos sobre a comunidade, contabilidade governamental, impacto econômico e educação. Dessa forma, há uma variedade de fontes de dados secundários externos oriundos da indústria privada, de estudos governamentais, de artigos populares da imprensa, de relatórios da indústria e de associações, de órgãos esportivos nacionais e internacionais e de instituições acadêmicas.

Já há algum tempo, a coleta e o desenvolvimento de muitos relatórios, estatísticas e comentários secundários externos vêm sendo promovidos por órgãos governamentais e da indústria. Contudo, a internet testemunhou uma revolução na disseminação e utilização dessas informações. Ela oferece dados de uma forma mais barata e mais rápida, e o poder dos mecanismos de busca torna cada vez mais ágil a localização e disponibilização de dados relevantes. A coleta de dados secundários sempre foi mais barata que a de dados primários, mas a internet aumentou em muito essa vantagem e colocou uma rede global de informações ao alcance dos profissionais de marketing e gerentes esportivos.

A Tabela 5.3 oferece uma lista de algumas das principais fontes de dados secundários externos de marketing esportivo na Austrália, na Nova Zelândia, nos Estados Unidos e na Grã-Bretanha.

Tabela 5.3 Fontes de dados secundários externos do marketing esportivo

Fonte	Descrição
Australian Bureau of Statistics (Agência Australiana de Estatística) http://www.abs.gov.au/	Os relatórios governamentais originam-se, em grande parte, de um projeto de censo abrangente em âmbito nacional. Além disso, a ABS realiza estudos especiais relacionados ao esporte, como pesquisas sobre a prática esportiva.
Australian Sports Commission (Comissão Esportiva Australiana) http://www.ausport.gov.au	A Comissão Esportiva Australiana representa o governo federal na administração e no patrocínio do esporte na Austrália, desenvolvendo a excelência no esporte de elite e ampliando a prática esportiva na comunidade. A Comissão possui um excelente website com *links* para o Australian Institute of Sport (Instituto Australiano de Esporte) e a Active Australia (Austrália Ativa). O recurso mais empolgante do website é seu link de Informações Esportivas, que dá acesso ao National Sports Information Centre (Centro Nacional de Informações Esportivas), bem como a um banco de dados de pesquisa, artigos e links para outros sites. Dê uma olhada no seu *Starter Kit* (Kit de Inicialização) para uma Pesquisa Esportiva na Web.
Sweeney Sports Report http://www.sweeneyresearch.com.au	Empresa privada de pesquisa de marketing que realiza uma pesquisa nacional anual sobre interesses esportivos australianos, patrocínio esportivo na Austrália e outros assuntos, incluindo o esporte e a mídia, imagem da marca e Olimpíadas. Os relatórios produzidos podem ser adquiridos no todo ou em parte.

Fonte	Descrição
Roy Morgan Research http://www.roymorgan.com	A Roy Morgan Research é uma empresa australiana de pesquisa de opinião pública e de marketing bastante conhecida. Originalmente especializada em opinião pública, imagem corporativa e avaliação de mídia, a empresa expandiu-se para cobrir todos os aspectos da coleta de informações sobre pesquisa de marketing, seja por meio de entrevistas pessoais, telefone, auto-administração ou pela internet. Tente utilizar a palavra "esporte" como termo de busca no site da empresa e navegue por sua lista abrangente de resultados e artigos. Um grande volume de dados secundários, inclusive estatísticas, gráficos e interpretação, encontra-se à disposição gratuitamente.
Amateur Athletic Foundation of Los Angeles (Fundação Atlética Amadora de Los Angeles) http://www.aafla.org	Essa fundação norte-americana fornece seus próprios relatórios de pesquisa on-line e também permite pesquisar em uma variedade de importantes informativos relacionados ao esporte. Sua pesquisa particular abrange tópicos como: Estudo Infantil e de Mídia Esportiva da AAF/ESPN O Homem e a Mulher nos Esportes Televisionados, 1989, 1994 e 1999 Criação de Estereótipos na Diferenciação dos Sexos nos Esportes Televisionados: Um Acompanhamento do Estudo de 1989 Criação de Estereótipos na Diferenciação dos Sexos nos Esportes Televisionados De Meninos a Homens: Mensagens da Mídia Esportiva sobre Masculinidade As Crianças e a Mídia Esportiva Cobertura do Esporte Feminino em Quatro Jornais Diários Retrato da Raça, Etnia e Nacionalidade nos Eventos Atléticos Internacionais Televisionados Cruzando as Barreiras da Cor: Jackie Robinson e os homens que fizeram parte da principal liga de beisebol.
Statistics New Zealand http://www.stats.govt.nz	Statistics New Zealand é uma agência de estatísticas oficial da Nova Zelândia. Esse é um site excelente para localizar informações de cunho esportivo relativas à Nova Zelândia e aos seus cidadãos. Experimente digitar "esporte" como termo de busca no site. Você encontrará uma boa quantidade de dados sobre prática esportiva entre os neozelandeses de todas as faixas etárias e também dados da indústria, por exemplo, vendas no varejo etc.

Fonte	Descrição
Sport England http://www.sportengland.org	O Sport England é responsável pelo fornecimento da liderança estratégica ao esporte na Inglaterra, de modo que as metas do governo em relação ao esporte sejam alcançadas. Seu website é uma fonte excelente de dados esportivos, incluindo últimas notícias, políticas e recomendações do governo em relação ao esporte, informações correspondentes tanto ao esporte quanto à região e um link para uma fonte de pesquisa sobre informações relacionadas ao esporte.
ESPN TNS Intersearch Sports Poll http://www.sportspoll.com	O ESPN Sports Poll fornece informações detalhadas sobre o esporte norte-americano, uma série de bases de fãs, dados abrangentes sobre esportes e comportamento, uma variedade ampla de eventos esportivos e entrevistas diárias. Esse tipo de dado é útil para a avaliação geral do patrocínio e dos programas de marketing esportivo, bem como para a atribuição de preços e a negociação de propostas de patrocínio. O serviço é, basicamente, por assinatura, porém algumas informações são disponibilizadas gratuitamente no site.
The Organization Gallup http://www.gallup.com	A Organização Gallup conta com 40 escritórios pelo mundo e é famosa por sua competência na área de opinião pública e pesquisa. A organização promove pesquisas de opinião pública e relatórios voltados ao esporte em vários países do mundo. Seu site é sustentado por assinaturas, e seus membros podem fazer o download de resultados, descobertas e relatórios.
The American Sporting Goods Manufacturer's Association (Associação norte-americana dos Fabricantes de Artigos Esportivos) http://www.sgma.com/index.html	A associação da indústria esportiva afirma ser uma entidade dedicada ao crescimento do esporte como negócio e ao condicionamento físico em âmbito mundial. Ela possui um banco de dados secundários abrangente voltado ao esporte, bem como tópicos relacionados ao esporte nos Estados Unidos e em todo o mundo. Seus assinantes têm acesso a diversos relatórios detalhados, mas há também alguns relatórios bastante interessantes disponibilizados gratuitamente no site. Dê uma olhada no link para Relatórios e Estudos de Mercado.

Avaliação dos dados secundários

O objetivo do projeto de pesquisa secundário não é localizar dados de marketing esportivo. Na verdade, na atual era da informação, encontrar dados secundários é a parte mais simples. A tarefa mais difícil, e a mais importante, é avaliar os dados. Burns e Bush (2000) sugerem que a avaliação de dados secundários pode ser realizada respondendo a cinco perguntas:

- Qual foi o propósito do estudo?
- Quem reuniu as informações?
- Que informações foram reunidas?
- Como as informações foram reunidas?
- Qual o grau de consistência das informações em relação a outras informações?

Na qualidade de pesquisadores, tomadores de decisão e profissionais de marketing, é importante compreendermos as informações por nós utilizadas. Algumas pesquisas são realizadas com o objetivo de "provar" algo ou antecipar alguma posição em particular. Se esse for o caso, não há perspectiva de objetividade, e tomar decisões com base em dados assim seria insensato. Da mesma maneira, é necessário entender quem reuniu as informações, de forma que seja possível avaliar a competência do pesquisador e especular sobre a validade das informações. Nem sempre é óbvio determinar "qual" tipo de informação foi de fato obtida. É preciso cautela com títulos e rótulos de projetos em tabelas e gráficos. O título pode não descrever precisamente as informações obtidas nem as medidas precisas utilizadas e como estas foram determinadas. Finalmente, é importante determinar se as informações são consistentes com outras avaliações da mesma variável. Determinar a consistência é um caminho longo a ser percorrido até que se estabeleça a credibilidade das informações, e servirá também como alerta a qualquer grande variação com poder de afetar negativamente a utilidade dos dados. Mesmo que duas fontes distintas apresentem registros diferentes da mesma variável, isso não significa que elas não sejam confiáveis. Contudo, será necessário saber mais sobre o modo como as medidas foram estabelecidas antes de decidir sobre quais informações ou combinações de fontes de informação pretende-se considerar.

Etapas em um projeto de pesquisa de marketing esportivo

A condução de uma pesquisa de marketing é um processo seqüencial subdividido em sete etapas ilustradas na Figura 5.1. Nas seções a seguir, consideraremos cada uma dessas fases mais detalhadamente. É importante entender que a pesquisa de marketing esportivo e, no que diz respeito ao assunto, qualquer pesquisa do tipo devem seguir um processo rigoroso e seqüencial. Tanto pesquisadores quanto gerentes deveriam conformar-se no fato de que o processo de pesquisa de

Figura 5.1: Projeto de pesquisa de marketing esportivo

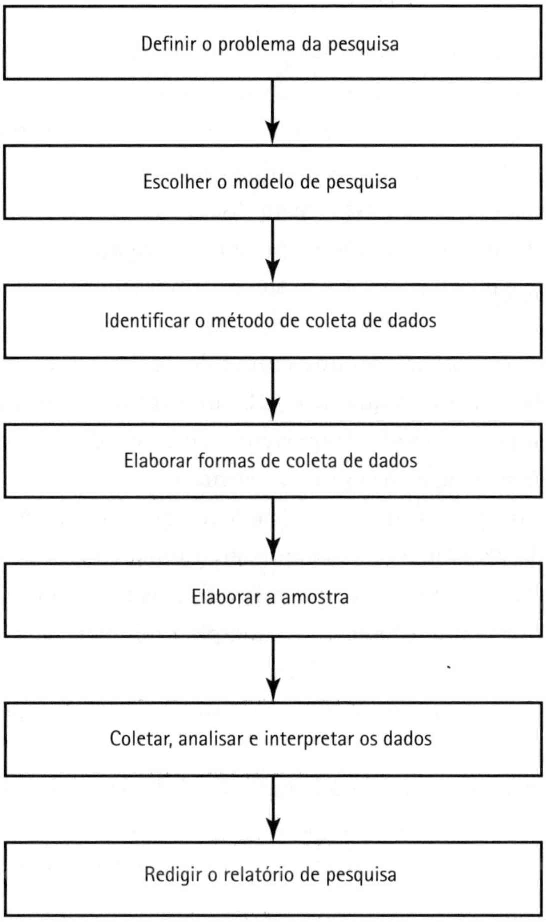

marketing é basicamente o mesmo, não importa o tipo de projeto. Por exemplo, se os Brisbane Broncos desejassem avaliar se as acomodações e instalações do seu estádio estão atendendo às expectativas dos torcedores, provavelmente utilizariam o mesmo processo de pesquisa adotado pela Nike para determinar o que as jogadoras de futebol amador necessitam em termos de uniformes e vestuário. Até mesmo a equipe Wagga Wagga de rúgbi *league* para crianças menores de 8 anos seguiria o mesmo processo de pesquisa de marketing adotado por seus administradores voluntários para aumentar o número de associados no próximo ano. Seja qual for o problema enfrentado ou o porte da organização, o processo de pesquisa de marketing orienta o desenvolvimento do projeto por meio de etapas seqüenciais e independentes e, assim fazendo, garante o bom uso do tempo e do dinheiro empregados no projeto.

Definição do problema da pesquisa

Como dito anteriormente, o processo de pesquisa de marketing é seqüencial e interdependente, ou seja, qualquer projeto de pesquisa pode ser apenas tão bom quanto a definição do seu propósito. Se o problema ou decisão inicial não for corretamente identificado e definido, todos os esforços de pesquisa subseqüentes serão, então, mal orientados. É aconselhável promover discussões preliminares com os membros da organização para discorrer sobre questões e idéias pertinentes ao problema em perspectiva. É importante que os principais tomadores de decisão e os responsáveis por traçar futuras diretrizes para essas questões estejam envolvidos no planejamento preliminar de qualquer pesquisa.

Nessa etapa, um dos erros mais comuns cometidos pelas organizações é concentrar-se no sintoma em vez de no problema com o qual se está lidando. Uma forma de evitar esse contratempo é contar com a ajuda de um pesquisador experiente, tanto de dentro da organização quanto de um grupo de pesquisa profissional, envolvido na definição do problema da pesquisa. O problema da pesquisa deverá ser voltado para informações, uma vez que ele especifica quais informações são necessárias para a solução do problema ou para aproveitar uma oportunidade. O próximo passo será traduzir o problema em metas de pesquisa mais específicas e, talvez, em um conjunto de questões pertinentes relacionadas à pesquisa. Observe o exemplo da Tabela 5.4. Os objetivos lá apresentados formavam a parte 1 de um projeto de pesquisa multisseqüencial. O problema da pesquisa na primeira fase era estabelecer um perfil geral dos consumidores esportivos e determinar qual esporte era mais popular entre eles.

Não se deixe oprimir pelo aparente grau de especificidade desses objetivos e questões. Lembre-se de que uma grande quantidade de dados secundários poderia ter sido coletada até essa fase do projeto e que a experiência e a intuição do pesquisador também ajudam para esclarecer os assuntos.

Escolha do modelo de pesquisa

Todos os tipos de pesquisa podem ser classificados em três categorias: exploratória, descritiva e causal. A Tabela 5.5 traça os objetivos da pesquisa comumente associados a cada abordagem de modelo de pesquisa.

Alguns acreditam que esses três modelos são etapas de um processo contínuo em que a pesquisa exploratória funciona como ponto de partida para, em seguida, servir como guia à pesquisa descritiva e a estudos causais. Contudo, isso não é necessariamente verdadeiro, e a pesquisa não tem de seguir qualquer tipo de ordem ou modelo seqüencial. Em razão de sua natureza interativa, poderíamos começar com um estudo descritivo e posteriormente utilizar um estudo exploratório menor para estabelecer definições adicionais sobre as conclusões alcançadas. Na pesquisa de marketing esportivo, é provável que orçamento e o prazo de execução, juntamente com a importância gerencial geral do estudo, determinem muito a escolha do modelo. Em termos gerais, é justo dizer

Tabela 5.4: Exemplo de um problema de pesquisa e das questões e objetivos de pesquisa relacionados

Problema da pesquisa	Objetivos da pesquisa	Questões relacionadas
Desenvolver um perfil geral dos consumidores esportivos e determinar os esportes mais populares entre eles.	Identificar a modalidade esportiva mais popular entre uma amostra da mesma população da qual serão colhidas outras amostras para futuros estudos.	Qual o esporte preferido do entrevistado? Qual esporte é o mais popular em termos gerais?
	Desenvolver uma avaliação do entusiasmo em relação ao esporte.	Como o entusiasmo pelo esporte é demonstrado ou representado? Existe um nível de entusiasmo diferenciado entre os entrevistados?
	Determinar se há qualquer inconstância nas declarações sobre nível de agressividade e entusiasmo entre os espectadores do esporte mais popular.	Como as tendências à violência do entrevistado podem ser mensuradas? Como as tendências ao entusiasmo do entrevistado podem ser mensuradas?
	Desenvolver um perfil demográfico geral dos espectadores do esporte mais popular.	Qual é a idade, renda, profissão etc. médias dos espectadores cujos esportes preferidos são os mais populares entre os entrevistados?
	Examinar, entre os espectadores da modalidade mais popular, as atitudes com relação ao comparecimento de torcedores nas partidas.	Que fatores afetam a freqüência aos esportes? Qual a importância de cada um desses fatores para os entrevistados?

Tabela 5.5: Modelo e objetivos de pesquisa

Modelo de pesquisa	Objetivos da pesquisa
Pesquisa exploratória	Obter informações sobre contexto, definir termos, esclarecer problemas e hipóteses, estabelecer prioridades de pesquisa e obter esclarecimentos sobre as variáveis a serem consideradas.
Pesquisa descritiva	Descrever e avaliar o fenômeno de marketing em determinado momento, responder às perguntas do quem, que, onde, quando e como.
Pesquisa causal	Determinar se uma variável causa ou determina os valores de outras variávcis.

que a pesquisa se torna cada vez mais custosa, extensa e complexa à medida que avançamos do exploratório para o descritivo e deste para o causal. Essa relação é ilustrada na Figura 5.2.

Pesquisa exploratória

A pesquisa exploratória é, sem sombra de dúvidas, mais útil na definição do problema da pesquisa ou de seus objetivos, sendo geralmente caracterizada por sua natureza desestruturada e informal. Esse tipo de pesquisa pode ser bastante construtivo nos estágios iniciais de um projeto ou em situações em que os problemas e oportunidades são inéditos ou ainda não muito bem compreendidos. Quando uma organização está em fase de estudos sobre sua entrada em um novo mercado ou explorando novas oportunidades de produtos, o uso das técnicas exploratórias pode ser um modelo de pesquisa flexível e esclarecedor. Burns e Bush (2000) defendem o uso da pesquisa exploratória nas seguintes situações:

- coleta de informações gerais;
- definição de termos da pesquisa;
- esclarecimento dos problemas da pesquisa e definição de objetivos e hipóteses;
- estabelecimento das prioridades da pesquisa.

Independentemente do compromisso a ser estabelecido com o projeto de pesquisa ou com o modelo de pesquisa utilizado, a maioria dos pesquisadores adicionará uma fase exploratória ao seu modelo. As técnicas comumente utilizadas na realização de pesquisas exploratórias são descritas na Tabela 5.6.

Visto que a pesquisa exploratória é, em grande parte, um processo de descoberta, torna-se bastante comum o uso de técnicas diversificadas que permitam ao pesquisador realizar uma investigação das diversas questões de diferentes ângulos e pontos de vista.

Figura 5.2: O *continuum* de tempo, custo e complexidade do projeto de pesquisa

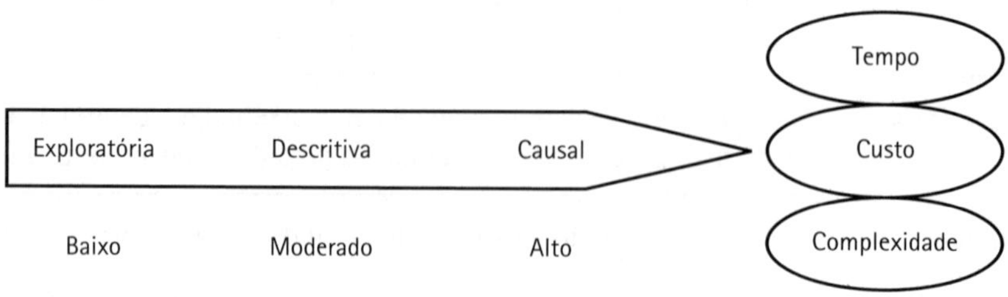

Pesquisa descritiva

A pesquisa descritiva é geralmente associada à pesquisa de investigação, mas, na verdade, pode incluir uma variedade de técnicas. O critério definitivo e primordial da pesquisa descritiva é que ela tenta responder às perguntas do quem, que, onde, quando e como. A pesquisa descritiva concentra-se em extrair a imagem de certos fenômenos ou questões, sendo a responsável pela maioria dos estudos nas áreas acadêmica e comercial.

À semelhança da pesquisa exploratória, a pesquisa descritiva envolverá objetivos bem definidos. Porém, diferentemente dos estudos exploratórios, o modelo de pesquisa em questão poderá, também, recorrer a hipóteses experimentais ou especulativas para as quais o pesquisador busca uma prova ou contestação. A Tabela 5.7 apresenta alguns possíveis problemas relacionados à pesquisa de marketing esportivo que poderiam ser investigados a partir da pesquisa descritiva, bem como algumas prováveis questões e hipóteses relacionadas à pesquisa.

A pesquisa descritiva pode ser bastante minuciosa e abranger uma série de técnicas e métodos de coleta de dados. A falha dos estudos descritivos é não demonstrar que uma variável causa ou determina os valores de outras variáveis. Essa relação do tipo causa e efeito pode ser estabelecida apenas por meio da pesquisa causal.

Tabela 5.6: Técnicas comumente utilizadas na pesquisa exploratória

Técnicas	Descrição
Análise de dados secundários	Baseia-se em informações previamente coletadas. O pesquisador deve assegurar-se de que as fontes de dados secundários foram avaliadas e consideradas apropriadas para serem aplicadas ao problema da pesquisa.
Avaliação de experiências e entrevistas detalhadas	Envolve a coleta de informações dos indivíduos reputados como especialistas nas áreas relevantes para o problema da pesquisa.
Grupos de discussão	Essa técnica popular inclui a montagem de grupos pequenos (6-10 pessoas) orientados por um moderador capacitado a guiá-los por uma discussão sobre as questões pertinentes à pesquisa.
Técnicas de projeção	Há uma variedade de técnicas de projeção que incluem exercícios de conclusão de sentenças, associação de palavras e testes utilizando balões de diálogo. As técnicas estimulam os participantes a compartilhar suas interpretações ou compreender os problemas apresentados.
Observação	Há algumas informações (em particular, comportamentos) que é melhor coletar por meio da observação do que pelo questionamento direto.

Pesquisa causal

Dos três modelos de pesquisa disponíveis aos pesquisadores, a pesquisa causal é, talvez, a mais precisa, pois procura medir a causa e o efeito. Por exemplo, um modelo de pesquisa causal poderia ser utilizado para medir a causa e o efeito entre os preços dos ingressos e o público presente ao jogo, isto é, uma queda no preço dos ingressos resultaria em um aumento na sua procura e, portanto, na freqüência ao jogo.

A pesquisa causal não é tão comum quanto os modelos descritivos utilizados na pesquisa das ciências sociais, que é praticamente a substância motivadora da pesquisa de marketing. Contudo, estudos causais podem ser também de grande valia na tomada de decisão gerencial, bem como empregar algumas das mesmas ferramentas e a perícia requeridas pelos estudos descritivos, por exemplo, as investigações.

A pesquisa experimental é sinônimo de modelos causais. Uma variedade de técnicas de pesquisa experimental pode ser usada juntamente com uma combinação de medições (pré e pós-testes), grupos (grupos simples ou grupos de controle adicional) e alocação dos entrevistados a

Tabela 5.7: Pesquisa descritiva, perguntas e hipóteses

Objetivo da pesquisa	Pergunta da pesquisa	Hipóteses
Como deveria ser distribuído nosso novo merchandising de equipe?	Onde as pessoas atualmente adquirem produtos de merchandising da mesma espécie?	Os torcedores portadores de ingressos para a temporada adquirem ingressos por meio de catálogos de clubes, e os torcedores comuns os adquirem em lojas especializadas.
Quem deveria ser o público-alvo de nossos novos minipacotes de ingressos?	Qual o perfil das pessoas que atualmente adquirem esse tipo de pacote de ingressos de outros clubes? Quem atualmente assiste às partidas incluídas nos pacotes?	As famílias adquirem minipacotes de ingressos em outras sedes e clubes esportivos. Solteiros e casais recém-casados sem filhos assistem atualmente a essas partidas.
Como é possível melhorar o serviço de *catering* do nosso clube?	Qual é o nível de satisfação que o serviço de *catering* do nosso clube atualmente oferece e como as pessoas vêem os serviços oferecidos?	A satisfação com o atual serviço de *catering* do clube está abaixo da média.

grupos específicos. As experiências podem ser realizadas tanto em laboratório quanto em campo, sendo os mercados-teste os campos experimentais mais comuns. As experiências, com toda certeza, geram uma série de questões relativas à validade e confiabilidade, e controle e contabilidade, pois requerem perícia e, geralmente, tempo e dinheiro extras. É preciso considerar uma série de fatores ao selecionar um modelo de pesquisa adequado, incluindo orçamento, tempo, idéias e segurança de dados, bem como o nível de validade exigido.

Identificação do método de coleta de dados

Já foi discutida a diferença entre dados primários e secundários, e foram exploradas as questões envolvendo a coleta de dados secundários. Como mencionado anteriormente, o processo de pesquisa é interdependente e, dessa forma, a seleção do método de coleta de dados a ser usado é, em grande parte, uma função do problema da pesquisa e do modelo de pesquisa escolhido.

A pesquisa investigativa é uma técnica fundamental do marketing esportivo, e a Tabela 5.8 oferece uma comparação entre as características dos vários tipos de pesquisa investigativa. Essa informação é fundamental na determinação do custo-benefício dos diferentes métodos de coleta de dados.

Além das técnicas de coleta de dados já citadas, o marketing esportivo propõe também alguns desafios interessantes a serem superados por meio de técnicas inovadoras de coleta. Considerando que a maioria das pesquisas esportivas ainda se baseia em técnicas tradicionais, como grupos de discussão, entrevistas e investigações, há um número crescente de agências e indivíduos explorando os benefícios da pesquisa de observação e dos estudos etnográficos.

Pelo fato de o esporte ser um fenômeno emocional e hedonista, algumas avaliações de marketing tradicionais não absorvem exatamente o que acontece durante uma experiência esportiva. As técnicas de coleta etnográficas poderão envolver a presença real do pesquisador em uma partida esportiva na qual ele vivencia a atmosfera do jogo, o comportamento do público, o que as pessoas estavam vestindo, os sinais, sons, aromas etc. De modo semelhante, um estudo experimental sobre merchandising esportivo poderá incluir o fornecimento de um valor em dinheiro a um grupo representativo de um mercado-alvo e, em seguida, o acompanhamento desse grupo às compras para averiguar o que irá adquirir, onde irá adquirir, que linguagem utilizará para descrever os produtos e serviços e como tomará suas decisões.

Elaboração de formulários de coleta de dados

Independentemente das técnicas empregadas na coleta de dados, o pesquisador deve determinar a forma como os dados serão armazenados. Esse é um ponto crucial para a pesquisa de investigação, que utiliza questionários e/ou folhas de resposta para registrar de maneira consistente os dados obtidos.

Tabela 5.8: Características dos vários tipos de pesquisa de investigação

Características	Entrevistas pessoais na residência	Entrevistas eletrônicas	Entrevistas por telefone a partir da casa do entrevistado	Entrevistas por telefone a partir de centrais telefônicas	Pesquisa por correio, autodirigida, feita apenas uma vez	Painéis de discussão por correio	Disco de computador por correio	Entrevistas pela internet	Grupos de discussão
Custo	Alto	Moderado	De moderado a baixo	Moderado	Baixo	Moderado	Moderado	De moderado a baixo	Baixo
Intervalo de duração	Moderado	Moderado	Rápido	Rápido	Lento	Relativamente lento	Relativamente lento	Moderado	Rápido
Utilização das sondagens do entrevistador	Sim	Sim	Sim	Sim	Não	Sim	Não	Sim, se for interativa	Sim
Habilidade em demonstrar conceitos ao entrevistado	Sim (inclui testes de predileção)	Sim (inclui testes de predileção)	Não	Não	Sim	Sim	Sim	Sim	Sim
Controle de gerenciamento exercido sobre o entrevistador	Baixo	Moderado	Baixo	Alto	n/a*	n/a	n/a	Alto, se utilizado pelo entrevistador	Alto
Qualidade dos dados gerais	Alta	Moderada	De moderada a baixa	De alta a moderada	De moderada a baixa	Moderada	De alta a moderada	De alta a moderada	Moderada
Habilidade em reunir grandes quantidades de dados	Alta	Moderada	De moderada a baixa	De moderada a baixa	De baixa a moderada	Moderada	Alta	Alta	Moderada
Habilidade em lidar com questionários complexos	Alta	Moderada	Moderada	Alta, se assistida por computador	Baixa	Baixa	Alta	Alta	Baixa

Fonte: Summer, Gardiner, Lamb, Hair e McDaniel, 2003, p. 146

* Não variável

A elaboração de questionários segue um processo seqüencial e rigoroso, cujas etapas são apresentadas na Figura 5.3. Há dois tipos básicos de perguntas que podem ser usadas no desenvolvimento de um questionário:

1. Perguntas abertas a respostas livres – em que um espaço em branco é disponibilizado para que os entrevistados elaborem as respostas com suas próprias palavras, com a profundidade que julgarem necessária. Essa técnica é excelente para a pesquisa exploratória, pois permite que questões não consideradas pelo entrevistador ou mesmo sobre o tipo de linguagem empregada sejam levantadas.
2. Perguntas dirigidas – quando o pesquisador adquire uma maior compreensão dos assuntos sob investigação, é possível utilizar perguntas dirigidas para antever em que categoria cada resposta irá encaixar-se. Mesmo perguntas do tipo sim/não podem ser classificadas como dirigidas. Outro exemplo possível seria pedir ao entrevistado que selecionasse seu esporte preferido em uma lista com apenas as seguintes opções: tênis, rúgbi *league*, futebol, rúgbi *union*, críquete e futebol. Um modelo comum e eficaz de pergunta dirigida é aquele cujas respostas

Figura 5.3: O processo de desenvolvimento de questionários

Planejar o que será avaliado

Os objetivos da pesquisa são usados para formular questões pertinentes. O trabalho exploratório pode ser realizado com o intuito de reunir mais informações sobre o que avaliar.

↓

Formatar o questionário

Perguntas efetivas são desenvolvidas para cada assunto relativo à pesquisa. Escalas reconhecidas deverão ser escolhidas sempre que possível. Deverão ser também escolhidos formatos de respostas, isto é, escalas de Likert, dicotomias etc.

↓

Refinar o enunciado da pergunta

O formato de cada pergunta deverá ser cuidadosamente avaliado em termos de: inteligibilidade, conhecimentos, habilidade, disposição do entrevistado e sua inclinação a responder às perguntas.

↓

Decidir qual será a seqüência e o layout das perguntas

O questionário deverá iniciar com questões introdutórias simples, seguidas por afirmações comportamentais sobre questões-chave, ou por perguntas de coleta de dados-chave, e finalizar com qualquer pergunta relacionada a demografia, como idade, renda etc.

↓

Efetuar pré-testes e correções de problemas

O pesquisador deverá verificar o questionário quanto a erros. Finalizada a verificação e após a aplicação de um pré-teste, será determinado também o tempo necessário para completar as respostas.

seguem uma escala que tem como base escalas reconhecidas e testadas para avaliar a dimensão das impressões, crenças ou atitudes dos entrevistados em relação a determinado assunto. Por exemplo, o entrevistador poderia solicitar ao entrevistado que dissesse o quanto concorda ou não com a afirmação "O salário de um jogador profissional de golfe é muito alto" e em seguida avaliar suas impressões propondo uma escala de 1 a 5, em que 1 = discorda totalmente, 2 = discorda, 3 = nem concorda nem discorda, 4 = concorda e 5 = concorda totalmente.

Projeto da amostra

As etapas que serão apresentadas definem o processo a ser seguido na elaboração de uma estratégia de amostragem. Em decorrência do tempo, dos recursos e, freqüentemente, da precisão, os pesquisadores reúnem informações ou "dados" a partir de uma amostra da população, em vez de interrogar todos os seus membros. Por exemplo, caso nosso interesse seja avaliar o grau de satisfação dos torcedores portadores de ingressos para a temporada quanto a acomodações e serviços oferecidos no estádio, seria aconselhável entrevistar apenas uma amostra (selecionar os torcedores de forma aleatória a partir de uma lista) em vez de todos. Isso pouparia tempo e dinheiro, bem como reuniria dados representativos das opiniões e atitudes de todos esses torcedores. O tamanho da amostra selecionada é freqüentemente uma combinação entre custo e "generabilidade"[5] e depende do valor potencial das informações reunidas e da decisão a ser tomada.

Etapa 1: Definição da população que deverá fornecer a amostra

Uma população é todo um grupo sob estudo, conforme definido pelos objetivos da pesquisa. Uma compreensão minuciosa da população é necessária para defini-la adequadamente. Por exemplo, em uma pesquisa voltada para um determinado estádio, para que sua população seja definida, é necessário estabelecer a extensão das acomodações do estádio e os dados demográficos dos freqüentadores. A população será definida com relação a suas características essenciais, incluindo elementos, unidades e tempo. Uma unidade é uma pessoa ou outro elemento que esteja sendo de fato avaliado pelo pesquisador, isto é, os objetos básicos a partir dos quais o estudo está sendo realizado. Se uma unidade de amostragem, na verdade, consiste em diversos indivíduos, será considerada como elemento de amostragem. Por exemplo, podemos estar interessados nos torcedores portadores de ingressos para a temporada e suas famílias residentes nos subúrbios do norte de Sydney em 2004.

5 Para realizar uma pesquisa, muitas vezes é necessária a utilização de um volume de pessoas tão numeroso para constituir a amostra que torna a própria pesquisa impossível de ser realizada. (NRT)

Etapa 2: Estabelecimento da estrutura da população escolhida

Uma vez definida a população, será necessário identificar ou desenvolver uma estrutura de amostragem adequada. Essa estrutura servirá para demarcar limites e consiste em uma listagem de unidades de amostragem das quais uma amostra será retirada. Tal listagem poderá incluir áreas geográficas, instituições, indivíduos ou alguma outra característica de unidade definitiva. O importante aqui é que a listagem esteja o mais próximo possível das características da população. Exemplos típicos de listagens de estruturas de amostragem poderão incluir listas telefônicas, controles de votação e bases de clientes, inclusive torcedores internos ou bancos de dados de associados, torcedores portadores de ingressos para a temporada etc.

A maioria das estruturas não é perfeita, o que representa uma porta aberta para possíveis erros no processo de amostragem, isto é, *erro de estrutura de amostragem*. Por exemplo, se uma lista telefônica for selecionada como estrutura de amostragem, é preciso lembrar que pessoas cujos números não aparecem na lista ou que não têm telefone ficam excluídas. A diferença entre população e estrutura deveria ser especificada na seção de limitações de um relatório e levada em conta quando tais informações fossem utilizadas para efetivar uma decisão.

Etapa 3: Escolha do método de seleção de unidades de amostragem

É preciso escolher entre uma técnica de amostragem de probabilidade e de não-probabilidade. Amostragem por probabilidade significa que todo elemento da população possui uma chance clara e provável de ser selecionado. Apesar de a realização de uma amostragem por probabilidade apresentar maiores dificuldades e demandar custos adicionais, ela possibilita a determinação da confiabilidade da amostra. Como possível exemplo de amostragem por probabilidade, temos uma seleção de entrevistados a partir de uma população qualificada utilizando um gerador de números aleatório. A amostragem por não-probabilidade é geralmente mais conveniente e mais barata, mas pode levar a certos desvios ou erros na nossa amostragem. Como possível exemplo de amostragem de não-probabilidade, temos: convidar voluntários para participar de um estudo ou abordar qualquer pessoa na rua e convidá-la para responder a uma pesquisa.

Etapa 4: Determinação do tamanho adequado da amostra

Caso seja empregado o método de amostragem de não-probabilidade, isso poderá implicar uma determinação de julgamento baseada em requisitos de tempo, custo e análise. Contudo, se for adotada a técnica de amostragem por probabilidade, será então necessária a aplicação de uma determinação estatística com base em uma fórmula adequada.

Etapa 5: Elaboração de instruções para a identificação e seleção dos verdadeiros membros da amostra

Isso envolve os métodos efetivamente utilizados para retirar da estrutura as unidades de amostragem. Essa etapa deve ser considerada ao longo de todo o processo, de forma que a "utilidade" das amostras seja assegurada. Por exemplo, caso seja escolhido um método de amostragem sistemático, deverão ser determinadas instruções para os intervalos, por exemplo, quais unidades serão selecionadas.

Coleta, análise e interpretação dos dados

O trabalho de campo requerido para a coleta de dados representa uma fase crítica do processo de pesquisa. Erros na coleta dos dados poderão ocorrer, intencionalmente ou não, em razão da natureza extremamente humana da pesquisa de marketing. Muitas inovações tecnológicas recentes feitas nas áreas de coleta, armazenamento e análise de dados têm como objetivo minimizar a falha humana. Contudo, estratégias-chave, por exemplo, seleção apropriada, treinamento e supervisão dos trabalhadores de campo, ainda são essenciais.

Uma vez reunidos os dados, o próximo passo do projeto será a sua edição, de modo que assegure que eles são legíveis e completos e que os entrevistados e suas respostas foram qualificados para inclusão na análise final e apresentação dos resultados.

A análise de dados converte dados rústicos ou respostas individuais às perguntas em informações gerenciais úteis. Após terem sido organizados para análise, geralmente em uma planilha ou software de análise estatística dedicado, o primeiro passo será "enxugar" os referidos dados. Esse processo assegura que eles foram corretamente registrados e organizados, bem como estão dispostos no formato correto para fins de análise. Enxugar dados é também um passo importante para o pesquisador, pois geralmente fornece uma impressão geral em relação aos dados e uma "pista" quanto à sua natureza. A decisão sobre o tipo de análise a ser empregado depende do problema e do modelo de pesquisa, bem como das limitações do tipo de dados obtidos. Tipicamente, a análise descritiva considera freqüências e medidas de tendência central de variabilidade. As estatísticas descritivas são comuns na pesquisa de marketing esportivo, mas é necessário cautela no seu uso como fundamento exclusivo para a tomada de decisão. Tais medidas deverão ser consideradas de forma coletiva.

Se o projeto de pesquisa envolveu hipóteses, a análise de dados poderá requerer testes estatísticos, como análise bivariável (análise de duas variáveis). Geralmente, a análise bivariável verifica se há ou não uma relação entre duas variáveis e a diferença entre elas.

Elaboração do relatório da pesquisa

Redigir o relatório da pesquisa é uma tarefa fundamental, visto ser ele o veículo de comunicação que encerra semanas, meses ou até anos de trabalho árduo na coleta de informações para o projeto. Sem um relatório bem redigido e bem elaborado, a pesquisa não passará de dados sem valor para os tomadores de decisão, que terão diante de si a tarefa de tentar interpretar seu sentido. Ao escrever um relatório de pesquisa, os métodos utilizados para a coleta de dados devem ser corretamente apresentados e descritos. É importante que o leitor possa determinar a credibilidade e a validade das informações a partir do que foi disponibilizado.

Os pesquisadores têm a responsabilidade de apresentar, de forma abrangente e minuciosa, os métodos utilizados para a seleção de amostras, coleta e análise de dados, bem como os resultados da análise em questão. Isso se aplica também à apresentação de resultados, de modo que cifras e gráficos não sejam manipulados para criar uma falsa impressão em torno deles.

Contraponto: Questionamento da predominância da pesquisa quantitativa de marketing esportivo

A pesquisa de marketing e as informações que ela oferece realmente valem a pena? Se você for um bom administrador e/ou profissional de marketing, será capaz de tomar decisões sozinho, sem reunir toda essa informação dispendiosa?

Decisões bem-sucedidas no marketing esportivo baseiam-se em boas informações. Essas informações, ou dados de pesquisa de marketing, oferecem aos profissionais de marketing esportivo dados confiáveis sobre o "mercado" e os consumidores que dele fazem parte. Pesquisa de marketing é o processo em que se aprende o que os clientes desejam, ouvem-se seus anseios e explicações e encontram-se meios para satisfazer tais anseios. Além disso, ela é também utilizada para avaliar a forma como os clientes reagem ao plano de marketing. Dessa forma, a pesquisa de marketing não pode ser usada apenas para responder a perguntas específicas; ela se preocupa igualmente com a abordagem de questões mais amplas sobre o mercado:

- Quem são os clientes e o que desejam?
- De que forma e com que freqüência deveria haver comunicação com os clientes?
- Que estratégias de marketing apresentam as "melhores" respostas aos clientes?
- Que respostas cada tipo de estratégia de marketing propõe?
- Quais os enganos cometidos?

As respostas a essas perguntas poderão ser suficientes para gerar uma estratégia de marketing, mas poderão igualmente ser fragmentadas em dezenas de outras, de modo que gere um grande volume de detalhes. Em geral, quanto mais detalhada e extensa for a informação reunida, maior será o custo da pesquisa de marketing. Portanto, o problema enfrentado pelas organizações esportivas de pequeno porte e em situação de falta de recursos é o alto custo da pesquisa de marketing, o tempo que ela consome e o alto grau de especialização que ela exige. Para essas organizações, a solução é encontrar uma abordagem com custo-benefício acessível ao seu orçamento e, dessa forma, evitar os perigos de uma pesquisa medíocre. Técnicas qualitativas oferecem alternativas convincentes aos modelos tradicionais com base em questionários extensos direcionados a grandes grupos de amostragem, bem como à necessidade adicional de análises custosas.

Fonte: Smith e Stewart, 2001

Resumo

- **explique a importância da pesquisa de marketing para o marketing esportivo**
  Pesquisa de marketing é uma atividade gerencial essencial para o marketing esportivo e para todas as demais áreas empresariais. Quando deparam com problemas ou oportunidades, os gestores do marketing esportivo podem utilizar a pesquisa de marketing para obter as informações de que necessitam para uma tomada de decisão melhor e mais bem fundamentada. Isso é essencial em um campo altamente competitivo como o do marketing esportivo.
- **defina e explique a diferença entre dados secundários e dados primários**
  Dados secundários são aqueles já existentes e previamente coletados por alguém. Os dados primários, por outro lado, são aqueles levantados para o fim específico de solucionar o problema da pesquisa prontamente. As fontes de dados secundários são amplas, pois eles oferecem excelente custo-benefício e, com a explosão de informações via internet, tornaram-se ainda mais acessíveis. No entanto, apresentam limitações, e sua utilização deverá ser sempre submetida a uma avaliação. A coleta de dados primários envolve certa especialização em pesquisa, e esse tipo de pesquisa geralmente consome tempo; contudo, a dimensão da decisão a ser tomada justifica o tempo e o dinheiro gastos no processo de pesquisa primária.
- **trace as etapas do processo de pesquisa de marketing básico**
  O processo de pesquisa de marketing orienta o projeto por meio de etapas seqüenciais interdependentes e, assim fazendo, garante o bom uso do tempo e dinheiro empregados no projeto. O processo abrange sete etapas, a saber:
  1. Definição do problema da pesquisa
  2. Escolha do modelo de pesquisa
  3. Identificação do método de coleta de dados
  4. Elaboração de formulários de coleta de dados

5. Projeto da amostra
6. Coleta, análise e interpretação de dados
7. Elaboração do relatório da pesquisa

- **explique os diferentes tipos de abordagem de modelo de pesquisa de marketing esportivo**
  - Há três tipos básicos de modelo de pesquisa: exploratória, descritiva e causal.
  - A pesquisa exploratória é mais comumente usada quando o problema da pesquisa ainda não é bem compreendido, e seus pontos fortes são a flexibilidade e o potencial para descobertas.
  - A pesquisa descritiva é o modelo mais comum, e freqüentemente envolve uma pesquisa investigativa. Ela oferece respostas às perguntas: quem, que, onde, quando e como.
  - A pesquisa causal tenta provar a relação de causa e efeito existente entre duas ou mais variáveis.
- **descreva o processo para desenvolvimento de questionários**

  Um questionário é um método de coleta e registro consistente de dados. A definição do modelo do questionário é um processo seqüencial e rigoroso que abrange as seguintes etapas:
  - planejar o que será avaliado;
  - formatar o questionário;
  - refinar o enunciado do questionário;
  - decidir quais serão a seqüência e o layout das perguntas;
  - efetuar pré-testes e correção dos problemas.

Perguntas de revisão

1. O que é pesquisa de marketing? Explique o papel da pesquisa de marketing no processo de gestão de marketing esportivo.
2. O que são dados secundários e que critérios você utilizaria para avaliar um relatório sobre dados secundários?
3. Quais são as etapas no processo de pesquisa de marketing?
4. Defina individualmente os três tipos de modelo de pesquisa e dê um exemplo de quando cada um poderia ser usado.
5. Compare as vantagens e desvantagens das entrevistas por telefone com as entrevistas eletrônicas.

Atividades aplicadas

1. A Racing Vitoria (http://www.racingvitoria.net.au) está pensando se deve ou não fazer mudanças em seu website. A empresa não tem certeza se o site atende às necessidades dos atuais usuários, nem sabe o que poderia ser mudado para melhorá-lo. Com o seu conhecimento dos processos de pesquisa de marketing esportivo, defina o problema enfrentado pela Racing Vitoria e desenvolva os objetivos de pesquisa correspondentes para eles. Dê também uma sugestão sobre o tipo de modelo que, em sua opinião, alcançará os objetivos da pesquisa.
2. Utilizando as informações da Tabela 5.3 (Fontes de dados secundários externos do marketing esportivo), faça uma pesquisa sobre os índices de prática esportiva na Austrália, na Inglaterra, nos Estados Unidos e na Nova Zelândia. Que comparação há entre eles e quais as principais diferenças?
3. Utilizando a internet, encontre pelo menos quatro artigos relacionados a marketing de basquete na Austrália e na Nova Zelândia. Quais problemas você vislumbra para essa indústria e o quão confiáveis são os artigos encontrados?

Referências

Booth, R. Lies and statistics. *Australian Financial Review*, 14 dez. 2002, p. 51.

Burns, A. C.; Bush, R. F. *Marketing research*. 3. ed., Nova Jersey: Prentice Hall, 2000.

Kumar; Aaker; Day. *Essentials of marketing research*. Nova York: John Wiley & Sons, 1999.

Shoebridge, N. League tackles unpopular perception. *Australian Financial Review*, 22 set. 2003.

Smith, A.; Stewart, B. Beyond number crunching: applying qualitative techniques in sport marketing research. *The Qualitative Report*, v. 6, n. 2, jun. 2001. Disponível em: www.nova.edu/ssss/QR/QR6-2/smith.html. Acesso em: nov. 2003.

Summers, J.; Gardiner, M.; Lamb, C.; Hair, J.; McDaniel, C. *Essentials of marketing*. Austrália: Thomson, 2003.

Estudos de Caso para a Parte 2

Uma liga em crise

Dra. Jane Summers

Muitas organizações públicas e privadas preferem ignorar o fato de que "coisas ruins" acontecem, seja encobrindo seus pontos vulneráveis, seja desenvolvendo certa miopia em relação às suas conquistas e a seus pontos fortes. Uma crise pode ser definida como problema ou ruptura capaz de desencadear reações negativas das partes interessadas, além de enorme especulação do lado do público (Newman, 2003). A administração eficiente de uma crise depende de processos de aprendizagem contínuos elaborados para oferecer aos gestores as competências, a flexibilidade e a confiança necessárias ao tratamento de problemas ou situações inusitadas e inesperadas. Em tempos de crise, bons líderes são os indivíduos capazes de, mesmo sob pressão, tomar decisões rápidas sem deixar de avaliar as conseqüências de suas ações e palavras em relação à situação como um todo. Dirigentes que não procedem dessa forma correm o risco de intensificar a crise ou cair na boca da mídia, além de ver o funcionamento normal de sua organização seriamente afetado pela crise, e a reputação desta, abalada (Fink, 1986).

Em 2004, o rúgbi *league* na Austrália encontrava-se mal preparado e mal dirigido para lidar de maneira eficaz com aquilo que poderia ter sido um problema rotineiro em um de seus times.

A principal atitude em qualquer gestão de crise ou plano de comunicação de crise é estar preparado e ter à disposição um plano que faça parte da rotina e do conhecimento de todo o pessoal-chave da administração da organização. Essencialmente, o plano deverá apresentar quatro características principais: (1) possuir estratégias de resposta claramente definidas; (2) contar com recursos adequados e responsabilidades devidamente atribuídas; (3) manter ações e reações corretivas contínuas durante o tempo em que a crise se estender; e (4) dispor de uma etapa de avaliação e acompanhamento (Sharon, 1999). Examinaremos cada uma dessas áreas resumidamente.

Em 22 de fevereiro de 2004, um dos times da Australian Rugby League (Liga de Rúgbi Australiana) disputou uma partida de pré-temporada em uma cidade da região costeira de New South Wales. Tendo ganhado o jogo, os jogadores adentraram a noite celebrando a vitória. No dia seguinte, uma jovem apresentou queixas à polícia afirmando ter sido sexualmente molestada por alguns jogadores no hotel em que estes se hospedavam, irrompendo, assim, uma crise. Em vez de agir com rapidez, transparência e compaixão pelas mulheres e os jogadores, o clube demonstrou escárnio contra a mídia, adotou uma abordagem superficial e, em geral, respondeu com agressão quase dissimulada a todos os esforços para tentar revelar a verdade. Informações falsas e rumores proliferaram, jogadores falaram à imprensa, moradores especularam e até mesmo o gerente do hotel tinha algo a dizer. Em termos de teoria de gestão clássica de crise, conforme discutido anteriormente, a administração do episódio foi um desastre.

Como resultado, grande parte dos principais patrocinadores abandonaram o clube, levando consigo cerca de A$ 200.000 em patrocínio. Espectadores, clientes dos patrocinadores e os próprios jogadores reagiram com indignação diante das atitudes daqueles jogadores e da administração do clube e, para piorar a situação, os jogadores admitiram que seus dirigentes faziam vista grossa a esse tipo de comportamento, pois o consideravam como "ritual de passagem" normal. Em nenhum momento houve demonstrações de preocupação em relação à jovem em questão, com todos os comunicados à imprensa sugerindo que, nesse caso, os jogadores foram vítimas da notória natureza predadora feminina.

Essa abordagem arrogante encheu de indignação outras organizações esportivas, e as mulheres passaram a relatar acontecimentos semelhantes em outros clubes da liga e em outras modalidades de futebol. Em situações clássicas de crise aguda, o que deveria ter sido um problema sério, porém fácil de lidar, tornou-se um grave elemento reputacional e institucional da crise para o clube em questão, a liga de modo geral e os patrocinadores, jogadores e torcedores.

Cinco meses após o acontecimento, uma pesquisa realizada em maio de 2004 pela revista *Rugby League Week* revelou que 87% dos jogadores entrevistados não consideraram as revelações desastrosas desses escândalos suficientes para forçá-los a reconsiderar suas atitudes em relação às mulheres (Honeysett, 2004). A maioria sugeriu que os jogadores já esboçavam bom comportamento entre elas, e uma mudança de atitude era, portanto, desnecessária, mas 53% deles confessaram estar constrangidos em ser um jogador de rúgbi *league* à luz dos incidentes. Finalmente, 97% dos jogadores sugeriram que o álcool era um dos elementos utilizados para gerar a euforia dos grandes jogos e confrontos interestaduais e, se fosse esse o caso, seus jogadores não deveriam ser responsabilizados pelos acontecimentos. Não há nada de errado em tomar algumas cervejas e ficar alegre. Ou há? Bem, essa é a pergunta crucial. Ao final da investigação, a polícia não foi capaz de reunir evidências suficientes para processar os jogadores, e as acusações foram retiradas. A pergunta, porém, permanece: é esse o tipo de comportamento que desejamos imprimir às jovens estrelas do esporte?

Tais ações têm levado a NRL a promover mudanças significativas em suas regras, e uma delas é a exigência de que seus jogadores assinem um código de conduta, incluindo a adoção de uma política de responsabilidade em relação ao álcool. Além disso, os jogadores recebem aconselhamento e treinamento especial sobre como tratar de forma apropriada uma mulher. Tudo isso certamente será de grande valia, mas, em muitas pessoas, ficou aquela sensação de que as medidas chegaram tarde demais. É interessante como esse tipo de crise se torna cada vez mais comum em diversas modalidades esportivas e, mesmo assim, os dirigentes esportivos demonstram falta de preparo e disposição para elaborar planos de gestão de crise e ministrar treinamento adequado.

Fontes: adaptado de Honeysett, J. Players approve booze up. *Fox Sports*, 9 jun. 2004.

Boin, A.; Legadec, P. Preparing for the future: critical challenges in crisis management. *Journal of Contingencies and Crisis Management*, v. 8, n. 4, p. 185-91, 2000.

Fink, S. *Crisis management:* planning for the inevitable, Amacom.

Robert, B.; Lajtha, C. A new approach to crisis management. *Journal of Contingencies and Crisis Management*, v. 10, n. 4, dez. 2002, p. 181-91.

Perguntas

1. Como classificaríamos esses jogadores em termos de modelo para a sociedade e que impactos de socialização precisam ser considerados pelos dirigentes do rúgbi *league*?
2. A cultura de maus-tratos à mulher, bebedeira e manifestações bizarras de masculinidade é adequada ao esporte profissional dos nossos dias e de nossa época?
3. Quais recomendações de marketing você proporia à NRL para que ela encontre uma forma de reparar o dano causado por esse tipo de crise? Fundamente suas recomendações com a teoria dos Capítulos 2 e 3.

Surpreendendo: Construindo a reputação do críquete feminino

Bridget Marcou

Contexto

A equipe de críquete feminino australiana dominou o cenário internacional das décadas de 1980 e 1990. Antes de a equipe embarcar para a Copa Mundial de 1997/98 na Índia, ocupava a primeira posição no ranking mundial de *test* críquete e a segunda posição na modalidade "jogos de um dia".

Apesar de sua posição impressionante, a equipe chegou às seguintes conclusões:

- recebia pouquíssima cobertura da mídia;
- seu patrocínio era limitado;
- seu esporte era visto como "sem atrativos".

Como resultado, a equipe contratou os serviços de uma empresa profissional de relações públicas para desenvolver uma campanha destinada a promover a equipe australiana feminina de críquete sem patrocínio, bem como divulgar suas próximas partidas a públicos-chave sem recorrer à ajuda da propaganda. A campanha foi conduzida entre setembro de 1997 e julho de 1998 e seu objetivo era "criar uma imagem positiva do time ao intensificar o interesse da mídia pelo críquete feminino e, assim, estimular o patrocínio".

Pesquisa

Para entender mais a fundo o motivo de a equipe não ter recebido praticamente qualquer publicidade na fase de pré-competição e o porquê de suas jogadoras raramente serem entrevistadas pela mídia eletrônica, a organização coletou dados de 50 jornalistas esportivos e de críquete em toda a Austrália, registrando uma taxa de resposta de 75%.

As principais conclusões revelaram que pouco menos de 18% dos jornalistas haviam assistido a uma partida de equipe australiana de críquete feminino e apenas 8% haviam examinado a programação distribuída pela Women's Cricket Australia (Liga Australiana de Críquete Feminino). Por outro lado, 90% demonstraram interesse em saber mais sobre o time. Além disso, uma preocupação explícita entre os jornalistas era de que o time "não parecia feminino", e suas jogadoras eram desconhecidas.

Metas e objetivos da campanha

A meta geral da campanha era criar uma imagem positiva do time com a intensificação do interesse da mídia pelo esporte e o conseqüente estímulo ao patrocínio. Seus objetivos específicos eram:

- Transformar Belinda Clark em uma personalidade. Isso seria avaliado aumentando-se o índice de conscientização da mídia eletrônica em relação à jogadora como capitã do time – de 65% para 90%.
- Criar uma imagem positiva e atraente para o time. Isso seria avaliado pela quantidade, pelo conteúdo e pela qualidade da cobertura esportiva na mídia geral durante a campanha.
- Gerar um aumento significativo de consultas sobre patrocínio na Direção Executiva da Liga Australiana de Críquete Feminino no espaço de um ano.

Os alvos da campanha incluíram possíveis patrocinadores, simpatizantes esportivos, jogadoras e possíveis jogadoras de críquete e a mídia.

Mensagens-chave

- A equipe de críquete feminino australiana é formada por atletas de nível mundial.
- As jogadoras da equipe australiana de críquete feminino são atletas atraentes.
- O críquete feminino é um esporte atraente e autêntico.
- A Equipe Australiana de Críquete Feminino precisa de patrocinadores.

Campanha: Rose Bowl (Campeonato Mundial de Críquete Feminino)

A campanha inicial teve como ponto de partida a ênfase no poder de persuasão da então líder democrata australiana Cheryl Kernot, madrinha da Equipe Australiana de Críquete Feminino e, assim eleita, convidada como porta-voz da equipe em sua despedida antes do desembarque para a Rose Bowl Series contra a Nova Zelândia.

Os elementos-chave do lançamento incluíram:

- criação de um convite inovador e atrativo para a mídia;
- acompanhamento agressivo da mídia;
- kit de mídia abrangente;
- histórico do envolvimento de Cheryl Kernot com o críquete e perfis das jogadoras da equipe;
- coordenação de oportunidades para fotografias criativas com Cheryl Kernot.

Resultados

O lançamento recebeu cobertura nacional e metropolitana, bem como eletrônica e impressa em termos regionais. Gerou também o interesse de um patrocinador em potencial, graças à criação de uma imagem positiva do time. Os resultados específicos incluíram:

- quatro novos documentários na TV (inclusive em um noticiário nacional);
- documentários no rádio (incluindo duas entrevistas);
- sete artigos nos jornais (incluindo dois documentários gerais);
- pela primeira vez a TV e as estações de rádio não dedicadas ao esporte compareceram a um evento de críquete feminino.

Campanha: A Copa do Mundo

A fim de gerar publicidade antes da Copa do Mundo, um lançamento na mídia programado para acontecer durante a competição foi antecipado para seis semanas antes do embarque da equipe. A campanha procurou aproveitar a vitória australiana na Rose Bowl Series para manter aquecido o interesse da mídia pelo críquete feminino.

Os elementos-chave da campanha incluíram:

- Um comunicado à imprensa divulgando a missão do time de se tornar a melhor equipe de críquete feminino do mundo e a necessidade de patrocínio.
- Providências para que as principais estrelas do time participassem de uma variedade de programas esportivos.
- Organização de entrevistas com as jogadoras nas estações de rádio e jornais.
- Convite à mídia de New South Wales para uma sessão de fotografias/filmagens do time embarcando para a Índia.

Resultados

A Equipe Australiana de Críquete Feminino gerou o interesse de dois patrocinadores em potencial durante essa campanha e, após a Copa do Mundo, um empresário anônimo de Bendigo reembolsou as despesas da equipe com a viagem. Os resultados específicos incluíram:

- sete páginas destacando a jogadora Zoe Gross em *TotalSport*, incluindo um lindo pôster;
- documentários em rádios (incluindo 13 entrevistas);
- nove artigos em jornais, inclusive um de meia página no *The Australian*;
- jogadoras estrelando como modelos convidadas em *Sale of the Century*;
- a capitã Belinda Clark aparecendo na revista *Good Weekend*.

Campanha: Ashes Series

Tendo em vista o sucesso obtido com o lançamento na mídia para a Copa do Mundo, a mesma estratégia foi reutilizada em junho de 1998 antes do início da Ashes Series, na Inglaterra.

Os elementos-chave da campanha incluíram:

- Comunicado à imprensa anunciando a criação do campeonato Ashes para jogadoras de críquete.
- Convite à mídia esportiva e à imprensa de Adelaide para participar de uma conferência de mídia no campo de treinamento, realizada em Adelaide.
- Jogadoras convidadas para aparecer em uma variedade de programas esportivos.
- Jogadoras fotografadas vestindo as maiores novidades da moda *fitness* e vestidos de noite em uma importante revista feminina.
- Organização de entrevistas com as jogadoras para estações de rádio metropolitanas e jornais.
- Convite à mídia para participação em um evento de despedida com Cheryl Kernot.

Resultados

A campanha de publicidade pré-Ashes resultou em um aumento contínuo de ligações de possíveis patrocinadores. Um patrocinador da Rose Bawl Series foi confirmado, e a WIN TV também confirmou um patrocínio não-financeiro. No primeiro dos três meses do torneio Ashes, a cobertura havia alcançado 29 jornais (três regionais), com 344 menções sobre o time sendo ouvidas nas rádios. Os resultados específicos incluíram:

- notícias sobre a série anunciadas 42 vezes em estações de rádio metropolitanas, em cinco estações de TV e em 13 jornais;
- Belinda Clark foi entrevistada no programa de rádio nacional de John Laws;
- um segmento sobre o críquete feminino foi criado em *A Current Affair*;
- o Ministro para o Direito das Mulheres emitiu, por iniciativa própria, um comunicado à imprensa sobre a necessidade de um patrocinador para o time;
- quatro páginas dedicadas às jogadoras em *Women's Day*;
- a jogadora Melanie Jones apareceu como uma "celebridade na cozinha" em *Who's Cooking?*;
- duas jogadoras apareceram no *The Footy Show*;
- documentário de duas páginas sobre o time e o torneio Ashes na revista *Herald Sun Saturday*.

Avaliação

Ao avaliar o sucesso geral da campanha, é importante rever as metas originais e os objetivos inicialmente traçados.

Transformar Belinda Clark em uma personalidade

A popularidade de Belinda Clark como capitã da equipe aumentou para cerca de 90% após o questionário sobre mídia esportiva ter sido respondido pelos 50 principais jornalistas esportivos australianos ao final da campanha.

Criar uma imagem positiva e atraente para o time

Toda a cobertura da mídia foi positiva. Ouviu-se até mesmo a ABC Radio National dizendo "Por que não podemos ver mais dessas atraentes jogadoras de críquete na TV?". A cobertura aumentou na proporção do desenvolvimento da campanha, indicando um interesse crescente da mídia pelo críquete feminino.

Gerar um aumento significativo de consultas sobre patrocínio

A Equipe Australiana de Críquete Feminino recebeu nove consultas sobre patrocínio durante a campanha e duas outras após seu encerramento. Mais tarde, o Commonwealth Bank da Austrália tornou-se o principal patrocinador de críquete feminino.

Perguntas

1. Que papel a pesquisa desempenhou no desenvolvimento e na execução dessa campanha e por que ela representou uma primeira etapa importante?
2. Em sua opinião, que outras formas de pesquisa poderiam ser usadas no estágio seguinte de uma campanha de mídia para o críquete feminino, particularmente agora que os patrocinadores estão envolvidos?
3. Quais medidas o críquete feminino desempenhou bem nessa campanha e poderiam ser utilizadas por outras modalidades esportivas em busca de patrocínio?

PARTE 3

Marketing esportivo

capítulo 6

O produto esportivo

Objetivos de aprendizagem

Após ler este capítulo, você deve ser capaz de:

- conhecer o significado do termo produto
- diferenciar mercadoria e serviço
- distinguir os componentes de serviço dos produtos esportivos
- destacar os vários níveis de produtos
- saber como os produtos esportivos diferem de outros tipos de produto
- definir a influência singular da mídia sobre os produtos esportivos
- pontuar as questões relativas à gestão de produto esportivo
- explicar a relevância do ciclo de vida do produto para os profissionais de marketing esportivo
- discutir as principais considerações envolvidas nas estratégias de *branding*[1] para os profissionais de marketing esportivo

Preparação do cenário

A onda *fitness* e a eterna guerra contra o sobrepeso

A nova onda *fitness* mundial, cuja origem remonta à contracultura dos anos 1960, fez surgir, entre muitos outros valores "radicais", uma nova ênfase no auto-aperfeiçoamento psicológico e físico. No

[1] Conjunto de ações para a criação e o desenvolvimento de marcas. (NRT)

aspecto físico, o autodesenvolvimento se espalhou por conta própria, tornando-se uma das mudanças culturais mais drásticas do século XX: a revolução *fitness*. Essa revolução, iniciada com o vigoroso *boom* da década de 1970, surge nas "academias" com ênfase em esportes da época e intensifica-se para o *boom* aeróbico do início da década de 1980, e daí para uma terceira geração posterior, em que atividades de baixo impacto, por exemplo, caminhadas, aeróbica leve e exercícios em esteiras, são notadas. Baixo impacto é a verdadeira revolução, pois tornou o *fitness* acessível a qualquer pessoa hoje em dia.

Na década de 1990, em todo o mundo o *fitness* passou novamente por uma redefinição, com atenção aos aparelhos potencialmente menos extenuantes ou de operação mais simples, como *steps*, bicicletas ergométricas, pesos e elípticos. Nessa década, mais de 20% de todos os freqüentadores de academias eram pessoas na faixa dos 55 anos.

Com a virada do milênio, a subtendência mais importante da indústria contemporânea do *fitness* deu origem a um novo gênero, mais suave e leve: as técnicas de alongamento, flexibilidade e relaxamento. Ao combinar músculos e cérebro, algumas dessas novas incorporações físico-mentais definiram a categorização de "atividades de *fitness*" [2].

Essa nova indústria em desenvolvimento testemunhou o surgimento do método Pilates de treinamento, dos equipamentos de ginástica elípticos, da bicicleta ergométrica e da ioga; todos os exercícios eram voltados para as mulheres mais velhas, porém os dados atuais e a adoção dessas novas modalidades do *fitness* por grandes estrelas do cinema e outras celebridades resultaram em uma diminuição na idade média dos seus praticantes, com um crescente interesse por parte do público masculino. O dia-a-dia da civilização ocidental, marcado por seus altos índices de estresse, é uma das razões da popularidade dessa nova onda *fitness*, em que exercícios mais leves e suaves combinando técnicas de relaxamento físico e mental (como a ioga e o Tai Chi) proporcionam benefícios tanto terapêuticos quanto de condicionamento físico aos seus praticantes.

A indústria do *fitness* é, portanto, um exemplo clássico de ramo de atividade esportiva cuja atenção deve estar constantemente voltada a mudanças nas preferências dos consumidores, o que resulta em oportunidades para o desenvolvimento de novos produtos. Sem dúvida alguma, os próximos cinco a dez anos testemunharão o nascimento de uma nova onda ou mania e, com ela, novos produtos esportivos, que tomarão conta dessa tendência; qual tendência você acha que será?

Adaptado de http://www.americansportsdata.com/pr04_15-03.asp

---

[2] Neste capítulo, percebe-se, pelo histórico do *fitness*, que o verdadeiro seqüencial de atendimento do comportamento humano de consumo é pautado por facilitadores de desempenho, vale dizer, a adequação ocorre pelo resultado pretendido, menor esforço com maior resultado. (NRT)

Introdução

De uma ou de outra forma, o esporte está presente em qualquer lugar do planeta. Ele envolve pessoas de todas as idades, sexos, níveis econômicos, profissões e religiões e geralmente é associado ao lazer e à motivação – necessidades básicas de quase todo grupo social. O poder de atração mundial do esporte revela um potencial mercadológico muito vasto, pois a maioria das pessoas demonstra, de uma ou de outra forma, algum interesse por ele. Esse nível de interesse produz a identificação pessoal com o esporte discutida anteriormente, tornando-o também um produto bastante atrativo para investidores, por exemplo, os patrocinadores e a mídia.

Neste capítulo, examinaremos com mais detalhes o produto esportivo, começando com uma revisão dos seus elementos básicos e multidimensionais, conforme apresentado no Capítulo 1, por meio de uma discussão detalhada dos seus diferentes níveis. Finalizaremos com um exame das questões sobre as decisões estratégicas de produto esportivo e uma revisão das extensões de produto.

Como abordado no Capítulo 1, o produto esportivo propriamente dito é bastante complexo e diversificado, e, no que tange a decisões de marketing estratégico, é altamente diferenciado dos demais produtos graças a uma série de fatores já mencionados. Esta série de fatores forma a estrutura necessária aos profissionais de marketing para que tomem decisões estratégicas relativas aos produtos esportivos. Antes de tratarmos desses assuntos especificamente, é necessário observar como os profissionais de marketing, em geral, manipulam as decisões estratégicas em relação a seus produtos.

Definição do produto

Produtos geralmente são definidos como "qualquer coisa que possa ser oferecida ao mercado para ser apreciada, adquirida, utilizada ou consumida, de modo a satisfazer uma necessidade ou desejo" (Kotler et al., 2003, p. 344). Com base nessa definição, produtos podem ser bens tangíveis, como creme dental ou vestuário, ou serviços intangíveis, cortar o cabelo ou assistir a uma partida esportiva. Produtos podem ser também idéias, como acatar mensagens do tipo "Se beber, não dirija", ou mesmo destinos turísticos, como "Rio de Janeiro – Cidade Maravilhosa", ou, ainda, pessoas – Tyger Woods e Lleyton Hewitt são produtos que se vendem. Portanto, o termo produto refere-se à complexidade de todos os itens utilizados no processo de troca mercadológica, sejam eles bens tangíveis ou serviços intangíveis ou idéias.

Ao se discutir a palavra produto, a tendência é usar o termo *mercadoria* para descrever produtos físicos tangíveis, como raquetes de tênis, calçados esportivos e roupas de banho. Em contrapartida, usamos o termo *serviços puros* para descrever atividades ou benefícios colocados à venda, mas que são intangíveis, inseparáveis do consumidor, perecíveis e heterogêneos no sentido de não serem consistentes, sem possibilidade de transferência de posse (Shank, 2002; Kotler et al., 2003). Exemplos de serviços puros no esporte seriam eventos esportivos ou a própria partida esportiva.

Pouquíssimas coisas são unicamente serviços puros ou são puramente produtos físicos. O esporte não foge à regra, pois a maioria de seus produtos possui tanto características físicas quanto de serviços puros. Quando um consumidor adquire um componente de equipamento esportivo, o equipamento propriamente dito é um bem tangível, enquanto o serviço prestado na loja e as expectativas de desempenho do equipamento são elementos intangíveis do produto em questão. Itens como a comida e a bebida disponíveis, a mercadoria à venda e mesmo o ingresso comprado são bens tangíveis, enquanto a experiência do jogo e o jogo propriamente dito são intangíveis.

Profissionais de marketing geralmente decidem estrategicamente sobre a oferta do seu produto ou assuntos relacionados a posicionamento do produto, benefícios por ele oferecidos, atributos e características e a variedade de produtos colocados à venda. Todas essas decisões precisam considerar tanto elementos tangíveis quanto intangíveis do produto, de modo que obtenha dele o resultado mais eficaz possível.

Visto que o produto esportivo dispõe de um amplo componente de serviços e que esse componente geralmente é fundamental ao produto propriamente dito (particularmente no caso de eventos esportivos), será necessário explorar posteriormente as qualidades de serviço do esporte de forma resumida. Como é do conhecimento de qualquer pessoa com noções básicas de marketing, serviços podem apresentar variadas qualidades em relação aos produtos, exigindo abordagens e estratégias de mercado diferenciadas.

Os componentes de serviço do esporte

Os componentes exclusivos dos serviços – intangibilidade, inseparabilidade, heterogeneidade e perecibilidade – podem ter uma relação com o produto esportivo. À semelhança dos consumidores de serviço, os consumidores esportivos não detêm a posse de um evento esportivo, e o envolvimento de outros no consumo do esporte é elemento relevante da experiência com o produto. O componente experimental é também um elemento importante na diferenciação do consumo esportivo de outros serviços e bens de consumo. Diz-se que produtos são experimentais por natureza, pois devem ser submetidos à experiência do consumidor para serem consumidos. Outros produtos considerados experimentais são concertos, produções teatrais e festivais. Examinemos mais detalhadamente as características desses serviços.

Intangibilidade

Muitos produtos esportivos possuem elementos intangíveis, e um evento ou jogo esportivo é intangível em todos os seus aspectos. A intangibilidade dos serviços tende a aumentar os níveis de percepção de risco por parte de consumidores na iminência de adquirir serviços (consulte o Capítulo 4 para mais informações sobre percepção de risco), os quais, por sua vez, exigem dos consumidores maior reflexão e consideração no seu processo de decisão. Posteriormente, visto não haver qualquer direito de propriedade sobre um serviço após sua aquisição, nem nada para mostrar com o dinheiro gasto, é mais provável que os consumidores demonstrem preocupação com o quanto gastaram, tornando-se, assim, mais críticos em relação à sua experiência com o serviço.

O desafio para profissionais de marketing é buscar o aumento de aspectos de tangibilidade em seu produto esportivo para ajudar consumidores a superar muitas dessas preocupações. Mesmo algumas coisas tão simples que esses consumidores têm para exibir como suas despesas, como um memorável canhoto de ticket, uma camiseta ou um pôster, podem ajudar no aumento da tangibilidade de um bem intangível como um evento esportivo.

Há outras coisas que os profissionais de marketing podem fazer para realçar elementos, por exemplo, projeto do estádio e acomodações confortáveis, criação de ingressos comemorativos que as pessoas podem guardar consigo ou mesmo brindes oferecidos com os ingressos, como tatuagens, bonés, bandeirinhas ou bexigas e emblemas. Todas essas coisas contribuem para que o consumidor tenha um lembrete tangível de sua experiência, aliviando, dessa forma, a dissonância pós-aquisição e o risco percebido.

Inseparabilidade

Esse aspecto do serviço diz respeito ao fato de que o consumo do produto não pode ser desvinculado de sua produção. Por exemplo, um espectador em um evento esportivo (ou seja, o consumo do produto esportivo) está consumindo o evento (assistindo) enquanto ele está sendo jogado ou exibido (produção da mercadoria). Essa inseparabilidade não representa grandes problemas para a mercadoria esportiva física, contudo tal mercadoria possui de fato um elemento de inseparabilidade, particularmente quando consideramos a experiência de compra. O serviço oferecido pelo vendedor e as expectativas do consumidor ocorrem todos no momento do consumo. Portanto, mesmo que seja possível separar a mercadoria (equipamento) e a utilização do equipamento do processo de compra, ambos permanecerão juntos para criar a experiência de compra.

Como discutido anteriormente, os profissionais de marketing não possuem qualquer controle sobre o resultado de um evento esportivo nem podem prever se os atletas do time terão uma performance excelente ou medíocre. Dessa forma, é necessário criar outros aspectos da experiência de consumo que, para os consumidores, possam ser separados e que ofereçam controle sobre seus resultados. Coisas como passatempos rápidos ou atrações pré e pós-jogo, administração do local e funções pós-jogo são aspectos de um evento esportivo para os quais os profissionais de marketing podem fazer certa distinção entre produto e experiência de consumo, e em relação aos quais é possível controlar a experiência de oferta e consumo.

Heterogeneidade

Outro fator que distingue serviços de produtos é a questão da heterogeneidade ou padronização da oferta. Com mercadorias é relativamente fácil desenvolver um produto-padrão de qualidade capaz de garantir um padrão específico às mercadorias oferecidas para venda. Com serviços, no entanto, cada situação será diferente, pois produção e consumo acontecem simultaneamente e a entrega do produto envolve pessoas.

No caso do esporte, esse é um dos maiores atrativos para os consumidores. Com que rapidez as pessoas se cansariam de assistir a eventos esportivos se cada partida fosse exatamente idêntica à anterior e seu resultado já fosse conhecido? A incerteza do final e a emoção da expectativa do desconhecido são partes dos principais atrativos do esporte.

Toda oferta de serviço envolve interações entre pessoas, e essas interações serão sempre diferentes em razão da natureza humana. Há ocasiões, bem sabemos, em que conhecemos uma pessoa e instantaneamente gostamos dela, mas há outras em que ocorre exatamente o contrário. Essas interpretações e interações interpessoais afetam a oferta do serviço e as experiências dos clientes.

À semelhança de muitos outros produtos de entretenimento, o consumo do esporte é experimental, e os benefícios de praticar, assistir ou mesmo estar envolvido com o esporte diferem de indivíduo para indivíduo. É também uma tarefa difícil descrever essas experiências para outras pessoas, pois cada consumidor as concebe a seu próprio modo, dificultando, assim, o trabalho de marketing.

Por exemplo, você é um torcedor fanático de futebol e conseguiu os melhores lugares para a final da Copa do Mundo de Rúgbi, quando poderá assistir ao seu time do coração jogando. Você planejou o dia de folga, reservou e pagou hospedagem bem próximo ao campo e está tudo pronto para a grande noite. O dia do jogo está lindo, o sol brilhando, e tudo indica que seu time vai arrasar. Bem na hora de sair para o jogo, começa a chover; você se molha, a fila do táxi é quilométrica, no hotel há um aviso de que o restaurante estará fechado à noite e você tem de sair na chuva para jantar mais cedo, antes do jogo. Quando você finalmente chega ao estádio, seu lugar é fantástico, mas há um bando de torcedores indesejáveis nas cadeiras de trás que parece ter bebido demais. Eles gritam e xingam o árbitro, e isso deixa o espetáculo desagradável. Para piorar a situação, a seleção está jogando muito mal e pode perder de goleada. A essa altura você se pergunta por que gastou tanto dinheiro para assistir a um jogo ao vivo quando poderia ter ficado em casa e ir dormir diante do caos instalado!

A maioria desses fatores experimentais fugiu ao controle dos profissionais de marketing da Copa do Mundo, mas a combinação de todos eles gerou impacto nas impressões gerais de satisfação (ou insatisfação) nessa experiência esportiva vivida. A satisfação do indivíduo diante de uma experiência assim depende do quanto ele gosta de futebol, de suas expectativas e de vários outros fatores a ele exclusivos. Outros que se envolveram em comportamentos de consumo semelhantes podem ter tido uma noite fantástica e saído do estádio extremamente satisfeitos. Apesar de tudo isso, o esporte ainda exerce uma atração universal sobre muitas pessoas, independentemente de nacionalidade, preferência esportiva, contexto socioeconômico e sexo.

Perecibilidade

No campo dos bens tangíveis, os profissionais de marketing podem guardar mercadorias não vendidas para serem comercializadas no futuro. É possível também montar estoques antecipadamente para atender a futuros picos de venda, e os profissionais de marketing podem queimar os estoques promovendo liquidações ou outras promoções de vendas. Quando falamos em serviços, no entanto, não podemos armazenar, empilhar ou liquidar serviços não-vendidos, pois produção e consumo ocorrem simultaneamente e o evento de serviço é um acontecimento único. Por essa razão, afirmamos que serviços são perecíveis, isto é, não podem ser armazenados. De fato, *perecem* assim que o evento termina ou que o jogo começa.

No caso de um evento esportivo, cadeiras são limitadas. Assim, um evento realmente popular (como a cerimônia de abertura das Olimpíadas) pode apenas vender entradas para o número de cadeiras do estádio. Não podemos estocar cadeiras e há mais procura para eventos populares, por exemplo. Também não podemos vender aquelas cadeiras depois que o jogo já tiver acabado, então o estoque de cadeiras tem vida curta. O mesmo ocorre com um instrutor de corrida de cavalos ou um professor de natação que têm oito horas diárias para dar aulas. Se os alunos não ocupam todas aquelas grades de horários disponíveis, os instrutores perdem o pagamento potencial daquelas aulas e não podem recuperar a perda.

Os profissionais de marketing esportivo buscam, então, eliminar essas flutuações na demanda criando incentivos para os consumidores comprarem seus serviços (aulas, lugares em um jogo) nas épocas nas quais é mais provável que a procura seja baixa, e cobrando uma gratificação por seus serviços nas épocas nas quais é mais provável que ela seja alta. Ingressos para as grandes finais são sempre mais caros do que para as partidas comuns, por exemplo. Além disso, o surgimento da cobertura ampla de mídia para muitos dos eventos esportivos ajudou a minimizar o fator perecibilidade com a liberação da transmissão dos jogos quando a ocasião é conveniente tanto para espectadores quanto para planejadores da mídia. Isso traz ainda o benefício adicional de prolongar a vida desses eventos e aumentar a audiência potencial para além da capacidade suportada pelo estádio.

É importante compreender tanto o serviço quanto os componentes da mercadoria, mas é também necessário considerar a forma como esses aspectos se fundem para formar uma oferta de produto. Geralmente, essa discussão acompanha o exame dos diferentes níveis de um produto (nesse caso, o produto esportivo), e leva em consideração o impacto causado por esse produto nas decisões de marketing tomadas pelos profissionais da área. Trataremos desse assunto no tópico a seguir.

O produto esportivo

Ao discutirmos o produto esportivo em seus termos gerais, é preciso considerá-lo em três níveis – dos quais o mais básico é o núcleo. Falamos aqui da característica ou benefício central do bem adquirido pelo consumidor. O produto-núcleo pode ser definido como a solução para o problema do consumidor. Surgem, então, os verdadeiros elementos de produto ou de serviço e, finalmente, o produto ampliado que inclui quaisquer benefícios e serviços auxiliares.

Quando pensamos em eventos esportivos, geralmente nos referimos ao núcleo do produto, nesse caso, a própria competição, a principal razão pela qual as pessoas gastam dinheiro para assistir a uma partida. Se nos referirmos ao merchandising esportivo, o núcleo talvez seja a associação com o time ou mesmo a aceitação social, dependendo do consumidor. A Figura 6.1 ilustra as diferenças na forma como o profissional de marketing conceberia os três níveis de produto para os dois tipos de produtos esportivos – isto é, de um lado, o evento esportivo, e do outro, uma peça do equipamento esportivo (um uniforme do time comprado por um torcedor que é fanático por aquela equipe). Observe que o produto, visto dessa forma, permitirá ao profissional de marketing considerar os elementos e benefícios que seriam importantes para o consumidor (tanto tangíveis quanto intangíveis), bem como refleti-los em suas mensagens de marketing.

Observe na Figura 6.1 que todos os tipos de questões a serem considerados pelos profissionais de marketing ao desenvolver sua estratégia principal de marketing, de posicionamento de produto e as estratégias de comunicação de marketing para cada um desses produtos seriam bem diferentes. Em geral, os profissionais de marketing enfatizam os fatores ampliados do produto em suas abordagens publicitárias e de vendas destinadas a tais produtos já que esses são os elementos que mexem com as emoções do consumidor. A maioria dos fatores listados na área real dos produtos são itens que as pessoas esperariam encontrar ao comprá-los, então, não há vantagem real em enfatizá-los nas comunicações de marketing.

É quando o produto esportivo recebe um componente de serviço ou algum elemento de intangibilidade que o nível de controle do núcleo se torna menos evidente. Abordaremos isso mais tarde.

Quando a competição é o principal produto

Competição, em essência, significa que deve haver sempre um vencedor e um perdedor, e essa relação vitória-derrota nas equipes esportivas é totalmente incontrolável. Na verdade, a imprevisibilidade deste elemento-núcleo do esporte é a chave para o fanatismo ardoroso e incondicional de muitos entusiastas do esporte. Mesmo com uma derrota de seu time, o espectador que foi assistir a um evento esportivo pode sair satisfeito com sua experiência, desde que a qualidade e intensidade da competição sejam de alto nível.

As implicações dessa falta de controle sobre o produto principal por parte dos profissionais de marketing são o resultado da sua impossibilidade de usarem a vitória como tema central dos esforços de marketing para atrair espectadores, pois não se pode garantir o resultado da competição. Em vez disso, os profissionais de marketing podem apenas valer-se do desempenho ou histórico dos times ou jogadores em suas mensagens de marketing. Mesmo assim, isso se revela inadequado se o resultado for adverso para o alto faturamento. A Copa do Mundo de Críquete da modalidade "jogos de um dia", disputada em 2003 na África do Sul, foi um exemplo clássico, pois um erro de cálculo no sistema de contagem de pontos indicou que o time da casa (África do Sul) não se havia classificado para as finais da competição. Tais resultados geram grandes implicações tanto para os consumidores (torcedores) quanto para os investidores, já que induzem a uma perda de credibilidade nos patrocinadores.

Se um time sofre contínuas derrotas, a campanha de marketing pode perder a credibilidade, criando, assim, problemas de imagem no longo prazo para o profissional de marketing e o time. À semelhança de muitas outras indústrias de serviços, é aconselhável aos profissionais de marketing esportivo não estimular demasiadamente as expectativas do consumidor com promessas de grandes exibições em campo, pois eles não têm qualquer controle ou poder de manipulação sobre o que vai acontecer e podem não ser capazes de cumprir suas promessas. O desempenho real de uma equipe esportiva geralmente está nas mãos do treinador, que está mais interessado nos elementos tangíveis do produto, por exemplo, níveis de condicionamento físico dos jogadores, desenvolvi-

Figura 6.1: Os três níveis de produto

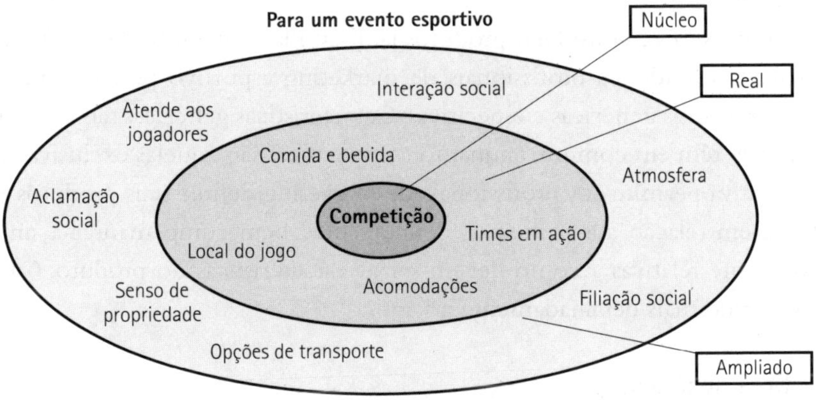

mento de habilidades e problemas de contusão, do que nas implicações de marketing do desempenho da sua equipe.

Fatores externos e situacionais desempenham também um papel importante na entrega e experiência do produto esportivo. Mesmo os praticantes demonstrarão inconsistência na forma como jogam ou oferecem os serviços de apoio – afinal de contas, são pessoas, e pessoas são inconsistentes. Itens como o horário das partidas, o desempenho de um jogador e o provável resultado, quem ganha e quem perde, não podem ser influenciados pelo profissional de marketing esportivo.

Além disso, muitas organizações e muitos clubes esportivos consideram importantes os elementos de viabilidade financeira, número de patrocinadores, taxas de associação ao clube e investimentos de mídia, tidos como sucessos de campo na determinação do sucesso organizacional geral. Dessa forma, é necessário que o profissional de marketing esportivo leve em consideração também o contexto mais amplo do seu produto esportivo ao desenvolver estratégias de marketing, e não apenas o desempenho em campo.

Outras formas de considerar o produto esportivo

A forma mais clássica de considerar produtos já discutida aqui é uma forma útil de considerar produtos esportivos; contudo, os profissionais de marketing esportivo podem também avaliá-los quanto a suas características genéricas e específicas. Características genéricas são os elementos gerais que todos os esportes têm em comum, enquanto as específicas são aquelas exclusivas a cada modalidade. Essa perspectiva permite aos profissionais de marketing definir seus produtos esportivos de maneira adequada em relação aos principais concorrentes, bem como manter a sintonia com as expectativas do cliente relativas a como devem ser as características do produto. Cada um desses aspectos será explorado mais detalhadamente a seguir.

Características genéricas

Características genéricas, como praticantes ou jogadores, administração e gestão, a existência de regras, a necessidade de equipamento especializado e instalações e as habilidades atléticas exigidas pelos jogadores, são comuns a todos os esportes, independentemente da modalidade e do local. O fato de essas características existirem em todos os esportes as torna genéricas.

Características genéricas fazem parte também das expectativas dos consumidores em relação à oferta do produto esportivo e, por essa razão, os profissionais de marketing precisam apenas realçá-las ou evidenciá-las caso não sejam padrão. Por exemplo, o profissional de marketing de bastões de críquete pode precisar indicar que certa marca de bastão é feita de metal, e não de madeira (material que a maioria das pessoas esperaria encontrar em bastões desse tipo), e o profissional de marketing de um torneio de tênis só discutiria as regras ou a forma de jogar se fossem diferentes das de um torneio de tênis tradicional – raquetes maiores, quadras menores ou três pessoas de cada lado.

Portanto, as características genéricas de um produto não são normalmente realçadas pelos profissionais de marketing em suas mensagens de apelo aos consumidores, a menos que fujam do padrão ou adquiram um aspecto específico ou exclusivo de alguma forma.

Características específicas

As características específicas do produto esportivo são os aspectos exclusivos que o diferenciam dos demais esportes. Por exemplo, o rúgbi *league* possui um tipo diferente de administração, exige habilidades, regras e tamanho de campo diferentes, tipo e formato da bola e número de jogadores diferentes dos padrões do futebol, e o que é mais importante, diferentes do golfe ou tênis ou da corrida de cavalos.

Essas características específicas são freqüentemente realçadas pelos profissionais de marketing para atrair consumidores e sua atenção para as mensagens de marketing direcionadas àquele produto esportivo. Tais características tornam também o esporte atrativo a um mercado-alvo em particular. Por exemplo, elas explicam a razão de uma pessoa preferir o futebol em vez do rúgbi ou o triatlo em vez do atletismo. Visto que cada esporte apresenta suas próprias peculiaridades por meio dessas características específicas, os produtos esportivos são igualmente únicos quando comparados a outros tipos de produtos. Examinaremos a seguir esses elementos exclusivos.

Fatores que tornam os produtos esportivos singulares

Como mencionado anteriormente, existe uma série de características específicas do produto esportivo que o tornam singular em termos de planejamento e implementação de marketing. A principal razão pela qual o esporte difere de outros produtos é o alto nível de identificação que ele desperta nas pessoas, e isso faz com que decisões gerenciais tomadas por profissionais de marketing e administradores esportivos passem pelo crivo e interesse delas. Outras áreas em que o esporte é único abrangem a influência e o papel da mídia no desenvolvimento e na oferta do produto esportivo, o fato de os produtos esportivos estarem associados a altos níveis de emoção, sua natureza tanto industrial quanto de consumo e a prática simultânea da concorrência e cooperação pelas organizações esportivas. Examinaremos a seguir esses fatores mais detalhadamente.

Altos níveis de identificação pessoal com o esporte

À semelhança de tantas outras experiências com serviços, o nível e a qualidade da interação pessoal entre consumidores esportivos e funcionários das organizações esportivas é um aspecto importante para a satisfação máxima desses consumidores. No caso do esporte, essa interação é vaga e restrita a um grupo, e o envolvimento da mídia e de outros produz uma interface "virtual", cujo resultado é criar no consumidor a impressão de que este "conhece" os jogadores e dirigentes esportivos, mesmo que se admita a quase impossibilidade de um contato mais próximo. Esse alto grau de identificação pessoal com o esporte nutre no consumidor a sensação de ele ser um perito, tanto do jogo quanto dos jogadores e das estratégias por eles utilizadas para vencer a competição. É só conversar com quem acabou de assistir a uma partida para confirmar o fato! São todos especialistas com opiniões sobre quem deveria e quem não deveria ter jogado, o que o treinador deveria ter feito e como deveria ter sido a escalação do time ou a tática de jogo[3].

Experiências já vivenciadas pelos praticantes afetarão também as percepções atuais do produto esportivo. Por exemplo, quem já praticou um determinado esporte verá o jogo de uma perspectiva diferente daquela de quem até hoje foi apenas espectador. Quem já foi a um determinado campo assistir a uma partida de golfe válida por um grande torneio sabe onde ficam os melhores estacionamentos, o que levar para o jogo e como tirar maior proveito de sua experiência, enquanto é provável que o espectador de primeira viagem não saia de lá tão satisfeito assim em razão de sua falta de prática e de conhecimento sobre como desfrutar melhor o momento. Na teoria dos serviços, isso é geralmente chamado de *scripts*, referindo-se ao fato de os consumidores experientes saberem como agir e que perguntas fazer, estando mais propensos a desfrutar maior satisfação do que os principiantes.

Mesmo o estudo das lendas e do folclore de um determinado esporte é um elemento importante na satisfação do espectador. Saber essas histórias e a importância de certos indivíduos para o esporte permite aos fãs comunicarem-se em um nível mais profundo e criar um senso de comunidade e propriedade impossível a "estranhos" ou a elementos de fora desse "saber". De modo semelhante, conhecer rituais, canções, danças ou tradições é também um ingrediente importante do senso de comunidade e envolvimento para o benefício do consumo esportivo a muitos consumidores.

A influência e o papel da mídia

O apelo universal que o esporte exerce sobre pessoas de todas as classes sociais despertou um interesse crescente da mídia como veículo de geração de lucros. A programação esportiva na televisão ocupa hoje uma porção significativa da sua grade de atrações na maioria dos países ocidentais – tente assistir a algo diferente em uma tarde de sábado ou domingo!

Para muitos esportes, os direitos de televisão são a principal fonte de renda, e o mesmo pode ser dito em relação a muitas empresas de mídia. Essa realidade foi confirmada pelo presidente da

---

[3] Esse fenômeno, que ocorre em todas as partes do mundo e com todos os esportes, é a base do processo de formação de torcedores, e, proporcionalmente, quanto maior for o conhecimento do torcedor a respeito do esporte ou de sua agremiação, maior será seu nível de interação com produtos e serviços que porventura essa agremiação tenha por patrocinadores ou apoiadores. (NRT)

European Television Broadcasting Association em um recente comunicado à imprensa, e seu sentimento é compartilhado pela maioria dos profissionais de rádio e TV ocidentais:

> As empresas de rádio e TV de serviços públicos fracassarão em sua missão cultural - uma missão diretamente vinculada às necessidades democráticas, sociais e culturais de cada sociedade, inclusive a de preservar o pluralismo da mídia - se não puderem transmitir eventos esportivos de grande importância a seus espectadores. Também não podem ser bem-sucedidas na disputa por espectadores se não houver o esporte. É, portanto, essencial que as empresas de rádio e TV de serviços públicos possam adquirir direitos de transmissão de competições esportivas e produzir programas de alta qualidade a partir desses eventos. Nenhum esporte prosperará sem uma ampla divulgação televisiva.
>
> Wessberg, 2000

O esporte oferece aos consumidores a oportunidade de forjar relacionamentos duradouros com times e dirigentes e escolher entre assistir ou não a um grande evento esportivo dependendo do que lhes for conveniente. É essa paixão que as empresas de rádio e TV, dirigentes, anunciantes e patrocinadores continuarão a explorar, pois ela representa investimentos financeiros contínuos com potencial de geração de milhões de dólares, e o resultado tem sido um alto nível de envolvimento por parte da mídia no tocante ao desenvolvimento esportivo e à oferta de produtos relacionados. Exemplos desse investimento incluem o novo acordo feito pela Ten Sports, que concordou em pagar à *Pakistan Cricket Board* (Comitê de Críquete do Paquistão – PCB) A$ 42 milhões durante os próximos cinco anos pelos direitos de transmissão internacionais exclusivos desse esporte naquele país (Ali, 2004), e os bilhões de dólares gastos pelas empresas com direitos de mídia das Olimpíadas.

No entanto, como resultado desse enorme investimento em dólares, a mídia esportiva cada vez mais exerce sua influência sobre determinados aspectos do produto esportivo de modo que satisfaça seus interesses e as exigências das partes interessadas. Questões como o horário (mudar o horário das partidas para que não coincidam com outros programas de grande audiência)[4], as regras do jogo (tornar o jogo mais aberto e rápido) e mesmo a forma do jogo foram afetadas em uma variedade de modalidades esportivas por causa da pressão de executivos de redes de televisão, que são obrigados a mostrar retornos financeiros em seus investimentos.

Os principais profissionais e organizações de mídia esportiva estão ilustrados na Figura 6.2. São eles os executivos de redes de TV ou profissionais e organizações de mídia propriamente ditos e suas empresas afiliadas, agências de propaganda, clientes ou patrocinadores corporativos, operações de gestão de eventos, administração de locais e instalações, detentores de direitos e os próprios

[4] Prática comum no Brasil na transmissão televisiva das partidas de futebol, causando àqueles que pretendem assistir às partidas, durante a semana nos estádios, um grande desconforto pelo avançado da hora em que terminam. Conseqüentemente, tanto a transmissora televisiva dos jogos quanto os patrocinadores não são bem vistos pelos que assistem aos jogos no campo. (NRT)

atletas. Todos interagem de uma forma elaborada para lhes proporcionar os melhores resultados individuais e, visto que cada um tem metas e objetivos diferentes, essa interação pode às vezes ser a causa de grande tensão. Como também demonstrado na Figura 6.2, a interação entre jogadores nem sempre é direta, sendo necessária, na maioria das vezes, a intervenção da organização esportiva para mediar tais interações – outra fonte potencial de tensão.

Os detentores dos direitos esportivos incluem entidades como o Comitê Olímpico Internacional, a NFL, a NCAA, a Major League Baseball (Liga Principal de Beisebol), a National Basketball Association (Associação Nacional de Basquetebol), a International Motor Racing Association (Associação Internacional de Corrida Automobilística) e outras. Essas organizações detêm e controlam os eventos (competições) de grande valor para os transmissores televisivos. Estes, por sua vez, disputam entre si o direito de transmitir os eventos, o que, muitas vezes, estende-se aos direitos de programação, elevando as receitas (pagamento pelos direitos) dos detentores dos direitos.

O foco central da atenção dos detentores de direitos são os próprios atletas – freqüentemente gerenciados de forma independente e contratados por esses detentores. Eles demonstram toda a sua habilidade em troca de salários generosos. Naturalmente, essas cifras exorbitantes seriam impraticáveis se não fosse pelas enormes somas pagas pelas redes de TV. Quase todo atleta profissional é representado por agentes individuais, muitos deles advogados, que negociam salários, bônus, pacotes de adiantamentos de compensações, patrocínios e outras remunerações deduzidas como porcentagem de retorno de suas receitas totais. Muitos agentes com uma grande carteira de atletas

Figura 6.2: Os principais profissionais e organizações da mídia esportiva

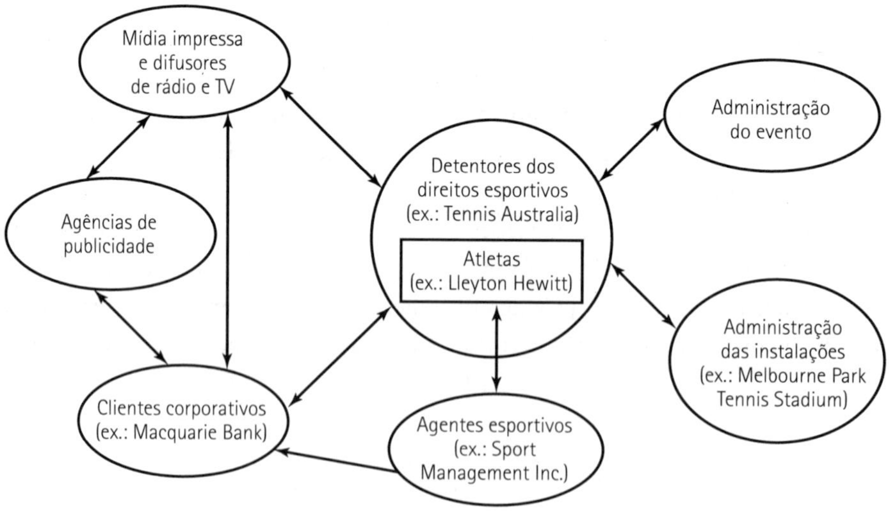

possuem considerável alavancagem e experiência nessa área, buscando sempre a negociação de remunerações máximas enquanto seus clientes (atletas) estão no primor da forma física.

As empresas de rádio e TV criam pacotes e promovem eventos para o público televisivo; para isso, contam com o dinheiro dos anunciantes na compra dos horários comerciais em que as partidas vão ao ar. O lucro obtido com essas transmissões é geralmente substancial, justificando, assim, o dinheiro pago pelas redes de TV. O valor do horário comercial na televisão vendido para transmissão dos eventos depende do número de espectadores e da disponibilidade de espaço para publicidade (Shilbury et al., 1998).

São necessários instalações/locais para a execução dos eventos, e o time ou estádio anfitrião também precisa de lucros. Esse modelo é particularmente evidente nos esportes profissionais, em que o time local vende espaço para publicidade, ingressos e, vez ou outra, os direitos de transmissão local, propiciando, assim, uma renda adicional ao time ou estádio anfitrião ou ao proprietário. A administração e a operação das áreas esportivas são um grande negócio por si só. A venda de ingressos, produtos oficiais, comida e bebida, assim como outras tarefas operacionais, geram receitas e produzem o clima de festa do evento. No caso das Olimpíadas, os comitês de organização locais foram criados para trabalhar durante um período curto de tempo no qual criaram sua própria infra-estrutura, alugaram instalações, organizaram competições, venderam ingressos, promoveram eventos secundários e, por fim, deixaram o negócio, tudo isso em um intervalo máximo de seis a sete anos (Karlis, 2003).

Promotores e administradores de eventos freqüentemente criam seus próprios eventos. Don King tem sido um promotor de eventos completo, pois elabora pacotes para eventos de boxe profissional em grandes espaços, negocia direitos de televisão e incentiva os atletas a lutar pelos prêmios em dinheiro mais altos. Outros eventos esportivos estruturados fora de uma competição organizada ou temporada esportiva incluiriam a recente Copa do Mundo de Polocrosse, "amistosos" disputados entre países visitantes e eventos de exibição. Freqüentemente, administradores de campos de golfe organizam eventos especiais, convidando celebridades do golfe e colocando-as em contato com agentes corporativos de alto poder econômico, atores ou outras celebridades, lançando mão de um método cujo objetivo duplo é promover seus campos e alavancar receitas.

Finalmente, clientes ou patrocinadores corporativos despendem grandes somas de dinheiro com a veiculação de publicidade na televisão, em estádios/locais de eventos, no rádio e em áreas de hospedagem especiais em vários eventos esportivos, bem como por meio de patrocínio de times e jogadores. As Olimpíadas, a Copa do Mundo de Rúgbi de 2003 e a Nascar são exemplos de oportunidades de entretenimento corporativo particularmente bem-sucedidas (consulte o Capítulo 1 para valores sobre patrocínio da Copa do Mundo de Rúgbi). Naturalmente, eventos esportivos igualmente populares são o American Super Bowl, os torneios de Wimbledon e Melbourne, o Grand Prix, a Indy e outros semelhantes.

Estão ocorrendo mudanças interessantes nessa estrutura de envolvimento da mídia em muitos países do mundo como tentativa de conquistar um maior filão de público para a mídia esportiva. Algumas empresas de televisão que apóiam o esporte passaram a adquirir associações esportivas e recintos, além de organizar competições esportivas (a ESPN – emissora de TV a cabo norte-americana – e os Xgames são exemplos disso). Outras organizações esportivas montaram canais de televisão. O perigo de uma integração vertical desse porte é organizar a competição e os eventos esportivos exclusivamente com base nos horários da TV. Muitos comentaristas temem que essas tendências possam resultar em perda de contato com os valores essenciais do esporte e os fundamentos culturais e, como resultado, o esporte acabe transformando-se em só mais um produto de consumo da economia de mercado[5].

Apesar da necessidade – tanto das empresas de rádio e TV quanto das organizações esportivas – de divulgação na mídia, a maioria das grandes organizações de comunicação começa a experimentar uma queda nos índices de audiência de sua programação em razão, principalmente, da crescente fragmentação da indústria. O público esportivo dispõe de inúmeras opções à sua escolha, tornando-se cada vez mais seletivo quanto ao consumo de mídia. Esse fato foi recentemente responsável por prejuízos da ordem de US$ 387 milhões à divisão norte-americana do grupo News Corp em razão do cancelamento de um acordo com a NFL (Liga de Futebol Nacional), US$ 297 milhões no contrato com a Nascar e US$ 225 milhões na transação envolvendo direitos da NBL (Liga Nacional de Basquete). O prejuízo líquido da News Corp sofreu um aumento de US$ 23 milhões em 2000 para US$ 606 milhões no segundo trimestre de 2001. Ao mesmo tempo, houve um aumento de 7% nas vendas, totalizando US$ 4,12 bilhões (Battin, 2003).

Além do crescimento nas opções de consumo de mídia, a expectativa é de que a indústria esportiva global experimente uma rápida transição na próxima década ao explorar novas oportunidades de transmissão. De acordo com um novo relatório publicado pela Screen Digest – "The Global Business of Sports Television" (Televisão Esportiva, um Negócio Global) –, iniciativas agressivas serão promovidas pela indústria na busca por fontes de renda alternativas via transmissão interativa. Visto que as tecnologias interativas atraem cada vez mais audiência, a expectativa aponta para aumentos significativos nas receitas com apostas, propaganda, patrocínio e merchandising. Para os próximos dois anos, estima-se um aumento substancial nessas fontes de renda de A$ 1,39 bilhão ao final de 2005 para A$ 2,79 bilhões ao final de 2008 (The Global Business of Sports Television, 2003).

Além das tecnologias interativas, como a internet e as TVs digitais, a TV paga é também um agente importante na mudança dos hábitos de mídia. Na opinião de boa parte do público, pagar uma taxa extra pelo privilégio de adquirir cobertura esportiva é algo que compensa, e os esportes mais populares tornaram-se os direcionadores a contribuir com a venda desse novo serviço da TV paga. Tal fato eleva o custo dos direitos pelos esportes mais populares a níveis incríveis e, ao mesmo

---

[5] No princípio o evento esportivo era, para a mídia, informação jornalística de primeira ordem, por causa do interesse de torcedores e simpatizantes, tanto do esporte como de agremiações esportivas. Com o tempo e com a possibilidade do aumento de audiência pela apresentação integral do evento esportivo, ocorre a transformação desse evento em produto televisivo, cujo custo não está mais pautado na produção, mas em custos menores representados pela cessão de direitos de transmissão. Dessa maneira, as platéias, antes restritas ao ambiente da prática esportiva, tornaram-se cidades inteiras e, com o desenvolvimento tecnológico, o mundo. (NRT)

tempo, impede o acesso de muitas pessoas aos referidos eventos. Os governos da Austrália e da Nova Zelândia estabeleceram leis rígidas de anti-sinfonação como forma de minimizar o problema em questão.

Anti-sinfonação refere-se a leis que determinam quais esportes deverão ser liberados para as TVs pagas e quais deverão ser transmitidos livremente pela televisão aberta. As principais regras são destacadas a seguir. Há um consenso geral de que, se a televisão deixar de transmitir as competições esportivas mais emocionantes para o grande público, os valores associados ao esporte – valores essenciais à relação complexa entre o esporte e as sociedades – poderão ser enfraquecidos. Muitos esportes carregam consigo uma herança nacional e cultural e é particularmente importante que eles sejam disponibilizados para as pessoas o mais gratuitamente possível.

Regras anti-sinfonação

O objetivo do esquema anti-sinfonação é assegurar a livre transmissão de determinados eventos a todo o público espectador ao impedir a aquisição, por parte das TVs pagas, dos direitos exclusivos sobre eventos oficiais. Com base no parágrafo 115 da *Broadcasting Services Act 1992* (Lei de Serviços de Transmissão de 1992 - BSA), o Ministro das Comunicações, Tecnologia da Informação e Artes (o Ministro) poderá publicar em diário oficial uma lista de eventos, ou eventos de determinada espécie, por ele considerados como de natureza gratuita ao público em geral. A lista atual de anti-sinfonação inclui as modalidades de críquete, tênis, golfe, esportes automotivos e as modalidades de futebol.

As TVs pagas estão impedidas de adquirir o direito de televisar um evento oficial antes que ele seja adquirido pela ABC, SBS ou outros proprietários de TVs de sinal aberto cuja audiência cubra mais de 50% da população australiana. O propósito do esquema é oferecer, aos proprietários de TVs livres, prioridade sobre os licenciados de TVs pagas na aquisição dos direitos de eventos oficiais.

O Ministro poderá retirar um evento da lista anti-sinfonação em determinadas circunstâncias, por exemplo, quando aos proprietários de TVs livres foi dada a oportunidade de adquirir o direito de televisionar um evento, porém nenhum deles o fez em um tempo oportuno.

Fonte: http://www.dcita.gov.au/Article/0,,0_1-2_10-4_104869,00.html, 2003

A transição para mídia digital e com base na web é bastante popular entre o público jovem, formado por freqüentadores entusiastas das páginas de internet e de canais de resultados vinculados aos principais eventos esportivos. Os websites são acessados para fornecer atualização de resultados, informações sobre jogadores ou músicas veiculadas nas transmissões, e salas de bate-papo on-line para os fãs. As redes de telefones celulares são, da mesma forma, amplamente utilizadas para divulgar informações e resultados aos torcedores, e os serviços de mensagens SMS durante os jogos estão tornando-se cada vez mais populares à medida que os profissionais de marketing procuram envolver o público nas competições oferecendo-lhes a oportunidade de darem seus palpites (tudo em nome de maiores rendas).

Emoções envolvidas no consumo esportivo

Alegria, emoção e adrenalina da vitória, aliadas ao contraste do vazio da derrota, tudo isso contribui para produzir no consumidor sentimentos de satisfação. De forma semelhante, essas emoções são efêmeras e não podem ser repetidas. Alguns esportes são inerentemente violentos, atraindo certos praticantes e espectadores, enquanto outros são mais pacíficos. A natureza do esporte e os níveis de aceitação de agressão e contato, o desempenho real dos jogadores e a participação do público – todos esses fatores se combinam para colocar o consumidor esportivo diante de um ambiente altamente carregado de emoção, esteja ele assistindo ao jogo ao vivo ou consumindo-o indiretamente pela mídia. Raramente as pessoas se mantêm neutras diante do desempenho do time ou do resultado do jogo e, com freqüência, essa emoção pode induzir a uma séria rivalidade ou comportamento inaceitável.

O vandalismo no esporte existe há bastante tempo, contudo, a probabilidade de sua ocorrência é mais comum no futebol (ou, pelo menos, ouvimos falar mais dela nesse esporte). Cerca de 200 países praticam o futebol e, por essa razão, torcedores interessados no esporte e inflamados pelos resultados invariavelmente se envolvem em episódios de vandalismo (www.dooyoo.co.uk/speakers_corner/discussion/hooliganism_the_real_sport_behind_football 2003).

As apostas no esporte remetem aos tempos em que o homem passa a jogar, chutar ou arremessar uma bola. Quanto mais alta for a aposta, maior será a probabilidade de indução à violência. Alguns chegam a pensar no vandalismo como demonstração de interesse pelo jogo, uma indicação de desenvolvimento, progresso e popularidade (*Daily News*, 2003). O vandalismo no futebol foi considerado problema pelas autoridades apenas a partir da década de 1960; embora já antes dessa data ele fazia parte da cultura futebolística, o seu reconhecimento se deu, parcialmente, em razão da cobertura de mídia das partidas de futebol, quando a atenção do público em geral foi despertada.

Por volta do final da década de 1950 e início dos anos 1960, o vandalismo passou a adquirir conotações de estado "organizado". Inicialmente, apenas grupos de homens (geralmente jovens) reuniam-se atrás do gol tentando intimidar os torcedores do outro time. Com freqüência, exibições de "masculinidade" terminavam em confrontos dentro do campo. Desde então as coisas mudaram, com as torcidas cada vez mais organizadas e a violência mais aterrorizante. A violência não se limita mais a brigas no gramado, ela envolve "gangues" de assassinos que se enfrentam fora do campo, preparados para usar facas ou outras armas e, se necessário, matar (Football Violence, 2003).

A maioria concordaria que violência sem motivo ou sentido, ataques covardes, agressões cruéis e crianças totalmente aterrorizadas estão longe de ser classificados como esporte. Muitas vezes, as pessoas confundem suas prioridades fazendo comentários do tipo "Futebol não é um jogo de vida ou morte, é muito mais que isso", o que ressalta a possibilidade de se perder o controle da situação. O futebol é, e sempre será, apesar de ter muito dinheiro envolvido, apenas um jogo. A rivalidade entre clubes e as provocações entre torcedores são grandes – o que contribui para a atmosfera e apreciação do jogo, mas certamente não vale a pena morrer por isso. O esporte deveria abrir espaço a todo tipo de política. Contudo, até torcedores mais "normais" admitem que é difícil controlar a razão com o sangue quente, particularmente quando provocados e retrucados de forma igualmente inflamada pelos torcedores rivais (*Daily News*, 2003).

Os clubes de futebol desembolsam milhões na prevenção do vandalismo ao pagarem por policiamento, sistemas de CCTV e ao montarem registros de seus membros e notórios causadores de confusão. Apesar da grande contribuição dessas ações, ainda estamos longe de compreender os reais motivos a nortear esse tipo de torcedor inaceitável (*Daily News*, 2003).

Os produtos esportivos são produtos de consumo e industriais

O produto esportivo é oferecido tanto a usuários finais (produto do consumidor) quanto a consumidores organizacionais. Ele é também parte de novos produtos (produto industrial) graças a elementos como apoio de personalidades esportivas, patrocínio, transmissão e camarotes corporativos. Isso traz implicações para os profissionais de marketing quando eles procuram entender os processos de decisão de seus mercados.

Consumidores individuais geralmente tomam decisões mais emotivas sobre como empregarão seu tempo e dinheiro, enquanto consumidores corporativos parecem se firmar em razões mais racionais e financeiramente sólidas em suas decisões de compra. Entretanto, pesquisas sobre como a administração corporativa toma decisões a respeito do investimento esportivo (por meio de patrocínio ou apoio) demonstram que níveis elevados de emoção estão mais presentes nas decisões relativas ao esporte do que em outros tipos de decisões industriais.

Visto que cada um desses grupos apresenta razões diferentes para realizar uma compra, procurando obter também diferentes benefícios, os profissionais de marketing deverão considerar a forma como isso influencia suas estratégias de marketing e ofertas de produto a ambos os grupos. Por exemplo, os esforços de marketing empregados para atingir os consumidores individuais podem fazer uso de cenas emocionantes, de reunião com os amigos, diversão e o aspecto de esses eventos serem únicos na vida. Os esforços de marketing, cujo objetivo são os consumidores industriais, poderão concentrar-se mais nas taxas de retorno, cobertura de mídia, divulgação e outros aspectos exclusivamente financeiros ou comerciais desse envolvimento.

As organizações esportivas competem e cooperam simultaneamente

A verdadeira essência do esporte é a competição e, de modo que esta seja organizada e estruturada, os times precisam cooperar entre si por meio de alguma forma de associação ou liga. Elementos como horário das competições, prêmios, regras, estrutura do jogo e mesmo o levantamento de fundos terão maior efeito se controlados e organizados como resultado do esforço cooperativo. Assim, as organizações esportivas, ao mesmo tempo, competem e cooperam entre si, e esse imperativo da cooperação é o fator-chave para diferenciar o esporte de outros setores.

Na maioria dos outros setores, embora possa haver vantagens em fazer parte de associações ou entidades profissionais, tal filiação não é uma *exigência* de rotina. Mas, para as organizações esportivas, é. Se uma organização não é membro da Liga Nacional de Basquetebol, por exemplo, seu time não poderá jogar na competição. Com a filiação, vêm as regras, estruturas de jogos e outras exigências quanto à necessidade de haver cooperação entre times e trabalho de equipe, mesmo que sejam ardorosos rivais.

Portanto, o produto esportivo é uma mistura complexa de elementos tangíveis e intangíveis, e a emoção desempenha um papel fundamental nas percepções do produto pelas várias partes interessadas, o que deixa os profissionais de marketing diante de uma tarefa difícil, já que muitos aspectos do produto esportivo estão fora do seu controle. Vamos, então, observar como os profissionais de marketing esportivo tomam decisões estratégicas sobre produtos esportivos.

Decisões estratégicas de produtos

O uso estratégico do termo "produto" no mix de marketing esportivo refere-se às decisões sobre a gestão do produto, seu desenvolvimento e projeto, ciclo de vida e decisões de *branding*. Desenvolvimento e projeto do produto referem-se à introdução e à criação de novos produtos esportivos, enquanto decisões sobre o ciclo de vida do produto referem-se ao período de tempo em que o produto circulou no mercado e seu ciclo natural. *Branding* figura como elemento importante de qualquer decisão sobre produto estratégico e inclui fatores como imagem e personalidade, e valor da marca. A seguir, apresentamos uma discussão resumida de cada uma dessas áreas.

Gerenciamento de produtos

O gerenciamento do mix de produtos de uma empresa implica decidir quais produtos oferecer, que linha seguir, quando manter e quando excluir um produto e quando incluir novos produtos. Ao considerar os produtos vendidos ou produzidos pelas organizações, é necessário observar a variedade total de produtos e serviços oferecidos por determinada empresa. Um grupo de produtos com características afins, pois funcionam de modo semelhante ou são vendidos aos mesmos grupos de consumidores, ou negociados por tipos semelhantes de pontos-de-venda, é chamado de *linha de produtos* (Kotler et al., 2003). Por exemplo, a Nike produz diversas linhas de calçados esportivos e roupas. Os profissionais de marketing precisam avaliar por quanto tempo suas linhas de produtos sustentarão lucratividade. Se a inclusão de novos produtos proporciona retornos maiores à empresa, isso significa que sua linha de produtos é limitada e vice-versa.

Ao agrupamento de toda a linha de produtos e serviços oferecidos por uma organização denominamos *mix de produto*. Por exemplo, o mix de produtos de uma academia local poderá abranger uma variedade de aulas de *fitness*, natação, bem como loja de roupas e artigos esportivos, serviços de *baby-sitter*, restaurante, serviços de lavagem a seco, serviços de dietista e psicoterapia e massagem terapêutica.

O mix de produtos pode ser expresso em termos de sua extensão, profundidade e consistência. Extensão refere-se ao número de linhas de produtos oferecidas, profundidade refere-se ao número de itens em uma linha de produtos, e consistência refere-se à semelhança entre linhas de produtos. A Tabela 6.1 apresenta exemplos de mix de produtos, linhas e itens que podem ser encontrados em alguns diferentes setores da indústria esportiva.

Como parte da estratégia de gestão de produto, os profissionais de marketing também precisam se preocupar com as decisões de posicionamento do produto. Isso envolve a tentativa de criar uma imagem ou posição do produto nas mentes dos consumidores em relação aos produtos dos principais concorrentes. Como mencionado no Capítulo 4, os consumidores adquirem produtos para satisfazer a muitas razões diferentes e necessidades e, dessa forma, imprimem várias interpretações ao valor dos produtos em relação às alternativas disponíveis. Posicionamento de produto requer uma compreensão da percepção, de *branding* e personalidade, que serão discutidos mais adiante neste capítulo em detalhes.

Desenvolvimento de novos produtos

Há uma variedade de formas diferentes de se categorizar novos produtos, ilustradas na Tabela 6.2. Como se pode ver, novos produtos podem ser qualquer coisa entre um produto reposto e um lançamento totalmente inédito. Quanto mais próximo ao final da lista o produto estiver, mais barato e fácil se torna comercializá-lo.

Há muitas razões pelas quais uma empresa desejaria acrescentar novos produtos à sua linha de produtos atual. Alguns exemplos incluiriam o aproveitamento de lacunas no mercado, a estimulação das vendas, a melhora da posição competitiva da empresa ou até mesmo sua expansão para novos mercados. Na indústria esportiva, novos produtos podem significar novos equipamentos esportivos, novos tipos de competições e até mesmo versões modificadas de jogos criadas para conquistar outros mercados. Nessa indústria, são comuns acréscimos à linha de produtos (geralmente denominados extensões do produto) e modificações ou melhorias neles. Na verdade, não é comum a

Tabela 6.1: Exemplos de itens, linhas e mix de produtos na indústria esportiva

<table>
<tr><th>Empresa esportiva</th><th>Seleção (mix) de produto</th><th colspan="2">Linha de produto – itens oferecidos na linha de produto</th></tr>
<tr><td rowspan="4">Centro de fitness</td><td>Fitness</td><td>Aula de aeróbica</td><td>Aeróbica de baixo impacto
Ginástica de impacto
Ginástica Kindy
Kick boxing
Ioga/Tai Chi</td></tr>
<tr><td rowspan="3">Perda de peso
Restaurante e lounge
Aeróbica
Musculação
Bronzeamento
Massagem
Teste de condicionamento físico
Ligas esportivas
Pró-shop
Médico</td><td>Condicionamento físico</td><td>Fisiculturismo
Musculação livre
Sessões de fortalecimento específicas ao esporte</td></tr>
<tr><td>Tênis</td><td>Aulas
Principiantes a avançados
Competições entre clubes</td></tr>
<tr><td>Médico</td><td>Fisioterapia
Massagem terapêutica
Quiropraxia
Dietista</td></tr>
<tr><td rowspan="2">Fabricante de artigos esportivos</td><td>Equipamento e trajes de golfe</td><td>Golfe</td><td>Clubes de golfe
Calçados de golfe
Bolas de golfe
Roupas de golfe
Guarda-chuvas de golfe</td></tr>
<tr><td>Equipamento e trajes de tênis</td><td>Tênis</td><td>Raquetes de tênis
Calçados de tênis
Bolas de tênis
Trajes de tênis
Redes de tênis</td></tr>
</table>

Fonte: Pitts, Fielding e Miller, 1994

criação de novos eventos mundiais; por outro lado, o lançamento mundial de merchandising esportivo, ou mesmo de ligas e competições esportivas, é mais comum.

Exemplos de acréscimos e modificações considerados comuns à competição propriamente dita são a inclusão de apostas (*footy*TAB), "peladas" entre amigos (jogos contando com a presença de celebridades, uso de apetrechos cômicos e assim por diante) e mesmo jogos com pranchas ou

Tabela 6.2: Categorias de novos produtos

Categoria	Descrição
Novos para o mundo	Essa categoria representa invenções. O produto é novo para o mundo. Por exemplo, o primeiro carro, o primeiro *palm pilot*, a primeira impressora a *laser* ou os antibióticos, o futebol XFL e o kitesurfe.
Registros de novas categorias	Produtos que colocam a empresa em uma categoria nova para ela. Aqui os produtos não são novos para o mundo. Por exemplo, o primeiro inseticida da Johnson & Johnson, o primeiro servidor de internet da Hewlett-Packard, o primeiro jogo de computador da Nike reproduzindo um esporte.
Acréscimos às linhas de produtos	Essa categoria representa produtos que são extensões da atual linha comercializada por uma empresa no mercado. Por exemplo, a cerveja leve da Cascade, o carro com tração nas quatro rodas da BMW, a câmera digital da Canon, competições de rúgbi mirim.
Melhorias no produto	Essa categoria representa os produtos existentes que sofreram melhorias. Quase todo produto no mercado foi ou será aperfeiçoado pelo menos uma vez durante seu ciclo de vida. Por exemplo, mudar as regras de um jogo para torná-lo mais ágil e emocionante.
Reposicionamento	Esta categoria é reservada aos produtos redirecionados a novas aplicações ou a um novo usuário. Um exemplo clássico é o bicarbonato de sódio da Arm and Hammer, diversas vezes reformulado de bicarbonato para desinfetante; desinfetante de geladeiras e detergente para limpeza de tapetes; o pugilismo para mulheres; e o rúgbi feminino.
Variações das categorias citadas	Variações do tipo nova para o país, nova para o canal, melhorias na embalagem e diferentes métodos de fabricação não são comumente aceitos como novos produtos. Por exemplo, a AFL sendo negociada nos Estados Unidos.

Facilidade cada vez maior de penetração no mercado

de computador com base em algum esporte. A forma do jogo pode também ser alterada para aumentar o interesse e atrair novos públicos. Por exemplo, o triatlo mais curto ou em equipe e a meia-maratona foram criados para atrair novos praticantes e proporcionar um formato televisivo

Cortesia de Simon Evans

A corrida noturna de cavalos com arreios é um exemplo de esporte modificado para atender às necessidades do mercado.

a esses esportes. A corrida de cavalos noturna é outro exemplo de um esporte modificado para atender a diferentes necessidades de mercado. A XFL é um exemplo clássico de produto esportivo recente em que as mudanças na forma do jogo não foram bem-sucedidas (consulte a seção "Destaque esportivo").

Destaque esportivo

A história do XFL

Em 1999, a Federação Mundial de Luta Livre (WWF) e a NBC esportes juntaram forças para apresentar o "futebol fora da lei", o XFL (*extreme football league*). Bastaram três anos para seus criadores puxarem o freio de mão. Por que seu produto não decolou? A idéia de Vince McMahon, presidente da WWF, tentou sem êxito combinar esporte e espetáculo.

A idéia tinha um público potencial: fanáticos por futebol e jovens adeptos de shows de simulação de sexo e luta organizados pela WWF. Contando com o melhor em termos de publicidade, a invenção tinha também bons patrocinadores, horário e público na TV; tudo preparado e pronto para essa nova geração do futebol. Mas não deu certo. Ao que parece, a oferta do produto não atendeu às necessidades de mercado, e os produtos que não cumprem com o prometido em sua publicidade estão quase sempre condenados.

A premissa básica do jogo era ter um futebol americano jogado sob as mesmas regras da modalidade nacional, mas com centenas de câmeras sobre, ao redor e espalhadas pelo campo para permitir tomadas e *replays* de todos os ângulos. Jogadores, treinadores e árbitros tinham microfones e todas as conversas com um tom "mau", "agressivo" e controverso eram incentivadas. Tudo isso complementado por mulheres lindas e com pouca roupa segurando placas com a pontuação, sempre sorridentes e geralmente acrescentando um clima estético ao jogo.

O que poderia dar errado? Afinal de contas, essa fórmula havia sido testada e aprovada na arena da WWF. O problema, naturalmente, era a expectativa do público, que esperava ver luta livre praticada em campo de futebol, o que ficou de lado, com os jogadores da NFL jogando futebol em vez disso. O público acabou sendo presenteado com um show desagradável, confuso e, acima de tudo, sem propósito. Os curiosos encontraram muito pouco escândalo e coisas que lhes chocassem, e os amantes do futebol viram muito pouco futebol decente, já que os jogadores geralmente eram aqueles que não conseguiram jogar nas ligas profissionais. Seu veredicto ficou claro no segundo jogo, em que os índices de audiência registraram pontos extremamente baixos para o horário nobre da TV. A liga efetuou diversas mudanças durante o ano, em um esforço de impedir a queda nesses índices; e nenhuma tentativa teve êxito. O XFL interrompeu as operações no seu quarto trimestre com um prejuízo antecipado de aproximadamente A$ 35 milhões.

Nem as provocantes e belas líderes de torcida ou a pseudoviolência foram capazes de segurar a audiência – as pessoas queriam espetáculo. Os espectadores queriam conteúdo, não apenas uma embalagem bonita. A publicidade em torno da estréia foi tão grande que as expectativas do público superaram as limitações do produto. Quando a máscara caiu, o público ficou decepcionado, e isso abriu a clássica fenda entre expectativas do consumidor e capacidade de oferecer serviços. O jogo era violento demais e, ao mesmo tempo, maçante demais. Não havia base de torcedores, nenhuma técnica, nenhum nome conhecido.

Em resumo, o jogo sofreu de excesso de propaganda e de confusão a respeito do seu propósito. O XFL não foi capaz de decidir se sua idéia era ser mais esporte ou mais espetáculo. A lição aprendida pelos profissionais de marketing foi não se deixar levar demasiadamente pelo poder promocional e de persuasão sem ter a capacidade sólida e substancial de oferecer algo com base em premissas. No caso do público masculino, o público-alvo do XFL, torna-se evidente que ele estava interessado em mais do que simplesmente violência encenada ou sexo – quando se fala de evento esportivo, o que realmente se procura é diversão e técnica. Nesse caso, o XFL prometeu demais e cumpriu de menos, o que, para muitos, jamais será esquecido.

Fonte: Anon, 2001a; Anon, 2001b; http://www.officialxfl.com/News/endofxfl.asp

Merchandising

O uso do merchandising como extensão de produto esportivo pode também dar bom resultado. Ao se utilizar essa forma de promoção, os elementos específicos do esporte – seus atributos exclusivos – podem ser ampliados. A lista de possíveis opções de merchandising é quase infinita, abrangendo de trajes, equipamentos, pôsteres e cartões até livros, fotografias, música e muito mais. Quase todo artigo em que seja possível estampar o logotipo de um time qualifica-se livremente como produto para merchandising. Coisas como experiências, emoções e benefícios vivenciados podem ser ampliados via filmagem em vídeo, fotos e gravações de áudio, de modo que os torcedores tenham a chance de relembrar aquele momento eternamente.

O Brisbane Lions AFL encarou o desafio do merchandising ao oferecer a seus torcedores roupas para bebês com as cores e o logotipo do Lions, acessórios para animais de estimação, títulos de membro para bebês e animais de estimação, acessórios escolares para crianças e quase tudo que se possa imaginar. Visite o website do clube para mais informações: www.lions.com.au. Mesmo os elementos intangíveis do esporte podem ser ampliados por meio do merchandising.

O merchandising é, portanto, uma ferramenta promocional bastante flexível a ser utilizada pelas organizações esportivas em qualquer nível no gerenciamento de receitas e também na promoção do espírito esportivo, do moral e da lealdade do torcedor. Acordos de licenciamento não são apenas financeiramente atrativos para os profissionais de marketing esportivo, mas também capazes de estabelecer uma base sólida e segura de consumidores igualmente importante para a sobrevivência do esporte no longo prazo.

Ticketing

Ingressos para as partidas podem ser também considerados como extensão do produto esportivo. Apesar de a função do ingresso parecer extremamente óbvia, sua forma e estrutura são igualmente importantes. No ingresso, deverão constar não apenas as informações relevantes para o comprador (como horário e data do evento e número do assento), ele também pode ser elaborado tendo em mente opções específicas de preço e de pacote. Seu principal objetivo deveria ser a construção de valor para o comprador. Isto é, os ingressos devem incluir o jogo e o entretenimento, ou parte dos ingressos poderia ser resgatável com produtos do patrocinador ou outros artigos disponíveis no local dos jogos, criando, assim, valor adicional. Alguns ingressos podem até mesmo ser elaborados como *souvenires* e itens de colecionador.

Pacotes de ingressos estratégicos poderiam, da mesma forma, suavizar a demanda desigual pelo produto. Por exemplo, no caso de um time de basquetebol, com certeza haverá jogos programados para o estádio local com pouca repercussão para o possível público espectador. Ao oferecer esses jogos como pacotes incluídos em jogos altamente populares, possivelmente com assentos preferenciais ou alguma outra vantagem, o profissional de marketing eleva as chances de maximizar as receitas de jogos desconhecidos sem perder clientes satisfeitos.

Ciclo de vida do produto

Ao introduzir novos produtos, os profissionais de marketing têm diante de si a tarefa de avaliar estratégias bem mais diversificadas do que as requeridas para produtos já desenvolvidos ou antigos. O ciclo de vida do produto permite aos profissionais de marketing avaliar o curso das vendas desse produto, bem como os lucros, durante a sua existência, e isso abrange cinco estágios: desenvolvimento do produto, introdução, crescimento, maturidade e declínio. Esses estágios geralmente são descritos como uma curva, conforme demonstrado na Figura 6.3. O gráfico realça o que acontece às vendas e aos lucros em cada estágio do ciclo de vida, assim como as estratégias de marketing mais adequadas a serem adotadas em cada estágio.

Um exemplo de produtos esportivos que se enquadram no estágio introdutório é o novo "GoDogGo"™ recentemente lançado nos Estados Unidos. Ele é, em essência, um balde de bolas de tênis que lança automaticamente as bolas ao ar a uma velocidade pré-ajustada para o seu cachorro correr atrás (www.seegodoggo.com). Como produto na fase introdutória, os profissionais de marketing deverão esperar um crescimento vagaroso das vendas e lucros baixos em razão dos altos gastos com publicidade necessários à divulgação do produto entre os consumidores. O mesmo se aplica à nova revista *Golf Leisure and Lifestyle* recentemente lançada pela Pacific Publications ou ao kitesurfe (www.kitesurfing.org), ambos potencialmente novos para a indústria esportiva. Nem todos os produtos nesse estágio do ciclo de vida são bem-sucedidos, com taxas de rejeição relativas ao consumo de novos produtos registrando cerca de 40% (20% para produtos industriais e 18% para serviços) (Kotler et al., 2003; Pitts e Stotlar, 1996).

Figura 6.3: Ciclo de vida do produto

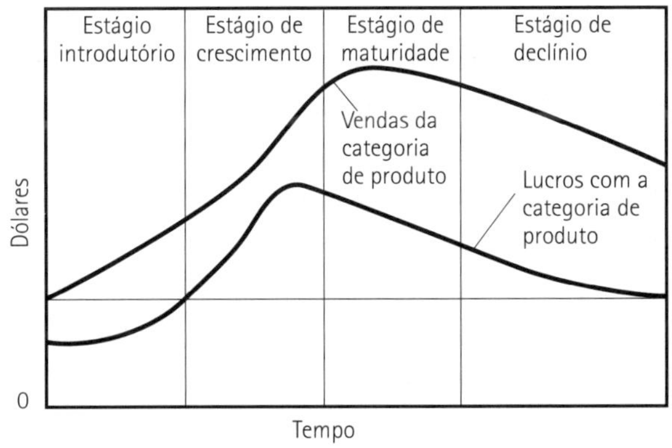

Fonte: Lamb, Hair e McDaniel, 2003, p. 302

Os produtos no estágio de evolução do seu ciclo de vida experimentam rápidos crescimento e aceitação de mercado. Exemplos de produtos esportivos nessa fase incluiriam o serviço de envio de mensagens de texto SMS usado por muitas modalidades esportivas para oferecer aos torcedores informações atualizadas sobre placar, apostas e outras notícias. Aulas de ginástica utilizando o método Pilates figuram como outro exemplo de produto na fase de crescimento, e a maioria dos esportes radicais também se encaixaria nessa categoria. É interessante observar que produtos esportivos como a ioga e a ginástica aeróbica retornaram à fase de crescimento após experimentarem um período de declínio ou maturidade. Com as modificações e alterações em sua forma, tornaram-se novamente populares.

Os produtos esportivos no estágio de maturidade abrangeriam a maioria dos esportes profissionais, programas de esporte, como o *Footy Show*, e a maioria das mídias esportivas, revistas e assim por diante. Nesse estágio, os produtos do ciclo de vida experimentam uma queda no crescimento das vendas ou um nivelamento ou estabilização da demanda. Quase sempre os lucros também se estabilizam e, em alguns casos, chegam até mesmo ao declínio. É nesse ponto que os profissionais de marketing freqüentemente buscam formas de revitalizar seus produtos para gerar novamente interesse por eles: os produtos são relançados, possivelmente para um novo mercado, ou recebem modificações para torná-los populares novamente (como os exemplos da ioga e da aeróbica).

Quando os produtos entram no estágio de declínio, geralmente as vendas e os lucros denunciam sua queda. Alguns produtos conseguem resistir a essa fase por certo tempo sobrevivendo por meio do que se chama de efeito tardio do marketing realizado anteriormente. Em geral, nesse ponto, os produtos desaparecem completamente ou são reinventados para atrair novos mercados, como acontece com os produtos em estágios mais avançados de maturidade. Passaram por essa fase produtos esportivos como trajes e acessórios para aeróbica e ginástica da década de 1970, e mesmo a forma da ginástica propriamente dita ficou pelo caminho. As novas modalidades de aeróbica, *Body Attack*, combate e *kick boxing* emprestaram muitos dos princípios e movimentos do estilo da aeróbica dos anos 1970, mas foram remodelados para atrair um público menos consciente de sua imagem carregando o toque dos anos 1990.

A discussão sobre produtos esportivos em diversos estágios do seu ciclo de vida realça também a necessidade de os profissionais de marketing adotarem estratégias diferenciadas nesses vários estágios, visto que cada um deles demanda requisitos distintos para os elementos do mix de marketing. A Tabela 6.3 ilustra as típicas estratégias de marketing que merecem mais consideração nos estágios do ciclo de vida do produto.

Embora seja importante, para os profissionais de marketing, considerar em qual fase do ciclo de vida seus produtos se enquadram, a imagem ou posicionamento do produto também é uma atividade de marketing crítica a ser considerada em todos os estágios do ciclo do produto. Decisões sobre *branding*, identidade, imagem e personalidade precisam ser consideradas à luz das atividades de marketing de produto estratégico.

Tabela 6.3: Estratégias típicas de marketing durante o ciclo de vida do produto
Posição do ciclo de vida do produto

Estratégia de mix de marketing	Introdução	Crescimento	Maturidade	Declínio
Estratégia de produto	Número limitado de modelos; modificações freqüentes no produto	Número ampliado de modelos; modificações freqüentes no produto	Grande número de modelos	Eliminação de modelos e marcas não-lucrativos
Estratégia de distribuição	Distribuição geralmente limitada, dependendo do produto; esforços intensos e margens altas são geralmente necessários para atrair atacadistas e varejistas	Número ampliado de revendedores; esforços intensos para estabelecer relações de longo prazo com atacadistas e varejistas	Número ampliado de revendedores; esforços intensos para reter distribuidores e espaço na prateleira	Eliminação de pontos-de-venda não-lucrativos
Estratégia de promoção	Tornar o produto conhecido; estimular a demanda primária; valer-se de um esforço de vendas pessoal intenso aos distribuidores; utilizar amostras e cupons para os consumidores	Estimular a demanda seletiva; promover a publicidade da marca de forma dinâmica	Estimular a demanda seletiva; promover a publicidade da marca de forma dinâmica; investir pesado na retenção de revendedores e clientes	Promoção encerrada
Estratégia de precificação	Os preços geralmente são altos para que haja uma recuperação dos custos de desenvolvimento	Preços começam a cair rumo ao fim do estágio de crescimento como resultado de pressão competitiva	Preços continuam caindo	Preços se estabilizam em um nível relativamente baixo; pequenos aumentos nos preços são possíveis se a concorrência for mínima

Fonte: Summers et al., 2003, p. 216

Branding

A prática do *branding* agrega valor aos produtos e requer investimentos de longo prazo em atividades de marketing. As empresas com controle sobre os nomes da marca detêm consideravelmente mais poder de mercado do que as que simplesmente vendem produtos e deixam o mercado decidir a forma como sua marca deverá ser vista. Uma marca é, portanto, um nome, um termo, um símbolo ou uma combinação planejada para identificar produtos de um vendedor ou grupos de vendedores e diferenciá-los de seus concorrentes (Shank, 2003). A prática do *branding* permite ao consumidor reconhecer certos benefícios e associá-los instantaneamente a um determinado produto. Para você, o que significa o nome Nike? Que diferença há, para você, entre essa marca e outras semelhantes, como Reebok, Asics ou New Balance?

Nome da marca

O conceito de *branding* está associado à questão do nome da marca. Esse é o elemento da marca cuja verbalização é possível, e os profissionais de marketing têm de assegurar que sua escolha inclui os benefícios ou imagens desejados pela empresa para simbolizar o produto. Na tarefa de atribuir ao produto esportivo um nome da marca, a maioria dos profissionais de marketing tenta selecionar rótulos que estimulem impressões e associações positivas, fáceis de serem lembrados e articulados e inconfundíveis.

Nenhuma dessas regras, contudo, parece aplicar-se ao trabalho dos profissionais de marketing da área de produtos esportivos radicais. Quanto mais exorbitante e não-comercial for a carga do nome, melhor aceitação terá nesse mercado. Nomes de marca como Venomous, Black Flys, Alien Workshop, Independent, Shorty's, Darkstar, Spitifire e Blind são bastante populares. Em contraste, se fôssemos avaliar marcas consagradas na área do golfe, encontraríamos títulos como Cobra, Links, Ping e Wilson. Há até mesmo marcas criadas a partir de nomes de jogadores de golfe famosos, como Tiger, Tommy Armour e Ben Hogan.

Mesmo as equipes esportivas levam nomes da marca, e estes geralmente são escolhidos com o intuito de refletir algo sobre a localização geográfica do time. A equipe de rúgbi New Zealand All Blacks administra o nome de sua marca sob regras de conduta e códigos de comportamento severos; todos os jogadores, uma vez admitidos, não poderão ofuscar o time e a identidade de sua marca com suas identidades e personalidades individuais. No caso de esportes como o basquetebol, essa situação é exatamente inversa, pois muitos de seus jogadores são incentivados a desenvolver personalidade de marca e identidade próprias, independentes daquelas do time. Michael Jordan, Denis Rodman e Shaquille O'Neil são exemplos disso.

Portanto, a marca deverá comunicar algo sobre os valores da empresa, os benefícios procurados pelo consumidor na compra do produto e sua personalidade. Se o produto for uma pessoa, que tipo de pessoa deve ser? Os profissionais de marketing há muito sabem que consumidores são atraídos por marcas com traços de personalidade que se assemelham aos deles ou que sejam capazes de produzir a imagem que tais consumidores gostariam de passar aos outros. Por exemplo, se praticar ou acompanhar o kitesurfe significa passar a idéia de estar em forma, ser valente, jovem nas atitudes, sem medo de nada e que essa é exatamente a maneira como o consumidor deseja ser visto pelos demais, então essa, provavelmente, é para ele uma forma de esporte. De modo semelhante, se a preferência por confecções da marca Cantebury projeta uma personalidade com traços de conservadorismo, bom gosto e consciência de valor e imagem, sendo essa a forma como a pessoa deseja ser vista, então ela deve escolher a marca em questão.

O processo de *branding*

Construir uma marca representa, para a maioria dos profissionais de marketing, uma tentativa ímpar de conquistar a lealdade do consumidor e, conseqüentemente, lealdade à marca de seus produtos. O processo de *branding* inicia-se com a criação da conscientização da marca e termina com a criação de lealdade à marca. A Figura 6.4 ilustra esse processo.

Uma vez criada a conscientização da marca no mercado, o profissional de marketing poderá dedicar sua atenção à criação da imagem ou personalidade da marca. Os profissionais de marketing esportivo procuram criar imagens de marca por meio da administração de uma variedade de *direcionadores de imagem* (Shank, 2003). Esses direcionadores incluem características do produto, desempenho, qualidade, preço, níveis de serviço, acondicionamento, atividade promocional e canais de distribuição, que se combinam para criar uma imagem na mente do consumidor.

O vínculo final no processo de desenvolvimento de lealdade à marca é criar o valor da marca. Isso se refere ao valor que a marca representa para o seu mercado específico. Os consumidores que enxergam na marca grande valor têm maior probabilidade de desembolsar mais por ela, demonstrando preferência e, geralmente, maior satisfação em comprá-la. Em relação ao esporte, o reconhecimento do valor da marca geralmente se reflete pelas percepções do êxito do time (proporção de vitórias × derrotas). Ao se observar produtos esportivos mais tangíveis, o valor da marca é geralmente um fator de reconhecimento da qualidade, familiaridade com o produto e lealdade à marca.

Lealdade à marca refere-se à preferência constante ou compra repetida de uma marca em relação a todas as demais da categoria. Clientes leais demonstram uma tendência em fazer qualquer coisa para readquirir uma marca em particular e geralmente divulgarão às demais pessoas sua superioridade em relação à concorrência. Clientes leais agem como vendedores corporativos, tendo total liberdade para isso!

Figura 6.4: O processo de *branding*

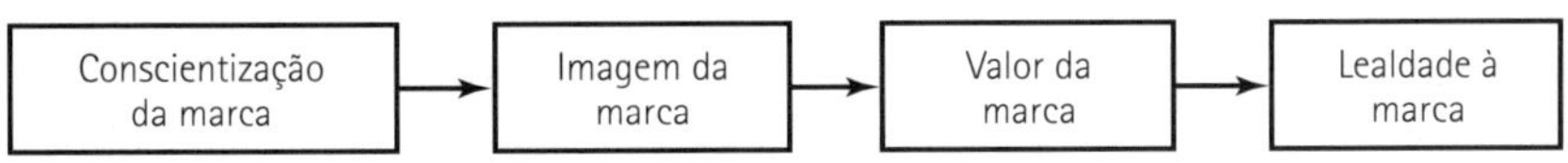

Fonte: Shank, 2003, p. 269

Quando se fala em esporte, a lealdade geralmente é definida em termos de lealdade do torcedor ou a intensidade do compromisso de um torcedor para com determinado time. Torcedores leais são aqueles que continuam acreditando no time e apoiando-o, mesmo após inúmeras derrotas, e são clientes obviamente muito importantes para os profissionais de marketing.

O torcedor leal sente uma espécie de laço ou associação pessoal com o time e, em geral, é alguém bastante envolvido na sua história ou suas tradições. Torcedores assim são grandes candidatos a comprar um pacote de ingressos para a temporada ou se tornarem sócios de algum modo, podem ser promotores do merchandising do time e, com freqüência, fornecer mão-de-obra gratuita para alguma equipe quando necessário. Mas o esporte não é o único agraciado com clientes leais; o merchandising e as marcas de trajes esportivos dispõem também de clientes leais que sempre compram esses produtos. Portanto, os profissionais de marketing buscam criar clientes leais, não importa qual seja sua oferta de produto, visto que esses clientes estabelecem a base para suas organizações e atuam como vendedores positivos na tarefa de atrair novos membros e clientes.

Ao final de 2006, o Brasil estava vivendo uma nova realidade quanto aos resultados obtidos por várias equipes esportivas em modalidades diferentes. No futebol, o campeonato brasileiro foi vencido pelo São Paulo Futebol Clube, com uma equipe desprovida de grandes astros, contratados por temporada para a obtenção de resultados. O vencedor simplesmente conseguiu um incrível padrão de regularidade entre empates e vitórias que lhe proporcionou a sagração como campeão. Interessante ressaltar que, ao final do campeonato, os integrantes dessa equipe passaram então a ser reconhecidos como grandes astros.

No voleibol, o ano terminou com a vitória da seleção brasileira feminina como campeã do Grand Prix. Tratou-se também de uma equipe nova, sem astros do segmento esportivo, mas que foi constituída de maneira uniforme e com um padrão de regularidade tão bem estruturado que seus resultados a levaram ao sucesso.

É o reconhecimento de que o planejamento estratégico e sua aplicabilidade superam a necessidade de apoiar as agremiações e seleções nacionais em astros, mais preocupados com seu marketing pessoal, em detrimento dos resultados necessários para a vitória. Nossa tentativa de sucesso no futebol mundial na Copa do Mundo realizada no ano de 2006 foi frustrada quando a seleção brasileira de futebol convocou seus maiores astros e sofreu uma retumbante derrota contra a equipe francesa, que não era sequer a favorita ao título.

Contraponto

Este capítulo apresentou uma visão geral das considerações de marketing tradicionais a serem observadas na tomada de decisão estratégica de produto. Questões sobre mix de produto, posicionamento e *branding* são todas relevantes, independentemente de o produto em questão ser uma mercadoria ou um serviço puro. O capítulo mostrou também que esses princípios são válidos para os produtos esportivos cujas características geralmente são uma combinação de mercadorias e de serviços.

Há, entretanto, produtos esportivos em que os modelos tradicionais parecem não se aplicar, o que ocorre na área de esportes radicais. O ciclo de vida dessas modalidades esportivas assemelha-se mais a um "modismo" e, no que diz respeito a todos os produtos com essa característica, os métodos tradicionais parecem não ser aplicáveis. Modismos são definidos como "oscilações aparentemente drásticas no comportamento da massa sem um estímulo externo óbvio" (Bikhoandani, Hirshleifer e Welch, 1992). O ciclo de vida de bens duráveis é descrito como uma curva em forma de sino (como mostrado na Figura 6.5), que aumenta gradualmente, atinge o topo e decai lentamente. Em contraste, a ponta do gráfico de um produto na moda é bastante acentuada, demonstrando um crescimento agudo a partir da fase introdutória com uma queda igualmente aguda após uma curta fase de maturidade. A característica marcante de um modismo é exatamente essa procura rápida pelo produto, seguida de uma queda também rápida (Bergman, 2003).

O crescimento rápido e a veneração quase religiosa dos Xgames (jogos radicais) seguem bem esse ciclo de vida passageiro. Diversas modalidades dos jogos radicais são bastante populares hoje, mas poucas parecem estar fazendo planejamento de longo prazo para sua popularidade. Na verdade, singularidade e novidade é que atraem seu público. Pelo que se observa, a falta de tradição e de associação com pessoas de uma geração mais velha (pais), além da falta de história são a razão pela qual esse esporte faz mais sucesso entre pessoas na faixa dos 12 aos 22 anos.

De forma semelhante, ações tradicionais sobre consideração de *branding* são também relevantes nesse mercado. Consumidores de esportes radicais são conhecidos como indivíduos que não confiam nas grandes corporações e suas campanhas de marketing espalhafatosas. Para eles, suas marcas devem ser divulgadas apenas entre os membros da "tribo", ser quase rejeitadas e, certamente,

Figura 6.5: Ciclo de vida de um produto que está na moda

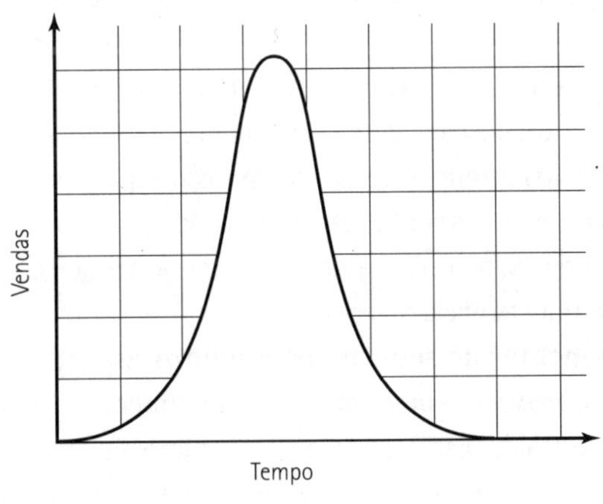

nada comerciais. Esse grupo, particularmente, não possui os mesmos valores que seus pais, e se estes nada sabem sobre as marcas usadas por seus filhos e a personalidade a elas associada, melhor ainda. O artifício para o profissional de marketing aqui é recorrer a patrocínio, apoios e outras ferramentas promocionais e de marketing para obter a confiança e a conscientização do consumidor de esportes radicais sem o uso da mídia (televisão ou rádio) tradicional. Websites, salas de bate-papo, anúncios, apoios e promoções de vendas são ferramentas que funcionariam bem nesse mercado.

Moral dessa história: apesar de os métodos tradicionais serem úteis, sempre haverá produtos para os quais esses métodos resultarão inadequados, e os profissionais de marketing precisam ter criatividade suficiente para compreender muito bem seus consumidores, podendo, assim, desenvolver estratégias que realmente funcionem. Além disso, profissionais de marketing que aprenderam métodos e princípios tradicionais e pertencem a uma geração aquém da compreensão desse segmento terão dificuldades em tornar suas abordagens relevantes e legítimas. Que táticas você apresentaria como sugestão a um fabricante de roupas para o mercado de *skateboard* com intenções de ingressar nesse segmento e ser aceito?

Resumo

- **explique o significado do termo produto**

  Produtos geralmente são definidos como "qualquer coisa que possa ser oferecida ao mercado para ser apreciada, adquirida, utilizada ou consumida, de modo que satisfaça uma necessidade ou desejo" (Kotler et al., 2003, p. 344). Com base nessa definição, produtos podem ser bens tangíveis, por exemplo, creme dental ou vestuário, ou serviços intangíveis, como cortar o cabelo ou assistir a uma partida esportiva. Produtos podem também ser idéias, destinos turísticos ou até mesmo pessoas. Portanto, o termo produto refere-se à complexidade de todos os itens utilizados no processo de troca mercadológica, sejam eles bens tangíveis ou serviços intangíveis ou idéias.

- **discuta a diferença entre mercadoria e serviço**

  O termo *mercadoria* é usado para descrever produtos físicos tangíveis, como raquetes de tênis, calçados esportivos e roupas de banho. Em contrapartida, usamos o termo *serviços puros* para descrever atividades ou benefícios colocados à venda, mas que são intangíveis, inseparáveis do consumidor, perecíveis e heterogêneos no sentido de não serem consistentes, sem possibilidade de transferência de posse.

- **explique os componentes de serviço dos produtos esportivos**

  As características dos serviços, como intangibilidade (produtos esportivos não podem ser armazenados), inseparabilidade (a produção e o consumo de um produto esportivo ocorrem simultaneamente), heterogeneidade (cada experiência de consumo no esporte será única) e perecibilidade (uma vez finalizado um evento esportivo, não há como reconsumi-lo), relacionam-se ao produto esportivo. À semelhança do que ocorre com serviços, os consumidores esportivos não possuem um evento esportivo, e o envolvimento de outros no consumo do esporte é um elemento importante na experiência com o produto.

- **discuta os vários níveis de produtos**

  Ao discutirmos o produto esportivo em termos gerais, é preciso considerá-lo em três níveis – dos quais o mais básico é o núcleo. Falamos aqui do bem adquirido de fato pelo consumidor, que pode ser tanto físico quanto intangível. Em seguida, temos o produto propriamente dito ou quaisquer elementos secundários de serviço do produto e, finalmente, o produto ampliado, o que inclui quaisquer benefícios e serviços auxiliares.

- **explique como os produtos esportivos diferem de outros tipos de produto**

  A principal razão pela qual o esporte difere de outros produtos é o alto nível de identificação pessoal que ele desperta nos seres humanos. Isso faz com que decisões gerenciais tomadas por profissionais de marketing e administradores esportivos passem pelo crivo e interesse dos indivíduos. Outras áreas em que o esporte é único abrangem os altos níveis de emoção envolvidos nas decisões de consumo esportivo, o fato de que os produtos esportivos são, ao mesmo tempo, industriais e de consumo, e o fato de as organizações esportivas competirem e cooperarem umas com as outras, simultaneamente.

- **defina a influência singular da mídia sobre os produtos esportivos**

  A mídia esportiva cada vez mais exerce sua influência sobre determinados aspectos do produto esportivo, como os horários (mudar o horário das partidas para que elas não coincidam com outros programas de grande audiência), as regras do jogo e até mesmo sua forma. Essas mudanças são consideradas justas pelos executivos de redes de televisão, que são obrigados a mostrar retornos financeiros em seus investimentos.

- **discuta as questões relativas à gestão do produto esportivo**

  A gestão do mix de produtos de uma empresa envolve decidir quais produtos oferecer, que linha seguir, quando manter e quando excluir um produto e quando incluir novos produtos. Ao considerarmos os produtos vendidos ou produzidos pelas organizações, é necessário observarmos a variedade total de produtos e serviços oferecidos por aquela empresa. Quando encontramos um grupo de produtos com características afins, pois funcionam de modo semelhante, ou são vendidos aos mesmos grupos de consumidores, ou negociados por tipos semelhantes de pontos-de-venda, isso é chamado de linha de produtos. Ao agrupamento de toda a linha de produtos e serviços oferecidos por uma organização, chamamos de *mix de produto.*

- **explique a relevância do ciclo de vida do produto para os profissionais de marketing esportivo**

  O ciclo de vida do produto permite aos profissionais de marketing avaliar o curso das vendas desse produto, bem como os lucros, durante sua existência, e isso abrange cinco estágios: desenvolvimento do produto, introdução, crescimento, maturidade e declínio.

- **discuta as principais considerações envolvidas nas estratégias de *branding* para os profissionais de marketing esportivo**

  A prática do *branding* agrega valor aos produtos e requer investimentos de longo prazo em atividades de marketing. As empresas com controle sobre os nomes da sua marca detêm consideravelmente mais poder de mercado do que as que simplesmente vendem produtos e deixam o mercado decidir a forma como sua marca deverá ser vista.

Perguntas de revisão

1. Explique o significado do termo *perecibilidade* em relação ao produto esportivo.
2. Por que a *heterogeneidade* é considerada uma das principais preocupações dos profissionais de marketing esportivo?
3. O que quer dizer *produto-núcleo*?
4. Ao descrever um mix de produto em termos de profundidade, extensão e consistência, a que isso se refere?
5. A que se referem as leis *anti-sinfonação*?
6. Quais são as etapas do processo de *branding*?

Atividades aplicadas

1. Acesse o website de kitesurfe (www.kitesurfing.org) e quaisquer outros links nele disponíveis. Avalie se os profissionais de marketing de produtos relacionados a esse esporte (que se encontram na fase introdutória do ciclo de vida do produto) seguem os princípios de mix de marketing gerais descritos na Tabela 6.3 e faça seus comentários.
2. Entreviste cinco pessoas do seu ciclo social e indague sobre suas preferências em termos de atividades de *fitness*. Caso alguma delas pratique ioga ou ginástica Pilates, descubra por que apreciam mais essas formas passivas de esporte e tente saber, por meio de pesquisa via internet, como esses esportes foram adaptados e modificados ao longo do tempo para parecerem novos e interessantes novamente. Comente sobre as táticas de marketing utilizadas.
3. Escolha uma marca ou time esportivo bem conhecidos e pergunte a cinco pessoas sobre suas percepções em relação ao valor dessas marcas e sua lealdade a elas. Que benefícios reconhecidos você observa em cada marca e quais valores os entrevistados apontam como evocados pelo produto?
4. Visite o site da ESPN (www.expn.go.com) e dê uma olhada na variedade de jogos radicais lá apresentada. Escolha uma forma de jogo radical e explique resumidamente como é jogada

e como a mídia exerceu influência direta sobre sua forma, bem como os horários das competições.

Referências

Ali, M. Ten sports to cover pakistan domestic cricket. *Daily Times*, 10 de outubro de 2004. Disponível em: http://www.dailytimes.com.pk/default.asp?page=story_7-5-2003_pg2. Acesso em: 10 out. 2004.

Anon. No tears to shed for the XFL. *Advertising Age*, v. 72, artigo 21, p. 18, 2001a.

Anon. XFL R.I.P. *Advertising Age*, v. 72, artigo 20, p. 3, 2001b.

Battin, P. S. Television sports rights 2003. *PSB Media* 2003. Disponível em: http://www.gouldmedia.com/nv_rpt_tsr03.php. Acesso em: 30 mar. 2004.

Bergman, M. When a fad ends: an agent-based model of imitative behaviour. Universidade de Houston, 2003. Disponível em: http://www.uh.edu/margo/paper.pdf 2003. Acesso em mar. 2004.

Bikhchandani, S.; Hirshleifer, D.; Welch, I. A theory of fads, fashion, and cultural changes as informational cascades. *Journal of Political Economy*, 100(5), 1992.

Daily News, 2003, www.dailynews.lk/2003/09/09/spo05.html.

Football Violence, 2003, http://uk.fe.yahoo.com./f/football_violence.html.

Karlis, G. City and sport marketing strategy: the case of Athens 2004. *The Sport Journal*, Academia de Esportes dos Estados Unidos, 2003. Disponível em: www.thesportjournal.org. Acesso em: 30 mar. 2004.

Kotler, P.; Adam, S.; Brown, L.; Armstrong, G. *Principles of marketing*. 2. ed. Sydney: Prentice Hall, 2003.

Lamb, C.; Hair, J.; McDaniel, C. *Essentials of marketing*. Canadá: South Western, 2003.

Pitts, B.; Stotlar, D. *Fundamentals of sport marketing*, Morgantown: Fitness Information Technology Inc., 2003.

Pitts, B. G.; Fielding, L. W.; Miller, L. K. Industry segmentation theory and the sport industry: developing a sport industry segment model. *Sport Marketing Quarterly*, v. 3, artigo 1, p. 15-24, 1994.

Shank, M. *Sports marketing:* a strategic approach. 2. ed. Nova Jersey: Prentice-Hall, 2003.

Shilbury, D.; Quick, S.; Westerbreek, H. *Strategic sport marketing*. Sydney: Allen & Unwin, 1998.

Summers, J.; Gardiner, M.; Lamb, C.; Hair, J.; McDaniel, C. *Essentials of marketing*. Melbourne: Thomson Learning, 2003.

The Global Business of Sports Television. Relatório encomendado pela Global Media Intelligence Screen Digest, publicado em 1º de janeiro de 2003.

Wessberg, A. Sport television and the internet. Palestra proferida pelo presidente da União de Radiofusão Européia para as Nações Unidas, Nova York, 19 de novembro de 2000. Disponível em: http://www.ebu.ch/news/press_archive/press_news_1100a.html. Acesso em: 30 mar. 2004.

www.americansportsdata.com/pr_04-15-03.asp

www.dcita.gov.au/Article/0,,0_1-2_10-4_104869,00.html

www.dooyoo.co.uk/speakers_corner/discussion/hooliganism_the_real_sport_behind_football/

www.officialxfl.com/News/endofxfl.asp

www.uh.edu/margo/paper.pdf 2003

www.xfl-football.com/

capítulo 7

Comunicação e criação de valor no esporte

Objetivos de aprendizagem

Após ler este capítulo, você deve ser capaz de:

- definir promoção e sua relação com o processo de comunicação
- defender a perspectiva de comunicações integradas de marketing para a formulação de estratégias promocionais
- discutir os elementos do mix promocional, inclusive as formas de promoção que estão surgindo, e ressaltar seu impacto sobre a estratégia promocional esportiva
- debater sobre as vantagens e desvantagens dos vários elementos promocionais para incorporação em um plano de marketing esportivo
- conhecer o processo de desenvolvimento de um plano promocional estratégico
- discutir as estratégias que podem agregar valor às relações promocionais

Preparação do cenário

Fossil mantém patrocínio para a Copa Davis

Fossil é uma empresa de design, desenvolvimento, marketing e distribuição especializada em produtos de consumo de bom gosto e valor. O seu catálogo abrange uma linha variada de relógios *fashion* das marcas Fossil®, Relic® e Zodiac®, todas pertencentes à empresa, bem como marcas licenciadas para algumas das companhias mais respeitadas do mundo, incluindo Emporio Armani®, DKNY®, Diesel® e Burberry®. A empresa oferece também linhas complementares de pequenos artigos de couro, cintos, bolsas e óculos de sol das marcas Fossil e Relic, jóias das marcas Fossil e Emporio Armani e confecções Fossil. Os seus produtos são vendidos em lojas de departamentos e de especialidades espalhadas por cerca de 90 países ao redor do mundo, bem como em seu website de comércio eletrônico no endereço www.fossil.com. No final de 2003, a Fossil anunciou um patrocínio de milhões de dólares para a Copa Davis de tênis, ao qual ela pretende dar continuidade por vários anos. Então, o que uma empresa de relógios de pulso e moda tem a ver com o tênis e como o envolvimento com o tênis internacional agregaria valor aos produtos e clientes da Fossil?

A Federação Internacional de Tênis (ITF) e a Fossil assinaram um contrato multianual, efetivado ao final da Copa Davis 2003 pela BNP Paribas entre Austrália e Espanha, em Melbourne, em novembro daquele ano; o objetivo do contrato é tornar a Fossil o patrocinador internacional e o fornecedor da marca oficial do relógio de pulso da Copa Davis (Indiantelevision.com, 2003). A Fossil desfrutará de benefícios exclusivos no local e na quadra, incluindo o fornecimento do cronômetro de quadra oficial. Como parte do seu acordo de licenciamento com a ITF, a empresa lançou o relógio oficial ao final da Copa Davis de 2003. O relógio pode ser encontrado também nas lojas da Fossil e em varejistas em todo o mundo. Ambas as partes afirmam publicamente ser essa uma parceria emocionante, mas onde estão exatamente os benefícios?

Obviamente, para a ITF, o benefício principal está no investimento comercial e na injeção de capital de patrocínio, mas de que forma o negócio trará lucros para a Fossil? A empresa pretende usar o programa da Copa Davis como plataforma global de comunicação, pois defende que a Copa e a ITF são direcionados pelo mesmo conjunto de valores – paixão, autenticidade e trabalho em equipe, qualidades evidentes na cultura da Fossil. Em poucas palavras, a Fossil considera o perfil internacional da Copa Davis e o jovem público-alvo que a acompanha como uma combinação perfeita para o seu público-alvo. A Fossil se mantém constantemente na busca por novos canais de distribuição, associação com celebridades campeãs e atletas de renome com consciência de moda (basta lembrar as irmãs Williams). Além disso, é provável que, nesse patrocínio, estejam embutidas algumas opções de hospedagem corporativa nos principais eventos que poderão ser usadas pela Fossil para atrair clientes ou fornecedores ou, talvez, como incentivo para o seu pessoal, todas elas agregando considerável valor ao seu catálogo de produtos e a sua posição como empresa. Devem ser *games*, *sets* e *matches* iluminados!

Fonte: http://www.daviscup.com/news/newsarticle.asp?id=12598

Introdução

Todo consumidor tem de conhecer produtos e serviços antes de decidir sobre adquiri-los ou não. O processo de comunicação com o consumidor é conhecido como promoção[1].

Como visto na seção "Preparação do cenário", levar uma mensagem até o público-alvo envolve, em determinadas situações, associar o produto ou a empresa a celebridades ou eventos de renome.

Muitas pessoas pensam em promoção (do composto de marketing) como simples propaganda ou, talvez, um trabalho de relações públicas; contudo, é muito mais que isso e inclui, na verdade, qualquer ação empreendida capaz de estabelecer comunicação com as partes interessadas de uma empresa. Portanto, mesmo as embalagens e os preços oferecidos e praticados por uma empresa fornecem informações sobre seu valor e, possivelmente, sobre o conteúdo dos produtos de seu catálogo. Igualmente, o grau de relacionamento dos funcionários da organização com clientes e outros indivíduos diz muito sobre ela, e a apresentação visual da empresa (ambiente físico) também revela a clientes atuais e em potencial o seu grau de preocupação com seu pessoal, e sua imagem corporativa e de seus produtos.

Este capítulo abordará as questões de promoção (do composto de marketing) no ambiente esportivo, iniciando com uma discussão sobre o que é ou deixa de ser promoção, e explorando, então, a forma como a organização esportiva poderá utilizar esse elemento do mix de marketing para estabelecer uma comunicação eficaz com seu público-alvo e criar valores duradouros com clientes e investidores por meio do planejamento estratégico de suas atividades promocionais. Como introdução, o capítulo demonstrará, de forma geral, como a promoção funciona, oferecendo uma combinação dos elementos necessários à elaboração de uma estratégia promocional.

O que é promoção?

Promoção (do composto de marketing) é definida como a combinação de todos os esforços iniciados pelo vendedor para estabelecer canais de informação e persuasão de modo que venda mercadorias e serviços ou promova idéias (Ray, 1982). O termo refere-se ao direcionamento estra-

---

[1] O processo de comunicação com o consumidor, estudado e divulgado como quarto item do composto de marketing, é chamado em português de *promoção*. Promoção, nesse sentido, significa todo e qualquer modelo de comunicar a existência de qualificação ou adjetivação cabível a um produto ou serviço. Porém, quando tratamos da divulgação ou de tornar público atos ou qualificação de empresa ou produto, dentro do grande item promoção do composto de marketing, estamos falando de comunicação social. Essa explicação é necessária porque promoção como item de comunicação social refere-se ao desenvolvimento de mecanismos de aproximação ou experimentação de produto ou serviço com o consumidor. (NRT)

tégico dos esforços de comunicação de uma empresa a uma série de públicos-alvo, em âmbitos tanto interno quanto externo da firma. Podem-se usar atividades promocionais como meio de estabelecer uma imagem da empresa, reafirmar essa imagem ou marca, criar conscientização sobre os produtos e serviços, alertar clientes quanto a ofertas ou negócios especiais ou localização de determinado empreendimento, promover mudanças no pessoal ou fornecer outras informações relevantes, bem como informar a outros públicos e partes interessadas sobre a operação ou desempenho dos negócios.

Em contrapartida, comunicação envolve o compartilhamento de idéias ou pensamentos entre emissor e receptor (Belch e Belch, 2004), algo evidente no processo em que o indivíduo toma conhecimento de uma mensagem, decodifica ou interpreta essa mensagem e determina, em seguida, se retém a informação, toma uma atitude ou simplesmente descarta a informação recebida (Cravens, 1994). A Figura 7.1 ilustra esse processo.

Esse modelo de comunicações realça o quão importante é compreender realmente o receptor de uma mensagem e escolher os canais mais adequados de comunicação, de modo que assegure a transferência eficaz de informações. Se as áreas de experiência do receptor não forem compreendidas, o profissional de marketing poderá cair na armadilha de enviar mensagens sem sentido para o receptor.

O modelo de comunicação, portanto, parte de um emissor ou *fonte*, que seleciona palavras, símbolos ou figuras combinados de alguma forma para criar uma mensagem; essa mensagem será

Figura 7.1: O modelo do processo de comunicação

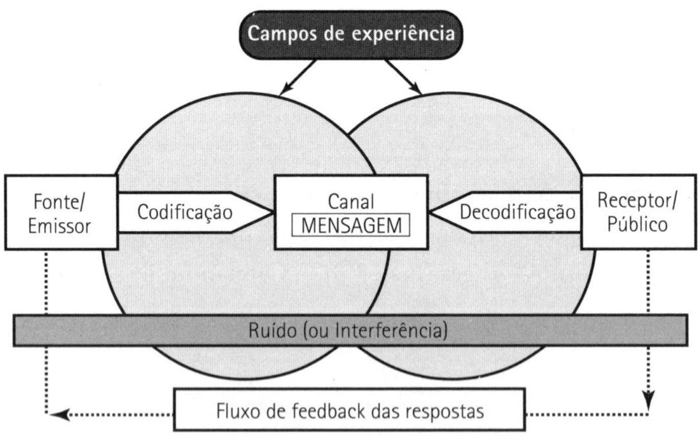

Fonte: Belch e Belch, 2004, p. 139

codificada em um formato que pode ser enviado ao *receptor*, e este, por sua vez, *decodifica* a mensagem e, assim se espera, absorve seu significado da maneira como o emissor pretendeu passá-lo.

A mensagem é enviada via *canal* ao receptor, e esse canal pode ser pessoal (como uma apresentação frente a frente) ou impessoal (mídias de massa, como televisão ou rádio). A seleção do canal adequado é quase tão importante quanto receber a mensagem corretamente, pois é necessário que o canal possa ser e seja acessado de fato pelo receptor.

Além disso, é necessário um esforço da parte do emissor para reduzir a distorção ou interferência (ruído) no processo de envio e recebimento da mensagem, procurando diminuir tal interferência pela escolha de canais que serão relevantes para o receptor. Na propaganda radiofônica, por exemplo, ruído seria um fator importante, pois a maioria das pessoas, enquanto escuta a transmissão, realiza outras tarefas (dirige, digita, estuda, lê etc.), e essas atividades interferem na capacidade de compreender e receber correta e claramente a mensagem.

Finalmente, o emissor precisa levar em consideração as *áreas de experiência* do receptor na composição da mensagem. Isso se refere às percepções, atitudes e valores imprimidos pelo receptor ao processo de comunicação e que o ajudam a interpretar as diversas mensagens recebidas ou a ele expostas. Portanto, é importante compreender o público-alvo e a sua possível reação às mensagens enviadas, de modo que gere atividades de comunicação mais eficazes.

A Liga de Futebol Australiano (AFL) enfrenta problemas sérios na busca por internacionalizar ou mesmo nacionalizar seu esporte e divulgar os benefícios de acompanhar ou apoiar essa modalidade esportiva a um público que se estenda para além das fronteiras de Victoria, do sul e do oeste da Austrália. Outros estados australianos demonstram menos interesse pela AFL na maior parte, embora haja pequenos focos de apoio em crescimento. O interesse se torna ainda mais escasso no exterior. De fato, muitos países jamais ouviram falar do esporte nem o compreendem ou revelam interesse em praticá-lo ou mesmo acompanhá-lo. A AFL percorreu um bom caminho na tentativa de intensificar a promoção do esporte e dos benefícios associados ao prazer de assisti-lo em meio à multidão, no estádio local, por intermédio de extensos programas de desenvolvimento regional e escolar (tanto para meninos quanto para meninas) e também clínicas para jogadores e técnicos.

Em termos internacionais, porém, gaélico é o ponto mais próximo que se chegou da AFL. Entretanto, o número de conhecedores dessa modalidade de futebol ou de pessoas que já ouviram falar dela é ainda menor em âmbito mundial! Na tentativa de abordar o problema, a AFL encarregou a IR Gurus de desenvolver e comercializar um jogo de futebol gaélico para a Sony Computer Entertainment da Europa (um investimento de A$ 2,3 milhões). A expectativa de ambos os sócios é de que a estratégia proporcionará uma maior divulgação das regras e da emoção do jogo e, na avaliação destes, envolveu a mesma quantia de dinheiro que poderia ser gasto com publicidade ou outras atividades promocionais. Além disso, esperam com esse investimento atingir o público-alvo de amanhã – adolescentes e pré-adolescentes (Withers, 2003) – atraindo sua atenção para a compreensão detalhada do esporte por meio de uma representação visual.

O mix promocional (mix de comunicação)

As ferramentas básicas utilizadas para realizar uma promoção e uma divulgação eficazes são conhecidas como mix promocional (mix de comunicação). Tradicionalmente, esse mix inclui quatro elementos (propaganda, venda pessoal, relações públicas e promoções de vendas). Contudo, a recente e crescente confiança nas modalidades de marketing direto e interativo, bem como sua utilização, tem classificado tais ferramentas como elementos distintos do mix promocional (Belch e Belch, 2004). No contexto esportivo, patrocínio é também algo importante demais para ser colocado de lado como elemento promocional distinto (veja a Figura 7.2). Portanto, o mix promocional (mix de comunicação) consiste em sete elementos e eles devem ser considerados conjuntamente, de modo que provem sua eficácia de forma estratégica e integrada. Isso é chamado de processo de comunicação integrada de marketing ou CIM.

Comunicação integrada de marketing

Por muitos anos, a função promocional nas organizações foi dominada pela publicidade, utilizando-se mídia de massa e valendo-se da habilidade das agências de propaganda para orientá-las na maioria dos aspectos do plano de marketing. Durante a década de 1980, muitas empresas perceberam

Figura 7.2: O mix promocional esportivo

a necessidade de uma integração mais estratégica de suas ferramentas promocionais e de marketing e, conseqüentemente, do desenvolvimento da comunicação integrada de marketing – CIM.

A abordagem CIM considera todos os aspectos da organização capazes de estabelecer uma comunicação com os consumidores e/ou partes interessadas e, portanto, registra bons resultados com publicidade na mídia de massa. As empresas começam a descobrir que as percepções dos consumidores em relação a suas marcas compreendiam a síntese de um conjunto de mensagens oriundas não apenas de informes publicitários, mas também de estratégias de precificação, distribuição, esforços de publicidade, atividades promocionais de vendas, criação de pacotes, exposições em pontos-de-compra, uniformes corporativos, layout de loja ou oficial, websites etc. A adoção da abordagem CIM permite à empresa coordenar estrategicamente todas as suas atividades, de modo que assegure a transmissão de mensagens consistentes e adequadas às várias partes interessadas, bem como dispensar maior consideração ao valor da marca com um todo (Belch e Belch, 2004).

Portanto, embora a atividade promocional seja, na verdade, apenas outro sinônimo para processo de comunicações, o mix de promoções representa as ferramentas e atividades promocionais e de CIM. Além disso, a CIM é uma forma de administrar ferramentas, processos e atividades de marketing e de comunicações para obter um efeito coordenado e sinergético (Semenik, 2002).

Para permitir que os profissionais de marketing considerem todas as atividades promocionais e de marketing de forma combinada e estratégica, é preciso primeiro compreender um pouco mais sobre cada elemento e a melhor maneira de integrá-los em um plano promocional. A Tabela 7.3, ao final desta seção, apresenta um resumo dos pontos fortes e das deficiências de cada elemento promocional ilustrado na Figura 7.2. Cada elemento do mix promocional atende, portanto, a diferentes funções de comunicação e de marketing. A decisão sobre que combinação de métodos utilizar deve ser feita à luz de um plano geral de marketing, limites de recurso e objetivos promocionais – discutiremos mais sobre isso adiante. Por hora, no entanto, é necessário analisar de forma geral e resumida cada elemento, começando com publicidade.

Publicidade

Publicidade é, provavelmente, o elemento do mix promocional mais conhecido e o primeiro a ser considerado, sendo definido como qualquer forma paga de comunicação não-pessoal relativa a uma organização, um produto, serviço ou uma idéia concebida por um patrocinador conhecido (Belch e Belch, 2004). As organizações esportivas, com freqüência, promovem a publicidade de seus produtos, eventos ou mesmo de seus jogadores em pontos-de-venda da mídia de massa (rádio, televisão, jornais), na tentativa de aumentar a audiência, incentivar a prática e estimular o apoio e a lealdade. Algumas organizações esportivas poderão até mesmo valer-se da publicidade para vender produtos ou estimular atitudes positivas dentro da comunidade.

O aspecto não pessoal da publicidade revela o quanto ela é essencialmente a transmissão de uma mensagem sem a oportunidade de qualquer interação ou retorno do público. Sua utilização é mais apropriada a produtos e serviços direcionados a mercados de consumo em massa e apresenta ainda as vantagens de poder criar imagem de marca e atrativos simbólicos para as empresas ou marcas, além de atrair facilmente a atenção. O uso da mídia de massa na publicidade é uma evidência de que esta, com freqüência, gera uma relação custo-benefício bastante lucrativa na conquista de um público maior, apesar de a produção por peça publicitária para veiculação ser bastante alta.

Embora peça publicitária para veiculação seja o elemento do mix de promoções mais conhecido, ela não é muito utilizada nas organizações esportivas, exceto para informar às pessoas sobre eventos em cartaz, oportunidades de negócios disponíveis e para a venda de merchandising. As organizações esportivas demonstram uma tendência ao maior uso do patrocínio e das relações públicas em seu mix de comunicação, embora a propaganda possa assumir (e assume) um papel definido. Publicidade é uma ferramenta de uso mais intenso entre investidores esportivos na comunicação de seu envolvimento em uma modalidade esportiva ou na venda de produtos e serviços relacionados ao esporte. Considere as placas de publicidade utilizadas em eventos esportivos ou os anúncios de TV sobre os produtos do patrocinador durante as transmissões esportivas e assim por diante.

Uma parte fundamental da campanha publicitária é, sem dúvida, uma estratégia criativa boa e bem executada. Contudo, o simples fato de uma peça publicitária ser criativa não significa que ela será popular ou eficaz. Portanto, como definir criatividade e como administrá-la em relação à publicidade?

Estratégia criativa definida

Define-se criatividade como a qualidade de as pessoas produzirem novas abordagens, geralmente refletidas em soluções inéditas e melhoradas para problemas enfrentados (Belch e Belch, 2004). Em relação à publicidade, criatividade significa ser capaz de atrair a atenção de determinado público e impressioná-lo. O desafio diante de quem trabalha com criação é desenvolver mensagens publicitárias abrangendo todas as informações conhecidas sobre público-alvo, objetivos de comunicação, benefícios e características do produto e visão corporativa da organização.

O sucesso de tudo isso depende, geralmente, de um processo criativo, embora a opinião de algumas pessoas da área de criação seja de que a estruturação da criatividade por meio de processos específicos é uma tarefa impossível. A Figura 7.3 apresenta uma perspectiva do processo criativo desenvolvido pelo ex-vice-presidente da Agência de Propaganda J. Walter Thompson (1975). Para garantir a relevância e a eficácia da criatividade no desenvolvimento de uma estratégia de publicidade, o método sugere que os objetivos da campanha e as informações contextuais sobre público, produto e problema a ser resolvido deverão ser considerados. Uma vez determinada a mensagem publicitária, é importante considerar a forma pela qual será executada. Isso é conhecido como apelo publicitário ou estilo de execução.

Atualmente, a definição da mídia é que determina a linguagem correta a ser utilizada. Por exemplo, para a televisão, o padrão no Brasil trabalha com mensagens de 30 segundos, um *spot* ou peça para rádio normalmente varia entre 5, 15 e 30 segundos; para um outdoor, a linguagem é telegráfica, dada a velocidade com a qual o consumidor terá de lê-la. Portanto, citando McLuhan, "o meio é a mensagem".

Um exemplo de peça publicitária criativa na área do esporte, lançada para atrair consumidores e incentivar o uso do produto, foi a campanha da Coca-Cola criada a partir da Copa do Mundo de Rúgbi em 2003. A série de anúncios baseou-se na campanha do "caçador de emoções", em que satélites e tecnologia digital foram utilizados para localizar 20 pessoas que possuíam garrafas de Coca-Cola e Coca-Cola Diet, aleatoriamente distribuídas pela Austrália. Cada vencedor recebeu ingressos VIP para as Finais da Copa do Mundo, um automóvel da marca Peugeot e US$ 10.000 em compras da Visa. A promoção, uma alusão à história de Willy Wonka, em que cinco ingressos premiados para um passeio à fábrica de chocolate foram escondidos em barras de chocolate, colocou

Figura 7.3: O processo criativo

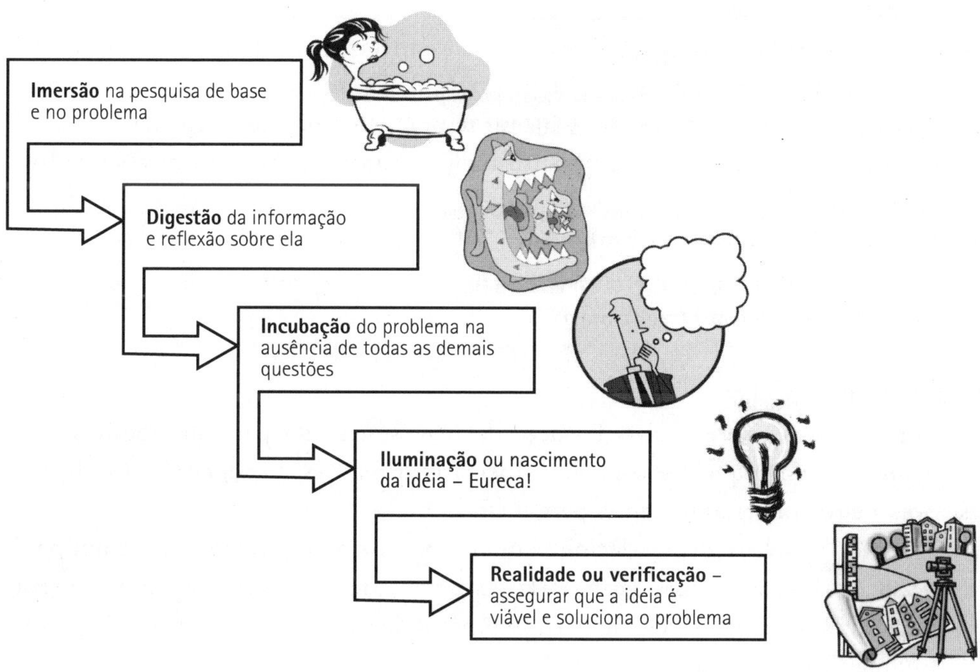

Fonte: Webb Young, 1975, p. 42

em ação caçadores de emoções espalhados pelo país à procura dos felizes vencedores, que eram premiados ao vivo na rádio nacional à medida que eram descobertos. Além dos anúncios de TV, a promoção contou também com propagandas no rádio, anúncios em pontos-de-compra, nas lojas e uma ampla campanha de RP em paralelo. David Campese foi o principal apoiador da campanha, desempenhando o papel de "Agente Secreto Caçador de Emoção" (Plaskitt, 2003a). A Atividade 7.1 traça as etapas a serem seguidas para a elaboração de um resumo criativo; ela funciona como uma folha de planejamento a ser usada pelas agências de propaganda para comunicar, de forma clara, a todos os interessados o foco e a orientação sobre as estratégias criativas utilizadas nas comunicações de marketing.

Atividade 7.1: Como preparar um resumo criativo

Folha de trabalho de resumo criativo

O preenchimento do questionário na folha de trabalho a seguir o ajudará a montar, de forma eficiente, um esqueleto do seu resumo criativo. A informação reunida no processo de descoberta (investigação do cliente, pesquisa, entrevistas) fornecerá as respostas necessárias.

Etapa 1: Resumo de projeto

Especificar as informações gerais sobre o projeto, metas e as informações contextuais necessárias à campanha em questão. Esse parágrafo deverá fornecer uma explicação geral do projeto como um todo, bem como incluir respostas às seguintes perguntas:

1. Qual é a visão geral básica do projeto? Inclua resumidamente informações de base, caso sejam relevantes.
2. Qual é o objetivo básico da campanha?
3. Quais são as metas secundárias da campanha?
4. Quais são as metas de longo prazo?

Etapa 2: Perfil do público

Trace um perfil do público-alvo. Forneça detalhes suficientes para que todos possam compreender melhor quem é o público. Inclua informações demográficas. O objetivo dessa seção é responder às seguintes perguntas:

1. Quem é o público-alvo? Selecione um usuário típico do produto e trace um perfil detalhado. Inclua profissão, faixa etária, sexo, com que freqüência faz compras e qualquer outra informação relevante. Trace o perfil de mais de um usuário, se aplicável.
2. Em que se interessam?
3. Como normalmente adquirem esse produto?

Etapa 3: Percepção/tom/diretrizes

Que reação espera do público-alvo em relação à sua campanha?

1. Qual a atual opinião ou impressão do público-alvo em relação à campanha e os produtos disponíveis no momento?
2. Que opinião ou impressão esperamos dele?
3. Como esse novo site da campanha contribuirá para alcançar essa meta?
4. Que adjetivos poderiam ser usados para descrever a forma de entender o produto e a empresa?
5. Que metas visuais específicas deveriam ser transmitidas na campanha?
6. Crie, em uma frase ou palavra, uma descrição apropriada do produto.

Etapa 4: Estratégia de comunicação

Como iremos convencê-los?

1. Que mensagem geral você está tentando transmitir ao seu público-alvo? Por exemplo, custo-benefício, segurança, confiança, eficiência etc.
2. Como a mensagem geral será transmitida? Por exemplo, mensagem eficaz por meio de cópias, caminhos direcionados a uma meta, oferta específica etc.
3. Identifique as etapas de desenvolvimento (caso apropriado) utilizadas para executar as metas.
4. Como será avaliado o sucesso da sua campanha?

Etapa 5: Posicionamento competitivo

O modo como você se destaca de seus concorrentes e os fatores que garantirão sucesso.

1. De que forma sua campanha ou empresa se diferencia da concorrência?
2. O que especificamente o distingue da concorrência?
3. Que áreas de campanhas passadas foram bem-sucedidas e por quê?

Adaptado de http://www.macromedia.com/resources/techniques/resources/define/creative_brief.rtf

---

Apelos publicitários e estilos de execução

O exemplo anterior da Coca-Cola e da Copa do Mundo de Rúgbi de 2003 fez uso de um apelo altamente emocional, combinando drama, humor e personalidade, para capturar a atenção do público do rádio e da TV. Anúncios envolvem apelo, o qual diz respeito à abordagem utilizada para atrair o público. Apelos costumam ser classificados em *racionais/informais* ou *emocionais*, dependendo da mensagem enviada e da abordagem requerida para atrair a atenção do público. Apelos *racionais* costumam focar aspectos práticos, funcionais ou utilitários do produto ou serviço. Apelos *emocionais*, por outro lado, concentram-se nas necessidades sociais ou psicológicas envolvidas na aquisição de um produto ou serviço, e a tendência é empregar impressões ou estados psicológicos na abordagem.

Muitos anúncios esportivos utilizam apelos emocionais pelo fato de o esporte ser um produto extremamente emocional. Sentimentos como alegria, nostalgia, entusiasmo, medo, orgulho, tristeza, angústia, ansiedade, ira, posse e sensação de status podem ser relevantes na arena esportiva. Os apelos racionais são também utilizados, mas apenas se houver uma mensagem séria a ser enviada, por exemplo, "Não use anabolizantes no esporte!". Muitos anúncios empregam uma combinação de dois apelos para conquistar a atenção do consumidor, particularmente quando questões sérias precisam ser comunicadas.

Execução publicitária refere-se à maneira como o apelo publicitário é apresentado. A forma de expressar a mensagem pode, em alguns casos, tornar-se tão importante quanto o conteúdo da mensagem. Geralmente, há uma variedade de formas por meio das quais a mensagem poderá ser apresentada ou executada, e algumas delas estão na Tabela 7.1. As organizações podem utilizar esses estilos individuais ou criar alguma combinação para melhor alcançar seus objetivos.

Um dos métodos de execução mencionados na Tabela 7.1 freqüentemente usado na publicidade esportiva é o testemunho, e muito do dinheiro embolsado pelas celebridades esportivas vem dessa prática. É assim que muitas personalidades patrocinam ou representam um produto, encorajando outros a oferecer apoio à marca. Embora essa seja uma estratégia excelente para despertar o interesse e garantir o recebimento da mensagem, os profissionais de marketing precisam estar atentos para impedir que a marca seja ofuscada pela força da celebridade e assegurar uma compatibilidade entre os valores desta e os da marca. Há vários exemplos de empresas que embarcaram em associações desastrosas com celebridades. O "Destaque esportivo" realça alguns dos elementos para os quais é preciso atentar ao se utilizar essa modalidade de execução.

Destaque esportivo

Uma celebridade destruiu minha marca!

O apoio esportivo tem sido uma ferramenta poderosa ao longo dos anos, e a literatura de marketing está repleta de exemplos em que os valores de uma celebridade divergiram dos valores da marca ou jamais estiveram em sintonia com eles[2].

Sabe-se bem que as percepções do consumidor em relação à celebridade serão mais fortes do que suas percepções em relação à marca patrocinada; portanto, uma combinação de ambos é essencial. Recorrer ao apoio de uma celebridade significa entregar parte de sua marca a outra pessoa, e isso pode ser perigoso, mas também extremamente benéfico.

Veja-se o exemplo da Nike e Michael Jordan. Freqüentemente, a Nike é citada como a inventora dos apoios prestados por celebridades esportivas, e isso teve início com a contratação

2 Vários pilotos de Fórmula 1 que tiveram empresas fabricantes de cigarro como patrocinadores jamais fumaram. (NRT)

de um jovem desconhecido jogador de basquetebol, chamado Michael Jordan. Esse relacionamento teve um desfecho favorável para todos os envolvidos, e a Nike continuou fortalecendo a marca de maneira crescente utilizando apoios esportivos, embora até mesmo Phil Knight (presidente e fundador da companhia) admita que a contratação de Michael Jordan como apoiador da Nike foi um exemplo de genialidade e sorte.

No Brasil, o falecido campeão mundial de Fórmula 1 Ayrton Senna teve, desde o início de sua carreira, o apoio do Banco Nacional, que apostou em sua competência e habilidade e o acompanhou do início no Kart até a Fórmula 1.

Portanto, como os profissionais de marketing podem fazer valer o apoio de uma celebridade e com o que devem se preocupar? São oferecidas aos profissionais de marketing 12 sugestões sobre como auxiliar o planejamento e a seleção de celebridades apoiadoras, apresentadas na Tabela 7.2. O que se pode aproveitar de tudo isso é o tema principal de que os valores de marca da celebridade e da organização devem harmonizar-se e ser vistos dessa forma pelos consumidores-alvo. Outro elemento importante a ser lembrado é que, se a estratégia de marketing depende da contratação bem-sucedida de determinada celebridade esportiva, provavelmente não há uma estratégia suficientemente forte e bem estruturada. Finalmente, ao se considerar a utilização de uma celebridade, será necessário buscar a conscientização sobre a marca, não apenas sobre o seu logotipo, e, então, todos os esforços e atividades, tanto da empresa quanto da celebridade, devem estar focados nessa meta[3].

Na implementação de estratégias publicitárias, outra área importante a ser considerada pelos profissionais de marketing é o planejamento de mídia e desenvolvimento estratégico. Pelo fato de a publicidade fazer uso da mídia de massa, é necessário observar de modo geral e resumido alguns aspectos importantes dessa parte do processo.

Planejamento e estratégia de mídia

Planejamento de mídia refere-se às decisões envolvidas na viabilização da mensagem promocional a um público em perspectiva usando várias mídias como canal. Essencialmente, o plano de

---

3 Na Comunicação, esse processo é chamado de *two-step-flow*, que significa obter a declaração de uma celebridade, ou grande conhecedor de um sistema, para dar credibilidade a uma mensagem sobre produto ou serviço. Essa medida deslocou o foco da qualificação do produto ou serviço para a qualificação da celebridade que ratifica e apóia sua escolha como consumidor. *Contrario sensu*, em não havendo o empréstimo de credibilidade dessa celebridade, o produto ou serviço não estaria ratificado como aconselhável para uso. Isso, porém, é questionável. (NRT)

Tabela 7.1: Estilos de execução publicitária

Estilo de execução	Definição
Venda direta ou mensagem factual	Apresentação direta de informações relacionadas ao produto ou serviço.
Evidência científica/ técnica	A evidência técnica ou científica é apresentada no anúncio ou há patrocínio de órgãos científicos ou agências para apoiar as reivindicações publicitárias.
Demonstração	Ilustra as principais vantagens do produto ou serviço ao apresentá-lo em sua utilização real diante de alguma situação ocorrida.
Comparação	Comunica diretamente a vantagem da marca em questão diante da concorrência.
Testemunho	A pessoa tece elogios ao produto ou serviço com base em sua experiência pessoal de consumo.
Fragmento da vida	Com base em uma abordagem de solução de problemas em que uma possível dificuldade - ou conflito - a ser enfrentada pelos consumidores em suas vidas diárias é apresentada, bem como a forma pela qual o produto ou serviço do anunciante poderá resolver o problema.
Animação	Utilização de cenas animadas, como desenhos animados, fantoches ou outros tipos de personagens fictícios.
Símbolo de personalidade	Desenvolvimento de uma personagem central ou símbolo de personalidade que viabilize a mensagem publicitária e com a qual o produto ou serviço possa ser identificado.
Fantasia	Popular pelo seu apelo emocional, e o produto ou serviço é fundamental à fantasia ou situação de escape criada pelo anunciante.
Dramatização	Ênfase em uma história curta em que o produto ou serviço é a estrela. Semelhante ao estilo "fragmento da vida", porém mais emocionante e cheia de suspense.
Humor	Situações ou frases engraçadas são utilizadas para realçar os benefícios do produto ou serviço.

Adaptado de Belch e Belch, 2004

Tabela 7.2: Como escolher o apoio de celebridades

O uso do apoio de atleta, time ou celebridade deverá ser visto como uma decisão estratégica, não tática.	Isto é, toda vez que essa estratégia for utilizada deverá ser parte de um plano promocional e de marketing mais amplo, em vez de apenas a idéia de utilizar determinado atleta em dado momento sem considerar a forma como outros aspectos do plano promocional podem ser alinhados de modo que se obtenha o valor máximo de associação.
Certifique-se de que o DNA do favorecido e o de sua marca estejam alinhados.	O DNA da marca são os principais valores e posicionamentos que a tornam exclusiva, consistindo essencialmente na montagem de blocos de uma marca. O Capítulo 10 oferece uma discussão mais completa sobre DNA da marca.
Assegure-se de estabelecer uma sincronização relevante entre o que sua marca promete e o que a celebridade promete.	Celebridades esportivas têm suas marcas pessoais próprias, sendo essencial que qualquer sincronismo entre produtos ou serviços demonstre credibilidade e relevância.
Escolha um item pertencente a uma celebridade que represente alguma forma de propriedade ou apoio.	Significa que, quando contrata uma celebridade esportiva, você quer assegurar que os outros produtos apoiados por ela estejam em sintonia com os valores da sua marca e que você não vai contratar uma celebridade sem credibilidade por apoiar tudo, de comida para bebês a telefones. Ambas as partes perdem neste cenário.
Pense em "parceria", não somente em "apoio".	É necessário poder trabalhar com sua celebridade de tal forma que ambas as partes alcancem seus objetivos. Se a celebridade precisa de fundos ou equipamentos para competir, talvez uma parceria mutuamente benéfica possa funcionar.
Tenha como meta construir ambas as marcas – a sua e a da celebridade.	Quanto mais popular e conhecida for a marca da celebridade, maiores serão para a sua marca os benefícios dessa associação (supondo que o DNA combina, naturalmente!).

Compreenda os riscos de tirar da manga todas as cartas de longo prazo.	As melhores relações nessa área são as de longo prazo, isto é, o gerenciamento constante de ambas as marcas, sua e da celebridade. Se Shane Arne fosse sua celebridade de apoio, você estaria em apuros, pois Shane vive brigando para manter sua imagem de marca - essa pode ser uma opção arriscada.
Seja inovador na forma como os apoios serão usados.	Muitas organizações esportivas foram bem-sucedidas ao integrar suas relações com celebridades às suas estratégias de marketing, não se limitando apenas a usar celebridades esportivas para dizer coisas boas sobre seus produtos. A Nike, por exemplo, mantém relações com atletas de elite que estão sempre na crista da onda e, portanto, oferecem o nível mais alto de inspiração aos clientes Nike (eles também testam produtos de mercado e participam de suas fases de desenvolvimento). Pense em "conscientização da marca", e não apenas em "conscientização do logotipo". É importante que qualquer organização desenvolva uma boa conscientização sobre a marca - o que o logotipo quer dizer e qual seu significado -, não apenas reconhecimento. Celebridades de apoio poderão contribuir para que isso aconteça rapidamente.
Performance é mais do que o último jogo.	Celebridades esportivas são colocadas no centro das atenções, tanto dentro quanto fora do campo, e os consumidores continuarão associando-as com sua marca, mesmo quando não estiverem presentes em um anúncio ou no campo. Uma gestão cuidadosa é necessária para evitar possíveis problemas nessa área.
Saiba a quem pertencem os direitos de apoio - ao atleta, ao time ou à federação ou, possivelmente, até mesmo à mídia.	Isso é particularmente evidente quando se recorre a um atleta pertencente a um time bastante conhecido. O atleta é popular por causa da imagem da marca do time ou por seus próprios méritos? O caso de David Beckham é um bom exemplo disso. Ele é mais lucrativo agora que não pertence mais ao Manchester United?
Se sua estratégia de marca depende integralmente da conquista de determinada celebridade esportiva, então você precisa de uma nova estratégia.	Celebridades famosas são caras e populares, e talvez você não possa contratar as pessoas que acredita precisar. É importante lembrar em que parte do esquema de marketing se encaixa tal estratégia e ter em mãos uma série de opções para atingir essa meta.

Adaptado de uma apresentação feita pelo Sr. Carl Grebert, diretor de marketing de marca, Nike Austrália e Nova Zelândia, 2003. *Australian Marketing Institute*, Premiership Strategies 2003. Marketing Esportivo e Patrocínio, Melbourne.

mídia aborda questões sobre que canal usar (qual mídia ou mix de mídia) e como essa mídia deverá ser programada para melhor atingir os objetivos.

O sistema de viabilização escolhido para envio de uma mensagem publicitária é conhecido como o meio e inclui mídia de difusão (rádio e TV), mídia impressa (jornais, revistas etc.), correspondência direta, propaganda em outdoors e muitas outras formas de mídia de apoio. O veículo de mídia é o portador específico dentro de um meio. Por exemplo, *60 Minutes* seria um veículo de mídia de difusão, a *Financial Review* seria um veículo de mídia impressa, e assim por diante. O plano de mídia considera todas essas opções à luz dos objetivos de mídia até aqui discutidos.

Finalmente, quando planos de mídia são desenvolvidos, decisões específicas sobre alcance (contagem do número de participantes de determinado público expostos ao veículo de mídia) e freqüência (número de vezes que um receptor fica exposto ao veículo de mídia) são considerações importantes. Freqüentemente, os profissionais de marketing são confrontados pelo desafio de encontrar um equilíbrio entre essas duas medidas. Cada meio apresenta vantagens e desvantagens, e a Tabela 7.3 oferece um bom resumo delas.

As mídias mencionadas na Tabela 7.3 são, provavelmente, as mais conhecidas e populares utilizadas pelos profissionais no desenvolvimento de suas estratégias de marketing e veiculação; entretanto, outras mídias de apoio começam a surgir em ritmo notável nas estratégias publicitárias. As principais mídias de apoio empregadas pelos profissionais de marketing em suas mensagens publicitárias são: propaganda externa (outdoors, anúncios de trânsito, anúncios no céu, dirigíveis, anúncios em táxis e ônibus, e assim por diante), publicidade de produtos promocionais (como brindes, camisetas, prêmios, produtos comemorativos, canetas etc.), *Páginas Amarelas*, anúncios em cinemas, colocação de produtos em filmes e programas de TV, propaganda em vôos e propaganda virtual.

A publicidade virtual é bastante popular no esporte hoje em dia, oferecendo aos anunciantes a oportunidade de integrar anúncios diretamente à transmissão de um evento esportivo, bem como adaptar empresas e marcas a diferentes públicos geográficos e regionais, todos na mesma transmissão. A publicidade virtual é geralmente usada na sinalização no campo e mesmo em placares. Utilizada pela primeira vez pelo time de basquetebol San Francisco Giants em 1996, ela é mais popular na transmissão internacional de eventos esportivos pela TV, permitindo aos patrocinadores locais, ou mesmo regionais, ter exibidas informações sobre seus produtos sempre que for relevante. Transmissões de um confronto de críquete entre Austrália e Índia, por exemplo, poderão exibir um cartaz ou placa no gramado com anúncios da Pepsi para o público indiano e da Coca para o público australiano, embora, na realidade, cartazes ou placas nos gramados talvez nem existam fisicamente (Mangla, 2003).

Essa forma de propaganda está apenas começando a se difundir nos programas de TV e filmes, permitindo que a colocação de produtos e mensagens seja implantada para atender a diferentes mercados (Burke, 1999), mas nem todo mundo está satisfeito com isso. Esse tipo de propaganda pode ser enganoso e sugere-se que possa induzir à supersaturação e à ofensa, forçando, possivelmente, estrelas esportivas e atores a usarem e/ou apoiarem virtualmente produtos com os quais não concordam. Até

Tabela 7.3: Características das midias

Mídia	Vantagens	Desvantagens
Televisão	Cobertura de massa Alto alcance Combina visão, som e movimento Alto prestígio Baixo custo por exposição Apelo aos sentidos Conquista da atenção	Baixa seletividade Mensagem de curta duração Interferência Custo absoluto alto Exposição transitória Altos custos de produção
Rádio	Boa aceitação local Custo baixo Alta freqüência Bom para públicos difíceis de serem conquistados Flexível - tempo de espera curto Baixos custos de produção Públicos bem segmentados	Áudio apenas Interferência Baixa atenção conquistada Mensagem transitória Público fragmentado
Jornais	Alta cobertura Boas opções de segmentação Tempo de espera curto Oportuno Exposição controlada pelo leitor Pode incorporar outros elementos promocionais de vendas Alta credibilidade Pode utilizar mensagens mais complicadas	Curta duração Interferência Baixa atenção conquistada Reprodução pobre em alguns casos Exposição seletiva do leitor
Revistas	Potencial de segmentação Reprodução de qualidade Alto conteúdo de informação Longevidade Leitores múltiplos Credibilidade e prestígio	Requer tempos de espera longos Altos custos de produção Visual apenas Falta de flexibilidade Pode não ter garantia de posição
Outdoor	Local específico Alta repetição Facilmente notado Baixo custo Baixa competição de mensagens	Tempo de exposição curto requer anúncios curtos Imagens de qualidade inferior Restrições de local Baixa seletividade de público Limitações à criatividade

Mídia	Vantagens	Desvantagens
Correspondência direta	Alta seletividade Exposição controlada pelo leitor Alto conteúdo da informação Oportunidades para exposição repetida Nenhuma competição entre anúncios Permite personalização	Custo por exposição relativamente alto Visto como correspondência sem importância Baixo índice de leitura Interferência
Internet e mídia interativa	Pesquisa de informação dirigida pelo usuário Mensagens podem ser padronizadas Atenção e envolvimento do usuário Pode desenvolver relações interativas Potencial de venda direto Plataformas flexíveis de mensagem Alcança mercados específicos	Interferência Características do público difíceis de serem mensuradas Eficiência difícil de ser mensurada Habilidades criativas limitadas Limitações tecnológicas Limita o público potencial Alcance limitado

Adaptado de Belch e Belch, 2004, p. 330; e Shank, 2003, p. 375

aqui, a Australian Broadcasting Commission (Comissão de Difusão Australiana) acompanha de perto o desenvolvimento dessa tecnologia e sua utilização no esporte em particular[4].

Embora a publicidade seja capaz de atingir um grande número de pessoas ao mesmo tempo, cruzando um bom número de fronteiras geográficas e nacionais, as mensagens enviadas são impessoais e facilmente ignoradas pelo público-alvo. Uma forma mais interativa de transmitir mensagens de marketing às pessoas e envolvê-las e desenvolver nelas um senso de compromisso é o recurso da venda pessoal. Examinaremos esse elemento a seguir.

4 Já é questionado se peça publicitária virtual, utilizada em um jogo de futebol sem estar fisicamente presente em um estádio, mas projetada sobre a imagem dele – por exemplo, no meio do gramado –, valendo-se desse espetáculo e de sua imagem, não fere o direito de imagem do próprio espetáculo, pois se apropria de seu inventário e qualificação. (NRT)

Venda pessoal

Venda pessoal é uma atividade realizada por meio da comunicação boca a boca, empregando persuasão e influência. Nas organizações esportivas, a venda pessoal é particularmente útil para garantir patrocínios corporativos, associações temporárias ou de longo prazo com clubes, hospitalidade corporativa ou mesmo a venda de produtos esportivos cujos benefícios são basicamente intangíveis (como matrículas em academias de ginástica e programas de treinamento).

Visto que a venda pessoal envolve comunicações interpessoais, seu alcance é bem inferior ao da propaganda e tende a ser, também, mais caro por contato. Contudo, apesar de dispendiosa, a venda pessoal é o elemento promocional mais eficaz para produtos e serviços que requerem o desenvolvimento de relações, demonstração ou persuasão. As oportunidades para venda pessoal abrem caminho ao vendedor para que ele modifique e adapte sua apresentação de acordo com o retorno imediato do cliente, permitindo, assim, uma abordagem personalizada e a capacidade de contra-argumentar e sanar dúvidas.

Além disso, há menos desatenção em uma situação de venda pessoal, em que o vendedor e o comprador estão envolvidos no processo de venda e preocupados em ouvir e processar informações um do outro. Esse nível de envolvimento resulta em um nível maior de compromisso e aumenta as chances de ambas as partes alcançarem um resultado bem-sucedido. Finalmente, a venda pessoal também pode ser uma fonte valiosa de informações investigativas para uma organização esportiva, pois a discussão sobre produtos e serviços provavelmente trará à tona muitas oportunidades de produto e de mercado, bem como possíveis problemas.

Contudo, a renda pessoal apresenta algumas pequenas desvantagens, que parecem estar associadas principalmente à falta de habilidade em padronizar mensagens que estão sendo enviadas e, conseqüentemente, controlar a interação entre comprador e vendedor. De modo inverso, isso é também um fortalecimento da venda pessoal. Portanto, é igualmente importante desenvolver programas de treinamento em vendas abrangentes, de modo que assegure resultados de alta qualidade. Venda pessoal significa lidar com pessoas; por isso, há um custo maior na manutenção e no desenvolvimento da força de vendas, pois todos esses elementos encarecem o valor da ferramenta.

À semelhança de elementos do programa promocional, a venda pessoal deveria ser usada simplesmente como um componente de uma campanha integrada, e raramente, ou nunca, isolada de outros elementos. Publicidade, relações públicas, promoções de vendas e marketing direto podem contribuir para aumentar a eficiência do programa de venda pessoal. Examinaremos a seguir como funcionam as promoções de vendas.

Promoção de vendas

A promoção de vendas consiste em uma variedade de atividades promocionais de curto prazo com apelo direto à concretização de uma compra imediata por meio da oferta de valor extra ou de incentivos. A promoção de vendas pode ser direcionada tanto a usuários finais quanto a compradores organizacionais ou equipes de vendas (Belch e Belch, 2004; Shank, 2003), distinguindo-se, portanto, com base em três características principais: (1) envolve um estímulo ou incentivo extra para comprar, (2) é uma ferramenta de aceleração e, portanto, determina alvos de vendas como meta, e (3) pode ser direcionada, a partir de grupos distintos no canal de distribuição, tanto para usuários finais quanto para associados comerciais.

Exemplos de promoções de vendas voltadas ao consumidor incluem: amostras, cupons, prêmios (dois pelo preço de um), concursos/apostas, reembolsos/descontos, pacotes de bônus, liquidações, programas de freqüência ou lealdade, e marketing de evento. Promoções de vendas são bastante comuns no esporte, e os ingressos para os jogos geralmente são convertidos em produtos dos patrocinadores de brinde (lembre-se do exemplo anterior da Coca-Cola e da Copa do Mundo de Rúgbi de 2003 neste capítulo), com camisetas, bolas de futebol, bonés etc. sendo também usados, além de muitos outros tipos de atividades voltadas ao consumidor.

Visto que o principal objetivo dessa modalidade de promoção é intensificar as vendas no curto prazo, no marketing de usuários finais ela é bastante eficaz para a conscientização do público sobre uma nova marca ou produto, bem como na geração de estímulos por meio de incentivos, relembrando os clientes sobre determinada oferta, movimentando estoques sazonais e conquistando novos clientes.

Nas promoções de vendas direcionadas ao comércio, são comuns atividades como concursos e incentivos do vendedor, descontos nas compras, mostruário em pontos-de-venda, programas de treinamento, feiras e propagandas cooperativas. Tais promoções são geralmente elaboradas para estimular as vendas e ampliar os canais de distribuição ao recompensarem os esforços dos varejistas e outros vendedores envolvidos em levar o produto ao usuário final.

Há muitos exemplos de empresas que utilizaram essa forma de promoção para incentivar sua equipe de vendas ou encorajar novos clientes. Uma grande seguradora nos Estados Unidos adquiriu um camarote corporativo no estádio atlético para as Olimpíadas de Atlanta, que incluía as cerimônias de abertura e encerramento, passando a usar essas acomodações para vários eventos de forma que estimule as vendas de seus produtos (usando-os como incentivo para os clientes) e recompensando os agentes seguradores que recomendassem seus produtos.

Além disso, muitos varejistas estão satisfeitos em receber assistência no ponto-de-compra sobre como movimentar produtos em estoque. A cada temporada, são espalhadas por toda a Austrália figuras em tamanho real de personalidades do esporte em lojas de bebidas alcoólicas para apoiar a venda de bebidas vinculadas ao patrocinador esportivo. A Bundaberg Run usa o Bundy Bear, assim como vários outros membros do time de rúgbi Wallabies, para promover o merchandising bem-sucedido de seus produtos à base de rum, enquanto a Carlton United Breweries conta com diversos patrocínios usados para ajudá-la no merchandising de várias marcas de seu catálogo (por exemplo, seu envolvimento com o críquete australiano).

Embora o recurso das promoções de vendas seja uma ferramenta poderosa no estímulo à ação de consumir, é necessário que os profissionais de marketing tenham cuidado em não usá-la demais. A concessão de descontos e os apelos constantes poderão retrair o mercado, que deixará de pagar o preço integral dos produtos e, dessa forma, o valor da marca ficará defasado. Portanto, promoções de vendas são uma ferramenta estratégica útil no curto prazo, e não devem ser usadas para o desenvolvimento da lealdade de longo prazo. Uma ferramenta promocional bastante útil no desenvolvimento de valor de marca no longo prazo são as relações públicas, examinadas a seguir.

Relações públicas

O recurso das relações públicas é definido como uma função de gerenciamento para avaliação de atitudes públicas, identificação de políticas e procedimentos de uma organização quanto ao interesse público, e execução de programas de ação (e comunicação) elaborados para conquistar a compreensão e a aceitação públicas. É também utilizado no estabelecimento e na manutenção de relações mutuamente benéficas entre organizações e seus vários públicos (Shank, 2003; Simon, 1980).

Relações públicas (RP) geralmente são confundidas com publicidade. A diferença é que elas se referem ao gerenciamento de várias atividades e processos de comunicação com os públicos de uma organização, enquanto publicidade é meramente uma atividade ou ferramenta usada pelos gestores de relações públicas para gerar notícias na mídia difusora ou impressa. Os vários públicos a serem considerados por uma organização esportiva no desenvolvimento de uma campanha de RP foram descritos no Capítulo 2; diferentes abordagens são requeridas para satisfazer as necessidades de cada grupo no que diz respeito à informação e ao desenvolvimento da marca.

Nas organizações esportivas, RP é um recurso amplamente usado como ferramenta de desenvolvimento de marca, mas começam a ser cada vez mais empregadas para atacar – e se defender de – possíveis incidentes negativos que possam trazer danos à marca tanto da empresa quanto das celebridades esportivas. O críquete australiano, assim como o internacional, já tem sua justa parcela de problemas envolvendo esclarecimentos sobre ocorrências em determinado jogo, *dopping* e jogo antiético (ofensas e acusações de racismo). Essas organizações têm procurado, por meio de informes ou comunicados à imprensa, manter o público a par dos fatos, traçar o curso das ações tomadas (ou propostas) e fornecer detalhes sobre o que está sendo feito para evitar a repetição de tais incidentes. Esses tipos de funções de RP são bastante comuns em todos os esportes, sendo essencial tomar decisões rápidas e decisivas para a proteção da imagem da marca esportiva.

Em resumo, as funções de RP podem ser as seguintes: desenvolver entusiasmo ou interesse por determinado mercado; criar notícias sobre produtos e serviços; apresentar informações sobre produtos ou serviços; agregar valor ao serviço do cliente; construir lealdade à marca; e defender determinada marca ou imagem corporativa. As atividades de relações públicas abrangem a manutenção da imagem corporativa em todas as mídias, e como os consumidores estão cada vez mais focados em tecnologia, as mídias de comunicação eletrônica são também importantes para as organizações esportivas. As questões envolvidas no uso da internet e da mídia interativa no programa promocional serão examinadas resumidamente a seguir.

A internet e a mídia interativa

A internet nasceu como um projeto do departamento de defesa dos Estados Unidos e expandiu-se para se tornar, hoje, um meio de troca de informações e comunicação. A característica mais conhecida da internet é a world wide web. Outras características incluem e-mail, Telnet (bancos de dados on-line e catálogos de bibliotecas), mecanismos de pesquisa e protocolos para transferência de arquivos. O uso da internet tem crescido rapidamente no mundo, e a Austrália registra uma das maiores taxas de utilização (ABS, 2003).

A maioria das atividades na internet envolve o uso de um website, que pode ser tão estático quanto um folheto eletrônico, ou interativo como um destino de comércio eletrônico totalmente integrado. Quanto mais interativo e emocionante um website for, mais chances haverá de ser novamente visitado. Uma das principais vantagens da internet como meio de comunicação é que ela favorece consideravelmente a criatividade e a flexibilidade, pois é essencialmente uma combinação de diferentes mídias, ou seja, permite a comunicação para o consumidor e, a partir dele, uma resposta direta, a venda de produtos e serviços independentemente da presença física, permite às organizações reunir certas informações sobre as preferências do seu público, bem como necessidades de informação e atitudes.

Além disso, o uso da internet permite às empresas customizar a oferta a seus públicos e direcionar-se a pessoas interessadas sem intermediários. A rede F2 (www.f2.com.au) oferece uma assinatura para recebimento de notícias e atualizações de esportes, bem como informações especificamente direcionadas às necessidades e aos interesses do assinante. Fãs do basquetebol poderão especificar suas áreas de interesse e indicar os times para os quais torcem, recebendo, em seguida, informações sobre eles, além de resultados e placares de jogos.

A capacidade de direcionar e adaptar mensagens abre caminho para o desenvolvimento de comunidades. As chamadas cibercomunidades são grupos de pessoas com interesses semelhantes, compartilhando discussões e interação on-line. As empresas vêm procurando intensificar esses níveis de interação sempre que possível, pois o envolvimento do público cresce e com ele também aumentam as chances de visitas repetidas aos sites.

O site oficial da Liga de Futebol Australiano é um bom exemplo de tal interatividade (www.afl.com.au). Há espaço para crianças e adultos, homens e mulheres e mesmo oportunidades para adquirir produtos e serviços on-line (comércio eletrônico). Ao visitar esse site e dar uma olhadinha na Kids Zone (Zona para Crianças), é possível ver que a AFL criou um jogo interativo para os pequenos visitantes com personagens com base em todas as mascotes do clube, em uma tentativa de construir lealdade e envolvimento, tanto com o site quanto com a marca.

O uso da internet e o marketing de interatividade geralmente acentuam o poder de uma estratégia promocional, porém há alguns problemas a serem cuidadosamente considerados pelos profissionais de marketing. O primeiro diz respeito à área de avaliação. Uma das grandes desvantagens é a falta de confiança e rigor na pesquisa do consumidor nessa área. À semelhança das medições de audiência televisiva (que apenas avaliam se dado programa está sendo assistido ou não em determinada residência), muitas medições alegam registrar a eficiência de um website, porém apenas informam se alguém acessou o site, e não se foram processadas mensagens nem se alguma mudança de atitude positiva foi registrada. Os profissionais de marketing precisam ser cautelosos ao interpretar o sucesso de valores como esses.

Outra questão a ser considerada refere-se às limitações tecnológicas com poder de retardar a velocidade de acesso ao site ou limitar a capacidade de determinado consumidor em processar informações no site em questão. Downloads muito longos e sites complicados e de difícil navegação afugentarão o público – em alguns casos, para o bem. Semelhantemente, na Austrália, o acesso rápido e confiável à internet ainda é, em grande parte, restrito às populações metropolitanas; portanto, usar essa forma de promoção sem o suporte de outros elementos mais tradicionais poderá restringir um possível mercado a ser alcançado.

Finalmente, a quantidade de informação disponível na internet pode ser vultosa, e há muitas organizações, tanto em âmbito local quanto internacional, tentando conquistar a atenção do cliente utilizando esse tipo de mídia. Isso resulta em um grave problema de interferência, o que torna a tarefa de conquistar a atenção um verdadeiro desafio. O uso da internet em uma campanha promocional bem elaborada é o primeiro passo dado por muitas organizações esportivas na busca por internacionalizar seu esporte. A internet possibilita a existência de um público mundial; contudo, uma estratégia clara nessa área também é necessária. O Capítulo 11 abordará a questão da internacionalização.

A internet revolucionou também a forma como os públicos processam informações esportivas. Durante as Olimpíadas de 1996 em Atlanta, as transmissões nacionais dos eventos pela TV nos Estados Unidos registraram audiência medíocre, o que deixou redes de TV e seus patrocinadores publicitários muito insatisfeitos. Ao que parece, informes de minuto, resultados e transmissões via internet revelaram-se mais populares entre o público à procura de assistir apenas ao que fosse do seu interesse, público esse não muito disposto a esperar pela transmissão homogeneizada e lenta da TV, limitada a apenas apresentar destaques sobre o esporte da preferência dos públicos em questão. Muitos eventos esportivos internacionais oferecem hoje a seus públicos atualizações on-line, mensagens de texto SMS com resultados e diversas opções de placar, bem como acesso a estatísticas de jogos e vendas de merchandising, todos no conforto do lar ou por meio de um computador ou telefone celular, em tempo real.

Outras mídias interativas a serem igualmente consideradas no contexto esportivo são a televisão interativa e as mensagens de texto SMS. A TV interativa ou iTV permite ao espectador de determinado programa interagir com esse programa e/ou os anúncios. Espectadores de partidas de futebol poderão visualizar detalhes do jogo a partir de diferentes ângulos selecionando tomadas de câmera, de modo que vislumbrem a possibilidade de diversos lances ou planos de jogo, registrem palpites sobre os vários aspectos do jogo (chutes bem-sucedidos, chutes a gol, tentativas de gol frustradas etc.) e, ainda, prevejam o que aconteceria se jogadores reservas entrassem em campo com base em suas estatísticas de desempenho armazenadas no computador.

As mensagens SMS já estão sendo usadas amplamente nos aplicativos esportivos como forma de intensificar a participação do público tanto em termos do jogo quanto do esporte em geral. O público poderá enviar mensagens SMS para escolher o melhor jogador em campo, entrar em competições durante o jogo, fazer o download de estatísticas de jogos para o seu telefone, tirar fotos e, no futuro, fazer apostas e realizar compras a partir de telefones celulares.

O uso da internet e de outras mídias interativas ampliou as oportunidades para os profissionais de marketing esportivo estimularem os clientes a desfrutar as vantagens de adquirir suas ofertas e reagir, de alguma forma, às ofertas e mensagens de marketing. Vejamos agora mais detalhadamente como o marketing direto realmente funciona.

Marketing direto

Marketing direto é um sistema de marketing pelo qual as organizações se comunicam diretamente com consumidores-alvo, de modo que provoque uma reação ou estimule uma transação (Semenik, 2002). Esse contato pode ocorrer por telefone, correspondência, mídia de massa (televisão ou rádio ou anúncios impressos), internet ou outras mídias interativas. Em todos os casos, o contato direto precisa ser acompanhado de um "apelo à ação", isto é, uma reação ao incentivo diante da oferta proposta, bem como um número de contato ou opção de resposta para o consumidor tomar uma atitude.

Muitas pessoas confundem marketing direto com mala direta, quando, na verdade, o contato por mala direta é apenas uma forma de marketing direto. Este é essencialmente interativo, pois seu objetivo é desenvolver um diálogo contínuo com o cliente e gerar alguma forma de resposta relacionada ao mercado. À semelhança das promoções de vendas, o marketing direto pode ser usado para estimular as vendas no curto prazo, porém, de maneira diferente, sua outra aplicação é informar os clientes sobre ofertas que provavelmente terão apelo direto sobre eles. É possível também aplicá-lo no desenvolvimento de relações de longo prazo com os clientes.

O marketing direto depende do acesso a alguma forma de banco de dados com informações do cliente, que são geralmente mais detalhadas do que apenas informações de contato. A maioria das campanhas de marketing direto é estritamente dirigida a um público específico, com ofertas específicas, e por isso uma quantidade razoável de informação sobre preferências de compra, históricos de compra e interesses é necessária.

Muitas organizações esportivas utilizam o marketing direto como forma de manter o contato com seus clientes e lançar ofertas para futuras aquisições, que poderão ser ajustadas diretamente para diversos tipos de público. A maioria dos clubes esportivos que dispõem de planos para associados criará promoções, ofertas especiais e oportunidades de merchandising; que poderão ser ajustadas e oferecidas a diferentes clientes por meio de veículos de marketing direto.

Alguns dos problemas relacionados à utilização do marketing direto resultam da necessidade de se ter à disposição bancos de dados bem preservados e precisos. Além disso, na Austrália, os Princípios Nacionais de Privacidade restringem de modo considerável o acesso a bancos de dados privados, e também a maneira como a informação pode ser manipulada. Ademais, a menos que os esforços de marketing direto sejam bem dirigidos e personalizados, o público poderá recusar ofertas publicitárias ou que para ele não tenham importância direta. Portanto, uma abordagem direcionada e personalizada é essencial na conquista de índices de sucesso.

O último elemento do mix promocional esportivo a ser discutido é o patrocínio, ferramenta bastante útil e poderosa a ser utilizada nos programas de marketing esportivo e que, embora incorpore aspectos de publicidade, relações públicas e promoção, também é suficientemente importante para ser considerado um elemento por si só no contexto esportivo.

Patrocínio

Depois da publicidade, o patrocínio é provavelmente o método promocional mais comumente associado ao esporte. É possível também defini-lo como um investimento em uma identidade esportiva cujo propósito é apoiar os objetivos de determinada organização, suas metas de marketing e estratégias promocionais (Shank, 2003). Esse investimento pode assumir a forma de dinheiro ou negociação (a Nike fornecendo calçados a um time), sendo possível definir identidade esportiva como um atleta, um time, uma liga ou uma competição específica ou, ainda, um evento.

Tem-se discutido muito sobre patrocínio ao longo dos anos, e o que se observa é uma tendência gradual das organizações esportivas a favor de um processo de decisão sobre investimentos mais estratégico e estruturado. No passado, muitas organizações patrocinaram eventos esportivos ou times apoiados por indivíduos em seu âmbito interno, sendo que apenas esforços simbólicos foram empreendidos para avaliar a eficácia ou retorno do investimento em questão. Uma intensificação da concorrência corporativa, aliada a pressões dos acionistas e a uma contabilidade mais rígida, aponta para tendência de o patrocínio esportivo revestir-se de maior racionalidade e estratégia em sua aplicação. Isso, naturalmente, indica que está ficando mais difícil para o esporte encontrar patrocinadores-chave se não houver compreensão clara dos possíveis benefícios nem a habilidade de avaliar o retorno.

Patrocínio é uma área crescente no esporte em âmbito global, com aproximadamente US$ 1,6 bilhão sendo gasto na Austrália e cerca de US$ 9 bilhões sendo gastos globalmente em 2003 (IEG, 2003). Em termos mundiais, um negócio esportivo de médio porte vale cerca de US$ 2 milhões, sendo o futebol e a Fórmula 1 os mais atrativos para os patrocinadores (*Sunday Times*, 2004).

Na Austrália, o diretor de contabilidade do Sponsorship Solutions Group, Craig Dodson, comentou que, "na Austrália, o mercado das maiores oportunidades de patrocínio esportivo cresce vertiginosamente, registrando um aumento de 9,8% no valor total de oportunidades cotadas no ranking Top 40 (os 40 melhores) da Sponsorship Solutions nos últimos 12 meses".

Em 2003, o Aberto de Tênis da Austrália manteve sua colocação como a mais valiosa oportunidade de patrocínio esportivo da Austrália, com a Sponsorship Solutions cotando-o em US$ 9,8 milhões. Ian Thorpe manteve a primeira colocação no ranking Top 40 da Sponsorship Solutions, com o valor de US$ 480 mil; entretanto, Dodson declarou que "a disputa foi acirrada, já que Lleyton Hewitt e Mark Webber conseguiram aumentar significativamente seu valor nos últimos 12 meses". Alisa Camplin conseguiu a melhor evolução, se comparada a qualquer outro atleta, em relação à marca do ano anterior, subindo 14 posições para assumir o 13º lugar no ranking Top 40, algo que Dodson atribui a "um ano de resultados extraordinários que contribuiu para elevar o perfil da atleta". As Tabelas 7.4 e 7.5 oferecem um resumo dessas descobertas.

Com a opinião de 62% dos australianos apontando para o fato de que o patrocínio aumenta seu interesse pelos serviços e produtos do patrocinador, pareceria, então, que o patrocínio esportivo seria uma importante ferramenta para muitas empresas utilizarem em suas campanhas de marketing. Há, contudo, algumas precauções a serem tomadas pelos profissionais de marketing esportivo.

Os investidores corporativos devem, primeiro, compreender que patrocínio não é um ato de caridade nem publicidade (Plaskitt, 2003c). O patrocínio pode fazer coisas que a publicidade não faz, e bons programas de patrocínio freqüentemente combinam outras mídias e ferramentas para dar suporte a eles, não utilizam apenas a publicidade. Também é necessário que as discussões apresentadas anteriormente neste capítulo sobre DNA da marca e atletas ou times a serem patrocinados sejam consideradas na avaliação do uso do patrocínio, pois tanto o investidor quanto o esporte deveriam estar inseridos no mesmo contexto de valores.

Em um exemplo de combinação de DNAs da marca, é possível que surja a seguinte indagação: como a Simpson (fabricante de eletrodomésticos) e a AFL formariam uma boa dupla? A resposta dada pelo presidente da AFL revelou a existência de valores em comum entre ambas as empresas. Aparentemente, a Simpson não se vê como mero fabricante de eletrodomésticos; pelo contrário, ela se considera uma empresa cujos produtos permitem que os membros de uma família passem mais tempo juntos. A AFL também estava voltada para as famílias e para a promoção do futebol como um programa familiar. Portanto, naturalmente, ambas as empresas vislumbravam muitas semelhanças em suas imagens de marca. Ambas eram australianas e tinham como alvo as famílias, concordavam que o tempo gasto em família era, em grande parte, ditado pela capacidade de realizar tarefas domésticas com eficiência, e possuíam um grande público feminino. Então, nesse caso, uma associação estabelecida via patrocínio era uma boa escolha para as duas organizações.

Tabela 7.4: As dez melhores oportunidades esportivas no ranking Top 40 da Sponsorship Solutions 2003

Oportunidade	Ranking 2003	Ranking 2002	Mudança no ranking	Valor em US$ 2003	Valor em US$ 2002	Mudança no valor em US$
Principal patrocinador do Aberto de Tênis da Austrália	1	1	0	9,80 milhões	9,25 milhões	+550.000
Patrocinador dos direitos de nome do Grande Prêmio da Austrália	2	2	0	9,00 milhões	8,50 milhões	+500.000
Principal patrocinador da AFL	3	3	0	8,00 milhões	7,75 milhões	+250.000
Principal patrocinador da NRL	4	4	0	6,80 milhões	6,50 milhões	+300.000
Patrocinador dos direitos de nome do Wallabies	5	5	0	6,10 milhões	5,75 milhões	+350.000
Patrocinador dos direitos de nome da Copa Melbourne	6	6	0	5,80 milhões	5,50 milhões	+300.000
Parceiro mundial da Copa do Mundo de Rúgbi	7	e	e	5,00 milhões	e	e
Patrocinador dos direitos de nome da VB Series (críquete de um dia)	8	7	-1	4,75 milhões	4,50 milhões	+250.000
Patrocinador dos direitos de nome da 3 Series (*test* críquete)	9	8	-1	4,60 milhões	4,25 milhões	+350.000
Patrocinador associado do Aberto de Tênis da Austrália	10	9	-1	4,10 milhões	3,85 milhões	+250.000

e = estreante

Fonte: Sponsorship Solutions, 2003

Tabela 7.5: As dez melhores oportunidades com atletas no ranking Top 40 da Sponsorship Solutions 2003

Atleta	Ranking 2003	Ranking 2002	Ranking de mudança	Valor em US $ 2003	Valor em US$ 2002	Valor de mudança em US$
Ian Thorpe	1	1	0	480.000	450.000	+30.000
Llevton Hewitt	2	5	+3	430.000	375.000	+55.000
Pat Rafter	3	2	-1	400.000	425.000	-25.000
Cathy Freeman	4	4	0	395.000	385.000	+10.000
Mark Webber	5	8	+3	370.000	300.000	+70.000
Greg Norman	6	3	-3	365.000	400.000	-35.000
Adam Gilchrist	7	6	-1	340.000	325.000	+15.000
Steve Waugh	8	7	-1	320.000	300.000	+20.000
Karrie Webb	9	9	0	290.000	275.000	+15.000
Grant Hackett	10	14	+4	210.000	170.000	+40.000

Fonte: Sponsorship Solutions, 2003

O patrocínio esportivo permite aos profissionais de marketing recorrer à emoção e alcançar clientes como nenhum outro elemento. O esporte também é uma ótima maneira de atingir o mercado jovem e outros grupos tradicionalmente difíceis de ser alcançados (como executivos ocupadíssimos que não assistem à TV nem ouvem rádio com freqüência), mas isso tem de ser feito de uma forma convincente e inteligente.

Apesar de seus benefícios, a avaliação do patrocínio sempre foi um problema e não há dúvidas de que os patrocinadores corporativos estão tornando-se mais seletivos quanto às propriedades nas quais investem. A responsabilidade financeira da diretoria também está começando a avaliar o valor total de investimentos gastos em patrocínios já realizados e procurando chegar a um consenso quanto à forma de avaliar esse tipo de despesa de marketing.

Ao mesmo tempo em que há uma evolução contínua do modo como o patrocínio está sendo conduzido na Austrália, eventos de grande porte ainda são organizados, acordos sobre direitos de nome ainda são assinados, causas ainda são apoiadas e parcerias em todos os níveis de patrocínio ainda são estabelecidas e renovadas. Os profissionais de marketing precisam fazer diversas perguntas sobre seu patrocínio, como: Qual foi a visibilidade do patrocínio? Alguém o notou? Ele conseguiu mudar a percepção da marca de alguma forma? Nossa imagem de marca é visível? Nós conseguimos vender mais produtos em decorrência do nosso patrocínio? Devemos renovar o patrocínio? (Plaskitt, 2003b).

Apesar da demanda por padrões de profissionalismo e avaliação mais rígidos, mais de 50% das empresas australianas recentemente entrevistadas sobre assuntos relacionados ao esporte não haviam empreendido qualquer avaliação formal desse investimento. A maioria das decisões sobre patrocínio é feita por CEOs, e aqueles que investiram em publicidade nos estádios como parte de seus investimentos esportivos não estão convencidos de que valeu a pena (Sponsorship Insights, 2003).

O patrocínio pode contribuir para atingir muitos objetivos de comunicação diferentes, mas os objetivos mais comuns relacionados a ele são: conscientização, mudança ou reforço de imagem da marca, aumento da lealdade, motivação do funcionário e, finalmente, estímulo às vendas. Então, como investidores e organizações esportivas podem beneficiar-se do patrocínio? O segredo é garantir que haja valor suficiente agregado à relação de patrocínio.

Agregação de valor ao patrocínio

O segredo para relações de longo prazo bem-sucedidas entre organizações esportivas ou atletas e corporações depende do reconhecimento de benefícios mútuos, da proteção dos direitos uns dos outros e dos direitos de imagem da marca, e da limitação do número de investidores para que todos possam ter retornos significativos. O Australian Cricket, especificamente, limita o número de patrocinadores para cerca de cinco com o objetivo de garantir um bom gerenciamento de cada parceria, bem como integrar as atividades tanto do grupo das organizações esportivas como o dos atletas profissionais ligados a elas para obter o máximo de vantagens.

Figura 7.4: A trindade do relacionamento

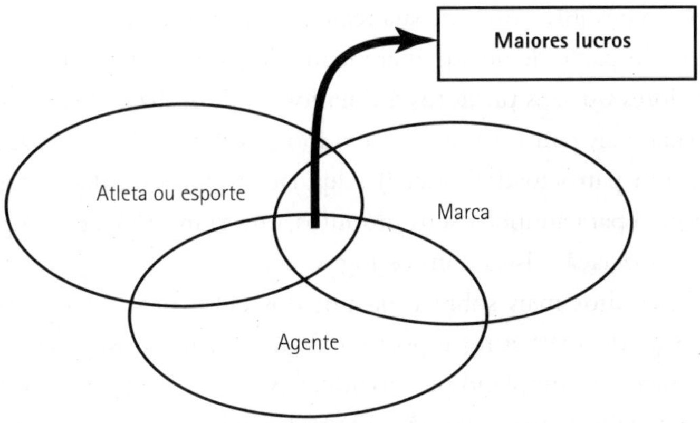

Para a Nike, parcerias bem-sucedidas (observe que a palavra usada é parceria, e não patrocínio) evoluem a partir da gestão da trindade de relacionamento (veja a Figura 7.4). Essa trindade demonstra que os objetivos e valores do esporte ou atleta, da marca do investidor e de qualquer outro terceiro (como agentes) precisam ser considerados, e é na área onde cada elemento se sobrepõe que os maiores lucros podem ser obtidos.

Marketing de emboscada

Uma área com a qual os patrocinadores dos principais eventos esportivos precisam ser muito cuidadosos é o marketing de emboscada. Especificamente nessa modalidade de marketing, produtos ou serviços são negociados pelas empresas de tal forma que seria possível sugerir com propriedade a existência de uma conexão com determinado esporte ou time em particular. Os patrocinadores de grandes eventos internacionais do porte das Olimpíadas, das Copas do Mundo de Rúgbi e de Futebol investem milhões de dólares no envolvimento com esses eventos; assim, é importante proteger seus investimentos. Na Copa do Mundo de Rúgbi de 2003, na Austrália, os patrocinadores corporativos (havia apenas dez patrocinadores oficiais) pagaram cerca de A$ 5 milhões cada um por seus investimentos, e organizações não-oficiais, como agências de viagem, eventos de hospitalidade corporativa, merchandising e propaganda foram alvos do IRB (Comitê Internacional de Rúgbi) em uma tentativa de proteger o valor da marca da Copa do Mundo e de seus sócios (Sinclair, 2003).

Os profissionais de marketing de emboscada procuram evitar os altos custos diretos envolvidos no patrocínio desses eventos, no entanto, vislumbram vantagens significativas em estarem associados com a emoção e, geralmente, com os altos níveis de despesa verificados. Muitos organizadores de grandes eventos realizam pesquisas durante sua realização para medir a eficiência de seus patrocinadores oficiais e avaliar o impacto de qualquer atividade de emboscada. Pedir às pessoas para recordar o nome de patrocinadores ou seus produtos é uma forma de realizar tal tarefa. Provavelmente, um dos casos de emboscada mais famosos foi o ocorrido nas Olimpíadas de Atlanta em 1996, quando a Nike (que não era um patrocinador oficial) adquiriu grandes outdoors e laterais de prédios à volta do estádio olímpico para anunciar seus produtos, que eram vistos como parte das Olimpíadas simplesmente por sua associação física com os Jogos.

Agora que já discutimos mais sobre cada um dos elementos do mix promocional de que dispõem os profissionais de marketing esportivo, é necessário considerar a melhor maneira de combiná-los para desenvolver um plano promocional. A Tabela 7.6 resume os pontos fortes e deficiências dos elementos promocionais, que são discutidos apenas para referência fácil.

O processo de planejamento promocional

O processo de planejamento promocional (no composto de marketing) inicia-se, como a maioria dos processos, com uma articulação dos objetivos. A pergunta "O que o profissional de marketing está procurando e até quando?" é geralmente respondida nessa fase. Os objetivos promocionais são determinados com base nos objetivos organizacionais gerais e na compreensão das características do mercado-alvo.

Uma vez traçados os objetivos, é preciso considerar o orçamento, pois as restrições de recursos podem resultar na necessidade de reavaliar os objetivos. Então, traçados os objetivos e determinado o orçamento, o programa de comunicações de marketing integrado poderá ser elaborado, considerando-se os pontos fortes e fracos de todos os elementos do mix promocional à luz dos objetivos a serem alcançados. Depois de tomadas as decisões sobre o mix de elementos, as várias mídias a serem utilizadas são consideradas e, então, os planos de mídia, as estratégias criativas e os planos de implementação são determinados. A última etapa no processo de planejamento é elaborar ferramentas de medição e avaliação capazes de, ao final, determinar se os objetivos foram ou não alcançados. Esse processo é ilustrado na Figura 7.5.

Esse processo é influenciado por uma série de fatores a serem considerados nos estágios de planejamento de uma campanha promocional. Os objetivos de marketing gerais da organização determinam os objetivos de marketing específicos, e é necessário mantê-los alinhados. Além disso, o ambiente fora da organização afetará tanto o desenvolvimento dos objetivos promocionais quanto a capacidade de implementá-los com sucesso. Isso inclui aspectos como atividades da concorrência, desenvolvimentos tecnológicos e mudanças nas regras e na programação etc.

Tabela 7.6: Pontos fortes e fracos dos elementos do mix promocional

Elemento	Pontos fortes	Pontos fracos
Publicidade	Cria conscientização Presta informação a um grande público Baixo custo por exposição	É importuna Tem um alto custo de produção Sofre interferências Impessoal e, portanto, não é persuasiva Desacreditada
Venda pessoal	Personalizada e permite a customização da mensagem A ferramenta mais persuasiva Boa para produtos complexos ou que precisem de demonstração e explicação Pode desenvolver relações	A forma mais cara de promoção Pode revelar-se importuna aos clientes Apresenta outros problemas de gerenciamento associados ao trato com as pessoas
Promoção de vendas	Estimula a reação imediata Pode criar valor Boa para a criação de conscientização e teste do produto Gera entusiasmo e interesse Boa para promoções de vendas	Pode aumentar a interferência Pode prejudicar o valor da marca se usada em demasia Apresenta apenas um benefício no curto prazo
Relações públicas	Podem criar boa vontade Podem dispor mensagens na mídia de forma mais convincente que a publicidade Podem agregar valor à imagem da marca Comunicam-se com uma variedade de públicos	Eficácia difícil de ser mensurada Pouco controle sobre viabilização na mídia de massa Nenhum benefício no curto prazo
Marketing de internet e interativo	Permite a interatividade Bom para estimular o teste do produto Pode ser flexível Possibilita direcionar e ajustar mensagens de forma específica Possibilita acesso a informações adicionais sobre suporte visando à melhoria dos processos de compra do consumidor Altamente criativo	Pode ser difícil criar uma imagem de marca forte Eficácia difícil de ser mensurada Pode ser prejudicado por limitações tecnológicas Interferência Pode restringir um público em potencial (deve haver um computador com acesso à internet - fraco alcance de massa) Questões de privacidade

Elemento	Pontos fortes	Pontos fracos
Marketing direto	Pode ser fortemente direcionado Excelente para atingir públicos de nicho Pode customizar e gerar comunicação um a um Oferece meios de obter retorno do cliente	Eficácia depende da precisão dos bancos de dados Nem sempre considerado convincente e pode ser rejeitado Dispendioso para grandes públicos
Patrocínio	Pode ser fortemente direcionado Gera um alto nível de participação e envolvimento Pode contribuir com a imagem corporativa Cria novas oportunidades Pode ser usado para motivar a equipe de vendas, os clientes e os membros do canal	Implica desperdício quando nem todo o público é relevante Mensagem de curta duração no caso de eventos esportivos que não se repetem Pode gerar custos altos se não for estrategicamente integrado ao CIM total Dificuldade para gerenciar equipe esportiva ou imagem de marca de celebridade

Adaptado de Burnett e Moriarty, 1998, p. 114

Figura 7.5: O processo de planejamento promocional

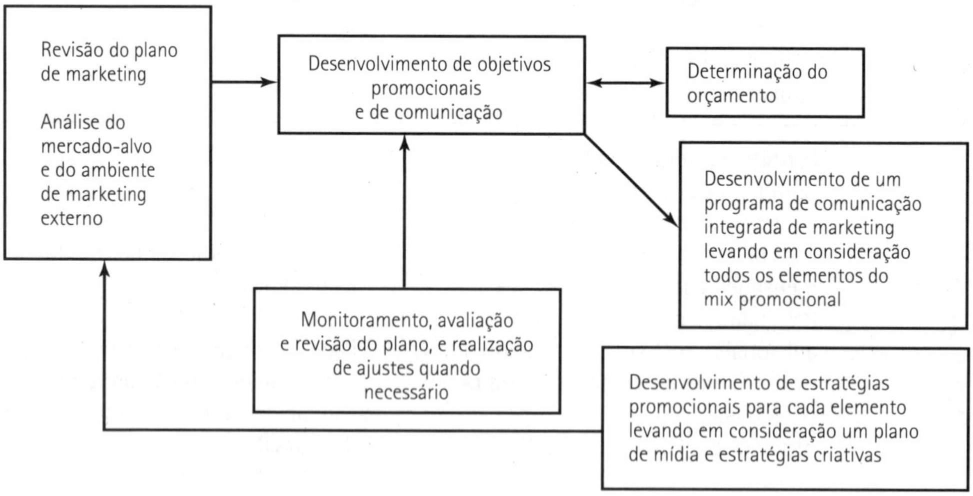

Também é necessário compreender o comportamento dos clientes e públicos-alvo para poder determinar quais elementos serão mais bem alcançados e como criar mensagens sob medida para obter o máximo de impacto. E deve-se atentar para a dispersão geográfica do mercado-alvo. Um mercado-alvo cuja dispersão geográfica é vasta precisará de um meio com alcance amplo e uma relação custo-benefício vantajosa. Mercados-alvo rigorosamente definidos permitirão aos profissionais de marketing utilizar meios e veículos de "nicho" para atingir seus públicos.

Um aspecto que geralmente é considerado nesse estágio do desenvolvimento é se a adoção de uma estratégia do tipo "puxar" ou "empurrar" (ou alguma combinação) influenciará os métodos promocionais a serem empregados. Quando as organizações adotam a estratégia do tipo "empurrar", estão, na verdade, tentando introduzir o produto nos canais de distribuição e incentivar os vendedores a aumentar as vendas. A estratégia do tipo "puxar", por sua vez, concentra-se nos usuários finais e depende de sua procura pelo produto a partir dos revendedores.

Apesar de esse processo de planejamento promocional parecer relativamente fácil e direto, é importante que todos os elementos do mix promocional disponíveis sejam bem compreendidos e considerados à luz dos objetivos gerais para que o plano seja bem-sucedido.

Contraponto: Quando o patrocínio dá errado

Na comercialização de um esporte e ao se considerarem os aspectos promocionais, qualquer publicidade é boa publicidade? Provavelmente, a administração da maioria dos clubes de rúgbi *league* na Austrália em 2004 diria que não. A repercussão das alegações de escândalo sexual contra os Canterbury Bulldogs e posteriormente contra outros clubes levou a Liga Nacional de Rúgbi (NRL) a uma crise sem controle. Uma série de patrocinadores da equipe Canterbury suspendeu seus contratos de patrocínio para a temporada de 2004, e há uma preocupação crescente por parte dos especialistas em patrocínio de que a liga como um todo sofra as conseqüências desse furor público (Dabkowski, 2004). A NRL esperava um aumento de US$ 3 milhões nas receitas com patrocínio para a temporada de 2005. Na época em que este livro estava sendo escrito, não houve registro de qualquer outra perda de patrocinador; contudo, o esperado aumento nas receitas sofreu um revés.

Mais preocupante ainda é a opinião de muitos especialistas sobre o caso; para eles, o fato realçou um dos aspectos negativos do patrocínio esportivo para os investidores corporativos: a natureza incontrolável do envolvimento com o esporte. Os patrocinadores de esportes coletivos sempre souberam que é bem mais difícil controlar comportamentos e atitudes de um grande número de jogadores (mais de 40 em algumas modalidades), porém essas recentes alegações revelaram o lado mais sujo do esporte profissional. Muitos patrocinadores detêm grandes mercados femininos, e as alegações de abuso sexual, atitudes medíocres contra mulheres, falta de respeito por elas, bebedeiras e sessões privês para homens contribuíram para que repensassem seus futuros investimentos.

Esse problema, é claro, não se limita apenas ao esporte australiano. Em todo o mundo, patrocinadores do esporte estão fazendo as contas de quanto vale associar-se a personagens ou times com histórico de mau comportamento. Nos Estados Unidos, alegações de estupro contra o astro do basquete Kobe Bryant custaram ao craque em ascensão milhões de dólares e forçaram os principais patrocinadores, McDonald's, Nutella, Nike e Coca-Cola, a suspender seu interesse pelo jogador (Dabkowski, 2004). Na Grã-Bretanha, alegações de estupro praticado em gangues por jogadores da principal liga de futebol alarmaram os patrocinadores.

Da mesma maneira que as realizações positivas de um segmento esportivo ou agremiação transportam-se para os patrocinadores, estes têm seus nomes confundidos com as más realizações (ou são por elas responsabilizados), sejam elas ligadas ao esporte ou ao comportamento individual de envolvidos no processo, sejam tais envolvidos esportistas profissionais ou simples torcedores. Os hooligans, ou as torcidas organizadas de times de futebol no Brasil, quando praticam atos de violência e vandalismo, acabam causando em setores do público a sensação de que os próprios clubes de sua preferência são responsáveis por tais condutas.

Talvez o lado positivo de tudo isso para os esportes coletivos australianos seja o fato de que, até hoje, as modalidades de rúgbi *union* e futebol permanecem isentas de tais problemas, e é provável que se beneficiem com os patrocinadores ainda interessados em manter seu envolvimento com o esporte, porém em busca de uma opção mais segura. Que recomendações você faria sobre investimentos em um time de futebol na Austrália no presente momento caso fosse aconselhar seu diretor de gerenciamento? Que precauções tomaria e que especificações de contrato você recomendaria para proteger a imagem de marca da sua empresa caso as coisas dessem errado (Dabkowski, 2003)?

Entretanto, como pós-escrito ao nosso agourento alerta, é preciso mencionar que os Canterbury Bulldogs ganharam a premiação de 2004. Parece que o público corporativo e os espectadores perdoaram todos os campeões... Ah! o poder do esporte; oh!, o poder da vitória.

Resumo

- **defina promoção e sua relação com a comunicação**
  Promoção é o direcionamento estratégico dos esforços de comunicação de uma organização a uma série de públicos-alvo tanto internos quanto externos à empresa, e envolve a coordenação de todos os esforços iniciados pelo vendedor para estabelecer canais de informação e persuasão, de modo que venda mercadorias e serviços ou promover uma idéia.
- **defenda a perspectiva de comunicações integradas de marketing para a formulação de estratégias promocionais**
  A abordagem CIM considera todos os aspectos da organização que são capazes de estabelecer uma comunicação com os consumidores e, portanto, registra bons resultados com publicidade na mídia de massa. A adoção da abordagem CIM permite à empresa coordenar

estrategicamente todas as suas atividades para assegurar que uma mensagem consistente e adequada está sendo transmitida às várias partes interessadas, e que uma maior consideração está sendo dada ao valor da marca como um todo.

- **discuta os elementos do mix promocional, inclusive as formas de promoção que estão surgindo, e ressalte seu impacto sobre a estratégia promocional esportiva**
  Tradicionalmente, o mix promocional inclui quatro elementos: publicidade, venda pessoal, relações públicas e promoções de vendas. Contudo, a recente e crescente confiança no marketing direto, interativo e no patrocínio, bem como sua utilização, têm classificado tais ferramentas como elementos distintos do mix promocional. Todos esses elementos são usados nas estratégias promocionais esportivas, porém o patrocínio é provavelmente o método promocional mais comumente associado ao esporte.
- **debata as vantagens e desvantagens dos vários elementos promocionais para incorporação em um plano de marketing esportivo**
  Consulte a Tabela 7.2 para visualizar uma lista dos pontos fortes e fracos dos vários elementos promocionais. Essencialmente, os elementos em que há contato interpessoal com o cliente são mais caros por contato com o consumidor do que os métodos impessoais, porém são mais persuasivos e melhores para produtos com maior complexidade e alto envolvimento. Aqueles elementos (como a publicidade) com características impessoais e cujo contato com o consumidor é barato atingem um maior número de pessoas, mas são melhores para fins de conscientização geral criativa ou conquista da atenção do cliente. As melhores estratégias de CIM incluem um mix equilibrado desses elementos.
- **discuta o processo de desenvolvimento de um plano promocional estratégico**
  O processo de planejamento promocional inicia-se, como a maioria dos processos, com uma articulação dos objetivos, seguida de uma revisão das restrições orçamentárias para, então, incluir a elaboração de um programa de CIM abrangendo o desenvolvimento de planos de mídia, estratégias criativas e planos de implementação. A última etapa do processo é elaborar ferramentas de medição e avaliação capazes de determinar, ao final, se os objetivos foram alcançados ou não.

Perguntas de revisão

1. O que significa a expressão comunicações integradas de marketing?
2. O que é promoção e de que maneira ela difere do mix promocional?
3. Quais são os elementos do mix promocional esportivo?
4. Que elemento do mix promocional esportivo poderia ser usado caso você desejasse estimular a interatividade com seu público-alvo?
5. O que significa processo criativo?

6. Qual seria a melhor ocasião para usar a venda pessoal como parte do seu plano promocional?
7. Quais são algumas das questões a se considerar na utilização do apoio de celebridades?
8. Por que o patrocínio esportivo é tão popular?
9. Como é possível agregar valor ao patrocínio esportivo?

Atividades aplicadas

1. Visite www.afl.com.au e comente sobre o mix de elementos promocionais empregados nesse site. Em sua opinião, quais são os objetivos promocionais e de comunicação que estão sendo alcançados por esse site?
2. Caso um clube esportivo local procurasse alguma orientação quanto ao desenvolvimento do seu plano promocional, qual seria a sua sugestão sobre o melhor local de início e que plano de ação você recomendaria?
3. Um amigo da sua família que é dono de um pequeno negócio de varejo de ferramentas elétricas comentou sobre um interesse em patrocinar a equipe de futebol local. Que orientações você daria a ele e qual sugestão de processo ofereceria para ajudá-lo em sua decisão?

Referências

ABS, 2003. Disponível em: www. abs.gov.au. Acesso em: 1º de fevereiro de 2004, p. 35.

Belch, G.; Belch, M. *Advertising and promotion:* an integrated marketing communications perspective. Boston: McGraw Hill, 2004.

Bergman, M. *When a fad ends: an agent-based model of imitative behavior*, 2003. Disponível em: http://www.uh.edu/margo/paper.pdf. Acesso em: set. 2003.

Burke, D. Seeing is believing: virtual advertising hits the footie pitch. *SchNews*, artigo 237, 19 nov. 1999. Disponível em: www.Urban75.org/archieve/news092.html.

Burnett, J.; Moriarty, S. *Introduction to marketing communications*. Nova Jersey: Prentice Hall, 1998.

Cravens, D.W. *Strategic marketing*. 4. ed. Irwin, p. 5.

Dabkowski, S.The market says who's who in a world of spin. *The Age*, 16 jul. 2003.

Dabkowski, S. Off-field scandals threaten sponsorships. *The Age*, 6 mar. 2004.

IEG Sponsorship Report, 2003. Disponível em: www.sponsorship.com.

Kotler, P.; Adam, S.; Brown, L.; Armstrong, G. *Principles of marketing*. 2. ed. Sydney: Prentice Hall, 2003.

Mangla, A. Virtual advertising. *PC Quest*, 15 mar. 2003. Disponível em: www.pcquest.com/content/cricket/103030402.asp.

Pitts, B.; Stotlar, D. *Fundamentals of sport marketing*, Morgantown: Fitness Information Technology Inc., 1996.

Plaskitt, S. Coke brand bubbles Up. *B and T Weekly*, 26 set. 2003a, p. 1.

____ Centisible sponsorship. *B and T Weekly*, 26 set. 2003b, p. 20.

____ The science of sport marketing. *B and T Weekly*, 26 set. 2003e, p. 18.

Ray, M. L. *Advertising and communication management*. Englewood Cliffs, NJ: Prentice Hall, 1982.

Semenik, R. J. *Promotion and integrated marketing communications*. Sudoeste do Canadá, p. 9, 2002.

Shank, M. *Sports marketing*: a strategic approach. 2. ed. Nova Jersey: Prentice Hall, 2003.

Shilbury, D.; Quick, S.; Westerbreek, H. *Strategic sport marketing*. Allen & Unwin, 1998.

Simon, R. *Public relations concept and practices*. 2. ed. Columbus, OH: Grid Publishing, 1980.

Sinclair, L. RWC Outflanks the ambushers. *B and T marketing and Media*, 13 nov. 2003, p. 47.

Sponsorship Insights, 2003. Disponível em: www.sponsorshipinsights.com.au. Acesso em: 10 out. 2003.

Sponsorship Solutions, 2003. Disponível em: www.sponsorshipsolutions.com.au. Acesso em: 3 mar. 2004.

Sunday Times, 2004, http://www.suntimes.co.za/2002/03/24/business/news/news04.asp. Acesso em: 7 jul. 2004.

Webb Young, J. *A Technique for Producing Ideas*. 3. ed. Chicago Crain Books, 1975, p. 42.

www.daviscup.com/news/newsarticle.asp?id=12598

www.macromedia.com/resources/techniques/resources/define/creative_brief.rtf

www.zdnet.com.au/newstech/ebusiness/story/0,2000048590,20280239,00.htm

capítulo 8

A definição de preços e a distribuição do esporte

Objetivos de aprendizagem

Após ler este capítulo, você deve ser capaz de:

- explicar a relação entre preço, valor e outros benefícios psicológicos
- saber como uma organização esportiva deve determinar estrategicamente seus preços
- estabelecer a relação entre definição estratégica de preços e os demais elementos do mix de marketing
- discutir o impacto da oferta, da demanda e da sensibilidade do preço sobre as estratégias de definição de preço
- Verificar como os fatores externos afetam a definição estratégica de preços
- distinguir os diversos canais de distribuição relevantes ao contexto de marketing esportivo
- enumerar os principais conceitos de distribuição relevantes à tomada de decisão estratégica de marketing no esporte
- identificar os principais problemas inerentes à gestão de instalações esportivas e como esses problemas influenciam a tomada de decisão no marketing esportivo
- ressaltar o papel da mídia na distribuição do esporte a seus públicos

Preparação do cenário

Estamos pagando demais pelo esporte?

Tem-se escrito muito na imprensa popular, tanto na Austrália quanto no resto do mundo (especialmente nos Estados Unidos), sobre o crescente custo de se comparecer a eventos esportivos profissionais e sobre a quantia quase obscena paga aos atletas profissionais. Os torcedores que conseguem arcar com os preços dos ingressos (às vezes superiores a US$ 26 por ingresso) depois têm de encarar cervejas de US$ 6, refrigerantes de US$ 4, hambúrgueres de US$ 8, sem contar com o custo do táxi até suas casas ou com o estacionamento do carro.

Por que o esporte está tornando-se tão caro? Uma sugestão é o investimento cada vez maior no esporte em nível profissional pela mídia e os grandes salários sendo pagos aos esportistas. David Beckham é um bom exemplo – atualmente, ele recebe um salário anual de £ 4,2 milhões (cerca de A$ 12 milhões), tudo antes de sequer chutar uma bola, e então há o dinheiro que recebe com publicidade (outros £ 18 milhões ao ano). Pergunte às pessoas que estão pagando todo esse dinheiro como se sentem sobre suas desastrosas cobranças de pênalti na Eurocopa 2004, que levou a Inglaterra a perder seu lugar nas finais.

Ou pense em um comercial de 30 segundos no American Super Bowl de 2004 – a partida final anual da temporada de futebol americano profissional –, que custa US$ 2,25 milhões (Reid, 2004), e no acordo de direitos de transmissão pela televisão pago pela televisão do Reino Unido (a BBC) à gigante alemã Kirch para garantir a cobertura das Copas do Mundo de Futebol de 2002 e 2006 – £ 156 milhões (£ 52 milhões pela Copa do Mundo de 2002). E isso foi considerado uma barganha! Além disso, há os custos de construir e manter os estádios, que também precisam ser recuperados de alguma forma nos preços dos ingressos. Com estádios que custam centenas de milhões de dólares para construir e vários milhares de dólares para manter, alguém tem de pagar a conta.

É de admirar que as equipes esportivas e a administração dos estádios devam considerar cuidadosamente suas estratégias de definição de preço nesse ambiente complexo? A entrega dos produtos esportivos a grandes públicos só pode ser feita por meio da cooperação entre os estádios e a mídia e, mesmo assim, o preço de sua manutenção acaba tendo de ser repassado ao consumidor final. As tendências atuais sugerem que os consumidores podem ter acabado de atingir o ponto de saturação nessa área.

Fonte: Barrnad, 2002; Reid, 2004

Introdução

Com freqüência, os profissionais de marketing acreditam que o *preço* de um produto é o fator mais importante influenciando as decisões do cliente. No entanto, os clientes de fato prestam mais atenção ao *custo* de um item, que inclui não apenas o preço real, mas também elementos menos tangíveis. Coisas como custos de oportunidade (não ser capaz de fazer ou comprar outras coisas se essa compra for feita), custos de tempo e custos de energia e frustração também são considerados por um consumidor quando ele avalia quanto uma mercadoria ou serviço lhe custa. Além disso, os clientes também analisam os benefícios de uma compra para ajudá-los a definir o *valor* de suas decisões. Assim, quando os profissionais de marketing esportivo tomam decisões estratégicas sobre o preço, eles precisam entender que a definição de preços é uma variável complexa que lida tanto com fatores tangíveis quanto com fatores psicológicos intangíveis, como custos e valor.

Onde um serviço ou mercadoria são oferecidos para venda e o nível de dificuldade para obtê-los também são fatores considerados quando um consumidor toma uma decisão de compra. A estratégia de distribuição usada por uma organização pode enviar mensagens específicas aos clientes sobre a acessibilidade e, assim, sobre a viabilidade de uma decisão de compra específica. No marketing esportivo, as decisões de distribuição incluem não apenas questões de entrega de serviços, mas a gestão e o projeto de instalações e estádios, além do envolvimento da mídia na entrega dos produtos esportivos aos consumidores finais.

Este capítulo irá começar com uma discussão sobre estratégias de definição de preços antes de prosseguir com um panorama detalhado dos desafios e problemas de distribuição para os profissionais de marketing esportivo. Iniciaremos com uma explicação do que é definição de preços, seguida por uma discussão dos fatores que afetam as estratégias de definição de preços, antes de analisar o processo de definição de preços em si.

O que é preço?

Como mostrado no Capítulo 2, a definição de preços é uma questão crítica e delicada em diversas decisões estratégicas de marketing e, no caso do esporte, é também uma questão complexa. Ela faz parte do processo de troca também discutido nesse capítulo (consulte a Figura 2.4 para avivar sua memória) e é uma forma de quantificar o valor dos objetos sendo trocados. No esporte, o preço geralmente é o dinheiro trocado pelos produtos esportivos. Esses produtos podem ter natureza diversa e incluir: a diversão vivenciada ao se comparecer pessoalmente a um jogo; produtos de merchandising ou equipamentos esportivos adquiridos em uma loja; a oportunidade de encontrar os jogadores em um jantar com o time ou, talvez, o treinamento sobre como praticar um esporte.

Não importa qual é o produto, um bem tangível (como uma raquete de tênis) ou um serviço intangível (como comparecer pessoalmente a um jogo), os mesmos princípios básicos são aplicáveis. Uma estratégia sólida de definição de preços considera o valor que o comprador dá àquilo que compra (Nimmer, 1971) e o quanto está preparado para pagar por esse valor (Mantanovich, 2003). Se aceitarmos essa abordagem, então também faz sentido considerar que o preço não precisa ficar restrito apenas à troca monetária[1].

Preço *versus* valor

O preço também pode incluir trocas de outras coisas que as pessoas valorizam, como tempo, esforço, atitudes e mesmo itens de propriedade. Por exemplo, os voluntários de grandes eventos esportivos, que com freqüência ajudam na bilheteria, no controle de público e na escolta de atletas, trocam seu tempo e esforço por acesso gratuito ao evento esportivo e pela possibilidade de se encontrar e se socializar com os atletas. Como destacado no Capítulo 1, a indústria esportiva, na maioria dos países, tem uma alta proporção de trabalho voluntário, especialmente no âmbito regional e popular do esporte. Até mesmo as crianças trocam figurinhas com seus heróis do esporte, aplicando os princípios básicos da troca ao alocar valor diferenciado a suas figurinhas com o consentimento de seus colegas.

Por fim, todas as equipes esportivas buscam e tentam promover a fidelidade e a identificação do torcedor com seus simpatizantes, já que esses grupos de clientes têm grandes chances de gerar receita em longo prazo e comparecer continuamente aos jogos. O desenvolvimento desse nível de fidelidade é o resultado de uma mudança de atitude e de um ímpeto motivacional que compelem os consumidores a preferir um determinado time ou esporte a outras atividades esportivas e/ou de lazer. Nesse caso, houve uma troca de valor (fidelidade de atitude pelo reconhecimento do time e entretenimento) sem haver troca de dinheiro.

Assim, como mencionado no Capítulo 2, o valor ou benefício percebido do produto esportivo é normalmente uma combinação de elementos tangíveis e intangíveis que são interpretados de forma diferente pelos diferentes tipos de consumidores do esporte. Os consumidores esportivos também levam em consideração as demandas concorrentes por seu valor de troca (dinheiro, tempo, esforço, posses ou atitudes) quando estão tomando suas decisões de consumo. Por exemplo, uma família que esteja pensando em comparecer a um jogo de futebol no fim de semana pode considerar não apenas o desembolso total de dinheiro, mas os outros custos envolvidos, como o tempo de viagem, níveis previstos de frustração (longas filas, trânsito congestionado, crianças cansadas

---

[1] O preço pago por um produto ou serviço está ligado a duas condições básicas. A primeira trata da troca monetária justa ou válida, assim considerada pelo consumidor; a segunda, do grau de necessidade do produto ou serviço em uma relação de tempo. Por exemplo, quanto vale uma passagem aérea, com data de uso para a véspera de Natal, justamente para a sua cidade a 2.000 km, quando há 30 dias as passagens se esgotaram? Nessa situação, a consideração não é sobre preço, mas sobre valor. (NRT)

e impacientes), outras atividades de lazer postas de lado (passeios no parque, eventos esportivos infantis, livros a serem lidos) e custos de oportunidade (se formos ao jogo neste fim de semana, não poderemos gastar com mais nada nas próximas três semanas... é isso o que queremos?).

Então, a reação subliminar de um consumidor aos benefícios percebidos de um produto esportivo e as demandas concorrentes sobre o desembolso monetário e tempo daquele consumidor precisam ser bem compreendidas pelo profissional de marketing esportivo. Isso se torna ainda mais importante quando o produto esportivo é o comparecimento a um jogo, pois a natureza intangível dessa forma de produto esportivo aumenta a incerteza de que o resultado (a experiência de assistir ao esporte) será algo de valor. Quando a forma de produto esportivo é tangível (como a compra de um calçado esportivo ou item de merchandising esportivo), é mais fácil, para os consumidores, definir o valor da troca. Assim, o valor geralmente é o resultado de uma avaliação mental dos benefícios percebidos da troca comparados com o preço (custo) da troca (Shank, 2003). Mas como um profissional de marketing esportivo deve determinar a melhor maneira de estabelecer suas estratégias de definição de preço?

Como estabelecer preços

Há uma série de estratégias de definição de preço diferentes disponíveis às organizações esportivas, e a estratégia escolhida dependerá bastante da forma do produto esportivo. Ou seja, as equipes esportivas determinariam os preços dos ingressos usando critérios distintos dos usados por uma loja de artigos esportivos. As organizações esportivas também precisam considerar o fato de que seus produtos são formados por vários componentes (como mostrado no Capítulo 6), o produto principal, real e ampliado, além de diversas extensões do produto. Embora o produto principal possa ser a maior atração para os clientes, com freqüência são as extensões do produto que agregam valor e podem aumentar as oportunidades de geração de renda para as organizações esportivas.

A *definição de preços com base em valor* é um método para definir o preço dos produtos no qual as empresas tentam primeiro determinar quanto os produtos valem para seus clientes. A meta é estabelecer preços que não sejam nem mais altos nem mais baixos do que os clientes estariam dispostos a pagar (Stedman, 2000).

O preço de compra de um ingresso para um evento esportivo baseia-se não só no valor em dinheiro desse ingresso, mas também no valor percebido da experiência e das expectativas de desempenho dos jogadores que a pessoa irá encontrar.

Para vários produtos esportivos, é comum uma *estratégia de definição de preços diferenciados*. É de acordo com essa estratégia que se cobram diversos preços por assentos ou benefícios diferentes, incluídos no preço do ingresso. Para a maioria dos esportes profissionais disputados em estádios, a receita com os ingressos é menor do que a receita esperada da concessão de direitos de mídia e vendas. Porém, esse não é o caso de esportes menores, amadores ou regionais, que freqüentemente dependem da venda de ingressos como a principal fonte de receita. Outras estratégias de definição de preço são as de preço de desnatação, de preço de penetração e de preço neutro. Elas serão discutidas com mais detalhes posteriormente neste capítulo.

Além da definição de preços de produtos esportivos, os atletas e até mesmo os times têm preços. Como vimos na seção "Preparação do cenário", David Beckham exige um alto valor para jogar futebol. O Real Madrid não teve apenas de pagar seu salário, mas também £ 25 milhões por seu passe a seu antigo clube, o Manchester United, apenas para tê-lo na equipe. Além disso, ele ganha uma quantia adicional de £ 20.000 por semana pelo uso de sua imagem. Como ele chegou a esses preços? Como seu time, o Real Madrid, determina o valor dessa troca? O que aconteceria se Beckham quebrasse a perna no primeiro jogo da temporada e não chegasse a chutar a bola uma única vez? Eles ainda assim terão feito um bom investimento?[2]

Nos Estados Unidos, os times de basquete e futebol americano recebem um valor de franquia com base na renda que eles provavelmente irão gerar com o comparecimento em jogos, *branding* e merchandising, além de direitos de mídia. Esses valores de franquia normalmente valem milhões de dólares norte-americanos. Mais uma vez, a questão interessante para os profissionais de marketing esportivo é como determinar um bom valor e como esses preços deveriam ser definidos.

Vamos, então, analisar o processo de definição estratégica de preços mais detalhadamente.

O processo de definição estratégica de preços

Assim como a maioria das atividades de marketing estratégico, a definição de preços pode ser vista como um processo em que uma série de etapas ou pontos de decisão específicos devem ser considerados para determinar uma estrutura de preços viável. O processo de definição estratégica de preços é mostrado na Figura 8.1.

O processo deve começar com uma revisão dos objetivos empresariais e de marketing mais abrangentes da empresa. Isso irá garantir que quaisquer microdecisões (como a estratégia ideal de definição de preços) estejam alinhadas com esses objetivos mais abrangentes. Vamos analisar cada uma dessas fases de forma mais detalhada.

---

[2] Nesse caso, o investidor tem direito a ser ressarcido por um seguro de Lucros Cessantes, já contratado, que acompanha o contrato principal. (NRT)

Figura 8.1: O processo de definição estratégica de preços

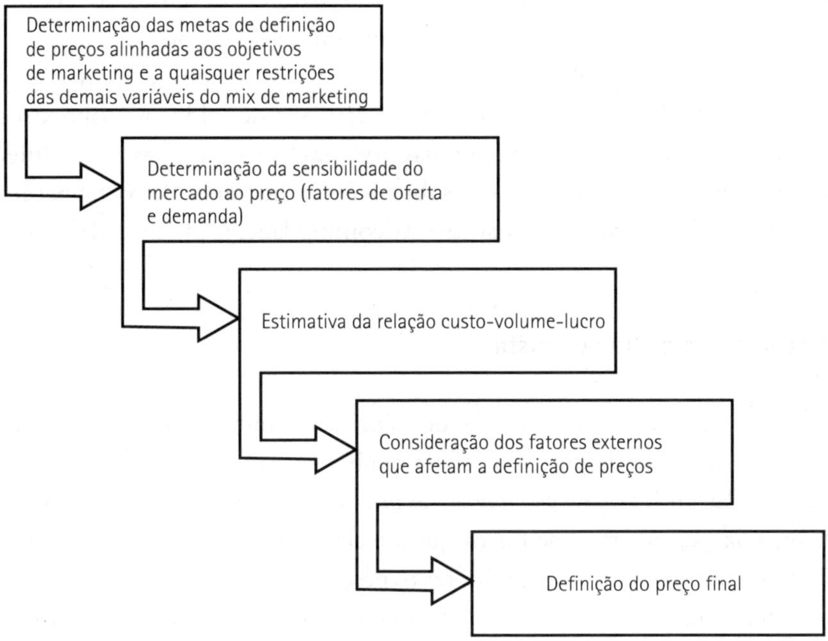

Adaptado de Shilbury et al., 1998, p. 111; Summers et al., 2003; Kotler et al., 2003

Determinação das metas da definição de preços

As metas de definição de preços precisam ser desenvolvidas de forma alinhada com a missão geral da empresa e com os objetivos de marketing mais gerais e abrangentes. Além disso, um profundo entendimento dos clientes-alvo e do mercado também são essenciais para se estabelecer metas e objetivos de definição de preço realistas. É igualmente importante lembrar que a definição de preços tem impacto direto nas percepções dos clientes sobre o produto e, assim, sobre o posicionamento deste.

Um exemplo disso ocorreu em 2003, quando a Liga de Futebol Australiano tinha uma política bastante divulgada de que os torcedores e suas famílias seriam sua prioridade em se tratando dos preços dos ingressos para os jogos (Rucci, 2003b) e, em especial, dos ingressos para a final. No entanto, não muito tempo após o início da temporada, surgiram reclamações sobre os preços, com comentários de que os políticos, executivos da AFL e jogadores estavam elitizando o jogo e definindo os preços dos ingressos fora do alcance da família "comum" (cerca de A$ 52 por um único ingresso) (*The Advertiser*, 2003; Rucci, 2003a). Comentários parecidos sobre elitismo, esquecimento do apoio popular e falta de entendimento das pressões sobre as finanças familiares também atingiram muitos esportes praticados em estádios ao longo de 2003 em relação aos preços dos ingressos (consulte a seção Preparação do cenário). Assim, é importante que os profissionais de marketing esportivo considerem não só as implicações de suas estruturas de custo ao definir preços, mas também o impacto da percepção e do posicionamento em razão do preço.

Há uma série de metas ou objetivos de definição de preços que os profissionais de marketing esportivo podem estabelecer, e cada um deles deve ser definido no contexto das metas de marketing da empresa. As metas de marketing nas organizações esportivas normalmente adotam a forma de: maximização do valor do acionista; sobrevivência; liderança de participação no mercado; liderança de qualidade do produto; e/ou acesso da comunidade. Cada uma delas será brevemente discutida a seguir.

Maximização do valor do acionista

Quando confrontadas com a maximização do valor do acionista como a principal meta de marketing, as estratégias de definição de preços precisam também se concentrar nas estratégias de maximização de receita, vendas ou lucro. As estratégias de *maximização do lucro* envolvem o estabelecimento de preços pela organização esportiva de forma que a receita total seja a maior possível em relação aos custos totais. Isso não necessariamente significa ter os preços mais altos, mas envolve um entendimento completo dos custos e margens de lucro. Esse tipo de estratégia tende a ter uma meta financeira de curto prazo, em vez de uma meta de fidelidade ou desempenho de longo prazo.

Outras estratégias de definição de preços que combinam com a maximização do valor do acionista são a *maximização do crescimento de vendas* e a maximização da receita. Ao enfocar o crescimento das vendas, os preços normalmente são mais baixos e adota-se um enfoque de prazo mais longo para atrair uma maior participação no mercado. A NBA, na Austrália, adotou essa estratégia com foco nos anos de 2003-04 para "Colocar traseiros nas arquibancadas" (Nagy, 2003, p. 89). Ela percebeu que um dos problemas que o interesse debilitado pelo basquete enfrentava era a falta de famílias assistindo ao jogo nos estádios. "Se os preços dos ingressos forem altos demais, a mãe e o pai não podem levá-las [as crianças] ao jogo" (Nagy, 2003, p. 89).

Por fim, a *maximização da receita* é uma estratégia freqüentemente adotada por administradores de instalações que desejam atrair grandes platéias, já que cada indivíduo a mais representa um potencial aumento na receita total da instalação, sem custo adicional. Os organizadores de eventos, como os que trabalham no Grande Prêmio da Austrália, provavelmente adotariam essa estratégia.

Sobrevivência

Uma estratégia de sobrevivência é aquela em que a sobrevivência da organização é mais importante do que atingir um resultado lucrativo, e os preços são, com freqüência, definidos em um nível que é apenas suficiente para cobrir a maioria dos custos variáveis. Os Manawatu Jets (um time de basquete da Nova Zelândia) adotou essa estratégia para sua temporada de 2003, abaixando os preços dos ingressos em 38% em uma tentativa de manter a população local interessada e de estimular as famílias a comparecer às partidas (Knowler, 2003). Esses preços com desconto são significativamente mais baratos que os oferecidos por outros times locais.

Liderança de participação no mercado

Ao adotar essa estratégia, as empresas tentam atingir um ganho de participação específico no mercado, em um determinado período de planejamento. Normalmente, as firmas tentam aumentar sua participação no mercado em relação a seus principais concorrentes, e o método mais óbvio de conseguir isso é adotar uma estratégia de definição de preços de baixo custo. Essa também é uma estratégia de curto prazo que pode resultar em guerras de preços e em grandes descontos, que com freqüência reduzem os preços no segmento de forma permanente.

Liderança de qualidade do produto

Essa estratégia é usada quando a firma em questão deseja ser conhecida por ter os produtos de melhor qualidade do mercado. Isso normalmente significa cobrar um valor adicional sobre o preço ou um preço muito elevado para poder cobrir os custos adicionais envolvidos no fornecimento de produtos de alta qualidade. O fabricante de pranchas de surfe BASE Boards and Surf Equipment Pty Ltd, localizado na Gold Coast, em Queensland, adotou essa estratégia. Ele está competindo em um concorrido mercado mundial de pranchas de surfe, em que a maior fabricante do mundo está localizada na Tailândia, produzindo 80.000 pranchas por ano (Stolz, 2003). A BASE está tentando atingir mercados específicos que buscam pranchas de surfe feitas a mão, de uma qualidade que certamente irá custar mais do que os produtos tailandeses produzidos em grande quantidade e mais baratos, mas irá atrair surfistas sérios e profissionais que reconhecem – e estão preparados para pagar por – produtos de qualidade[3].

Acesso da comunidade

Essa estratégia de definição de preços, de certa forma, é exclusiva das organizações esportivas e de muitas organizações sem fins lucrativos que precisam garantir que seus produtos estejam disponíveis para uma gama diversificada de membros da comunidade. Quando esse objetivo é o foco, os preços são definidos para cobrir apenas parcialmente os custos. Muitas organizações esportivas de comunidades locais e regionais são subsidiadas pelos governos local ou estadual, de forma que torne seus serviços mais acessíveis aos grupos comunitários locais. Os órgãos nacionais regulamentadores do esporte também subsidiam freqüentemente seus preços para associados, a fim de manter seus custos totais o mais baixo possível e atrair mais sócios.

---

[3] Surfistas sérios e profissionais reconhecem – e pagam preços altos por – produtos de qualidade. Consumidores com poder aquisitivo maior que a média, interessados em surfe, consomem os mesmos produtos e acreditam que, pelo uso dos mesmos equipamentos, serão equiparados aos surfistas sérios e profissionais. (NRT)

Um exemplo desse tipo de estratégia de definição de preços foi um jogo recente de rúgbi *league* dos Penrith Panthers, no qual crianças de 170 escolas públicas de toda a região de Penrith, em Sidney, receberam ingressos grátis para assistir ao jogo em um sábado. As crianças tinham de estar acompanhadas por um adulto e cerca de 3.000 delas aceitaram a oferta. Houve dois benefícios: primeiro, levar ao jogo uma série de crianças e famílias que poderiam não comparecer de outra forma – aumentando o potencial de repetição das visitas; segundo, muitas das escolas que aceitaram a oferta usaram os ingressos em uma rifa ou outra promoção, angariando fundos para as instituições e tornando o time dos Panther benquisto nessas comunidades (*Penrith Press*, 2003).

Assim, o estabelecimento de metas de definição de preços precisa ser feito no contexto das metas organizacionais e de marketing mais abrangentes, além de considerar o impacto das demais variáveis do mix de marketing (promoção e distribuição sendo as mais comumente afetadas pelas estratégias de definição de preços). Examinaremos a seguir o impacto das variáveis do mix de marketing sobre a definição de preços.

O impacto das diversas variáveis do mix de marketing sobre a estratégia de definição de preços

As decisões de definição de preços precisam ser coordenadas com todas as demais variáveis do mix de marketing. O número de intermediários no canal de marketing, os objetivos promocionais e o posicionamento do produto, o mix do produto e o portfólio do produto são elementos do mix de marketing afetados pelo preço, e podem também afetá-lo. Por exemplo, uma empresa que possui um grande número de revendedores (como um fabricante de calçados esportivos) pode ter de construir uma margem em seu preço final de venda para permitir que esses revendedores dêem apoio e promoção suficiente ao produto. Então, o preço do revendedor poderá ser baixo se comparado ao preço de venda final.

Como já discutido, os preços também são importantes nas decisões de posicionamento e promocionais da empresa. Produtos com preços elevados precisam ter uma atividade de marketing adequada para apoiá-los e comunicar seu valor agregado ao cliente final. De forma similar, a estratégia de distribuição poderá ser de exclusividade, restringindo, assim, a disponibilidade do produto e dando maior sustentação ao preço mais alto.

O mix total dos produtos da empresa também precisa ser considerado na definição de preços. Se todos os produtos tiverem seus preços definidos com base na extremidade inferior do mercado, pode ser difícil para a empresa entrar no mercado com um produto de preço elevado. As percepções do mercado sobre a marca e sobre o mix de produtos poderão não dar sustentação a essa estratégia. As empresas que enfrentam esse problema freqüentemente criam uma nova marca, para a qual constroem uma nova imagem, mantendo, assim, a integridade de suas linhas comerciais ou mais baratas e permitindo que o mercado analise o novo produto com base em seu valor.

Concluindo, então, uma estratégia de definição de preços precisa ser bem coordenada e apoiada pelas demais variáveis do mix de marketing, ou os consumidores podem ficar confusos, o que afetaria a demanda potencial do produto. A próxima etapa do processo de definição de preços é determinar a sensibilidade do mercado de clientes às diversas opções de preço – ou seja, os fatores de oferta e demanda.

Determinação da sensibilidade do mercado ao preço

A sensibilidade do mercado é importante para determinar a faixa de preço final. Os profissionais de marketing precisam conhecer tanto a demanda pelo produto e o custo do produto para eles quanto o tamanho do mercado potencial para esse produto.

Demanda é a quantidade de um produto que será procurada para consumo pelo mercado, em preços variados, por um período especificado (Summers et al., 2003). Na maioria dos casos, quanto maior for o preço de um produto, menor será a quantidade demandada. Essa relação normalmente é representada na forma de uma curva de demanda (veja a Figura 8.2). Esse gráfico mostra que, conforme os preços dos ingressos para um evento esportivo aumentam (P1 para P2), a demanda por esses ingressos diminui (D1 para D2) e vice-versa.

Foi exatamente isso que aconteceu com os organizadores da Copa do Mundo de Rúgbi de 2003. Os preços, para a maioria das pessoas, eram altos demais, e, como resultado, muitos jogos foram disputados com estádios parcialmente vazios. Os torcedores da Nova Zelândia foram particularmente afetados por isso, com os preços dos ingressos variando de NZ$ 83 a NX$ 648. Quando esses preços eram combinados com as passagens aéreas e despesas com hospedagem, o gasto total variava de NZ$ 2.995 a NZ$ 10.995 por pessoa, para uma partida. Muitos dos 75.000 ingressos destinados à Nova Zelândia acabaram não sendo vendidos (Bell, 2003).

Figura 8.2: A curva de demanda por ingressos para um evento esportivo

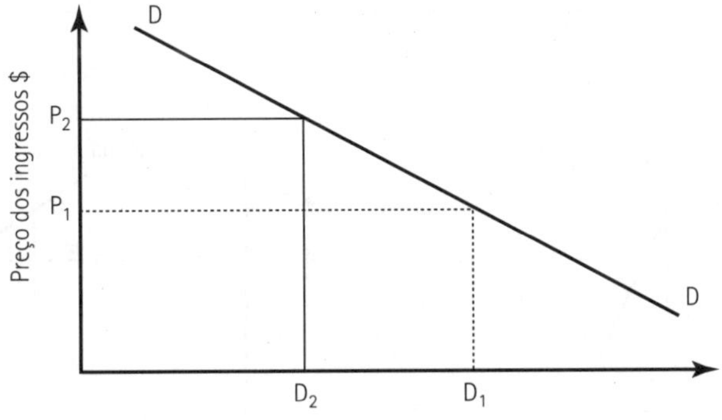

A reação ou sensibilidade dos consumidores aos preços é conhecida como *elasticidade da demanda*. Quando a demanda por um produto é elástica, isso significa que os consumidores são bastante sensíveis às mudanças de preço e demandarão mais ou menos de um produto com base em seu preço. Quando a demanda por um produto é inelástica, então os consumidores são menos sensíveis às flutuações do preço e irão tolerar algum nível de aumento de preço antes de fazer sua demanda diminuir. A Figura 8.3 mostra essas relações.

Ao considerar as reações dos consumidores às mudanças de preço, os profissionais de marketing esportivo também precisam considerar outros fatores que influenciam as mudanças de demanda, como os produtos substitutos e complementares. *Produtos substitutos* são aqueles que os consumidores podem usar de forma fácil e rápida em vez de outro produto, por exemplo, os ingressos para um jogo de futebol ou para um jogo de basquete. Se os consumidores avaliarem os produtos substitutos como próximos, eles têm mais chance de mudar seu comportamento e se tornar mais sensíveis ao preço ou elásticos do que se os substitutos não estivessem prontamente disponíveis ou próximos. Um fanático por futebol pode não achar que assistir a um jogo de futebol australiano seja um bom substituto para seu gasto de lazer e ser menos sensível a aumentos nos preços dos ingressos para os jogos de futebol do que alguém que acredita que os dois esportes sejam substitutos próximos.

Complementos são os produtos que têm de ser usados conjuntamente. Por exemplo, a maioria das práticas esportivas requer a aquisição de equipamentos esportivos específicos e um aumento no preço do equipamento (calçados para *netball*) pode afetar a demanda para esse esporte. Além disso, a prática do esporte também pode envolver taxas de associação, como academias ou clubes, e as mudanças nesses preços podem influenciar os índices de participação.

Quanto à sensibilidade do preço, os profissionais de marketing também precisam considerar os aspectos de oferta de sua gama de produtos. *Oferta* é a quantidade de um produto que será oferecida ao mercado por um ou mais fornecedores a preços diversos por um tempo especificado (Summers et al., 2003). Quando os produtos estão em demanda e oferecem bons retornos, mais empresas serão atraídas a esse mercado. Quanto maior for o preço que puder ser cobrado pelo produto (P1

Figura 8.3: Demanda elástica e inelástica

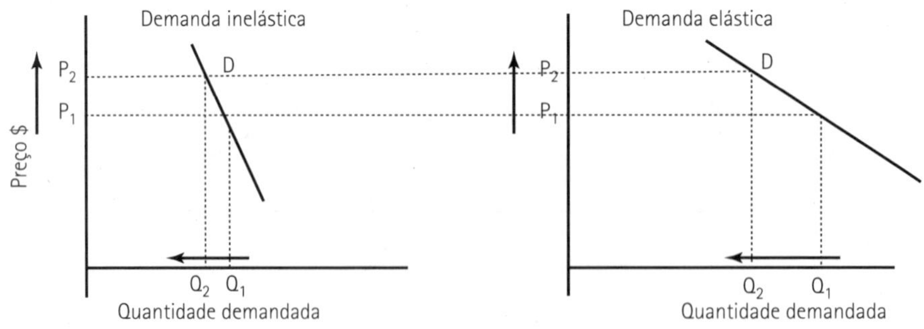

para P2), maior será a chance de uma empresa desejar fornecer o produto (O1 para O2). A Figura 8.4 mostra a relação entre preço e oferta. No geral, conforme o preço que os consumidores estão dispostos a pagar pelos produtos esportivos diminui, sua oferta também diminui; no entanto, se os preços aumentam, a oferta também aumenta.

O que de fato acontece no mercado é que a oferta e a demanda trabalham juntas e o *equilíbrio do mercado* é atingido quando o preço que os consumidores estiverem dispostos a pagar for igual à quantidade de produtos ofertada no mercado. Essa relação é mostrada na Figura 8.5, ponto E.

Figura 8.4: Curva de oferta de produtos esportivos

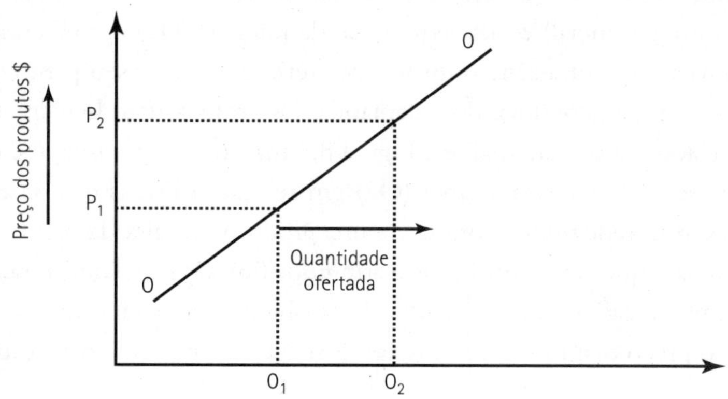

Figura 8.5: Equilíbrio do mercado

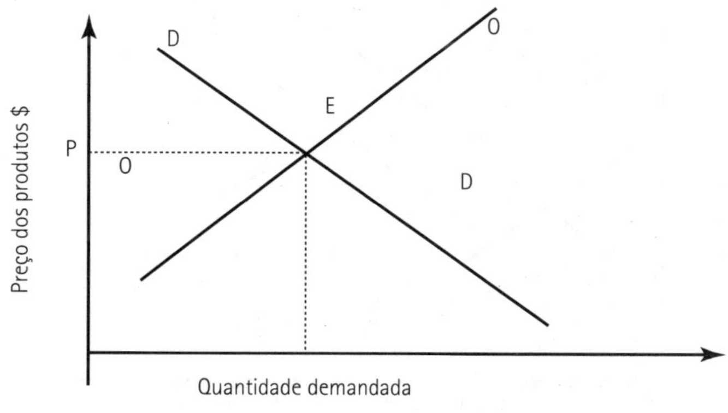

Os mercados tentarão sempre atingir esse ponto de equilíbrio, e a função do profissional de marketing é monitorar os preços e a sensibilidade dos clientes aos preços, de forma que tente manejar o preço e a oferta dos bens e serviços para que o equilíbrio seja mantido. Um preço artificialmente alto resultará em uma sobreoferta e uma falta de demanda pelos produtos, ao passo que um preço baixo demais pode ocasionar o oposto.

Como exemplo de como os fatores de oferta e demanda influenciam a definição de preços, considere um fornecedor das camisetas dos torcedores da Copa do Mundo de Rúgbi de 2003 (veja a Figura 8.6). Esse fabricante provavelmente teria uma grande oferta de camisetas nas partidas preliminares e antes do início da Copa (O1) e também haveria a alta demanda correspondente (D1) por esse produto. O preço que ele poderia cobrar pelas camisetas nessa fase igualmente seria alto (ponto A) para que o mercado ficasse em equilíbrio. Com o andamento da Copa do Mundo e com a proximidade do fim do torneio, qualquer estoque em excesso que o fornecedor tivesse (que seria menor do que seu estoque inicial) estaria em demanda inferior (D2) e, para atingir um ponto em que oferta e demanda se encontrassem, o fornecedor teria de reduzir seu preço (ponto B).

Esse é um caso de preço conduzindo a demanda. Os profissionais de marketing podem afetar o preço pela manipulação da oferta. Analise a Figura 8.6 mais uma vez e imagine o que aconteceria se a curva de oferta se deslocasse para cima (O2) em relação à D1. Isso seria o mesmo que um profissional de marketing reduzindo a oferta de um produto em alta demanda. Veja que o preço também aumentaria para que o equilíbrio fosse atingido (P3). Observe que, nessa situação, quando a demanda pelas camisetas cai, o preço de equilíbrio também é maior (P4) que na primeira situação. Isso ocorre porque o preço original das camisetas (P3) era maior e, quando reduzido, o preço final também foi maior.

Figura 8.6: Equilíbrio do mercado e do preço

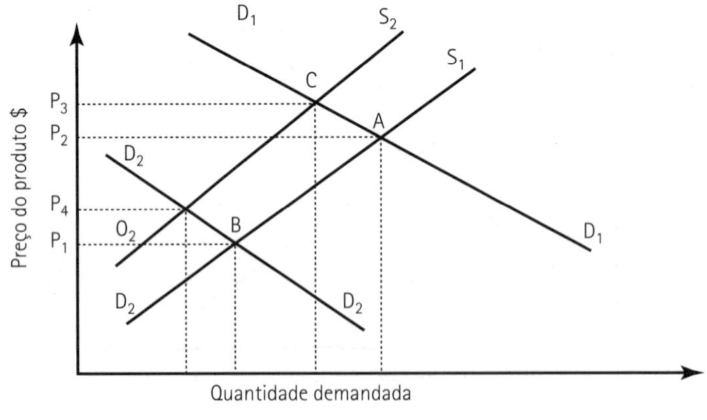

Os profissionais de marketing esportivo inteligentes usam seu conhecimento das relações entre oferta, demanda e preço para garantir o máximo de retorno para seus produtos esportivos. Consulte a seção "Destaque esportivo" a seguir sobre os ingressos para as Olimpíadas de Atenas.

Destaque esportivo

Ingressos olímpicos são excelentes investimentos

Apesar das constantes notícias na imprensa sobre atrasos e outros problemas logísticos, os organizadores dos Jogos Olímpicos de Atenas de 2004 previram que os ingressos iriam esgotar-se três semanas após serem postos à venda. Apenas três milhões de ingressos estavam disponíveis para a venda ao público, com mais 2,3 milhões fornecidos aos patrocinadores, detentores de direitos de transmissão pela TV e outras organizações associadas às Olimpíadas. As cerimônias de abertura e encerramento ficaram entre os eventos mais populares, com solicitações de ingressos quatro vezes maiores do que o número de assentos disponíveis e um estádio com capacidade para 70.000 pessoas. Outros esportes populares também tiveram vendas rápidas de ingressos. Apenas 12 meses antes do início dos jogos, os organizadores já tinham ultrapassado suas metas de marketing e de vendas de ingresso em cerca de 15%, e os pedidos da comunidade de negócios internacional, parceiros e patrocinadores já ultrapassara sua alocação de 2,3 milhões de ingressos. Então, os que desejavam ingressos para as Olimpíadas de Atenas precisaram adquiri-los cedo, já que uma combinação de preços mais baixos (20 euros a menos por ingresso do que os Jogos de Sydney) e recintos menores fizeram a demanda por ingressos crescer vertiginosamente.

O interessante é que, apesar dessas alegações, houve diversos comentários sobre o número de lugares vazios nos Jogos durante as semifinais e em esportes menos populares.

Fonte: Grohmann, 2003a, 2003b

Esse entendimento da dependência do tempo em relação à definição de preços também é muito importante para os produtos esportivos intangíveis – como um evento esportivo. No Destaque esportivo anterior, a natureza crítica do tempo é destacada. Assim que as Olimpíadas de Atenas acabassem, quaisquer lugares, mercadorias ou acomodações não vendidas não teriam mais nenhum valor para os consumidores. Desse modo, é uma prática comum, para os profissionais de marketing esportivo, adotar uma estratégia de definição de preços diferenciados ou discriminatórios nos casos em que os preços variam de acordo com o tempo e também com os níveis de competição, como discutido antes. Por exemplo, os ingressos para os jogos entre dois times pouco importantes serão bem mais baratos do que para um jogo entre dois times de igual capacidade e com chances de ganhar a competição.

Estimativa da relação custo-lucro-volume

Ao considerarem as estratégias de definição de preços, todas as empresas precisam entender a relação entre preço, custos de produção e volume de vendas necessária ou esperada para gerar lucro como retorno. Esse tipo de análise também é conhecido como *definição de preços de ponto de equilíbrio*. Enfocar os custos de produção pode parecer uma forma lógica de abordar as estratégias de definição de preço; no entanto, para os profissionais de marketing de serviços, há uma série de complicações que podem tornar esse método menos desejável.

Na consideração dos custos, os profissionais de marketing precisam entender a diferença entre custos fixos e variáveis. *Custos fixos* são os que não mudam em proporção direta aos aumentos ou reduções na atividade de produção. Para o profissional de marketing de um estádio, o custo de oferecer esse estádio limpo e pronto para funcionar para uma partida esportiva será razoavelmente constante ou fixo, não importa se 500 ou 50.000 pessoas comparecerem. Os custos da limpeza posterior do estádio, no entanto, podem variar diretamente de acordo com o número de pessoas que assistirem ao jogo. Esse tipo de custo é chamado de *custo variável*.

Quando esses tipos diferentes de custos são calculados, eles formam os *custos totais* da organização e representam a quantia em dinheiro que precisa ser obtida com as vendas do produto para se atingir um ponto de equilíbrio (custos totais = receita total), presumindo-se um custo fixo constante (veja a Figura 8.7). Ao lidar com serviços, o cálculo tanto dos custos variáveis quanto fixos pode ser bastante difícil, já que também não é fácil definir exatamente quais são esses custos, em especial para os custos variáveis. Por exemplo, quais são os custos adicionais de mais uma pessoa que comparece a um evento esportivo? Quais são os custos adicionais de uma pessoa que se associa a uma academia? Para a maioria dos serviços esportivos, a maior parte dos custos geralmente é fixa, e, então, atrair receita adicional traz resultados bastante lucrativos e se torna o foco da maioria das atividades de marketing.

Determinação dos fatores externos que afetam a definição de preços

Uma série de fatores externos, não relativos ao preço, também afeta a definição dos preços, além das percepções e características do mercado consumidor já discutidas. O tipo do mercado, a atividade dos concorrentes e fatores legais e econômicos também precisam ser considerados. Discutimos anteriormente neste capítulo o impacto das percepções dos consumidores sobre o valor e a definição de preços; agora analisaremos esses outros fatores.

Em relação à concorrência, é importante esclarecer suas estratégias de definição de preços para oferecer uma estrutura para definição de preços de sua própria organização. É importante considerar a elasticidade dos preços da oferta de seu concorrente, e isso pode, em parte, ser determinado ao se analisar os dados de participação no mercado e fidelidade dos clientes. Os clientes bastante fiéis à marca têm mais chances de ser inelásticos em se tratando de preço do que os mais inconstantes.

Figura 8.7: Análise de ponto de equilíbrio

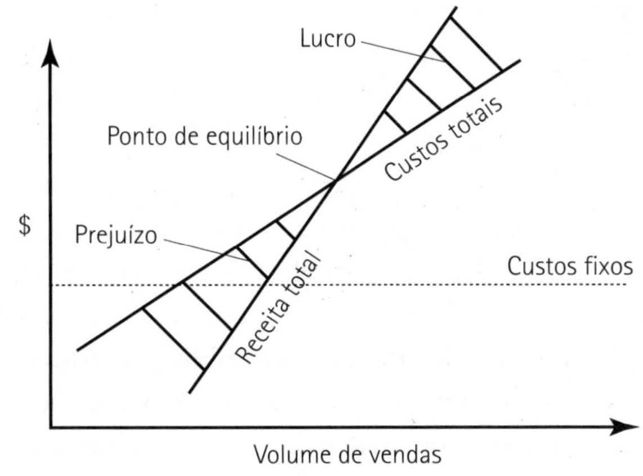

Também é importante analisar se você e seus concorrentes estão nos mesmos mercados e se seus alvos são os mesmos consumidores. Por exemplo, um profissional de marketing de um evento esportivo precisaria considerar todas as outras atividades de lazer concorrentes para seu mercado-alvo ao realizar uma análise competitiva. De forma similar, os fabricantes de equipamentos de golfe podem achar que, além dos demais fabricantes de produtos para golfe, outros tipos de produtos como mensalidades escolares, férias e outros gastos familiares que poderiam ser sacrificados para se adquirir um novo conjunto de tacos também sejam da concorrência.

As restrições legais e econômicas impostas pelos governos também são importantes ao se determinar estratégias de definição de preços. Fatores econômicos como recessões, crescimentos súbitos, taxas de juros e estatísticas de emprego, todos influenciam na quantidade de dinheiro que os consumidores têm para gastar, o que influenciará a demanda e a definição de preços dos produtos. Em sua maioria, os produtos esportivos são considerados não-essenciais ou produtos de lazer e, assim, são geralmente os primeiros a ser postos de lado quando as restrições financeiras apertam.

Por fim, o governo tem leis para proteger tanto os consumidores quanto as outras organizações contra estratégias de definição de preços injustas e antiéticas. A Lei de Práticas Comerciais (*Trade Practices Act*) define claramente o que é e o que não é legal quando se trata de coisas como conluio (trabalhar com outras empresas para definir preços) e declaração falsa. Visite o website da Lei de Práticas Comerciais para ver como as restrições se aplicam à definição de preços:

http://tpareview.treasury.gov.au/content/home.asp.

Determinação do preço final

Tendo considerado todos os fatores que influenciam a definição de preços, como a missão geral da organização, as metas de marketing e as variáveis do mix de marketing, os fatores de oferta e demanda, as sensibilidades dos consumidores ao preço e o impacto de fatores externos, o profissional de marketing agora está pronto para definir o preço final. No geral, uma combinação de fatores é levada em conta (normalmente, custos, concorrência e demanda) ao se definir o preço final, mas as percepções dos consumidores também constituem um fator que deve receber atenção suficiente.

Como discutido antes no capítulo, outras variáveis do mix de marketing também afetam a decisão de definição de preços. Uma variável bastante importante é a distribuição. O quão prontamente disponível um produto está e o quão acessível ele é são variáveis que podem tanto controlar quanto ser controladas pela estratégia de definição de preços. Nessa era moderna, muitas organizações esportivas também precisam considerar o papel da mídia para tornar seus produtos acessíveis a um público maior e o conseqüente impacto que isso tem nas decisões sobre locais de torneios e posicionamento de estádios. Vamos examinar as questões relativas à distribuição dos produtos esportivos com mais detalhes.

Estratégias de distribuição

Em qualquer negócio, não importa qual seja o produto, é preciso haver um modo de colocá-lo no mercado ao alcance fácil dos potenciais compradores e usuários finais. Esse processo é conhecido, em termos de marketing, como distribuição ou posicionamento. Além disso, um *canal de marketing* é a rede de intermediários ou organizações interdependentes envolvidos nesse processo de levar um produto ou serviço ao consumidor final (Kotler et al., 2003). Na indústria esportiva, há uma série de maneiras diferentes de se encarar os canais de marketing e estratégias de distribuição, e os profissionais de marketing podem usar tanto os canais diretos e simples quanto os indiretos e mais complexos. Analisaremos ambos de forma detalhada.

Quando consideramos produtos esportivos que são tangíveis, como equipamentos e mercadorias, as decisões de distribuição dos profissionais de marketing são relativamente fáceis de se definir. Haverá um fabricante produzindo os produtos e intermediários, como agentes, atacadistas, varejistas e câmaras de compensação, para fazer com que seus produtos cheguem aos usuários finais, não importa onde eles estejam. Esse processo de usar os outros para levar o produto até o consumidor final é freqüentemente mais eficiente e possui melhor relação custo-benefício para um fabricante do que se ele mesmo entregasse o produto, embora geralmente signifique desistir de uma parte do preço sob a forma de taxas de manuseio pagas a esses diversos intermediários.

Além de simplesmente fazer o produto chegar até o consumidor final, os membros do canal de distribuição auxiliam no fornecimento de informações para o consumidor, sobre o produto, e para o fabricante, sobre os consumidores. Eles também podem envolver-se em atividades promocionais, localizar clientes potenciais, financiar uma parte dos custos de canal, e ajudar a distribuir o risco envolvido em levar o produto ao mercado (Kotler et al., 2003).

Assim, os canais de marketing e os intermediários auxiliam o fabricante a levar seu produto até um grande número de usuários finais de forma eficiente, e também ajudam o consumidor final ao lhe fornecer uma série de locais convenientes para a compra de produtos e ao aumentar a potencial gama de produtos disponíveis para compra. Dá-se o nome de *canal direto* ao processo em que os fabricantes lidam diretamente com consumidores finais, e o processo é chamado de *canal indireto* quando há intermediários envolvidos. E alguns fabricantes usam uma estratégia combinada, lidando tanto direta quanto indiretamente com os consumidores em uma tentativa de maximizar sua exposição aos potenciais clientes.

O surgimento da internet e da world wide web mudou um pouco a função de distribuição, tornando mais fácil, para os consumidores e para os fabricantes, entrar em contato direto uns com os outros, sem necessidade de intermediários. A principal desvantagem dessa abordagem é que os consumidores entendem o processo de distribuição e, com freqüência, desejam que a economia com os custos de intermediários seja repassada diretamente a eles, sem levar em conta que o fabricante agora precisa estabelecer sistemas e processos para lidar com essa distribuição direta (comércio eletrônico), que também implicam custos maiores.

O produto esportivo, no entanto, é multifacetado e, em muitos casos, possui mais características de um serviço do que de uma mercadoria, especialmente se estivermos lidando com os jogos e a prática esportiva como produtos. Nesses casos, as decisões de distribuições são mais complexas. Quando se considera um jogo como produto esportivo, as reflexões sobre a distribuição levam em conta o recinto e as formas de entregar a experiência de comparecer ao jogo para os que não puderem (ou não quiserem) fazê-lo. É aqui que a mídia se torna um intermediário essencial no canal de marketing do produto esportivo. Analisaremos alguns desses aspectos mais detalhadamente a seguir.

A instalação esportiva

A instalação esportiva em si é uma parte muito importante da experiência de consumo no esporte e é um dos elementos mais tangíveis dessa experiência. Estádios esportivos bem projetados podem aumentar a satisfação física e emocional dos espectadores do esporte e desempenhar um papel de distribuição ao facilitar o consumo do evento esportivo a um grande número de pessoas. O Telstra Dome em Melbourne, o Telstra Stadium em Sidney e o Suncorp Stadium em Brisbane são exemplos desses grandes estádios para diversos fins e de alta tecnologia que precisam considerar as expectativas dos espectadores, o desempenho no jogo e as instalações de apoio em sua gestão de entrega do esporte. Administração e marketing de estádios é, na verdade, um campo de estudo independente e faz parte do "cenário de serviço" ou ambiente físico do consumo esportivo[4].

---

4 Os espaços de desenvolvimento do evento esportivo profissional no mundo estão passando por uma reformulação. Um novo conceito de espaço denominado arena tem atendido à expectativa dos consumidores por ofertas complementares que têm excedido ao

Os consumidores desenvolvem dedicação e fidelidade aos estádios, como pode ser visto no caso do MCG (Melbourne Cricket Ground), SCG (Sydney Cricket Ground) e outros lugares onde associações e assentos são vendidos. Os estádios também podem fazer parte dos mitos e lendas que cercam as realizações esportivas: "Eles nunca ganharam neste estádio!" ou "Bem-vindos ao Caldeirão!". Pesquisas também revelam que, se os consumidores ficarem satisfeitos com uma experiência em um estádio, eles têm mais chances de voltar, o que significa maior público e venda de ingressos (Wakefield e Blodgett, 1994). No entanto, nem todos conseguem ir a um estádio para assistir a seu time ou jogo favorito, especialmente se a partida for disputada em outro estado ou país. Dessa forma, a mídia esportiva também é uma parte importante do sistema de distribuição do produto esportivo.

O papel da mídia na distribuição do produto esportivo

A mídia permite que os profissionais de marketing esportivo levem seus produtos (o jogo) até várias (algumas vezes, milhões de) pessoas que, do contrário, não teriam como passar por aquela experiência. Muitas pessoas no mundo todo não são capazes de viajar até as Olimpíadas para assistir aos jogos pessoalmente, então elas dependem da televisão, do rádio, da internet e dos jornais para obter informações sobre o evento e viver a experiência de vários torneios em sua sala de estar. Os mesmos processos e considerações aplicam-se aos profissionais de marketing esportivo cujo produto é um time ou talvez uma associação e prática de um esporte específico. Nesses casos, é por meio da distribuição criativa que é possível fazer com que as informações sobre o produto cheguem aos consumidores, torná-lo relevante e interessante para eles e criar oportunidades para que eles o pratiquem. A recente investida do Manchester United nos Estados Unidos é um exemplo disso (Reuters Limited, 2003).

Em março de 2003, o Manchester United Football Club fez o que nenhum outro time de futebol tinha realizado antes (*Sports Illustrated*, 2003): uma turnê pré-temporada nos Estados Unidos, com ingressos esgotados em Seattle, Nova Jersey e Filadélfia. O Manchester United, muitas vezes aclamado como o único time esportivo verdadeiramente global, tem 53 milhões de torcedores no mundo todo e é o primeiro time de futebol estrangeiro a fazer um esforço concentrado para entrar no mercado norte-americano, em grande parte intocado. No entanto, para ter sucesso, ele precisa manter sua presença no mercado altamente competitivo da mídia esportiva. Um acordo lucrativo

serviço esportivo. Nesses espaços, são encontradas praças de alimentação, lojas de conveniência, sempre atendendo com a venda de produtos e serviços, relativos ao evento que lá se está desenrolando. Outro fator que tem justificado o investimento nesse modelo de negócio é que o espaço com essa configuração tem a característica de ser multiuso: o mesmo espaço serve ao desenvolvimento de uma atividade esportiva, para um grande show musical ou um encontro empresarial. Essa utilização multifacetada permite: o retorno do investimento em um espaço de tempo menor que os investimentos em espaços desenvolvidos para aplicações únicas; preços maiores ou menores são então flexibilizados diante das oportunidades de mercado e da múltipla utilização. (NRT)

Figura 8.8: Canais de distribuição para um evento esportivo

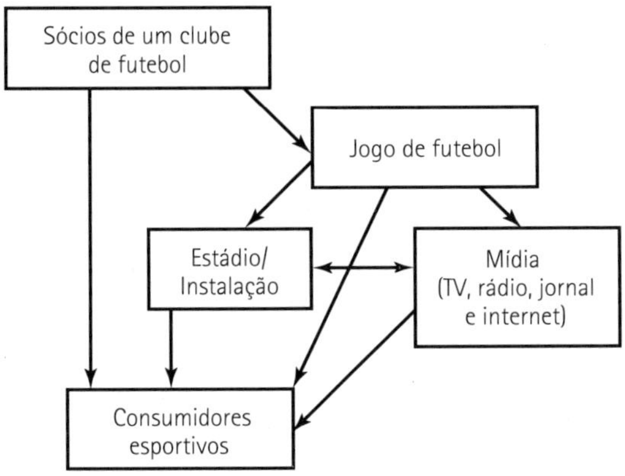

de TV com a rede YES levou todas as partidas da primeira divisão a serem exibidas na televisão norte-americana, o que permitiu ao United dobrar sua base de torcedores nos Estados Unidos de 3,5 milhões para 7 milhões (*Sports Illustrated*, 2003). Sua ambição é fazer com que o grande mercado de norte-americanos brancos e ricos gastem seu dinheiro comprando uma enorme quantidade de mercadorias do Manchester United. Visite o site do time em www.manutd.com e navegue pela loja virtual. É possível comprar roupas de cama, roupas de bebê e brinquedos, além de uniformes, chuteiras e roupas de lazer do Manchester United[5].

Em resumo, a entrega do produto esportivo ao consumidor final pode adotar uma série de abordagens diferentes, dependendo do tipo de produto e dos custos e benefícios para o fabricante e para o consumidor final. Quanto maior for o canal de marketing, menor será o controle dos profissionais de marketing sobre a entrega do produto, e é por isso que, no caso de serviços, com freqüência é melhor deixar os canais curtos e manter o controle sobre a entrega e o cenário de serviço.

Muitas organizações adotam diversos canais para melhor atender e atrair clientes potenciais. A Figura 8.8 mostra a combinação de canais possíveis para um produto esportivo que seja um evento ou uma associação a um clube (intangível). Pode-se observar que há canais diretos (direto para o consumidor) e indiretos (por meio de intermediários) possíveis e que alguns dos intermediários também interagem de forma que produza o melhor resultado para o consumidor final.

A Figura 8.9 mostra as combinações dos canais de marketing que um profissional de marketing esportivo de bens tangíveis poderia considerar. Eles poderiam atingir diretamente o consumidor pelo uso de mala direta, marketing direto ou da internet, ou poderiam atingi-lo indiretamente pelo uso de agentes, atacadistas e varejistas.

5 Outra marca de roupa reconhecida internacionalmente e considerada uma das maiores em volume de peças vendidas são as roupas esportivas da Universidade de Oxford. (NRT)

Contraponto

A expansão do esporte na TV realmente acabou? Percebeu-se que a indústria esportiva australiana (e a norte-americana também) está na fase de maturidade do ciclo de vida de seu produto e os investidores corporativos e a mídia esportiva estão analisando a transmissão digital como uma possível próxima opção (Stensholt, 2004). Os índices de audiência dos programas esportivos do verão de 2003 foram muito bons, um pouco acima dos de 2002, mas boa parte do sucesso desses programas dependeu dos times e jogadores australianos, e essa é uma opção de risco para diversos compradores de mídia. A temporada de críquete foi bem apoiada tanto por telespectadores quanto pelo público que compareceu às partidas em virtude do desempenho inesperado da equipe indiana, o que tornou as finais um evento imprevisível e empolgante. No entanto, um ano antes, os números de audiência e de comparecimento estavam bastante baixos, já que as pessoas tinham perdido interesse pelo evento unilateral.

O Aberto de Tênis e o Aberto de Golfe da Austrália também tiveram bom público e boa audiência, mesmo que nem Lleyton Hewitt nem Mark Philippoussis tenham chegado às finais no tênis, e que o vencedor no golfe tenha sido um jogador estrangeiro sem que nenhum australiano tenha

Figura 8.9: Canais de distribuição de um produto esportivo

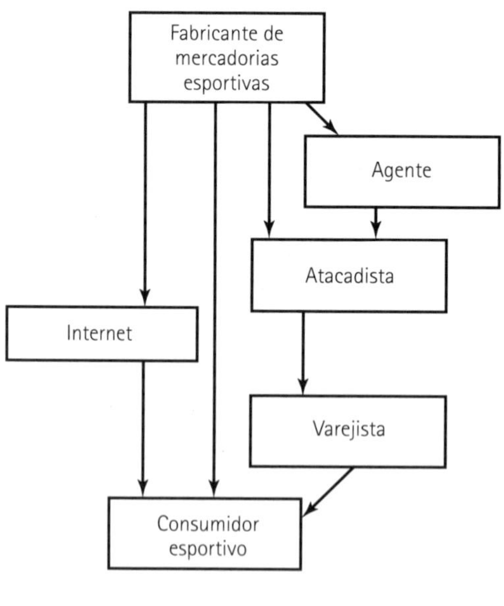

ficado entre os cinco primeiros colocados. O Channel Seven ainda está feliz com os lucros da Copa do Mundo de Rúgbi de 2003 e com o lucro adicional ganho em razão de a Austrália ter chegado às finais e disputado uma semifinal contra a Nova Zelândia (3,15 milhões de espectadores).

Então, como as organizações de mídia amortecem o efeito do desempenho dos times e dos jogadores em seus índices de audiência? Não há forma de prever ou influenciar o resultado final, e, mesmo quando a competição em si tem uma série de rodadas ou jogos eliminatórios preliminares, a competição final ainda é desconhecida. Não há resposta fácil a essa pergunta. Em uma tentativa de resolver em parte o problema, a Tennis Australia tentou criar uma atmosfera de festival para o Aberto da Austrália, com bastante entretenimento e atividades adicionais que não estavam voltadas para o tênis. Assim, ainda que as finais não fossem empolgantes ou que o jogador favorito de alguém não vencesse, o evento e o motivo para comparecer e assistir ainda seriam justificados para os consumidores do esporte. O que você acha que os esportes regionais mais populares podem fazer para ajudar a amenizar os resultados surpreendentes das competições ou as competições decepcionantes (Stensholt, 2004)?

Resumo

- **explique a relação entre preço, valor e outros benefícios psicológicos**

  O preço é parte do processo de troca e é uma forma de quantificar o valor de objetos sendo trocados. O valor geralmente é resultado de uma avaliação mental dos benefícios percebidos da troca comparados ao preço (ou custo final) da troca.

  Dessa forma, as reações subliminares dos consumidores aos benefícios percebidos de um produto esportivo, além das demandas concorrentes sobre o tempo e o desembolso monetário do consumidor, precisam ser bem compreendidas pelo profissional de marketing esportivo.

- **explique como uma organização esportiva deve determinar estrategicamente seus preços**

  Assim como a maioria das atividades de marketing estratégico, a definição de preços pode ser vista como um processo em que uma série de etapas ou pontos de decisão específicos devem ser considerados para se determinar uma estrutura de definição de preços estrategicamente viável. O processo de definição estratégica de preços é mostrado na Figura 8.1.

- **discuta a relação entre definição estratégica de preços e os demais elementos do mix de marketing**

  As decisões de definição de preços precisam ser coordenadas com todas as demais variáveis do mix de marketing. O número de intermediários no canal de marketing, os objetivos promocionais e o posicionamento do produto, o mix do produto e o portfólio do produto são elementos do mix de marketing que são afetados pelo preço e também podem afetá-lo.

- **discuta o impacto das relações de oferta e demanda e da suscetibilidade nas estratégias de definição de preço**
  A sensibilidade do mercado é importante para determinar a faixa de preço final. Os profissionais de marketing precisam conhecer tanto a demanda pelo produto e o custo do produto para eles quanto o tamanho do mercado potencial para esse produto. Demanda é a quantidade de um produto que será procurada para consumo pelo mercado em preços variados por um período especificado, e, na maioria dos casos, quanto mais alto for o preço de um produto, menor será a quantidade demandada. Em contraste, oferta é a quantidade de um produto que será oferecida ao mercado por um ou mais fornecedores a preços diversos por um tempo especificado.
- **identifique como os fatores externos afetam a definição estratégica de preços**
  Há uma série de fatores externos, não relacionados ao preço, que também afetam a definição dos preços. São eles: percepções e características do mercado consumidor; o tipo do mercado a ser atingido; a atividade dos concorrentes; e fatores legais e econômicos.
- **identifique os diversos canais de distribuição relevantes ao contexto de marketing esportivo**
  Na indústria esportiva, há uma série de formas diferentes de se encarar os canais de marketing e estratégias de distribuição, e os profissionais de marketing podem usar tanto os canais diretos e simples quanto os indiretos e mais complexos.
- **discuta os principais conceitos de distribuição relevantes para a tomada de decisão estratégica de marketing no esporte**
  Os canais de marketing e intermediários auxiliam o fabricante a levar seu produto a um grande número de usuários finais de forma eficiente e também ajudam o consumidor final ao lhe fornecer uma série de locais convenientes para a compra de produtos e ao aumentar a potencial gama de produtos disponíveis para compra. Dá-se o nome de *canal direto* ao processo em que os fabricantes lidam diretamente com consumidores finais, e o processo é chamado de *canal indireto* quando há intermediários envolvidos. Além disso, alguns fabricantes usam uma estratégia combinada, lidando tanto direta quanto indiretamente com os consumidores em uma tentativa de maximizar sua exposição aos potenciais clientes.
- **identifique os principais problemas inerentes à gestão de instalações esportivas e como esses problemas influenciam a tomada de decisão no marketing esportivo**
  A instalação esportiva em si é uma parte muito importante da experiência de consumo no esporte, e é um dos elementos mais tangíveis dessa experiência. Estádios esportivos bem projetados podem aumentar a satisfação física e emocional dos espectadores do esporte e desempenhar um papel de distribuição ao facilitar o consumo do evento esportivo a um grande número de pessoas.
- **discuta o papel da mídia na distribuição do esporte a seus públicos**
  A mídia permite que os profissionais de marketing esportivo levem seus produtos (o jogo) até várias (algumas vezes, milhões de) pessoas que, do contrário, não teriam como passar por aquela experiência.

Perguntas de revisão

1. O que é definição de preços com base em valor?
2. Por que uma organização esportiva adotaria uma estratégia de definição de preços diferenciados?
3. Por que uma organização esportiva poderia considerar importante o acesso da comunidade ao escolher as metas de definição de preços?
4. Se o mercado de um produto esportivo é bastante elástico ao preço, o que acontece quando o preço aumenta?
5. Quais custos são importantes para serem considerados quando se usa a definição de preços de ponto de equilíbrio?
6. Como a internet afetou as decisões de distribuição para as organizações esportivas?
7. Por que é importante considerar as características dos estádios nas decisões de distribuição relacionadas a eventos esportivos?
8. Explique o papel da mídia em um processo de decisão de distribuição esportiva.

Atividades aplicadas

1. Cite dois produtos esportivos que usam estratégias de desnatação de preços e dois que usam uma estratégia de penetração. Comente sobre como o resto do mix de marketing segue a estratégia de definição de preços escolhida. Você concorda com tais decisões? Que alterações ou mudanças você recomendaria?
2. Visite o website do Telstra Stadium (www.telstrastadium.com.au) e comente sobre como estão sendo considerados o cenário de serviço e a experiência de seu público quanto à instalação. Quais esportes são disputados lá e como são facilitadas as diferentes necessidades desses esportes distintos? Para quais outros fins o estádio é usado?
3. Compare as estratégias de distribuição do website do Manchester United (www.manutd.com) com as do website do Brisbane Lions (www.lions.com.au). Quais as diferenças e semelhanças entre esses sites? Como eles tentam conquistar a fidelidade e dedicação direta de seus clientes por esse método de distribuição?[6]

---

6 Visite o website da Ellerbe Becket, maior empresa de arquitetura especializada na construção de arenas esportivas multiuso (www.ellerbebecket.com). (NRT)

Referências

Barrnad, D. Near miss for world cup audiences. *Sports Marketing*, jan. 2002, p. 7.

Bell, K. Rugby tries to play ball over tickets. *The Christchurch Press*, 21 ago. 2003, p. 5.

Grohmann, K. Olympics – Athens games tickets are hot property – Organisers. *Reuters News,* 21 abr. 2003a.

Grohmann, K. Olympics – Athens 2004 games will be sold out – ATHOC. *Reuters News,* 3 jun. 2003b.

Knowler, R. Jets cut ticket prices in bid to score crowd. *Evening Standard,* 25 mar. 2003, p. 20.

Kotler, P.; Adam, S.; Brown, L.; Armstrong, G. *Principles of marketing*. 2. ed. Sydney: Prentice Hall, 2003.

Mantanovich, T. Pricing services vs pricing products: don't buy into the duality myth: focus on value to the customer. *Marketing Management*, v. 12, edição 4, jul./ago. 2003, p. 12-13.

Nagy, B. Full-house – that's Burton's first goal. *The Advertiser,* 31 jul. 2003, p. 89.

Nimmer, D. Develop a strategy for pricing. *Innovation,* ago. 1971, p. 41-43.

Penrith Press. Free tickets for kids. Penrith Football Club, 29 abr. 2003, p. 79.

Reid, R. Commercials are big business during super bowl. *Philadelphia Inquirer,* 29 jan. 2004.

Reuters Limited, 2003. Man utd: we're on our way to cracking America. Disponível em: http://sportsillustrated.cnn.com/soccer/news/2003/08/05/manutd_rdp. Acesso em: em 8 dez. 2003.

Rucci, M. Time for action on ticket prices. *The Advertiser,* 21 fev. 2003a, p. 85.

____. Lower finals ticket prices on way. *The Advertiser,* 4 jul. 2003b, p. 104.

Shank, M. *Sports marketing*: a strategic approach. 2. ed. Nova Jersey: Prentice Hall, 2003.

Shilbury, D.; Quick, S.; Westerbreek, H. *Strategic sport marketing*. Allen & Unwin, 1998.

Sports Illustrated. Man utd: we're on our way to cracking America. Reuters Limited, 2003.

Stedman, C. Value-based pricing. *Computerworld,* v. 34, edição 11, mar. 2000, p. 58.

Stensholt, J. Advantage sport. *BRW,* 29 jan. 2004.

Stolz, G. Catching the wave. *The Courier Mail,* 19 jul. 2003. p. 69-70.

Summers, J.; Gardiner, M.; Lamb, C.; Hair, J.; McDaniel, C. *Essentials of marketing*. Melbourne: Thomson Nelson, 2003.

The Advertiser. Only a game, and it's too expensive, 6 de set. 2003, p. 27.

Wakefield, K. L.; Blodgett, J. G. The importance of servicescapes in leisure service settings. *Journal of Services Marketing,* v. 8, n. 3, p. 66-76, 1994.

Estudos de Caso para a Parte 3

Críquete Twenty20 surpreende as garotas!

Dra. Melissa Johnson Morgan

Enquanto Sarah, 24 anos, beberica champanhe e observa o sol do verão inglês se pôr, a música pop dos anos 1980 soa alto no campo enquanto outro *wicket* cai. Sarah e suas amigas estão em uma partida de críquete Twenty20, na verdade, o primeiro jogo de críquete que ela acompanha pessoalmente. Não que Sarah goste de críquete de fato, mas o Twenty20 dura apenas cerca de três horas e é uma ótima oportunidade para encontrar amigos, tomar uns drinques e rir. Há diversos bons partidos no críquete e é gostoso ficar ao ar livre em uma noite de verão.

O críquete Twenty20, que recebeu esse nome por causa do formato de 20 *overs* (conjunto de seis arremessos válidos) para cada lado, foi lançado na Inglaterra em 2003 e rapidamente atraiu a atenção de espectadores e jogadores do mundo todo. Os clubes de críquete ingleses estão cheios de empolgação com a perspectiva de públicos maiores serem atraídos pelo novo formato. O jogo foi projetado para superar um pouco do "tédio" do *test* críquete, que dura cinco dias, e é uma blasfêmia para o fã ardoroso do esporte, mas atraente para os mercados mais jovens e com pouco tempo disponível. A principal atração do novo formato é que uma partida inteira pode ser concluída em cerca de três horas. O críquete em si é rápido e furioso, e tem como objetivo marcar o máximo de corridas possível sem a prudência usual do *test match* críquete.

A competição cheia de ação, que substituiu a Copa Benson & Hedges no calendário nacional inglês, possui duas semanas de partidas em grupo entre os 18 condados e um dia de finais em julho. Cada partida promete um espetáculo sem intervalos durante 20 *overs* por lado, com duração inferior a três horas e disputado das 17h30 às 20h15. A duração e o horário dos jogos fazem com que sejam o passeio ideal de uma noite de verão para crianças, famílias e solteiros.

Cada partida é acompanhada por um pacote de entretenimento nos locais da disputa, que inclui música, promoções, comida e bebidas, além de uma série de atividades interativas para as crianças. A competição também é intencionalmente programada para os dias mais longos do ano. Além do público que comparece ao evento, o jogo também é visto pela Sky TV e pelo Channel 4, na Inglaterra, e ouvido no rádio pela BBC. O apelo dos jogos na televisão é aumentado por recursos como colocar microfones nos jogadores, ligando-os aos comentaristas.

As famílias certamente são os alvos desse novo formato, mas o críquete Twenty20 fez mais sucesso entre as garotas. O gerente de marketing da English Cricket, Stuart Robertson, diz: "O perfil de público do críquete é desastroso: meia-idade, classe média e brancos. As crianças pensam que é coisa de velhos e as mulheres acham que é coisa de homem. O críquete Twenty20 está superando essas barreiras estruturais e as pesquisas revelam que são as mulheres e crianças que querem esse tipo de críquete". O público total nas 45 partidas de Twenty20 em 2003 foi de 240.000 pessoas, comparado com as 105.000 pessoas que compareceram à competição 50-*over* que o Twenty20 substituiu. Isso dá uma média de 5.330 espectadores por partida de Twenty20, *versus* uma média de 1.511 pessoas por partida de 50-*over*. Em julho de 2004, 62% do público do Twenty20 tinham 34 anos ou menos. Pelo menos 23% do público era composto por mulheres e um terço delas assistia ao críquete pela primeira vez.

Com um público feminino considerável, alguns clubes do interior planejam capitalizar sobre esse novo mercado, oferecendo um serviço de encontros rápidos para a platéia. O condado inglês de Warwickshire planeja colocar futuros namorados em um esquema de encontros rápidos, no qual eles terão o tempo de um *wicket* ser derrubado para tentar se conhecer. O clube de críquete de Worcestershire construiu uma Jacuzzi nas imediações e o de Hampshire, uma réplica da Bondi Beach para fazer seu jogador australiano Shane Warne se sentir em casa.

O críquete Twenty20 está recebendo atenção em outras partes do mundo, com a South African Cricket Board (UCBSA) pensando em adicioná-lo a seu campeonato nacional. Outros países, como o Paquistão e o Sri Lanka, também demonstraram interesse por esse jogo derivado. A Cricket Australia disse à England and Wales Cricket Board em 2004 que estava, a princípio, considerando jogar uma partida internacional de 20 *overs* por lado no inverno de 2005. Havia algumas restrições sobre se a situação inglesa, em que o novo formato radical deu uma injeção de ânimo no decadente críquete dos condados, se repetiria na Austrália. De fato, o Australian Cricket Board (Comitê de Críquete Australiano) tem pouca experiência com o formato Twenty20 e está observando o resto do mundo com atenção, já que se encontra incomumente na retaguarda. A Cricket Australia enfatizou que, embora se mantivesse aberta à sugestão do English Cricket Board (Comitê de Críquete Inglês) para a internacionalização do Twenty20, a proposta estava "longe dos nossos interesses". No entanto, o novo formato parece estar conquistando popularidade de forma rápida e qualquer ceticismo pode ser comparado à introdução do críquete de um dia nos anos 1970. Quando o time australiano de Bill Lawry disputou a primeira partida internacional de críquete de um dia em vez de uma partida de Test em 1971, poucos imaginariam o espetáculo popular, competitivo e animado que ele se tornaria, nem o impacto revigorante que teria sobre o *test* críquete. Com esse fim, a primeira partida internacional de Twenty20 para os jogadores australianos foi disputada no início de 2005 na Nova Zelândia, com os jogadores expressando um otimismo cuidadoso sobre o futuro do formato.

Também se acredita que o novo formato é a maior chance de inclusão do críquete como esporte olímpico. O International Cricket Council (Conselho Internacional de Críquete – ICC) reconheceu a importância de se globalizar o jogo de críquete e sua proposta de introduzir o críquete Twenty20 nos Jogos Olímpicos de 2012 é parte dessa investida global.

Quando o último *wicket* é derrubado, Sarah termina seu champanhe e dá seu número de telefone a um belo jovem londrino. Ela teve uma noite ótima e planeja, com suas amigas, comprar ingressos para a partida da semana seguinte.

Fontes:

Church, R. Loving the twenty20 cricket', sportandtechnology, 23 a 25 de setembro de 2004. Disponível em: http://www.sportandtechnology.com/features.php?pageld=0176. Acesso em: 29 de jul. 2004.

Here comes the summer, The Twenty20 Cup. Disponível em: http://www.thetwenty20cup.co.uk/pages/twenty20_cricket/twenty20_cricket.htm. Acesso em: 30 jul. 2004.

Saltau, C. Twenty-overs cricket on the way'. The Age, 10 de junho de 2004. Disponível em: http://www.theage.com.au/articles/2004/06/09/1086749779396.html?oneclick=true. Acesso em: 30 jul. 2004.

Perguntas

1. Você acha que o críquete Twenty20 terá um futuro duradouro no calendário internacional de críquete?
2. Por que o ICC deseja que o críquete se torne um esporte olímpico? Que impacto isso teria sobre o futuro do jogo?
3. Por que as jovens mulheres são um bom mercado-alvo? Como os clubes podem agregar valor ao jogo para esse mercado?
4. Há quaisquer desvantagens ou problemas em se usar promoções como o serviço de encontros rápidos como parte da experiência do críquete Twenty20?

PARTE 4

O marketing usando o esporte

capítulo 9

O esporte como uma ferramenta de marketing estratégico

Objetivos de aprendizagem

Após ler este capítulo, você deve ser capaz de:

- ressaltar o poder emocional do esporte quando incorporado a um plano de marketing
- explicar como o esporte pode aperfeiçoar atividades promocionais tradicionais
- discutir brevemente como as organizações podem usar o esporte para desenvolver relacionamentos estratégicos
- articular a importância de combinar o DNA da marca ao usar o esporte como ferramenta de marketing
- discutir as vantagens e desvantagens da utilização do esporte como ferramenta de marketing

Introdução

O marketing usando o esporte é uma ferramenta poderosa utilizada por diversas organizações para alavancar suas marcas e criar oportunidades em novos mercados, além de consolidar a fidelidade dos clientes existentes. As marcas que são associadas às paixões e emoções positivas que cercam o esporte podem criar imagens duradouras e atitudes positivas em suas bases de clientes que são praticamente impossíveis de atingir por meio do marketing convencional. Considere essa campanha da Copa do Mundo de Futebol, países de todos os continentes interessados no esporte. Agora imagine tentar comprar espaço publicitário suficiente em todos esses países participantes, para atingir o mesmo nível de exposição e reconhecimento em um período de 30 dias, que a associação com a Copa do Mundo deu a essas marcas globais. É por isso que o esporte é um poderoso acréscimo ao plano de marketing de qualquer organização

Este capítulo apresentará um panorama sobre como o esporte pode ser incorporado ao plano de marketing de uma organização e como melhor utilizá-lo para criar e comunicar valor.

O esporte como uma ferramenta singular de marketing

O patrocínio esportivo é o terceiro maior meio de publicidade no mundo, atrás apenas da imprensa e da televisão, com o mercado de patrocínio na Austrália valendo mais de A$ 1 bilhão. Esse número não inclui o gasto adicional com a alavancagem que as empresas usam para maximizar o dinheiro do patrocínio e que pode atingir um valor quatro vezes mais alto do que a despesa original com o patrocínio.

Embora o patrocínio tenha recebido maior atenção na última década, a maioria dos livros didáticos sobre marketing ainda não inclui explicitamente o patrocínio esportivo como parte do kit de ferramentas de marketing. Alguns textos sobre publicidade e promoções trazem discussões sobre o patrocínio de eventos e esportes como parte do regime promocional, mas os atributos e usos do esporte de maneira específica são raramente mencionados. O "patrocínio" esportivo será definido de forma mais detalhada adiante neste capítulo, mas é importante reconhecer desde já que o uso estratégico do esporte no marketing vai bem além dos domínios da promoção e das relações públicas empresariais filantrópicas. O esporte é um meio único por meio do qual as organizações podem atingir objetivos de marketing que vão da exposição da marca a programas de fidelidade de longo prazo para consumidores internos e externos. A próxima seção considera o uso estratégico do esporte no marketing, mas antes é preciso analisar o que torna o esporte essa ferramenta de marketing tão poderosa e valiosa.

Talvez o mais poderoso e exclusivo aspecto com relação ao esporte seja a emoção que ele gera e que toma conta dos participantes e dos espectadores. A montanha-russa emocional e dinâmica do esporte pode arrastar os consumidores por sensações intensificadas de expectativa, alegria, medo, empolgação, orgulho, satisfação, raiva, entusiasmo, tristeza, decepção e alívio, tudo dentro do período do evento – uma corrida de 20 segundos, um jogo de duas horas ou um torneio de um mês. A natureza inerente da competição oferece uma plataforma elevada de emoções que são experimentadas direta ou indiretamente por grandes grupos de consumidores. As selvagens comemorações de vitória e a raiva e a tristeza esgotantes da derrota são igualmente toleradas como válvulas de escape de emoções que seriam, de outra forma, inadequadas – emoções que podem diluir fronteiras geográficas, temporais, demográficas, culturais e sociais.

O *controle do poder emocional do esporte* oferece aos profissionais de marketing uma oportunidade única. É difícil tornar um seguro de vida "sexy" ou fazer surgir fortes sentimentos por um cartão de crédito. No entanto, relacionar essas categorias de produtos ao esporte e a personalidades esportivas dá a eles acesso a emoções que lhes escapariam de outra forma. O orgulho e a satisfação emanados pelos torcedores que assistem à seleção de seu país se tornar a melhor do mundo não são sentimentos que podem ser criados artificialmente ou naturalmente atribuídos a coisas como roupas, cervejas ou empresas aéreas. No entanto, ao trabalhar com essa seleção ou com aquele esporte, as marcas nessas categorias de produtos e serviços podem formar alianças estratégicas que as deixam fazer parte dessa experiência emocional, permitindo-lhes usar esse orgulho e felicidade no marketing de seus produtos e serviços.

O esporte revela qualidades únicas que outras ferramentas de marketing não podem oferecer. O material impresso é unidimensional, a televisão é bidimensional, os eventos são tridimensionais, mas o esporte e o patrocínio desse esporte podem ser tetradimensionais (Lloyd, 2001). Essa quarta dimensão é a emoção. O uso bem-sucedido do esporte no marketing coloca o aspecto emocional em jogo e isso pode desenvolver relacionamentos com os consumidores e mercados de forma eficaz.

Uma característica relacionada do esporte como ferramenta singular de marketing é a sua capacidade de superar a sempre fragmentada indústria de mídia (Hancock, 2003). As ferramentas de mídia continuam a fragmentar e saturar o mercado, e os consumidores estão cada vez mais escolhendo opções seguras, que lhes permitem evitar totalmente as propagandas (TV paga, DVDs, TiVo etc.). Comunicar os significados e imagens do produto e da marca já não são suficientes em um mundo onde a comunicação está tornando-se mais logisticamente possível, mas humanamente mais complexa. Os consumidores precisam "viver" as marcas. Por intermédio do esporte, os profissionais de marketing podem apresentar as marcas, os produtos e serviços aos consumidores via um meio pelo qual são apaixonados, um meio que é consumido de forma experimental. Os consumidores podem viver e encontrar marcas em um ambiente de consumo emotivo e holístico. O esporte pode ser uma maneira bastante eficaz de se destacar em meio à confusão de marcas e empresas da mídia (Hancock, 2003, p. 2). Destacar-se nessa confusão por meio do esporte pode permitir aos profissionais do marketing atingir os valores e emoções centrais dos consumidores do esporte.

O compromisso que os participantes e torcedores assumem com o esporte de sua preferência também oferece aos profissionais de marketing uma oportunidade de fomentar relacionamentos duradouros e fidelidade à marca com esses clientes. Barrelle (citado em Lloyd, 2001) diz que o esporte oferece uma linguagem comum, que transcende as fronteiras geográficas e os obstáculos idiomáticos. Os torcedores continuam a mostrar fidelidade intensa aos esportes, times, jogadores e eventos que acompanham. Certos esportes têm atraído, ao longo da história, uma base demográfica específica de fãs, o que permite a divisão e a correspondência ideal de mercados-alvo dentro das fronteiras estratégicas tradicionais da atividade de marketing. Todos esses fenômenos oferecidos pelo esporte apresentam uma oportunidade de marca atrativa para os profissionais de marketing que desejam não apenas o reconhecimento, mas a fidelidade à marca de um mercado-alvo específico.

Desde a Antigüidade, as pessoas têm usado o esporte para promover sua reputação e como um indicador substituto de seu poder e sucesso. A aristocracia romana dava apoio a gladiadores ou os comprava, porque isso lhe emprestava um grau de fidelidade, status e apoio que ela poderia não conseguir por si mesma de outra forma. Toda-poderosa no marketing, a Coca-Cola deve ter previsto os benefícios de estar associada a um megaevento esportivo quando se tornou o primeiro exemplo moderno de patrocínio esportivo ao colocar anúncios no programa oficial dos Jogos Olímpicos de 1896.

O uso do esporte no marketing foi posto de lado por acadêmicos e muitos profissionais como uma maneira de relações públicas ou patrocínio filantrópico. No entanto, a extensão e a popularidade de seu uso estão forçando os profissionais de marketing a reconsiderar os objetivos de usar o esporte e considerar seu papel como uma função muito mais holística e integrada no plano de marketing geral. A próxima seção reflete sobre os usos estratégicos contemporâneos do esporte no marketing, começando com alguns esclarecimentos sobre o que chamar de uso do esporte no marketing.

O uso estratégico do esporte no marketing

O rápido crescimento do patrocínio esportivo no mundo todo não justifica que as empresas pulem de cabeça na piscina olímpica do marketing usando o esporte. O esporte deve ser utilizado no contexto do processo de marketing estratégico. O processo de marketing estratégico é toda a seqüência de atividades operacionais e administrativas necessárias para criar e sustentar estratégias de marketing eficientes e eficazes (Van Heerden, 2001).

Esta seção cobre a história e o crescimento do patrocínio esportivo e redefine o termo patrocínio para refletir o maior imperativo estratégico contemporâneo de formação de alianças estratégicas que são mutuamente benéficas. Por fim, serão descritos os objetivos e benefícios de se usar o esporte no marketing e delineado um programa de 12 passos para o sucesso no marketing esportivo.

A história e o crescimento dos patrocínios esportivos

O envolvimento de empresas com o esporte – ou "patrocínio", como iremos chamá-lo de agora em diante – passou por três fases evolutivas distintas. Começando nos anos 1960 e 1970, os acordos de patrocínio eram, em grande parte, atividades baseadas em doações, com motivos filantrópicos por parte da organização. Os órgãos esportivos, normalmente administrados por voluntários dedicados, ex-jogadores e amigos e parentes de praticantes, abordavam as organizações em busca de apoio financeiro para o serviço comunitário e de boa vontade, apelando para o espírito empresarial. Encontrar um executivo que tivesse um interesse pessoal pelo esporte em si era um bônus, e as doações da empresa normalmente garantiam aos seus altos executivos bons lugares nos jogos ou mesmo um camarote empresarial.

Durante os anos 1980, a afiliação a um esporte, time ou evento específico era vista como suficiente para justificar o envolvimento financeiro da organização. Esperava-se que o efeito de "influência" dessa associação com o esporte gerasse alguma exposição positiva, talvez até boa publicidade, e mostrasse que a organização estava apoiando a comunidade esportiva nacional ou local. Mais uma vez, as preferências esportivas pessoais do presidente ou da diretoria eram um fator importante para que se concordasse em patrocinar certo esporte.

No ambiente atual de negócios, quase todos os patrocínios esportivos são tratados como investimentos com uma expectativa de que haja um retorno positivo. Não mais capazes de justificar uma mentalidade de doação ou o apoio ao time favorito, as organizações agora buscam oportunidades de alavancagem que lhes possam oferecer uma vantagem estratégica sobre os meios de marketing tradicionais. A evolução do investimento financeiro empresarial no esporte finalmente está reconhecendo a importância de combinar os objetivos de marketing de uma empresa com a proposta esportiva (LeDrew, 2003).

A Figura 9.1 mostra as três fases evolutivas do envolvimento financeiro empresarial no esporte.

O montante gasto com patrocínio cresceu para cerca de US$ 30 bilhões no mundo todo e tem passado por um crescimento anual composto de 11% ao longo dos últimos 15 anos, já que um número cada vez maior de empresas reconhece seu valor em fornecer pontos de encontro com os consumidores (Incepta Group plc, *Annual Review*, 2002). Em termos de marketing, o patrocínio continua a crescer mais rapidamente do que todos os outros canais de marketing (Hancock, 2003). Na América do Norte, o patrocínio esportivo responde por mais de 67% de todo o gasto com patrocínio empresarial, incluindo o artístico (LeDrew, 2003). O gasto empresarial australiano com esporte praticamente duplicou entre 1996 e 2000, crescendo de A$ 459,4 milhões para A$ 907,1 milhões. Se incluirmos a aquisição de direitos de transmissão televisiva do esporte, esse aumento é ainda mais drástico, indo de A$ 593,4 milhões em 1998 para A$ 1,25 bilhão em 2000 (Lloyd, 2001). Ao comentar sobre o crescimento do patrocínio esportivo na Austrália, Lloyd (2001, p. 1) informa que "mesmo sem o 'efeito olímpico' de 2000, o crescimento superou todas as principais formas de publicidade em mídia, e os gastos com patrocínio esportivo agora só ficam atrás dos gastos com publicidade impressa (A$ 3,359 bilhões em 2000) e televisão (A$ 2,746 bilhões)".

De fato, o mercado mundial de patrocínio esportivo cresceu de cerca de US$ 11 bilhões em 1997 para mais de US$ 21 bilhões em 2003, com o crescimento projetado para superar os US$ 27 bilhões até 2005 (Li, 2003). Além desse crescimento monetário, o marketing esportivo se expandiu e amadureceu, transformando-se em um componente estratégico dos planos de marketing de diversas empresas (Li, 2003). Esse crescimento é mais do que apenas uma fase evolutiva inevitável na

Figura 9.1: Fases evolutivas do envolvimento financeiro corporativo no esporte

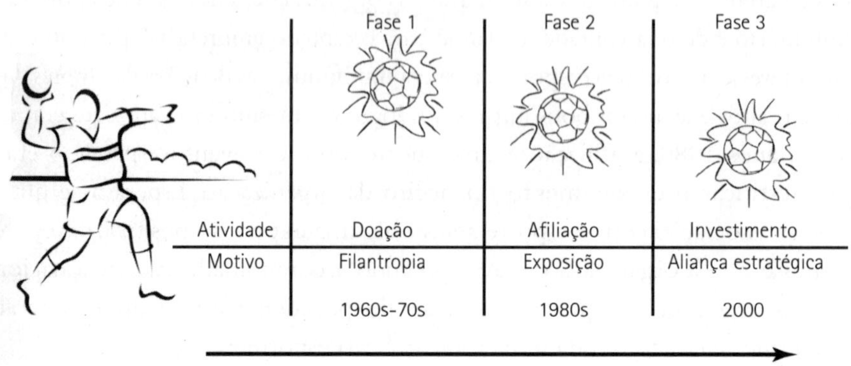

natureza de negócios do patrocínio. Jobber (citado em Van Heerden, 2001) acredita que seis fatores contribuíram para o aumento do patrocínio esportivo:

- políticas governamentais restritivas sobre a publicidade de bebidas alcoólicas e tabaco;
- custos galopantes da publicidade em mídia;
- o histórico comprovado do patrocínio;
- maior número de eventos esportivos e atividades de lazer;
- maior cobertura da mídia de eventos patrocinados;
- eficiência reduzida da publicidade em mídias tradicionais desorganizadas e a troca de canais entre programas de televisão durante os comerciais.

Também é viável sugerir que o amadurecimento das próprias organizações esportivas em organizações de marketing financeiramente responsáveis promoveu maior confiança entre os investidores empresariais no mercado do patrocínio de alguns esportes.

A próxima seção irá explorar a redefinição do termo patrocínio para refletir o crescimento e o amadurecimento do *patrocínio* esportivo em uma plataforma de marketing mais abrangente.

Do patrocínio à aliança estratégica

A discussão começará pela definição de *patrocínio* e seu lugar na disciplina do marketing. Nos livros didáticos tradicionais de marketing, o patrocínio é relacionado, de forma irregular, como uma ferramenta do mix promocional, talvez como uma subcategoria da publicidade ou da propaganda. No entanto, o patrocínio esportivo, especificamente, não é reconhecido de modo universal pelos autores desses textos. Livros didáticos sobre promoções e comunicações de marketing podem incluir menção específica do patrocínio esportivo, mas somente se isso for aceito como uma opção no mix promocional (Belch e Belch, 2001; Shimp, 1993). Para encontrar definições reais e discussão do patrocínio esportivo, recorremos a textos de marketing e administração do esporte, nos quais pudemos identificar uma série de perspectivas sobre o assunto. Shilbury, Quick e Westerbeek (1998) afirmam que o patrocínio é uma relação de negócios entre um patrocinador e um beneficiário, que oferece em troca alguns direitos e associação que podem ser usados para vantagem comercial. Shank (1999) define o patrocínio como investimento em uma entidade esportiva para dar apoio às metas e/ou estratégias de marketing e aos objetivos organizacionais gerais. Pope e Turco (2001) apresentam uma definição longa, dizendo que o patrocínio é o fornecimento de recursos por uma organização (o patrocinador) ao patrocinado; o patrocínio (investimento financeiro) permite a realização de uma atividade pelo patrocinado e o retorno do patrocinador acontece na forma de benefício à sua estratégia promocional.

Uma análise da literatura de marketing esportivo, promocional e geral revela uma série de definições sobre patrocínio. Algumas incluem afirmações de que o patrocínio é:

- uma relação de negócios;
- investimento para benefício promocional;
- compra de direitos e associações para vantagem comercial;
- pagamento em troca de benefício ou consideração de negócios;
- apoio financeiro ou material em troca de exposição;
- apoio financeiro deliberado fornecido para atingir reconhecimento da marca;
- uma forma de promoção de vendas que cria oportunidades de publicidade.

Nenhuma dessas afirmações captura de maneira adequada o uso do esporte no marketing. É como se o termo patrocínio fosse, lamentavelmente, limitado a uma atividade promocional, e cada afirmação tivesse uma qualidade funcional que fizesse referência a uma aplicação específica ou objetivo único. Aliado a isso está o estigma histórico de o patrocínio ser beneficente por natureza e ser pouco mais do que filantropia, apoio ou amparo.

Talvez o mais decepcionante nas definições contemporâneas, como as apresentadas por Pope e Turco (2001), é que elas deixam de identificar a natureza estratégica do patrocínio ou o potencial dessa plataforma para atender aos objetivos não só do patrocinador, mas também do patrocinado. Em outras palavras, o investimento ou associação, se feito com uma verdadeira orientação de marketing, deve considerar o atendimento mútuo dos objetivos de marketing da entidade esportiva e da organização.

No Brasil

Na visão da entidade que recebe o patrocínio:

O patrocinador será reconhecido como o mecenas que investe em suas atividades e que lhe são, por conseguinte, lucrativas e prazerosas.

Na visão da mídia:

O realizador viabiliza financeiramente o evento, remunerando custos de produção, gerando os pagamentos para a divulgação necessária, agregando valor ao espetáculo, pois um patrocinador não investiria em um mau espetáculo – o que vai acabar por incentivar a ida física do torcedor ao espaço esportivo.

Na visão do público espectador:

A empresa patrocinadora é percebida pela comunidade consumidora como alinhada à sua realidade esportiva; vista como cumprindo o papel de geradora e mantenedora do quadro esportivo da agremiação; e, finalmente, agregando para si todas as conquistas esportivas positivas obtidas pela agremiação. Interessante é que, na visão do espectador e do torcedor, não se aplicam ao patrocinador os insucessos esportivos da agremiação.

O patrocínio esportivo não deve ser:

- o "projeto de estimação" do diretor;
- uma ferramenta de marketing autônoma; ou
- apenas um simples canal de exposição da marca (Li, 2003).

O marketing de patrocínio deve estar embutido na estratégia empresarial e ser executado por meio de propostas de valor da marca.

Uma definição mais estratégica do patrocínio esportivo reconheceria que a associação entre o esporte e o patrocinador deve ser uma aliança estratégica que apresenta oportunidades de marketing para ambas as partes. Nesse sentido, o patrocínio esportivo é uma plataforma de marketing que pode ser ativada e integrada no mix de marketing e capaz de aumentar a eficiência e a eficácia de uma série de atividades de marketing para ambas as partes da aliança estratégica.

O termo "patrocínio", embora conveniente, não transmite a mesma mensagem que a expressão aliança estratégica. O novo imperativo é formar uma aliança estratégica *por meio* do esporte. Nesse sentido, a aliança deveria ser tratada como um empreendimento conjunto. Para ser considerada estratégica, a empresa deve estabelecer seus objetivos ao buscar a aliança e também entender o que são sua identidade empresarial e DNA da marca. DNA da marca é uma expressão usada para descrever a configuração ou os componentes exclusivos de uma marca, que lhe conferem sua identidade e personalidade. O DNA da marca é definido pela experiência e pelas percepções dos clientes sobre cinco componentes básicos: categoria, caráter, benefícios, diferença e credibilidade (Brandsequence, http://brandsequence.com/glossary1.html), como visto na Figura 9.2.

Ao abordar as alianças esportivas de forma estratégica, a organização pode determinar se a personalidade e a identidade da marca, baseadas nas características dos componentes do DNA da marca, são compatíveis com a entidade esportiva. Cada organização esportiva, órgão nacional, evento e personalidade esportiva são igualmente responsáveis por determinar seu próprio DNA da marca para garantir seu foco em – e sua associação a – patrocinadores compatíveis.

A Microsoft levou em consideração os objetivos e DNA da marca para sua marca Xbox quando formou uma aliança estratégica com a competição National Rugby League, na Austrália. O Xbox estava buscando uma plataforma para posicionar sua marca como um produto familiar, jogado pelas famílias em seus lares e representando um "bom conjunto de valores". A associação com a NRL foi encarada como uma boa combinação de duas grandes marcas de entretenimento que geravam alto envolvimento entre seus consumidores, além de ser uma forma de enfocar o mercado-alvo principal do Xbox, de rapazes de 16 a 30 anos de idade, além de ampliar seu apelo para um público maior (B&T, 2003). Ao mesmo tempo, a NRL beneficiou-se de estar associada a uma marca que representava a nova geração de consumidores esportivos e uma nova era da tecnologia de consumo.

Figura 9.2: Componentes do DNA da marca

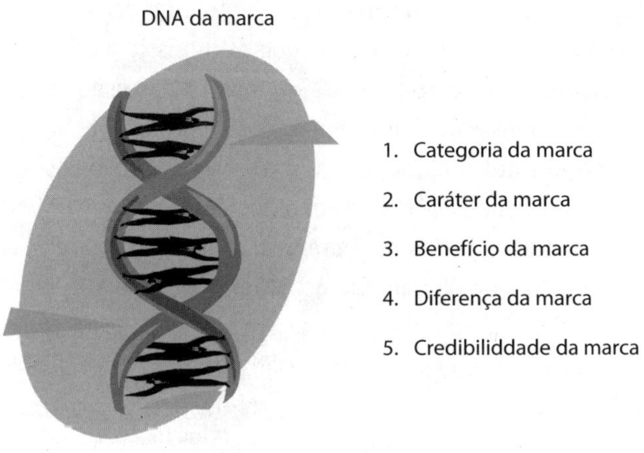

Destaque esportivo

A ciência do marketing esportivo

ESPORTE – Os australianos praticam, vão a estádios, assistem pela TV, lêem e ouvem a respeito. Assim, não é surpreendente que também valorizem as empresas que o patrocinam – 62% dos australianos concordam que o patrocínio aumenta seu interesse no uso dos bens e serviços dos patrocinadores, de acordo como o último Sweeney Sports Report.

Então, como as empresas podem jogar e vencer? Infelizmente, a resposta não está nos livros didáticos ou nos periódicos – mesmo algumas das empresas que o fazem às vezes escorregam. "Não há resposta simples – é tanto uma ciência como uma arte", define o diretor de marketing da marca da Nike Pacific, Carl Grebert.

É aí que entra o patrocínio, e, em decorrência das revoluções digital e tecnológica na cobertura do esporte, ele está tornando-se cada vez mais caro. Assim, as empresas devem avaliar cuidadosamente a eficácia do patrocínio e o papel que ele desempenha em uma estratégia de marketing. "As empresas, primeiro, devem entender que o patrocínio não é caridade nem propaganda", revela Grebert. "O patrocínio pode fazer coisas que a propaganda não pode, mas com freqüência se fala dele como se fosse propaganda. É impressionante quantas vezes ele é comprado como propaganda."

Uma vez que os profissionais de marketing tiverem estabelecido a necessidade de patrocínio esportivo, devem descobrir o veículo perfeito, seja ele um indivíduo, um time ou um esporte. Grebert diz que, para avaliar isso, uma empresa deve fazer duas perguntas. "Você precisa se perguntar qual é seu DNA da marca – os valores centrais e posicionamento que tornam sua marca única, e o que você está tentando fazer", ele afirma.

O diretor de estratégia da marca da FutureBrand Australia, Trevor Flett, afirma que o esporte é um bom veículo para as empresas que estão reposicionando sua marca, construindo uma marca, criando reconhecimento ou mantendo a predominância no mercado. "Os profissionais de marketing precisam ter um relacionamento com seus clientes e o esporte cria essa alavanca", ele completa. "O esporte permite que os profissionais de marketing toquem as emoções das pessoas de formas inacreditáveis." Segundo Flett, o esporte também é uma ótima maneira de falar com os jovens, especialmente se considerarmos a tendência atual dos jovens de resistirem às mensagens dos profissionais de marketing: "[Os jovens têm] uma cultura de antimarca", finaliza. "Os profissionais de marketing que quiserem se dirigir a esse mercado têm de abordar a essência do que os emociona. Trata-se de falar cara a cara com seus clientes."

A gerente geral e diretora da Wrights, Bridget Marcou, destaca que, para assumir a propriedade dos eventos, os profissionais de marketing devem incluir trabalho pesado por trás de suas campanhas. É claro, o trabalho pesado pode também vir sob a forma de marketing de emboscada. A Nike e a Coca-Cola são duas grandes empresas que usaram táticas de marketing de emboscada no passado, mais nitidamente nas Olimpíadas de Atlanta, em 1996. Flett lembra a Nike, que espalhou outdoors estratégicos pela cidade durante o período das Olimpíadas, administrou a campanha com sucesso. "Eles conquistaram a credibilidade das ruas por fazerem isso da forma como fizeram", diz. No entanto, Flett avisa as empresas para ficarem atentas ao marketing de emboscada, acrescentando que a Coca-Cola o praticou de modo excessivo nas Olimpíadas de Atlanta.

O marketing de emboscada também é um fator que as empresas devem considerar ao avaliarem um patrocínio potencial. O gerente geral de marketing do Brisbane Broncos, Craig Richards, ressalta que as empresas precisam estar alertas quanto ao efeito que os profissionais de marketing de emboscada podem ter sobre um evento específico. "Se alguém mais conseguir, você pagou demais por ele", afirma Richard.

Fonte: Plaskitt, 2003

Ambos os lados da mesa de negociação precisam reconhecer a necessidade fundamental de um planejamento cuidadoso e estruturado e de uma análise de retorno sobre o investimento para poder conseguir parcerias duradouras eficazes (Hancock, 2003). Preliminarmente à investigação dos requisitos para o planejamento bem-sucedido de marketing esportivo, é preciso analisar as perguntas críticas de pré-planejamento que precisam ser respondidas. Antes de embarcar na busca real de alianças esportivas estratégicas, faça as seguintes perguntas para garantir que o investimento se transforme em uma plataforma de marketing bem-sucedida. Entre as perguntas críticas, estão:

- Você criou uma cultura de patrocínio dentro de sua organização?
  - É importante que a cultura da organização dê apoio ao empreendimento conjunto ou à teoria da aliança estratégica do patrocínio esportivo, e não à abordagem de empreendimento conjunto sem envolvimento adotada anteriormente.
- Você mudou (ou precisa mudar) sua abordagem organizacional ao patrocínio?
  - Quem toma as decisões sobre seu investimento com esporte? Todas as equipes funcionais e estratégicas corretas estão envolvidas na elaboração de sua estratégia de patrocínio? Quem monitora e avalia seu investimento em patrocínio?
- Você aprendeu algo com os patrocínios ou investimentos esportivos anteriores?
  - É importante que se considerem as alianças esportivas anteriores e que a avaliação dessas alianças seja utilizada para ajudá-lo a julgar os investimentos futuros. Você tinha objetivos claros e avaliou esses objetivos? Você combinou, com sucesso, o DNA de sua marca a uma entidade esportiva e a aliança foi mutuamente vantajosa? A escala de seu investimento foi adequada a seus objetivos e a qualquer retorno atribuível? Também pode ser necessário ou desejável que você faça pesquisas com seu mercado-alvo para aferir o sucesso de seus programas de patrocínio anteriores.
- Você consegue aprender algo com seus concorrentes?
  - Você deve monitorar sempre as estratégias de marketing de seus concorrentes, e saber se, e como, eles estão usando o esporte nessas estratégias. Especificamente, analise por que

eles estão usando o esporte em suas estratégias de marketing, quem eles querem atingir, que entidade esportiva estão usando e por que motivo, e quanto sucesso parecem ter. Também é aconselhável considerar o tamanho do investimento que estão fazendo para alcançar seus objetivos.

- Você é um líder de mercado ou um seguidor?
  - Se sua empresa é líder de mercado em sua categoria, todos os aspectos de sua estratégia de marketing devem refletir isso. É importante que, como líder, você não siga o rebanho, que sua aliança esportiva seja inovadora e ousada. De forma similar, se for um seguidor ou buscar nichos de mercado, o tamanho de seu investimento e a natureza de sua aliança devem refletir isso (Hirons, 2002).

É essencial que os profissionais de marketing se concentrem nessas considerações estratégicas em vez de se concentrarem no enfoque tático tradicional adotado com o patrocínio esportivo. E mais alarmante é o fato de que as decisões sobre patrocínio esportivo ainda sejam tomadas de forma isolada em alto escalão e baseadas em interesse pessoal e não em lógica estratégica (Hancock, 2003). Um estudo recente realizado pela empresa de pesquisas Sponsorship Insights descobriu que os diretores-presidentes e diretores administrativos ainda correspondem a 59% dos tomadores de decisão em relação ao investimento esportivo na Austrália. Embora a participação e o comprometimento da alta administração sejam essenciais a todos os planos de marketing estratégico, é importante que essas decisões não sejam tomadas sem a participação considerável da equipe de marketing e sem haver uma correspondência entre os objetivos da aliança esportiva e os planos e estratégia de marketing empresarial geral.

Objetivos e benefícios das alianças esportivas estratégicas

A finalidade geral de qualquer estratégia de marketing é:

- definir claramente as metas de crescimento desejadas e qual contribuição pode ser oferecida pelos produtos e mercados existentes;
- criar uma plataforma estratégica para o desenvolvimento de um novo produto, serviço e mercado;
- analisar as posições e oportunidades competitivas, do mercado e dos clientes;
- definir focos estratégicos principais para capitalizar sobre pontos fracos da concorrência, tendências de mercado emergentes e necessidades não atendidas dos clientes.

Para estudar os objetivos e vantagens da utilização do esporte de forma estratégica no marketing, primeiro reveja os estágios básicos no processo de estratégia de marketing. Os seis principais estágios no processo de marketing estratégico incluem:

1. identificação e avaliação das oportunidades;
2. análise dos segmentos do mercado e seleção dos mercados-alvo;
3. desenvolvimento de uma declaração de posicionamento e a estratégia de mix de marketing correspondente;
4. preparação de um plano de marketing formal;
5. execução do plano de marketing;
6. monitoramento, controle e avaliação do plano.

Ao analisar o uso do esporte como atividade de marketing estratégico, é importante estabelecer diretrizes similares para o planejamento e a avaliação dessas atividades. O esporte tornou-se um meio de marketing, em si e de si mesmo, com a capacidade de definir alvos, segmentar, promover e fazer com que produtos e serviços sejam vistos de forma heróica (Schlossberg, 1996, p. 6). Assim, é importante desenvolver estratégias formais para seu uso. Como atividade subseqüente ou simultânea ao planejamento da estratégia de marketing geral, o processo de estratégia de marketing esportivo em 12 passos delineado a seguir deve ser usado para planejar a aliança estratégia ou empreendimento conjunto da empresa com o esporte.

Programa de 12 passos para o sucesso no marketing esportivo

1. Desenvolvimento de um perfil do DNA da marca e do mercado-alvo.
2. Esclarecimento dos objetivos de marketing da aliança com o esporte em relação à estratégia de marketing geral.
3. Definição de um orçamento ou método orçamentário.
4. Identificação das oportunidades atuais no esporte.
5. Estabelecimento da compatibilidade entre o DNA e os mercados-alvo das entidades esportivas e os da empresa.
6. Estabelecimento dos objetivos mútuos da aliança estratégica.
7. Estabelecimento do custo da aliança estratégica.
8. Identificação das atividades de marketing específicas necessárias para ativar a aliança e cumprir os objetivos.
9. Estabelecimento do custo da ativação.
10. Estabelecimento das medidas de avaliação.
11. Estabelecimento e início da aliança.
12. Monitoramento e avaliação da aliança.

Esse processo deve ser pensado como seqüencial, embora, como em todo planejamento estratégico, algumas etapas possam ser revistas e revisadas. O processo reflete uma abordagem muito mais considerada em relação ao investimento em esporte e/ou a aliança com o esporte do que o mero emprego de táticas de patrocínio. O reconhecimento ocorre em diversos estágios, de forma que o desenvolvimento e a satisfação mútuos das metas e objetivos são importantes para o sucesso duradouro da aliança. Você também irá perceber um prazo inicial para o estabelecimento de um orçamento para o programa e, então, um prazo subseqüente para o planejamento dos custos de ativação ou de suporte, que são substancialmente maiores que o pagamento inicial feito à entidade esportiva. O Capítulo 10 aborda o conceito de ativação – ou alavancagem, como ele é mais conhecido – com mais detalhes. Presume-se, é claro, sua reflexão sobre as perguntas essenciais descritas anteriormente quanto a todo o conceito da utilização do esporte como uma plataforma de marketing para sua empresa.

Então, o que exatamente as empresas esperam conseguir por meio de sua aliança com entidades esportivas? Alguns objetivos podem incluir exposição local/nacional ou mesmo internacional, reposicionamento de uma empresa ou marca, destaque de uma proposta saliente da marca, apoio a uma empresa ou produto, aproximação dos tomadores de decisões importantes/comerciais, motivos políticos, indicação de liderança do mercado, comunicação de uma mensagem específica e/ou a tentativa de impedir a concorrência de tirar vantagem da oportunidade (Hirons, 2002). Há outros objetivos mais táticos, como geração imediata de receita. Para o patrocinador da Copa do Mundo de Rúgbi, a Heineken, houve a receita imediata da venda do produto nos estádios, além dos benefícios associados à alavancagem da cerveja como uma marca prêmium (Harty, 2003). De forma similar, a Heineken teve rendimentos imediatos com as vendas no Aberto de Tênis da Austrália, do qual é um dos principais patrocinadores, e utilizou o evento para obter exposição em novos mercados-alvo em um ambiente que corresponde ao DNA de sua marca prêmium.

As oportunidades para usar o esporte no marketing parecem infinitas, mas o desafio é equilibrar as necessidades de seu mercado-alvo, seus objetivos de marketing e seu orçamento ao mesmo tempo (Hirons, 2002). A Visa é uma empresa renomada por seu uso eficaz e estratégico do esporte como plataforma de marketing. Os objetivos de marketing do patrocínio da Visa da Copa do Mundo de Rúgbi de 2003 concentravam-se em quatro áreas, incluindo:

1. publicidade:
   a. formação do reconhecimento e de imagens;
   b. apoio ao uso e aquisição de membros;
2. promoção:
   a. aumento do uso;
   b. estabelecimento de parcerias com marcas mais fortes;
3. relações empresariais:
   a. aumento do impacto/alcance de outros esforços de marketing;
   b. fortalecimento da imagem/reputação da empresa;
   c. utilização como plataforma para os programas de funcionários;
4. plataforma de produtos:
   a. exposição de novas tecnologias;
   b. lançamento de novos produtos (Li, 2003).

Esses objetivos foram estabelecidos com anos de antecedência e o primeiro planejamento de ativação ou alavancagem começou quase três anos antes do início da Copa do Mundo de Rúgbi na Austrália. É possível notar que os objetivos da aliança com a Copa do Mundo de Rúgbi cobriam uma série de áreas de marketing e eram de natureza estratégica e abrangente.

É interessante observar que a experiência das entidades esportivas e das organizações pode oferecer desafios em diferentes países do mundo. As organizações esportivas dos Estados Unidos, por exemplo, são provavelmente mais habilidosas em criar oportunidades estratégicas – ou "propriedades", como são chamadas – para atrair o investimento de empresas. Por outro lado, as grandes entidades esportivas norte-americanas têm também maior probabilidade de dividir suas propriedades em fatias muito finas ou de ser supercomercializadas ao ponto em que o valor do investimento deve ser cuidadosamente avaliado. As entidades esportivas australianas têm menos chances de ser sobrevendidas, mas são inexperientes quando se trata de oferecer oportunidades claras para facilitar as plataformas de marketing dos parceiros empresariais ou de fornecer o tipo de informação e avaliação que com freqüência é necessário para a avaliação das propostas que apresentam. Em termos de investimento empresarial, as empresas australianas atribuem menor importância à utilização do esporte para aumentar a fidelidade da marca do que suas contrapartes norte-americanas, colocando isso em terceiro lugar, atrás da formação de reconhecimento e da mudança ou reforço da imagem da marca. Em oposição, o principal objetivo das empresas norte-americanas que investem no esporte é aumentar a fidelidade à marca (Sponsorship Insights, 2003).

Uma pesquisa australiana sobre tomadores de decisão sobre patrocínio, realizada pela Sponsorship Insights em 2003, revelou uma série de objetivos e benefícios da utilização do esporte no marketing, em níveis variados de importância e valor. Do mais ao menos importante, os entrevistados relacionaram os seguintes objetivos para usar o patrocínio esportivo:

- criar reconhecimento do produto ou marca;
- mudar ou reforçar a imagem da marca;
- aumentar a fidelidade à marca;
- exibir a responsabilidade da empresa com a comunidade;
- estimular vendas/testes e/ou uso;
- motivar funcionários;
- entreter clientes e/ou clientes potenciais (Sponsorship Insights, 2003).

Os entrevistados consideraram a sinalização no local como o benefício de patrocínio mais valioso conquistado em um patrocínio esportivo. Outros benefícios considerados importantes foram a exclusividade na categoria, presença no website da propriedade esportiva e oportunidades interpromocionais (Sponsorship Insights, 2003). O enfoque na exposição e no reconhecimento da marca quanto a objetivos e benefícios valorizados parece indicar uma imaturidade na natureza estratégica do patrocínio esportivo na Austrália.

Na próxima seção, consideraremos por que e como avaliar a eficácia da utilização do esporte no marketing.

Avaliação da eficácia do uso do esporte no marketing

O crescimento do patrocínio e do uso do esporte como plataforma de marketing não foi igualado pela crescente sofisticação das práticas de gestão. Isso é especialmente verdadeiro na definição de objetivos e na posterior medição desses objetivos. Tanto a entidade esportiva quanto o investidor empresarial precisam reconhecer a necessidade fundamental de um planejamento cuidadoso e estruturado e de uma análise de retorno sobre o investimento se quiserem atingir parcerias duradouras e eficazes. As duas questões mais importantes são estabelecer objetivos realistas e desenvolver medidas desses objetivos na avaliação da estratégia. A crescente eficácia do esporte como plataforma de marketing é desejável apenas se um retorno sobre o investimento no esporte puder ser demonstrado. Como as empresas buscam níveis maiores de responsabilidade em cada aspecto de seus orçamentos de marketing, elas serão obrigadas a tratar seu investimento no esporte de uma forma mais analítica (Lloyd, 2001).

Uma das medidas tradicionais de *eficácia* no patrocínio tem sido a medição do valor de mídia equivalente da publicidade gerada a partir do evento esportivo, ou a utilização de algumas medidas de rastreamento da marca. No entanto, essas medidas não capturam a profundidade das informações necessárias para que se estabeleça, de fato, a eficácia da aliança. Medir o valor de mídia equivalente, por exemplo, não mostra se a mídia gerada levou ou não à resposta desejada. Ela convenceu os consumidores de algo? Aumentou o reconhecimento da marca? Posicionou o produto como se queria? Estimulou a experimentação do produto ou serviço? Simplesmente estabelecer o custo de substituição da exposição de mídia equivalente não responde nenhuma dessas perguntas.

O tipo de avaliação realizada é totalmente dependente dos objetivos da utilização do esporte, em primeiro lugar. Por exemplo, se a Qantas patrocinou a Copa do Mundo de Rúgbi para estimular a venda de passagens aéreas internacionais, então dados diretos de vendas e comportamento deveriam ser usados para avaliar esse objetivo. Quantas pessoas voaram pela Qantas para assistir à Copa? Qual foi o aumento na venda de passagens durante a Copa (se é que houve aumento)? Comparado aos meses anteriores? Comparado ao mesmo período no ano anterior? Essas medidas seriam úteis e representativas. No entanto, outros objetivos poderiam atrair novos clientes e desenvolver fidelidade à marca e repetição de negócios; eles precisariam de medidas diferentes, incluindo medidas cognitivas, como as atitudes dos consumidores em relação à companhia aérea e suas intenções sobre vôos futuros. Os motivos de suas intenções futuras também devem ser determinados. Dados de compra, como saber se esse foi o primeiro vôo desse cliente pela Qantas, também devem ser medidos.

O Westpac disse ter três objetivos para o retorno sobre seu investimento nas Olimpíadas de Sidney de 2000: o primeiro era obter negócios de sua base de clientes e novos clientes; o segundo era a promoção da imagem de sua marca para uma comunidade maior; e o terceiro era melhorar o ânimo dos funcionários. Uma pesquisa do próprio Westpac, realizada logo antes e logo após as Olimpíadas, revelou que a imagem do banco como boa empresa cidadã cresceu visivelmente durante os Jogos Olímpicos, subindo do 11º para o 5º lugar nas percepções da comunidade; desde então, o banco tem tentado melhorar com base nisso. Embora o Westpac nunca tenha divulgado o retorno exato sobre seu investimento nas Olimpíadas de 2000, ele insiste que superou a meta (Lloyd, 2001).

Uma medida eficaz do sucesso da plataforma de marketing esportivo necessita um entendimento mais profundo das relações entre um patrocinador, uma propriedade esportiva e o consumidor-alvo. Isso requer uma abordagem de pesquisa baseada no entendimento da ciência do marketing estratégico usando o esporte. As medidas de eficácia devem ajudá-lo a responder às seguintes questões:

- Estamos nos alinhando à propriedade esportiva certa e/ou eventos corretos para atingir nosso público-alvo desejado?
- Nossos objetivos de reconhecimento foram atingidos?
- Melhoramos a imagem da marca ou o comprometimento com a marca?
- Conseguimos sinergia entre nossa propriedade esportiva e as atividades de nossa marca?
- Como nossos parceiros de negócios perceberam nosso uso do esporte ou programa de hospitalidade?
- Nossa relação com o esporte melhorou a reputação de nossa empresa?

Acordos feitos entre investidores empresariais e entidades esportivas devem incluir (e freqüentemente incluem) as principais medidas do sucesso. Esses acordos devem ser considerados como acordos com base no desempenho e usar medidas como:

- vendas;
- posição e/ou imagem da empresa/marca;
- cobertura de mídia;
- desempenho do time e do atleta;
- comparecimento ao evento.

Você irá observar que as medidas de desempenho são baseadas em ambas as partes – o investidor empresarial e a entidade esportiva. Em uma parceria estratégica bem projetada, com base em uma plataforma esportiva, o sucesso ou eficácia da estratégia de uma parte deve ser interdependente do sucesso ou eficácia da outra.

O sucesso do investimento da Heineken no Aberto de Tênis da Austrália pode depender, de alguma forma, da qualidade do torneio, ou seja, das características da competição em si quem chega às finais, a qualidade do tênis etc. No entanto, o sucesso relativo da competição também pode depender da alavancagem do investimento da Heineken e de seu papel em melhorar a qualidade do Aberto como uma experiência esportiva.

Entre as medidas típicas usadas para determinar a eficácia de um investimento em uma propriedade esportiva, estão:

- dados demográficos;
- comparecimento;
- dados psicográficos;
- tendências de crescimento na categoria da propriedade;
- atividade de patrocínio do concorrente;
- afinidade e/ou paixão dos torcedores;
- índices de audiência na televisão;
- níveis de interesse dos parceiros comerciais.

Como descrito no programa de 12 passos para o sucesso no marketing esportivo, as medidas de eficácia devem ser definidas na fase de planejamento, o que inclui fazer provisões para os tipos de dados e análises que serão necessários para determinar a eficácia. As empresas australianas envolvidas no patrocínio esportivo informam que o feedback interno é a fonte mais comum de análise usada ao determinar se haverá ou não mudanças ou renovações nos patrocínios. Analisar a exposição na mídia impressa ou o uso de serviços de clipping[1] também é popular, assim como a consulta aos resultados das promoções de vendas diretas (Sponsorship Insights, 2003). A realização de pesquisas primárias também é relativamente comum, e pode-se esperar que se mostrará ainda mais prevalecente à medida que os acordos de patrocínio se tornarem mais estratégicos, dispendiosos e sofisticados em termos de se atingir os principais objetivos de negócios.

A maioria dos objetivos e medidas discutidos até agora envolveu transações do tipo empresa-consumidor, com mercados-alvo de consumidores finais. Mas outro uso estratégico do esporte no marketing é como plataforma para motivação e premiação dos funcionários e também como base para a formação de relacionamentos com outras empresas ou outros clientes empresariais. O patrocínio da Visa da Copa do Mundo de Rúgbi de 2003 foi, entre outras coisas, usado como plataforma para um amplo esquema mundial de motivação e premiação de funcionários. Novamente, as mesmas regras se aplicam a esses objetivos, em que a avaliação por meio das medidas adequadas é fundamental para se determinar o sucesso do programa.

A seção final deste capítulo fornecerá uma visão geral das vantagens e desvantagens da utilização do esporte como uma ferramenta de marketing estratégico.

---

[1] Os serviços de clipping, normalmente medem o volume do *publicity*, termo definido por James F. Engel em *Promotional strategy* como noticiário espontâneos que divulga acontecimento ou evento, citando seus patrocinadores ou envolvidos sem cobrança de honorários ou outros valores. (NRT)

Vantagens e desvantagens do esporte como ferramenta de marketing estratégico

O poder do esporte como plataforma de marketing já foi percebido por empresas relacionadas ao esporte, e pelas não relacionadas a ele. Empresas como a Nike e a Adidas estão inerentemente ligadas ao esporte; de fato, a declaração da missão da Nike concentra-se no esporte e nos atletas, e não em objetivos comerciais ou financeiros. No entanto, empresas não relacionadas ao esporte, como CUB, Vodaphone, Telstra, Heineken e várias outras, utilizaram a emoção e o poder do esporte para oferecer oportunidades únicas em suas respectivas indústrias e entre seus mercados-alvo.

Existem muitas vantagens na utilização do esporte no marketing, contudo também há desvantagens das quais é preciso estar ciente. Mais do que a vantagens e desvantagens, a referência talvez deva ser feita a vantagens e oportunidades *versus* desvantagens e riscos associados ao uso do esporte.

Embora algumas das vantagens e oportunidades sejam exclusivas do esporte, muitas das desvantagens não o são, e, na verdade, compartilham muitos dos mesmos riscos inerentes às promoções que usam variáveis incontroláveis, como o apoio de celebridades, estrelas do rock e do cinema etc. A Tabela 9.1 mostra uma lista das vantagens e oportunidades e das desvantagens e riscos associados ao uso do esporte como plataforma de marketing.

As oportunidades apresentadas na utilização do esporte como plataforma de marketing são baseadas na emoção e na fidelidade a tudo que envolve a competição esportiva. Muitos dos riscos e das desvantagens associados ao uso do esporte como plataforma de marketing podem ser minimizados pela gestão e pelo planejamento cuidadosos, não apenas da parte do investidor empresarial, mas principalmente da parte das próprias entidades esportivas. Um indício de imaturidade de negócios do mercado esportivo é a falta de informações críveis e confiáveis produzidas pelos próprios esportes na determinação do seu valor relativo para os potenciais investidores. Muitas das informações disponíveis sobre o esporte e seu valor como ferramenta de marketing são evidências anedóticas sobre os níveis de exposição. Aliado à propensão dos investidores de tomar suas decisões de patrocínio, em grande parte, com base em motivos emocionais e subjetivos, isso serve apenas para atrapalhar o sucesso do esporte como plataforma de marketing.

Algumas entidades esportivas estão dividindo suas propriedades em fatias tão finas entre os detentores de direitos que são consideradas praticamente insignificantes (Hancock, 2003). Há também a preocupação real, entre diversos grandes patrocinadores, de que o valor de seus compromissos de longo prazo com propriedades esportivas esteja sendo gravemente defasado pela tendência para "liquidações de última hora" feitas pelos donos dos direitos e seus agentes. A sobrevenda e a sobrevalorização também são potencialmente prejudiciais a ambas as partes da aliança estratégica. O Australian Cricket Board (Comitê Australiano de Críquete) realizou um esforço concentrado para limitar o número de grandes patrocinadores que possui, de forma que mantenha o valor de sua propriedade esportiva. Além disso, ele aborda os investidores de indústrias específicas, na base da formação de relacionamentos duradouros e mutuamente vantajosos. Sua recente busca por um investidor de

Tabela 9.1: Vantagens e desvantagens do esporte como plataforma de marketing

Vantagens e oportunidades	Desvantagens e riscos
Interações altamente carregadas de emoção com consumidores internos e externos	A avaliação é difícil e muitas medidas são imaturas e ineficazes
Chance de capitalizar sobre o apoio e a fidelidade extremos dos torcedores	As propriedades esportivas podem ter preço excessivamente alto
Potencial para compartilhar mercados-alvo grandes e facilmente identificáveis	Custos de alavancagem elevados
Oportunidades de exposição do produto e da marca com bom custo-benefício	Plataformas esportivas de qualidade são limitadas e, muitas vezes, infreqüentes ou sazonais
Maior consumo do produto pelos consumidores-alvo, incluindo novos mercados	Há o risco de confusão e/ou obscuridade do patrocínio
Locais para estímulo e teste do produto	Difícil de controlar
Potencial para aliar a personalidade da marca ao sucesso do esporte, dos times e/ou atletas individuais	Sujeito a falhas de personalidade e gafes sociais das celebridades esportivas
Uso de apoiadores especializados	Desordem ou sobrevenda de alguns esportes e/ou eventos
Fonte de heróis, campeões e porta-vozes em constante mudança	A qualidade e a empolgação da competição são incontroláveis

aliança estratégica na indústria de alta tecnologia foi um reconhecimento de sua falta de habilidade nessa área e de seu desejo de explorar as opções de extensões digitais e eletrônicas de seu produto esportivo e das preferências de consumo esportivo em mudança em seus mercados-alvo.

Por fim, o investimento em um time ou atleta específico está carregado de todos os cuidados e precauções associados à utilização de celebridades. Essa informação é bastante valorizada pela Nike, que assinou um contrato multimilionário com Kobe Bryant, famoso jogador de basquete norte-americano, algumas semanas antes de ele ser preso por acusação de estupro.

Este capítulo e o seguinte analisam o uso do esporte como plataforma de marketing. As características exclusivas do esporte são baseadas, em grande parte, na plataforma experimental carregada de emoções que ele representa e na fidelidade – muitas vezes, fanática – que pode estar associada ao esporte. Embora o conceito do uso do esporte para comercializar produtos e serviços não seja novo, o segmento ainda sofre com a imaturidade nos negócios, especialmente na área de contabilidade e medição de eficácia. O patrocínio é um conceito amplamente aceito, mas é preciso caminhar para uma era de alianças estratégicas entre o esporte e os investidores empresariais, com as alianças buscando atingir a satisfação mútua dos objetivos de cada uma das partes. Ainda que haja, cada vez mais, propriedades esportivas disponíveis ou oportunidades para aliança, os investidores empresariais devem garantir que estão totalmente cientes das vantagens e dos riscos associados com tal aliança, e a ativação e utilização por completo da oportunidade como plataforma de marketing, e não apenas como uma oportunidade para promoção.

Contraponto: Marketing de emboscada

Um número cada vez maior de profissionais de marketing está questionando o valor dos caríssimos patrocínios, enquanto algumas empresas usam propriedades e plataformas esportivas de forma não-oficial por um investimento muito menor. Usar uma propriedade esportiva sem contratá-la ou pagar por ela pode ser feito de maneira legal, mas que muitos crêem ser antiética, em uma prática chamada *marketing de emboscada*. O marketing de emboscada ocorre quando uma empresa faz bastante publicidade ou projeta uma campanha de marketing para coincidir com uma temporada ou evento esportivo específico. Por exemplo, muitas empresas aumentaram seus orçamentos publicitários durante a Copa do Mundo de Rúgbi, mas não eram, de fato, parceiras oficiais e pagantes da IRB ou da RWC. Mesmo as pequenas empresas locais publicaram anúncios desejando boa sorte aos Wallabies ou mostrando jogadores e bolas de rúgbi, insinuando, assim, que estavam associadas com a competição[2].

De forma similar, a Qantas não conseguiu se tornar a empresa aérea patrocinadora oficial das Olimpíadas de Sidney em 2000, mas sua presença durante os Jogos Olímpicos era imensa e muitos consumidores presumiram que ela era, de fato, o patrocinador oficial. Você lembra quem era?

Quando perguntados se achavam que a emboscada era uma atividade de patrocínio legítima, 68% dos tomadores de decisão sobre patrocínio na Austrália disseram que não, 18% disseram que sim e os 14% restantes disseram não saber. Quando foi perguntado se eles fariam emboscada em um concorrente, 11% disseram que sim (Sponsorship Insights, 2003).

Se empresas forem capazes de se beneficiar com a plataforma de marketing esportivo e ativar abertamente alianças das quais não fazem parte, isso, com certeza, irá desvalorizar as propriedades esportivas oferecidas aos investidores empresariais.

---

[2] Há que se considerar que é normal e provável que, na ocorrência de um grande evento nacional, regional ou local, o comércio e os serviços locais tentem obter o maior nível possível de acesso às oportunidades de negócio pela existência de grande público. É evidente também que a geração de oportunidade de negócios será buscada pela intervenção direta, indireta ou de "emboscada" em toda geração de negócio que se possa imaginar. (NRT)

Resumo

- **discuta o poder emocional do esporte quando incorporado a um plano de marketing**
  O esporte oferece uma plataforma praticamente exclusiva aos profissionais de marketing, em virtude da emoção que ele estimula entre consumidores e torcedores. Quando utilizado de forma estratégica, os profissionais de marketing podem tentar controlar essa emoção e usá-la para estimular interesse, construir relacionamentos e motivar os consumidores em patamares que não seriam possíveis de outro modo.
- **explique como o esporte pode aperfeiçoar atividades promocionais tradicionais**
  O esporte oferece muito mais do que apenas a exposição publicitária com bom custo-benefício ou novas oportunidades promocionais. Ele deve ser usado como parte do mix de marketing maior, como plataforma para todos os elementos e não apenas como um meio promocional.
- **discuta brevemente como as organizações podem usar o esporte para desenvolver relacionamentos estratégicos**
  O foco contemporâneo das entidades esportivas e dos profissionais de marketing deve ser o desenvolvimento das alianças estratégicas duradouras para a satisfação mútua de ambas as partes. Nesse sentido, ambos os parceiros podem usar o esporte como plataforma para melhorar as relações com seus negócios e consumidores finais e até mesmo com seus funcionários e parceiros da cadeia de fornecimento.
- **articule a importância de combinar o DNA da marca ao usar o esporte como ferramenta de marketing**
  O DNA da marca define a identidade e a personalidade das marcas de uma empresa e, ao fazê-lo, apresenta as diretrizes para o tipo de propriedade esportiva que acentua essa personalidade. De forma parecida, os esportes devem estar cientes de seu próprio DNA e buscar alianças com investidores empresariais que aprimorem sua marca e sua missão geral.
- **discuta as vantagens e desvantagens da utilização do esporte como ferramenta de marketing**
  Muitas das vantagens e desvantagens associadas ao uso do esporte como ferramenta de marketing podem ser controladas ou, pelo menos, minimizadas pela gestão e pelo planejamento cuidadosos não apenas por parte do investidor empresarial, mas principalmente por parte das próprias entidades esportivas.

Perguntas de revisão

1. O que torna o esporte singular e atraente como ferramenta de marketing estratégico?
2. Quais são algumas das perguntas fundamentais que os profissionais de marketing devem fazer a si mesmos antes de investir em uma propriedade esportiva?

3. O que é o DNA da marca e por que ele deve ser considerado ao se usar o esporte no marketing?
4. Relacione três vantagens e três desvantagens da utilização do esporte no marketing estratégico. Dê exemplos para cada uma delas.
5. Descreva os desafios envolvidos na avaliação da eficácia da utilização do esporte no marketing estratégico.

Atividades aplicadas

1. A diretora administrativa da empresa de seguros para a qual você trabalha pediu-lhe que avaliasse uma proposta de patrocínio que ela recebeu da Australian Women's Softball League (Liga Feminina de Softball da Austrália). Quais critérios você irá usar para avaliar a proposta? Quais fatores sobre sua empresa e sobre a liga você acredita serem importantes para considerar?
2. Visite o website da CUB, em www.cub.com.au, e identifique quais esportes, times e atletas individuais ela usa para comercializar seus produtos. Ela estabeleceu bem a correspondência entre o DNA de sua marca e o dos produtos esportivos que usa como plataforma? Em sua opinião, quais são os objetivos de se formar essas alianças? Como você sugeriria que medissem a eficácia de suas alianças?
3. Visite os websites oficiais dos Jogos Olímpicos (www.olympic.org), da Copa do Mundo de Futebol (http://fifaworldcup.yahoo.com/) e da Copa do Mundo de Rúgbi (www.rugbyworldcup.com). Que indícios você consegue encontrar de que esses três megaeventos estão protegendo seus patrocinadores empresariais contra os profissionais de marketing de emboscada? Quais medidas, se houver, os organizadores desses eventos e seus investidores empresariais poderiam tomar para limitar o impacto do marketing de emboscada? De quem é a responsabilidade pela proteção contra o marketing de emboscada?

Referências

B&T Marketing and Media. X marks the sport for the NRL, 20 de março de 2003. Disponível em: http://www.bandt.com.au/articles/b3/0c014db3.asp. Acesso em: 26 nov. 2003.

Belch, G.; Belch, M. *Advertising and promotion*. 4. ed. Boston: McGraw Hill, 2001.

Belch, G.; Belch, M. *Advertising and promotion*: an integrated marketing communications perspective. Boston: McGraw Hill, 2004.

Brandsequence. A Glossary of terms. Disponível em: http://brandsequence.com/glossaryl.html. Acesso em: 7 jun. 2004.

Grigg, A. Rugby world cup big money spinner for Australia. *Business Breakfast,* 29 de novembro de 2002. Disponível em: http://www.abc.net.au/businessbreakfast/content/2002/s737256.htm. Acesso em: 7 jun. 2004.

Hancock, S. The status of sponsorship. *Redmandarin*, 2003. Disponível em: http://www.redmandarin.com/viewstatus.htm. Acesso em: 3 nov. 2003.

Harty, J. Leveraging the RWC. *B&T Marketing and Media,* abril de 2003. Disponível em: http://www.bandt.com.au/articles/87/0C014F87.asp. Acesso em: 26 nov. 2003.

Hirons, M. Swimming takes top sponsorship spo. *B&T Marketing and Media,* novembro de 2002. Disponível em: http://www.bandt.com.au/articles/11/0c011c11.asp. Acesso em: 10 abr. 2003.

Incepta Group plc. *Annual Review 2002.* International Marketing and Communications. Disponível em: http://www.incepta.com/downloads/annualreport2002.pdf. Acesso em: 19 jul. 2004.

Jobber, D. *Principles and practice of marketing.* Londres: McGraw-Hill, 1995. Apud Van Heerden, C. Factors affecting decision making in South African sport sponsorships. Tese não-publicada, University of Pretoria, 2001. Disponível em http://upetd.up.ac.za/thesis/available/etd-l1072001-165433/unrestricted/0lfront.pdf. Acesso em: 14 jul. 2004.

LeDrew, J. *Sponsorship Support in Amateur Sport, 2003.* Sport Nova Scotia 2001-2003. Disponível em: http://www.sportnovascotia.com/contents/public_communications/Marketing/sponsorship_support.htm. Acesso em: 3 nov. 2003.

Li, S. *Sports sponsorship – a global business affair,* apresentação em nome da Visa no AFR Sports Business Summit, 16 de outubro de 2003, Sidney, Australia.

Lloyd, S. Sponsorship: taking a sporting chance. *BRW,* v. 23, n. 26, 2001.

Plaskitt, S. *B & T,* 8 out. 2003. Disponível em: http://www.bandt.com.au/news/53/0c01a153.asp.

Pope, N.; Turco, D. *Sport and event marketing,* New South Wales, Austrália: McGraw-Hill, 2001.

Rugby World Cup 2003 IRB Report. Disponível em: http://www.rugbyfootballhistory.com/resources/RWC2003_IRB_report.pdf. Acesso em: 10 out. 2004.

Schlossberg, H. *Sports marketing.* Massachusetts: Blackwell Publishers, 1996.

Shank, M. *Sports marketing – a strategic perspective.* Nova Jersey: Prentice Hall, 1999.

Shilbury, D.; Quick, S.; Westerbeek, H. *Strategic sport marketing.* Allen & Unwin, Austrália, 1998.

Shimp, T. *Promotion Management and Marketing Communication.* Dryden Press, Harcourt Brace & Company, Estados Unidos, 1993.

Sponsorship Insights. Trends in Sponsorship Management: Revelations from the 2003 Australian Sponsorship Decision-making Survey, 2003. Disponível em: http://www.sponsorshipinsights.com.au/Docs/Australian%20Sponsorship%20Decision-makers%20Survey%202003.ppt. Acesso em: 12 dez. 2003.

Van Heerden, C. *Factors affecting decision making in South African sport sponsorship.* Tese não publicada, University of Pretoria, 2001. Disponível em: http://upetd.up.ac.za/thesis/available/etd-11072001-165433/. Acesso em: 12 dez. 2003.

Zikmund, W.; D'Amico, M. *Marketing.* 7. ed. Minneapolis: West Publishing, 2001.

capítulo 10

Alavancando o marketing esportivo

Objetivos de aprendizagem

Após ler este capítulo, você deve ser capaz de:

- reconhecer e explicar a importância de alavancar investimentos em marketing esportivo
- identificar a forma como uma propriedade esportiva deve ser escolhida estrategicamente
- compreender a importância do estabelecimento de objetivos e da combinação de DNAs da marca
- traçar os dois tipos de limitações a serem considerados na utilização do esporte no marketing
- identificar e explicar os componentes principais em um plano de ativação e de alavancagem

Preparação do cenário

Olimpíadas empresariais de Sydney

As Olimpíadas de 2000 em Sydney representaram muito mais do que uma festa esportiva para espectadores em todo o mundo; elas proporcionaram às marcas locais, internacionais e globais a oportunidade de utilizar uma plataforma de marketing sem precedentes. Para as empresas, o megaevento possibilitou um diálogo corporativo informal, a negociação ou a concretização de negócios inéditos e, no caso dos políticos australianos, a promoção de novos investimentos na Austrália.

As empresas TOP IV Partner, o mais alto nível de patrocínio de uma Olimpíada, pagaram ao

Comitê Olímpico Internacional a soma de US$ 50 milhões; em troca, receberam uma série de privilégios que utilizaram para promover e comercializar seus empreendimentos. O pagamento inicial ao COI foi apenas o começo de seu gasto eventual com patrocínio. As empresas TOP IV foram as seguintes: IBM, Kodak, Coca-Cola, McDonald's, Samsung, UPS, Sports Illustrated/Time e Visa International. Algumas das empresas australianas com negociação de patrocínio local a valores diversos incluíram Westpac Bank, BHP, AMP Insurance, Telstra e a hoje extinta Ansett Airlines.

Alguns dos benefícios de que desfruta o sócio olímpico incluem direitos de marketing exclusivos, direito de usar a imagem oficial das Olimpíadas em seus produtos, acesso preferencial à veiculação de propaganda na mídia televisiva e radiofônica, proteção contra marketing de emboscada, monopólios no local e "oportunidades de hospitalidade" nos eventos olímpicos. As oportunidades de hospitalidade incluíram ingressos para os eventos e outras vantagens oferecidas a clientes regulares ou em perspectiva, funcionários privilegiados ou qualquer pessoa a quem a empresa estivesse procurando impressionar ou influenciar.

Além disso, ao investimento inicial de US$ 50 milhões, a revista norte-americana esportiva *Sports Illustrated* somou outros US$ 30 milhões em alavancagem de patrocínio via hospitalidade. A United Parcel Service (UPS), outro patrocinador olímpico internacional, assumiu a direção do Merchant Court Hotel, onde acomodou mil pessoas trazidas a Sydney para assistir aos jogos, entre elas 500 clientes e outros convidados corporativos. A IBM alugou o Crystal Harmony – um navio de cruzeiro – para mil dos seus convidados e promoveu festas a bordo, todas as noites, após os Jogos. Cada convidado recebeu como lembrança de sua experiência olímpica um palm IBM no valor de US$ 750.

Com a venda de notícias, refrigerantes, serviços de entrega, imóveis, aço, seguros, telecomunicações, a Austrália em geral e países de todo o mundo viram os Jogos Olímpicos de 2000 como uma plataforma de marketing global sem igual para negócios, bem como para consumidores finais. Contudo, oportunidades dessa magnitude requerem comprometimento e investimento muito mais substanciais.

Fonte: Phillips, 2000

Introdução

A seção "Preparação do cenário" sobre os Jogos Olímpicos destacou a hospitalidade na alavancagem do marketing esportivo, porém há muitas outras ferramentas à disposição dos profissionais de marketing para eles desfrutarem o máximo do seu envolvimento com o esporte. Este capítulo amplia os conceitos apresentados no Capítulo 9 ao enfocar os conceitos de ativação e alavancagem de um investimento em propriedade esportiva. Os tópicos abordados incluirão a forma de seleção da propriedade esportiva que mais se ajusta ao seu orçamento e necessidades, o real significado dos termos alavancagem e ativação e uma introdução às ferramentas de alavancagem do marketing esportivo. O capítulo termina com uma extensa apresentação de um caso real, em que será considerada a alavancagem do patrocínio promovido pela Visa à Copa do Mundo de Rúgbi de 2003. O caso examina as motivações da empresa, as ferramentas utilizadas por ela para alavancar, e as razões pelas quais optou por se envolver no megaevento.

Escolha da propriedade esportiva correta

Quando uma empresa escolhe o esporte como forma de comercializar sua imagem, seus produtos ou serviços, deve considerar cuidadosamente o tipo de propriedade esportiva mais adequado à consecução de suas metas de marketing estratégico. Há, literalmente, milhares de propriedades esportivas à disposição, abrangendo do patrocínio de um atleta em particular a direitos de nome de uma competição nacional ou estádio. Nesta seção, estabeleceremos os fatores relevantes na escolha de uma propriedade esportiva, incluindo combinação do DNA da marca, esclarecimento de objetivos, determinação de limites, avaliação da empresa e de seus limites orçamentários, identificação de benefícios alavancáveis e determinação das bases para um compromisso. A seção também apresenta um comentário resumido sobre como implementar processos e posicionamentos formais para a execução de todas essas tarefas.

Supondo que as 12 etapas do Programa para Sucesso no Marketing Esportivo tenham sido seguidas, conforme especificado no Capítulo 9 e na Figura 10.1, a intenção em utilizar o esporte no programa de marketing estará bem definida a essa altura. De forma semelhante, o profissional terá à disposição um perfil do DNA da marca, bem como de seu(s) mercado(s)-alvo.

Combinação do DNA da marca

Para recordar, há cinco componentes do DNA da marca:

1. categoria da marca;
2. caráter da marca;
3. benefícios da marca;
4. diferença da marca;
5. credibilidade na marca.

DNA da marca é um conceito mais complexo do que personalidade de marca, pois força a definir os aspectos tangíveis e intangíveis, racionais e emocionais de uma marca. Também requer uma consideração do posicionamento competitivo e da relevância da marca. É importante não apenas compreender o seu próprio DNA de marca, mas também o de quaisquer possíveis sócios estratégicos e de marcas concorrentes.

A seleção de uma propriedade esportiva requer uma avaliação cuidadosa do DNA da marca da propriedade sob análise. Partindo do ponto de vista estratégico, é necessário que os tomadores de decisão tenham definido os objetivos gerais da associação em questão para decidir se estão ou não em busca de um alinhamento de DNA perfeito ou talvez de uma propriedade cujo DNA da marca fortalecerá suas áreas deficientes. Por exemplo, em 2003, Steve Waugh foi usado pela OzEmail para lançar seus produtos de banda larga. A OzEmail usou Waugh pelo fato de seu DNA da marca agregar força a áreas carentes de ajuda. Waugh não é simplesmente famoso e popular, mas também conhecido com uma figura estável e de confiança. Naquela época, banda larga era um recurso ainda pouco utilizado na Austrália, e as pessoas não estavam seguras de que os benefícios justificariam a adoção dessa nova tecnologia (Plaskitt, 2003). O DNA de marca de Steve Waugh fez dele a personalidade esportiva ideal para reverter a situação. Por que utilizar uma entidade esportiva? Talvez na falta de habilidade técnica resida certo elemento emocional a direcionar algumas decisões sobre telecomunicações, e um líder esportivo estável confere não apenas credibilidade, mas desempenha o papel de um representante indicativo da lealdade, como um "bom parceiro". O que a OzEmail fez, então, foi extrair "confiança" do DNA de uma propriedade esportiva, nesse caso, Steve Waugh.

O Manchester United (Man U) é um ótimo exemplo de poder emocional embutido no DNA de marca esportivo. O clube de futebol inglês contava com uma base de torcedores de mais de 53 milhões de pessoas em todo o mundo e havia alavancado com sucesso sua marca em uma ampla variedade de categorias de produtos e serviços. A marca da família Man U abrange serviços de planejamento financeiro, eletricidade, seguro de vida, hipotecas, cartões de crédito, roupas de cama, jóias, molho de tomate, papéis de parede, lancheiras, malas de viagem, telefones celulares, cuecas boxer, revistas, um canal de TV e, naturalmente, o clube de futebol propriamente dito. Bem, o que há por trás do DNA da marca Man U que lhe confere toda essa extraordinária variedade de ramificações? A resposta é provavelmente tão complexa quanto o próprio DNA, mas inclui o fato de que, quando os torcedores do Man U usam seus produtos e serviços, surge neles um sentimento de pertencer ao grupo e de propriedade. O esporte provoca uma lealdade espantosa, e a marca Man U representa uma extensão dessa lealdade, oferecendo aos torcedores a oportunidade de fazer parte do time e herdar um pouco daquilo que a marca transmite. Ser um torcedor Man U, comprar produtos Man U e utilizar serviços

Figura 10.1: Doze passos para o sucesso no marketing esportivo

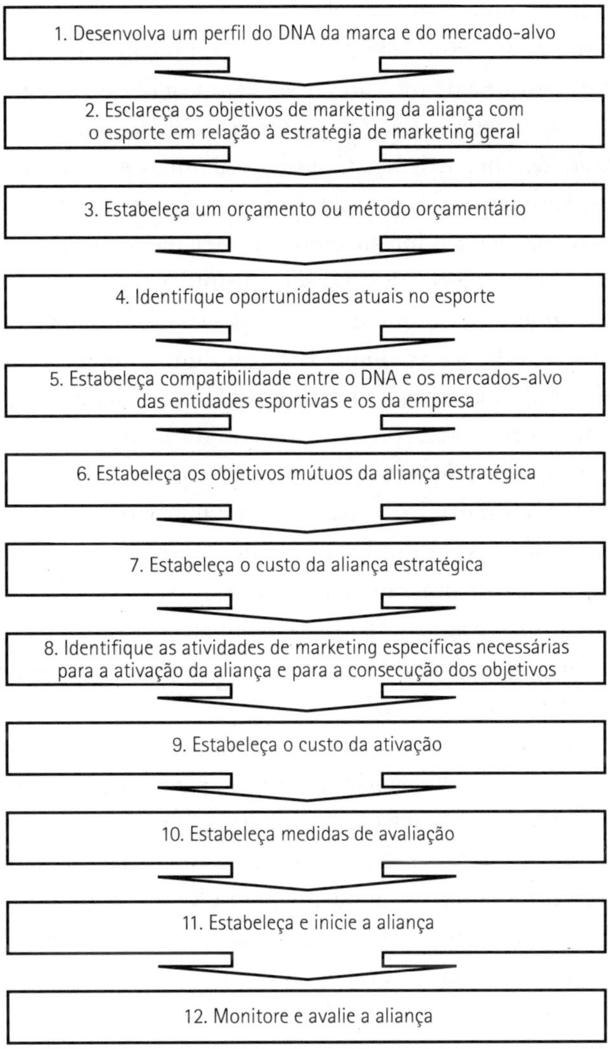

da marca Man U são formas de os consumidores afirmarem seu parentesco com uma tribo de tipos variados. As razões para se escolher uma marca são muito mais emocionais do que racionais. Pode-se atribuir às razões emocionais muito da decisão em comprar quando esta diz respeito a marcas. As pessoas desejam ser parte de algo bem-sucedido, de um legado; desejam ser vencedoras (Kirby Webster, 2003). O Manchester United é um exemplo singular de entidade esportiva cuja marca se tornou poderosa a ponto de alavancar a si mesma em indústrias e categorias nas quais não tinha experiência alguma e com as quais mantinha pouca ou nenhuma relação em termos do seu esporte original.

Para que os DNAs combinem (o da marca e o do esporte em questão), é necessária uma total compreensão da marca, bem como a garantia de acesso a informações sobre propriedade esportiva. Visto que o mundo do marketing esportivo evolui, muitas modalidades estão percebendo a importância de investir em uma pesquisa de mercado que as ajude a definir o significado de seus esportes para os consumidores e as características de tais esportes em termos gerais ou de suas divisões, clubes, competições ou atletas em particular. Considere algumas propriedades esportivas e descubra se é capaz de encontrar adjetivos para descrevê-las e aos seus atrativos. Por exemplo, como descrever o DNA de marca de uma competição internacional de críquete de um dia? Do Aberto de Tênis da Austrália? Do Aberto de Golfe da Austrália? Da série Ironman?

Com as informações referentes ao mercado-alvo desses eventos, é possível ter uma idéia sobre se a marca está ou não de alguma forma alinhada ou se alguma sinergia pode ser criada por meio da parceria com a propriedade esportiva. Considere o DNA da marca do críquete na Austrália. O críquete proporciona um atrativo forte, com bastante conexão emocional. Existe uma visão cultural amplamente difundida de que o críquete é, na verdade, parte da estrutura nacional australiana e totalmente abrangente. Como esporte nacional, transcende barreiras socioeconômicas, tendo uma importância geográfica e praticado em todos os estados do país. Evoca, também, sentimentos de orgulho e unidade nacional com um único time a representá-la. O críquete apela aos valores de camaradagem e igualitarismo e àquele sentimento australiano do "ter uma chance". Além disso, o críquete possui uma forte ligação com o consumo do esporte coletivo e os valores familiares, oferecendo um grande ensejo para o social[1].

O Australian Cricket Board (Comitê Australiano de Críquete) adota uma postura altamente progressista em sua "seleção" dos patrocinadores ideais para seus produtos; discutiremos, então, algumas das suas metas e objetivos em relação ao esporte e, na seção seguinte, veremos como estes direcionam tal seleção. Por ora, abordaremos o DNA da marca da série internacional de um dia, pois essa é a única propriedade esportiva oferecida pelo Comitê. Que tipo de produto ou serviço se alinha com as características aqui já esboçadas e que marca em particular encontraria alguma sinergia ou "adaptação" graças a uma associação com a série? Um retrospecto nos dá a resposta ao considerarmos o patrocínio oferecido pela Carlton and United Brewery à série internacional de um dia sob proteção de sua marca Victoria Bitter (VB). Para os consumidores, há um elo forte entre cerveja e críquete, algo capaz de intensificar grandemente os valores dessa associação. Observe o mapa de percepção da Figura 10.2, com destaque para os possíveis valores, atitudes e atividades de estilo de vida que a cerveja, como categoria, e o críquete, como esporte, têm em comum.

---

1 No Brasil, o fato de a seleção brasileira de futebol não ter tido, na visão dos torcedores, um bom resultado na última Copa do Mundo, fez que houvesse maior interesse por outros esportes. Atualmente, a principal atração esportiva tem sido a seleção brasileira de voleibol, que se sagrou bicampeã mundial na modalidade masculina. (NRT)

Embora seja aparentemente óbvia a ligação entre críquete e cerveja, é necessário lembrar que estamos à procura de oportunidades estratégicas de marketing. Se uma associação formal entre determinada marca de cerveja e uma propriedade do críquete nada tem a oferecer, então a associação não faria sentido do ponto de vista estratégico. Contudo, nas considerações da CUB, apesar do perfeito alinhamento entre o críquete e a VB, a série internacional de um dia ofereceu especificamente a oportunidade de estender suas fronteiras via associação a uma forma de críquete mais moderna. A Figura 10.3 apresenta a combinação dos DNAs da marca da VB e do críquete internacional de um dia. Observe que, à parte do alinhamento natural entre cerveja e críquete, a relação ofereceu à VB um meio de atingir um público mais amplo e mais jovem, em uma atmosfera emocionante e social. Além disso, haveria a possibilidade de encontrar a marca "Victoria" Bitter, que recebeu esse rótulo por questões geográficas, em um fórum internacional sobre críquete. O apoio ao time nacional australiano poderia estar associado à VB, outrora uma marca local.

O Grupo Foster tem vários exemplos importantes de combinações de DNA de marca com propriedades esportivas cuidadosamente selecionadas. Amparadas pelo Grupo Foster, a Carlton and United Breweries construiu marcas de cerveja fortes, a partir de vínculos ponderados e estratégicos com propriedades esportivas. A Tabela 10.1 apresenta seis de suas marcas de cerveja com um esboço do seu DNA, seus mercados-alvo e cada um dos vínculos da marca com as propriedades de patrocínio esportivo. Observe a forma como as marcas são descritas, primeiro apresentando uma proposta de imagem e, em seguida, formulando uma conclusão ou *slogan* que resume a imagem. A descrição também utiliza termos para representar as características e os pontos fortes da marca. É interessante comparar os tipos de investimentos feitos sob diferentes marcas. Por exemplo, a Carlton

Figura 10.2 Correspondência perceptual entre cerveja e críquete

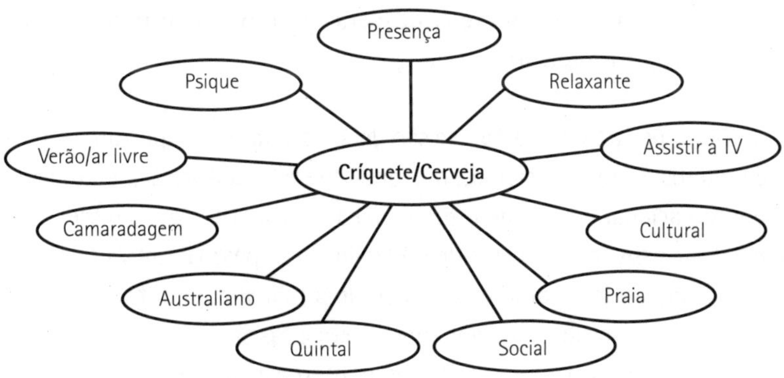

Fonte: Keen, 2003

Figura 10.3: Combinação do DNA da marca entre a VB e o críquete internacional de um dia

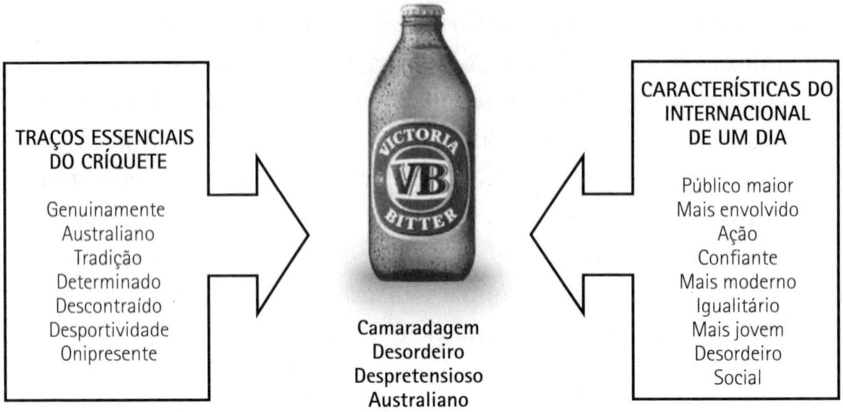

Adaptado de Keen, 2003, e utilizado com permissão da CUB

Midstrength é descrita como uma cerveja "de verdade", genuína, que alimenta sentimentos de camaradagem e investe na AFL e no críquete. Por outro lado, a Crown Larger é vista como uma cerveja que dá status, um sinônimo de alta qualidade. De igual modo, as associações esportivas da Crown Larger são direcionadas à busca pela excelência, como no caso da Brownlow Medal e dos eventos em que há premiações, como o torneio de golfe "Australia's Finest".

A marca de cerveja Foster mantém um patrocínio de grande comprometimento com o Grande Prêmio de Fórmula 1. Em 2000, o grupo assinou um acordo de dez anos para patrocinar o Grande Prêmio em âmbito mundial, deixando estampada sua marca no mercado global de cerveja. Em 2001, a Foster fortaleceu seu compromisso com a Fórmula 1 ao assumir o controle do Grande Prêmio da Austrália, anteriormente controlado pela marca australiana Qantas. Ted Kunkel, presidente e CEO do Grupo Foster, afirmou à época:

> O fator decisivo por trás de nossa decisão de aproveitar essa oportunidade foi que, diferentemente de muitos eventos nacionais, o Grande Prêmio da Austrália é um espetáculo verdadeiramente internacional e parte de uma modalidade esportiva que cresce rapidamente no mundo hoje em dia. É assistido por cerca de 600 milhões de pessoas em 212 países. Além disso, o evento permite compartilhar características de uma marca com outra graças a seu caráter internacional, desejado, divertido, emocionante, jovem e fascinante... Foster é uma das marcas de cerveja de qualidade superior que mais cresce internacionalmente, e o Grande Prêmio da Austrália, o principal evento esportivo do país, tem uma grande sinergia com todos os nossos esforços globais de marketing.
>
> (Kunkel, 2000)

Tabela 10.1: Vínculos de patrocínio e DNA de marca da CUB

VICTORIA BITTER	
Posicionamento da marca (imagem)	Uma recompensa justa para a verdadeira sede, representada pelos valores da bebida da classe operária
Linha de posicionamento	"Para a verdadeira sede"
Alvo principal	Todos os homens na faixa dos 18-54 anos. Consumo de cerveja com alto teor de álcool
Pontos fortes da marca	"Legítima e Real", sabor excelente/real da cerveja. Aceitação/popularidade, australiana, onipresente
Principais elos promocionais	Churrascos, camping, pescaria, por exemplo, cadeiras para camping, *esky*, frigobar para automóveis etc.
Vínculo com patrocínio	Críquete internacional de um dia, pescaria, rúgbi *league* (NSW), esporte automotivo
CARLTON MIDSTRENGTH	
Posicionamento da marca (imagem)	Cerveja com médio teor de álcool com sabor de cerveja com alto teor de álcool
Linha de posicionamento	"Fica mais um pouco"
Alvo principal	Homens com 35 anos ou +, honestos, de classe média, australianos
Pontos fortes da marca	Tradicional, genuína, credenciais de cerveja de verdade, sabor, camaradagem
Principais elos promocionais	Churrascos, camping, esportes australianos, *eskies*
Vínculo com patrocínio	AFL – WA/QLD, críquete – WA
CARLTON DRAUGHT	
Posicionamento da marca (imagem)	Melhor chope da Austrália
Linha de posicionamento	"Brewery Fresh"

Alvo principal	Pessoas com 18-24 anos, e foco em pessoas com 18-39 anos, alto teor de álcool, homens que bebem no local, ênfase em chope (isto é, de barril) não embalado
Pontos fortes da marca	"Brewery Fresh", qualidade inquestionável, respeitada, direta, o chope feito para beber (no local) com os amigos
Principais elos promocionais	AFL, corrida de cavalo e propriedades com ênfase em chope
Vínculo com patrocínio	AFL, corrida de cavalo
CROWN LAGER	
Posicionamento da marca (imagem)	Definitivamente a cerveja australiana de melhor qualidade – de confiança, suave e acessível
Linha de posicionamento	"A Melhor da Austrália"
Alvo principal	Todos os apreciadores de cerveja
Pontos fortes da marca	1. Garrafa/rótulo exclusivo, cerveja número um da Austrália. 2. Herança de restaurante/imagem premium. 3. Sabor consistente de alta qualidade
Principais elos promocionais	Associar a marca a ocasiões para celebrações especiais (por exemplo, Aberto de Golfe da Austrália, festivais da Boa Comida Australiana, jantares finos, Dia dos Pais, Natal, véspera de Ano-Novo, campeonatos de Críquete, Brownlow Medal)
Vínculo com patrocínio	Festivais da Boa Comida, restaurantes, melhor evento de golfe da Austrália, série do Campeonato de Críquete, Allan Border Medal, Brownlow Medal
CASCADE PREMIUM LARGER	
Posicionamento da marca (imagem)	Cerveja de alta qualidade da mais antiga cervejaria na Austrália, feita com os mais puros ingredientes
Linha de posicionamento	"Estilo de Vida Aventureiro", "Puro Deleite"
Alvo principal	Executivos, com idade entre 24-35, com status socioeconômico alto

Pontos fortes da marca	1. Pureza e herança tasmanianas. 2. Fermentada na mais antiga cervejaria da Austrália. 3. Imagem de qualidade superior e sabor consistente de alta qualidade
Principais elos promocionais	Marca associada às artes e ao estilo de vida - melhor cerveja tasmaniana, atividades ao ar livre/refúgios e vestuário, por exemplo, área florestal, eventos culturais, ou seja, representações artísticas, festival da Boa Comida, eventos de jazz
Vínculo com patrocínio	Festivais da Boa Comida, restaurantes, balé australiano
CASCADE PREMIUM LIGHT	
Posicionamento da marca (imagem)	(Imagem) Pura, sabor Cascade premium em uma cerveja leve.
Linha de posicionamento	"A melhor cerveja leve que você já provou"
Caráter da marca	Contemporânea, moderna, sociável, penetrante
Alvo principal	Homens na faixa dos 28-35 anos, voltada para colarinho branco/cinza. Grandes apreciadores de cerveja (como parte de seu repertório)
Pontos fortes da marca	Embalagem de alta qualidade, sabor puro, herança tasmaniana
Principais elos promocionais	Golfe, tênis, atividades premium ao ar livre
Vínculo com patrocínio	Golfe, tênis

Fonte: Carlton and United Sponsorship Guidelines, setembro de 2002. Utilizado com permissão da CUB

A decisão da Foster de investir pesado na Fórmula 1 poderá ser ainda mais gratificante que o seu recente investimento feito no esporte na China. Este país gastou recentemente cerca de US$ 1 bilhão em diversas instalações automotivas em Shangai e Pequim, na esperança de obter aceitação global e um lugar no circuito esportivo regular. O acordo de longo prazo com o Grande Prêmio, em âmbito mundial, poderá proporcionar à Foster uma plataforma bastante lucrativa graças a seus esforços de marketing na China.

Há exemplos de combinações de DNA da marca com uma definição não muito clara ou não tão bem-sucedida como aquelas já discutidas aqui. Em 2003, a celebridade esportiva internacional do Tour De France, o veterano Lance Armstrong, recebeu US$ 12 milhões para apoiar os carros da Subaru. Para a crítica, porém, a guinada surpreendente que se seguiu foi atribuída a Armstrong e sua equipe de gerenciamento, que não avaliaram de forma adequada o benefício estratégico da associação e não perceberam que a combinação entre o DNA da marca de Armstrong e o da Subaru não traria benefícios mútuos. A Subaru insistiu que ela e Armstrong combinavam perfeitamente, pois ambos eram "motivados por sentimentos internos". Os críticos, por sua vez, insistiam que Armstrong corria um risco sério de prejudicar sua própria marca pessoal ao se associar a algo que não tinha a mesma credibilidade que ele (Horovitz, 2003).

O DNA da marca representa os tijolos sobre os quais a marca é construída, e não apenas o que a marca é ou desejaria ser. Nesse sentido, uma orientação estratégica seria direcionar o foco de atenção para a comercialização de uma propriedade esportiva. A seção a seguir examinará os verdadeiros objetivos na utilização do esporte como forma de comercializar a marca, estabelecendo a importância de investir no esporte com base na combinação entre esses objetivos e os objetivos da propriedade esportiva.

Esclarecimento e combinação dos objetivos

As propriedades esportivas terão valor se abrirem caminho concreto à formação de um negócio. Contudo, sem uma visão clara, a utilização do esporte no marketing pode ser mal dirigida, mal explorada, ineficiente e até mesmo potencialmente prejudicial à marca ou ao negócio como um todo. À semelhança de qualquer esforço de marketing, a iniciativa de utilizar o esporte deveria ser acompanhada de uma definição clara dos objetivos. Esses objetivos definem um panorama do que se deseja alcançar e orientam todos os esforços pertinentes à iniciativa, inclusive a escolha da propriedade esportiva e o esboço dos programas de alavancagem para essa propriedade. Deverá haver uma hierarquia de objetivos, de forma que os envolvidos na implementação de programas de marketing compreendam quais resultados são prioritários ou fundamentais ao sucesso do programa. Uma última razão pela qual os objetivos são tão importantes na escolha de uma propriedade esportiva é que a propriedade "correta" poderá simplesmente não existir. No entanto, caso você tenha em mente um conjunto específico e estratégico de objetivos, o bom profissional esportivo poderá trabalhar com você para produzir uma propriedade esportiva sob medida, capaz de satisfazer especificamente as suas necessidades. À semelhança de qualquer esforço de marketing, talvez não se deseje repetir uma estratégia de marketing já testada e conhecida, mas, em vez disso, negociar uma abordagem inédita e criativa.

Além de estabelecer seus próprios objetivos, será necessário avaliar os objetivos de qualquer propriedade esportiva considerada como potencial. De modo semelhante, é necessário compreender a hierarquia dos objetivos ou a personalidade da organização esportiva para que se possa determinar a existência ou não de uma boa "combinação" entre elas e suas prioridades. Lembre-se de que você estará firmando uma parceria, não apenas contabilizando divulgação. Portanto, é necessário decidir se sua empresa poderá ou não contribuir para o alcance dos objetivos esportivos, bem como considerar o papel de tais objetivos na concretização dos objetivos empresariais. No interesse do sucesso a longo prazo, a propriedade esportiva deve também atingir seus objetivos. A concretização mútua de objetivos é o principal alvo em qualquer parceria de marketing esportivo.

Bons objetivos apresentam cinco características básicas, que formam o perfil Smart:

1. específicas (do inglês ***specific***);
2. mensuráveis (do inglês ***measurable***);
3. atingíveis (do inglês ***achievable***);
4. realistas (do inglês ***realistic***);
5. com tempo específico (do inglês ***timely***).

Isso significa que seus objetivos deverão abordar resultados verdadeiros, utilizando unidades mensuráveis que possam ser quantificadas, como volume de vendas, porcentagem de conscientização sobre o mercado-alvo, participação de mercado ou qualquer medida relevante. Os objetivos deverão também ser enquadrados em um prazo atingível, como "dentro de seis meses" ou em um período de dois anos. É necessário determinar um prazo para trabalhar e utilizá-lo na avaliação do sucesso relativo ao programa. É igualmente importante não vincular qualquer expectativa fantasiosa à propriedade esportiva. Lembre-se de que ela é apenas parte do mix de marketing geral, e os objetivos deverão refletir isso.

Embora diversos fatores possam influenciar as motivações de uma empresa na utilização do esporte em seu programa de marketing, há essencialmente quatro categorias de objetivos fundamentais relacionadas a investimento em uma propriedade esportiva:

- objetivos corporativos relativos a imagem da empresa, construção de relacionamentos e/ou moral do funcionário;
- objetivos de marketing de promoção da marca e aumento nas vendas;
- objetivos de mídia relacionados ao custo-benefício e à conquista de mercados-alvo;
- objetivos de marketing cuja intenção seja ampliar mercados-alvo ou conceder acesso a novos mercados.

Os objetivos ligados à filosofia corporativa não são incomuns e geralmente estão vinculados à visão da empresa e à sua declaração de missão. Eles poderão abranger a adoção de uma propriedade esportiva, pois esta apóia a comunidade local ou fortalece a lealdade do funcionário. Muitas empresas possuem declarações sociais em sua visão ou missão, porém não sustentam qualquer vínculo natural com o envolvimento e o bem-estar da comunidade. O esporte pode ser um veículo excelente para atingir esses objetivos sociais.

O uso do esporte para atingir novos mercados ou penetrar nos mercados existentes está em outra categoria de objetivos. As empresas nos Estados Unidos usam o esporte para explorar novos nichos, inclusive o de mulheres em mercados não-tradicionais. Nos últimos cinco anos, a audiência dos esportes femininos tem melhorado gradualmente nos Estados Unidos e isso resultou em uma maior verba de patrocínio. Algumas empresas têm percebido que o investimento nos esportes femininos lhes permite atingir consumidores aos quais não tinham acesso por meio das propriedades dos esportes masculinos. Uma pesquisa mostra que mulheres apreciadoras de esportes nos Estados Unidos são 33% mais propensas a ter rendas superiores em relação àquelas que não apreciam esportes, 80% mais propensas a comprar automóveis e 44% mais propensas a ter cartão de crédito, além do fato de as mulheres serem responsáveis por cerca de 75% do faturamento total de roupas esportivas; 59% das mulheres também se sentem melhor ao comprar de empresas que apóiam os esportes femininos (Roy, 2003). As propriedades dos esportes femininos nos Estados Unidos são ainda mais atraentes pelo fato de serem vistas por quantidades iguais de fãs homens e mulheres. A General Motors foi bem-sucedida ao tentar se comunicar com o mercado feminino investindo em uma das primeiras cotas de patrocínio da WNBA, a liga norte-americana de basquete profissional feminino.

Tradicionalmente investidora em mercados masculinos, a General Motors dominou a paixão e a inspiração que alimentam as tendências de participação esportiva para vender modelos específicos de carros. Seu patrocínio foi complementado por um programa integrado de marketing e a defesa de uma causa dedicada à conscientização sobre o câncer de mama (Roy, 2003). A campanha foi bem-sucedida em melhorar a opinião do público-alvo feminino sobre as marcas da GM e também ajudou a WNBA a atingir seus objetivos de marketing de aumentar sua audiência, promover as jogadoras e ampliar, nos Estados Unidos, a exposição da competição.

Outro objetivo comum no uso do esporte parece ser a construção e a percepção de uma marca. O mercado atual é um ambiente altamente competitivo em quase todos os setores e, para que uma marca sobressaia, as empresas devem usar o esporte para criar um posicionamento único na mente do consumidor, e o poder emotivo do esporte para intensificar sua impressão em relação à marca. O objetivo é estimular um reconhecimento favorável da marca na mente do consumidor, que ficará mais receptivo às futuras mensagens de marketing mais específicas.

Os outros objetivos podem ser muito mais específicos e tangíveis, como aqueles relacionados aos aumentos de vendas e/ou consumo do produto como um resultado direto da propriedade do esporte. Para uma cadeia de hotéis, isso poderia significar um aumento no número de reservas em uma região específica durante certa competição. Para um fabricante de cerveja ou refrigerante, poderia significar o aumento de vendas antes, durante e depois do evento. Esse tipo de objetivo é muito específico e tem um limite de tempo ligado ao evento, à competição ou temporada. A Heineken tem objetivos de vendas de curto prazo definidos como parte de seu investimento no Aberto de Tênis da Austrália. No entanto, também tem objetivos de construção de marca e imagem, de prazo mais longo, relacionados a esse mesmo evento esportivo. A Qantas manteve um investimento muito baixo, porém estratégico, no Senior Ping Pong Championship (Campeonato de Pingue-pongue Sênior) no passado, com base em um objetivo de vendas de curto prazo. Embora o patrocínio do evento na Austrália não tenha proporcionado cobertura da mídia ou satisfeito amplos objetivos corporativos ou de mercado, resultou na venda de 2.000 passagens internacionais para os participantes estrangeiros que foram à Austrália em razão do torneio. Por um investimento modesto de A$ 10 mil da Qantas, essa propriedade do esporte representou um bom valor de curto prazo por um compromisso ou esforço de alavancagem limitada. Isso nos leva ao próximo assunto na escolha da propriedade de um esporte, que é apurar as restrições ou os limites dentro dos quais se deve atuar.

Definição de limitações

A decisão sobre o uso ou não do esporte no marketing e a subseqüente escolha das propriedades do esporte requerem um conhecimento completo das limitações dentro das quais a empresa opera e deve operar. As limitações em discussão se classificam em dois tipos principais:

1. limitações auto-impostas;
2. limitações legais.

As limitações auto-impostas representam aqueles limites em relação aos quais a empresa decide proteger estrategicamente suas marcas, seus funcionários, mercados e/ou sociedade em geral. As limitações legais referem-se àqueles limites impostos por regras e restrições que governam os setores e os mercados nos quais a empresa opera. Um terceiro conjunto de limitações, o financeiro, também é aplicável, porém será destacado como um assunto distinto na próxima seção.

Ao escolher uma propriedade de esporte, deve-se usar uma lista pré-desenvolvida de limitações auto-impostas para examinar a adequação imediata da propriedade em questão. Essas diretrizes devem ser desenvolvidas pela alta administração, considerando-se a estratégia geral da empresa e/ou das marcas envolvidas. É importante que um esforço seja feito para proteger a integridade e o posicionamento da marca, os públicos-alvo, a comunidade em geral e também o meio ambiente. Embora algumas empresas procurem a publicidade gerada pela controvérsia, é preciso entender o tipo de controvérsia que poderia ser adequado, caso haja algum, e quais situações devem ser simplesmente evitadas a todo custo.

A Carlton and United Breweries (CUB) tem uma política que destaca os limites que devem ser impostos ao examinar as propriedades do esporte. Esses limites incluem evitar qualquer patrocínio que poderia envolver a CUB em assuntos controversos ou expor a organização à crítica adversa. A CUB define mais detalhes sobre sua política, incluindo uma lista de patrocínios que são considerados *inadequados*:

- programas que depreciam, excluem ou ofendem grupos de comunidades de minorias;
- qualquer patrocínio de organização, equipe, grupo ou indivíduo que possuam membros menores de 18 anos de idade;
- personalidades/celebridades menores de 26 anos para representar a CUB ou qualquer de seus produtos (em conformidade com o Código de Práticas de Publicidade);
- programas que podem representar risco à comunidade;

- programas que não refletem os padrões da comunidade;
- programas que poderiam representar o consumo excessivo de bebida alcoólica (Carlton and United Breweries, 2002).

Observa-se que a política inclui tanto regras auto-impostas (por exemplo, programas que poderiam ofender as minorias) quanto regras legais e setoriais (como aquelas definidas pelo Código de Práticas de Publicidade)[2]. A política da CUB também tem limites éticos mais claros a respeito do que é considerado aceitável para uma empresa em seu setor. Deve-se fazer uma avaliação sobre o que é ético dentro do que pode ser efetivamente legal.

As limitações legais poderiam incluir itens óbvios como a proibição da venda ou promoção do álcool a menores, proibição do uso de linguagem ofensiva em materiais promocionais, ou as incontáveis restrições que regem o setor tabagista. Há diretrizes rígidas em vários países, inclusive na Austrália, que definem o que as empresas de cigarro podem e não podem fazer em seus esforços de marketing. A Austrália tem um longo histórico de associação estratégica entre o esporte e o cigarro, como o Torneio de Críquete Benson and Hedges World Series, as equipes do Marlboro Motor Racing e o Torneio Winfield da NRL. As empresas de cigarro que usam o esporte para promover suas marcas enfrentam um campo minado de restrições legais nacionais e internacionais. No entanto, em corridas automobilísticas, por exemplo, não apenas as empresas de cigarro estão envolvidas, mas também as que não querem ser associadas ao tabagismo. O complexo ambiente legal que rege a transmissão internacional implica que as empresas de cigarro podem, geralmente, driblar as regras sobre a promoção do cigarro. Isso significa que o patrocínio de uma companhia a um evento de corrida ou equipe automobilística poderia colocar o seu logotipo ao lado do logotipo das empresas de cigarro do mundo inteiro. Se tal associação for inadequada, então o investimento nessa propriedade específica de esporte também o é. Os assuntos jurisdicionais são preocupantes e é preciso estar consciente das implicações para a marca da empresa.

A seguir, um exemplo da Dewhirst and Hunter (2002):

> Quando a Comissão Européia estipulou que os patrocínios tabagistas na Fórmula 1 deveriam ser banidos em 2006, por exemplo, ameaçou-se retirar as corridas da Europa, realizando-as em locais alternativos, como a China, Coréia do Sul e Indonésia (onde as restrições à promoção do cigarro são muito menos rígidas). Como as proibições domésticas sobre o patrocínio do setor tabagista não são normalmente aplicadas à mídia estrangeira, importada ou transmitida no respectivo país, muitos dos 300 milhões de espectadores da transmissão televisiva da Fórmula 1 em cada corrida permaneceriam expostos às promoções do tabagismo (p. 149)[3].

---

[2] No Brasil, esse órgão é o Conselho Nacional de Auto-Regulamentação Publicitária (Conar). (NRT)

[3] No Brasil, a cada aparecimento de um carro de Fórmula 1 que faça menção ou propaganda de marca de cigarro, obriga-se a mídia exibidora (canais de televisão) à apresentação de textos que comentam o efeito danoso do uso de tabaco. (NRT)

Abra qualquer revista de corrida de carros ou de motocicletas e observe as marcas direta ou indiretamente ligadas ao cigarro em decorrência de sua associação com o esporte automotivo. O anúncio da Honda utilizado na *Formula 1 Magazine* em 2001 incluía fotos de dois de seus carros de corrida, um com o logotipo dos cigarros Lucky Strike e outro com o logotipo da Benson and Hedges. A *Formula 1 Magazine* continha uma série de anúncios da Hewlett-Packard em 1999 que alavancaram o envolvimento da empresa no Grande Prêmio, exibindo um carro repleto de logotipos da Benson and Hedges. Esse tipo de associação seria considerado totalmente inadequado por outras empresas. Por exemplo, Bill Gates, da Microsoft, contribui com enormes somas de dinheiro para ajuda em questões relativas à saúde, inclusive na erradicação da malária em âmbito global e as doenças da juventude. Investir em uma propriedade esportiva que associaria a empresa ao cigarro resultaria em algo inadequado à sua imagem corporativa geral. Não seria igualmente adequado, para uma empresa farmacêutica ou entidade governamental, entrar em parceria com uma empresa de cigarros para oferecer patrocínio esportivo.

Avaliação de restrições no tamanho do orçamento e na empresa

Ao escolher uma propriedade esportiva, certifique-se de não ultrapassar seus limites financeiros. Obviamente, uma empresa regional de pequeno porte não disporá de recursos para firmar ou alavancar um acordo sobre direitos de nome de uma grande área esportiva nacional. Como estratégia funcional, seria aconselhável montar um orçamento em que o dinheiro reservado a uma propriedade esportiva compensasse o uso do esporte no marketing por meio de uma estratégia de sucesso geral. Além disso, é necessário considerar o tamanho comparativo de sua organização. Qual é o nível de compromisso de outras empresas do porte da sua em relação ao esporte? Algum dos seus concorrentes está envolvido com o esporte? Tenha em mente uma visão clara do posicionamento de sua empresa diante do mercado, bem como da sua situação em relação à concorrência.

Uma consideração básica seria avaliar o escopo geográfico relativo de seus mercados-alvo. Como regra simples, escolha uma propriedade esportiva com a mesma cobertura de mercado-alvo que sua empresa esteja buscando. Supondo que você seja um pequeno comerciante local de carnes, um pequeno time local de futebol representaria a escolha perfeita para o tamanho do seu empreendimento. Se você dirige uma empresa de seguros estadual, então seria melhor escolher um time ou competição que representasse o estado. Mas se a intenção de sua empresa é abrir escritórios interestaduais e se expandir para um público nacional, será necessário considerar a escolha de uma propriedade esportiva nacional como forma de projetar sua marca em âmbito nacional. No caso de uma empresa global, talvez uma propriedade global cujo patrocínio seja do porte das Olimpíadas ou vinculada a uma competição global, como a Copa do Mundo de Rúgbi, um Grand Slam ou a Copa do Mundo de Futebol, atenda melhor a suas necessidades. Naturalmente, isso dependerá dos seus objetivos em adquirir uma propriedade esportiva. A Coca-Cola, uma empresa de bebidas global, propôs a seus distribuidores locais um orçamento para patrocínio e investimento em propriedade esportiva com o intuito de promover um esforço de domínio das zonas rurais e da comunidade entre seus mercados-alvo. Na Austrália, o apoio à equipe de natação local ou ao time mirim de rúgbi *league* proporciona à Coca-Cola um sentimento localizado e pode estimular não apenas uma atitude positiva de preferência pela marca por parte dos consumidores, mas também intensificar o consumo do produto nos jogos ou competições locais.

Determinar os limites orçamentários poderá também resultar em uma classificação funcional ou divisão de nível gerencial. Por exemplo, enquanto um gerente de marketing nacional tem o poder de escolher uma propriedade esportiva cujo valor seja de até $ 1 milhão, você poderá também conceder a cada gerente de marketing estadual a liberdade de gastar $ 30.000 por ano em iniciativas esportivas nacionais. Embora o item orçamento seja responsabilidade do gerente estadual, a decisão sobre a escolha e gestão da propriedade esportiva deveria, ainda assim, ser tomada com base na opinião do gerente nacional e dentro dos objetivos gerais de utilização do esporte no programa de marketing da empresa.

Identificação dos benefícios alavancáveis

Em tempos passados, CEOs ou gerentes de marketing geralmente baseavam suas decisões sobre patrocínio no esporte de sua preferência ou no esporte praticado por seus filhos. Na nova era do marketing esportivo estratégico, a decisão é orientada por um conjunto de objetivos, e o investimento é alavancado para impacto máximo. Ao se escolher uma propriedade esportiva, será necessário identificar todas as oportunidades potenciais para alavancá-la. Será igualmente necessário preconceber uma lista de benefícios alavancáveis e preferenciais ou daqueles que melhor se adaptam aos objetivos da empresa.

Os benefícios alavancáveis poderiam abranger:

- *ticketing* e hospitalidade;
- promoções;
- alavancagem da marca;
- exposição de mídia;
- presença de merchandising;
- propaganda;
- publicidade;
- apoio à marca.

É difícil listar todos os possíveis benefícios, já que sua própria criatividade quanto ao marketing impõe os limites. À semelhança de qualquer esforço de marketing competitivo, é aconselhável buscar oportunidades novas e criativas para evitar a recriação do que já foi feito no passado ou do que está sendo feito pelos concorrentes no momento. Se você compreender as formas potenciais de alavancar a propriedade esportiva, será capaz, então, de investir dólares de alavancagem nos melhores programas e ainda buscar a alavancagem de outras iniciativas de marketing de acordo com a propriedade esportiva.

Para realçar a importância das oportunidades alavancáveis, considere o fato de que a utilização bem-sucedida do esporte na comercialização de seus gastos com alavancagem deveria ser igual a A$ 2 para cada dólar gasto na aquisição inicial da propriedade esportiva. Em outras palavras, se você gastar A$ 100 mil pelos direitos de propaganda em um evento esportivo, será necessário prever em orçamento outros A$ 200 mil para alavancagem desses direitos[4].

Os órgãos esportivos, as organizações e os indivíduos deverão ser capazes de trabalhar em conjunto com a empresa para ajudar a identificar as oportunidades de alavancagem. Isso poderá variar de oportunidades de merchandising conjuntas a entretenimento para o cliente/funcionário, aparições pessoais ou oportunidades para entrega de troféus ou prêmios – não esquecendo a possibilidade de alavancagem via oportunidades de mídia agregadas, associadas a essas atividades. Há uma infinidade de oportunidades de alavancagem, portanto, é preciso assegurar-se de antever situações, e questionar tudo o que diz respeito à propriedade esportiva sob análise. Isso inclui até mesmo investimentos pequenos ou de caráter filantrópico. Pequenos gestos de boa vontade, como patrocinar um time local amador e desconhecido, ainda carregam em si um potencial de alavancagem significativo. Fatores assim incluem a arte de elevar o empreendimento ao nível do coleguismo, ao posicionamento estratégico da organização e à capacidade de capitalizar com base em tal posicionamento. Cada uma dessas características representa uma meta realística dos programas em questão (Roeser, 2002).

No desenvolvimento de estratégias de alavancagem criativas, será necessário, primeiro, compreender o significado do termo alavancagem. Alavancar o patrocínio corporativo quer dizer simplesmente encontrar formas criativas de agregar um valor ainda mais alto ao investimento realizado na propriedade esportiva. A Tabela 10.2 oferece alguns exemplos de idéias para alavancagem, que estão divididas em sete categorias principais, incluindo vendas no local, direcionadores de tráfego, comprovante de compra, amostragem/teste do produto, pré-lançamentos de mídia, programas de doação, transmissões em rede e entretenimento.

Outros exemplos e ferramentas de alavancagem serão considerados mais adiante neste capítulo. Todos os elementos do mix de marketing poderão ser usados nas estratégias de alavancagem, dependendo dos objetivos. Outros fatores capazes de afetar a decisão sobre quais oportunidades de alavancagem aproveitar é o nível de compromisso que a empresa está disposta a ter com propriedade esportiva e sua utilização no programa de marketing.

---

[4] A aquisição dos direitos de uso da propriedade esportiva para propaganda é o início do processo. Devem ser computados todos os custos de criação de uma nova campanha de propaganda, a criação de suas peças e ações, e o custo de veiculação das peças e ações nas diversas mídias. (NRT)

Estabelecimento de diretrizes de comprometimento

Além do estabelecimento de diretrizes financeiras e orçamentos para utilização do esporte no marketing, será necessário assegurar-se do nível de comprometimento que sua empresa está preparada para proporcionar à(s) propriedade(s) esportiva(s) na(s) qual(is) você está investindo. Isso significa avaliar a forma como a propriedade esportiva será gerenciada internamente, quanto tempo e esforço a empresa poderá gastar no cumprimento de suas obrigações em termos de sua campanha de marketing e de seu sócio esportivo. Não se deve subestimar quanto tempo e esforço a utilização do esporte no marketing requer. Apesar de parecer muito mais divertido assistir à partida de futebol em um camarim corporativo do que lidar com comerciais no rádio ou anúncios impressos, isso não significa que a alavancagem eficaz requer menos habilidades ou esforços. Avalie se a propriedade esportiva de sua escolha requer mais interação por parte da sua alta administração e funcionários. Quanto comprometimento seus fornecedores, sócios e clientes deverão demonstrar?

Não seria aconselhável firmar qualquer acordo relacionado a uma propriedade esportiva sem antes estabelecer a forma como essa propriedade será alavancada ou estar seguro sobre se deseja ou não agir assim.

Estabeleça também algumas diretrizes sobre prazos. Certifique-se de reservar tempo suficiente para preparar as atividades de alavancagem que serão necessárias ao acompanhamento da aquisição de uma propriedade esportiva. A Visa geralmente adquire propriedades esportivas, como os patrocínios para as Olimpíadas e a Copa do Mundo de Rúgbi, oito anos antes dos eventos, e inicia suas visitas e iniciativas de alavancagem de dois a quatro anos antes de o evento esportivo acontecer. A magnitude da propriedade esportiva e as atividades de alavancagem propostas determinarão quanto tempo será requerido para isso. O mais importante é pelo menos considerar as questões pertinentes por ocasião da triagem e escolha inicial das propriedades esportivas.

Formalização de processos e práticas

Identificar oportunidades no esporte pode não ser algo tão direto como parece. Com certeza, gestores e diretores de patrocínio são bombardeados com propostas de clubes e organizações esportivas vendendo propriedades esportivas; contudo, isso não significa que todos ou qualquer um deles representem bons investimentos. De fato, as organizações esportivas estão percebendo rapidamente a necessidade de focalizar seus produtos esportivos, não apenas na esperança de vendê-los com sucesso, mas também para maximizar o benefício de sua associação com o comprador.

Em vez de esperar por uma chuva de propostas e ofertas, um profissional de marketing eficiente se lançará à procura de propriedades esportivas que combinem com seu DNA da marca e contribuam para que os objetivos de marketing estratégicos sejam alcançados. Os órgãos e/ou organizações esportivos que realmente apresentam propriedades esportivas para serem submetidas à apreciação deveriam passar pela mesma análise com respeito à combinação entre o DNA da marca e o potencial

Tabela 10.2: Idéias e exemplos de alavancagem

Categoria de alavancagem	Exemplos e idéias
Vendas no local	Oportunidades de venda exclusivas nas instalações esportivas e em eventos especiais poderão proporcionar à sua empresa a oportunidade de alcançar um número maior de pessoas em um curto espaço de tempo, mantendo, ao mesmo tempo, a concorrência afastada. Muitas empresas de bebidas buscarão esse tipo de oportunidade de alavancagem. É necessário ter cautela quanto a possíveis conflitos entre patrocinadores de um time, esporte ou local que estejam esperando pela mesma oportunidade no dia do jogo!
Direcionadores de tráfego	Os direcionadores de tráfego incluem qualquer veículo que induz uma pessoa a visitar um local. As táticas de direcionamento de tráfego incluem aspectos como cupons de desconto distribuídos a espectadores ou participantes de eventos e aceitos em sua loja ou site. Disponibilizar ingressos para um evento exclusivamente nos seus pontos de revenda é outra forma comum de direcionar o tráfego. O objetivo é levar o consumidor a visitar seu local, de forma que se concretize a venda de um produto. Empresas de fast-food, por exemplo, são comumente conhecidas por oferecer aos espectadores cupons de descontos no dia do evento. O resultado final para o ponto-de-venda de fast-food é um número maior de consumidores e um aumento nas vendas.
Comprovante de compra	Algumas variações dessa estratégia de alavancagem incluem ingressos promocionais [o comprovante de compra de seu(s) produto(s) pode ser utilizado como ingresso para eventos ou para obter desconto no preço do ingresso], premiações (acompanha o comprovante de compra um prêmio como lembrança do evento) ou uma oferta autoliquidante (com o comprovante de compra e certa quantia em dinheiro, há um item altamente valorizado). Todas as variações podem ser métodos efetivos para não apenas alavancar seu investimento e aumentar as vendas do produto, mas para aumentar o interesse pelo evento.
Amostragem/teste do produto	Uma vantagem estratégica importante que os patrocínios corporativos proporcionam à propaganda tradicional é a habilidade de interagir diretamente com o consumidor. Por meio de exibições promocionais no local, amostras e testes do produto, será possível interagir diretamente com os consumidores e explicar os benefícios de seus produtos.
Pré-lançamentos de mídia	Embora a divulgação não seja mais a principal razão pela qual as empresas investem em propriedades esportivas, ela ainda é um importante benefício. Quanto maior for o público para o qual seu logotipo ou mensagem poderá ser divulgado, mais valioso se tornará seu investimento. Considere as propriedades esportivas que desenvolveram parcerias estratégicas com empresas de mídia e redes de TV. Não perca também qualquer oportunidade de promover seu envolvimento com o esporte por meio da indústria ou pontos-de-venda de mídia relacionados ao esporte.

Categoria de alavancagem	Exemplos e idéias
Programas de doação	As pessoas guardam uma imagem mais positiva da empresa quando ela apóia programas de seu interesse. Um programa em que dinheiro ou suprimentos são doados a cada compra de seu produto ou serviço geralmente induz a um aumento nas vendas. Empresas de bebida e comida freqüentemente utilizam programas de doação como ferramenta de alavancagem para patrocínios olímpicos e paraolímpicos. Em momentos determinados, a receita oriunda da compra dos seus produtos poderá ser usada para apoiar investidores ou outros programas comunitários. Para cada novo título de sócio adquirido por seus torcedores, o Brisbane Lions AFL faz doações em dinheiro para seus bichinhos de estimação. Há aqui uma oportunidade de uma marca ou empresa relacionada a animais adquirir esses títulos na forma de propriedade esportiva e trabalhar na alavancagem dessa oportunidade esportiva e de caridade da RSPCA.
Transmissões em rede e entretenimento	Se a empresa procura fazer *networking* ou busca entretenimento para o cliente, utilizar o esporte no marketing poderá ser uma excelente escolha. Por meio de ingressos de cortesia, áreas VIP, recepções ou promoções cruzadas, os patrocinadores poderão entreter seus clientes ou praticar o marketing de negócio a negócio. A maioria das grandes marcas e empresas australianas monta barracas no Melbourne Cup Day para entreter seus clientes. A Visa utilizou com grande êxito seu patrocínio na Copa do Mundo de Rúgbi como programa mundial de incentivo ao funcionário e à boa vontade.

Fonte: LeDrew, 2003

para alcance mútuo dos objetivos. Nesse sentido, é importante que a organização disponha tanto de pessoas como de processos adequados para avaliar as propriedades esportivas sendo consideradas.

Por exemplo, quem decidirá se uma propriedade esportiva deverá ou não ser avaliada no final das contas? Como deveria ser tomada uma decisão sobre investir ou não em uma propriedade esportiva e quem a tomaria? Uma vez feito o investimento em propriedade esportiva, quem administraria os esforços de marketing e de alavancagem associados a tal investimento? Como o sucesso deveria ser medido e por quem? Todas essas perguntas deverão ser respondidas com base em um conjunto de diretrizes estabelecidas para gerenciar, de forma geral, a utilização do esporte nos seus esforços de marketing.

Para começar, você deveria solicitar que qualquer propriedade esportiva sob avaliação fosse acompanhada de um pedido e/ou proposta de patrocínio. Caso esteja abordando o órgão esportivo na esperança de que este possa adaptar uma propriedade esportiva capaz de atender a suas necessidades, uma proposta formal deveria, então, ser desenvolvida, aprovada internamente e apresentada, em seguida, ao órgão esportivo. Se um órgão esportivo o abordar com uma proposta em mãos, será aconselhável solicitar não apenas a apresentação da proposta, mas também o preenchimento de um pedido. Apesar de muitos esportes apresentarem propostas refinadas e detalhadas, é aconselhável exigir o preenchimento de um pedido, de modo que os obrigue a abordar questões críticas, por exemplo, combinação de marca, divulgação e valor, oportunidades de alavancagem, perfis de mercados-alvo, informações sobre sócios atuais etc. A Carlton and United Breweries possui um formulário-padrão simples de requisição para patrocínio que os possíveis sócios esportivos deverão preencher antes de suas propriedades esportivas serem consideradas para futura triagem. Uma cópia desse formulário pode ser encontrada no anexo ao final deste capítulo. O formulário é bastante funcional e dá grande ênfase aos valores estimados das oportunidades de alavancagem. Naturalmente, outras empresas poderão ressaltar aspectos diferentes em seus próprios formulários de requisição, dependendo da natureza de seu ramo de atividade e dos objetivos na utilização do esporte.

É imprescindível ter em mãos um processo para lidar com a escolha e posterior administração de uma propriedade esportiva. Esta administração poderá ser uma função dentro das obrigações do departamento de marketing, porém em que nível? Se a empresa dispõe de gerentes regionais, estaduais e nacionais, por exemplo, será necessário conceder a cada um deles certa autoridade e responsabilidade para escolher e administrar as propriedades regionais, estaduais e nacionais correspondentes. Isso funcionará apenas se houver certo controle e equilíbrio, de forma que garanta um esforço geral unificado e sinergético. A Figura 10.4 traz um exemplo de mapa de processo de proposta para patrocínio. Quando uma proposta chega a uma empresa, ela é encaminhada ao nível adequado de gerenciamento, e uma decisão inicial é tomada sobre se a proposta representa uma oportunidade de patrocínio ou simplesmente um acordo comercial. O simples fato de pedirem para uma empresa vender cachorros-quentes no campo de críquete local não significa que o investimento está sendo feito em propriedade esportiva. Talvez a empresa esteja apenas firmando um acordo comercial simples, sem qualquer oportunidade de alavancagem ou direitos de responsabilidade. É essencial saber distinguir os dois tipos de proposta.

Os processos formais deverão assegurar que todas as propriedades esportivas sejam responsabilizadas por atingir objetivos de marketing e/ou de comunicação quantificáveis, e o plano para gestão da propriedade deve identificar o responsável por alcançar e avaliar o sucesso relativo.

O acordo poderá estabelecer, como condição, que o órgão esportivo forneça informações de certa espécie, em determinado formato, a certos intervalos para auxiliar na avaliação do investimento feito. Além disso, a empresa poderá executar avaliações regulares a serem divulgadas ao pessoal relevante tanto internamente quanto em nível do órgão esportivo. Alguns profissionais liberais acreditam que a avaliação da propriedade esportiva deverá incluir uma estimativa de retorno sobre investimentos. Isso pode ser difícil de calcular, e as cifras fornecidas por representantes da mídia e mesmo dos próprios órgãos esportivos geralmente estão superinflacionadas e exageradas. Contudo, uma regra prática propõe que, para cada dólar gasto, um bom investimento em propriedade esportiva deverá render pelo menos US$ 8 (Roeser, 2002). A regra prática de 8:1 quanto ao ROI (*return on investment* – retorno sobre o investimento) não deve ser a única base para avaliação, e, além disso, depende muito dos objetivos do investimento, em primeiro lugar.

Figura 10.4: Mapa de processo da proposta de propriedade esportiva

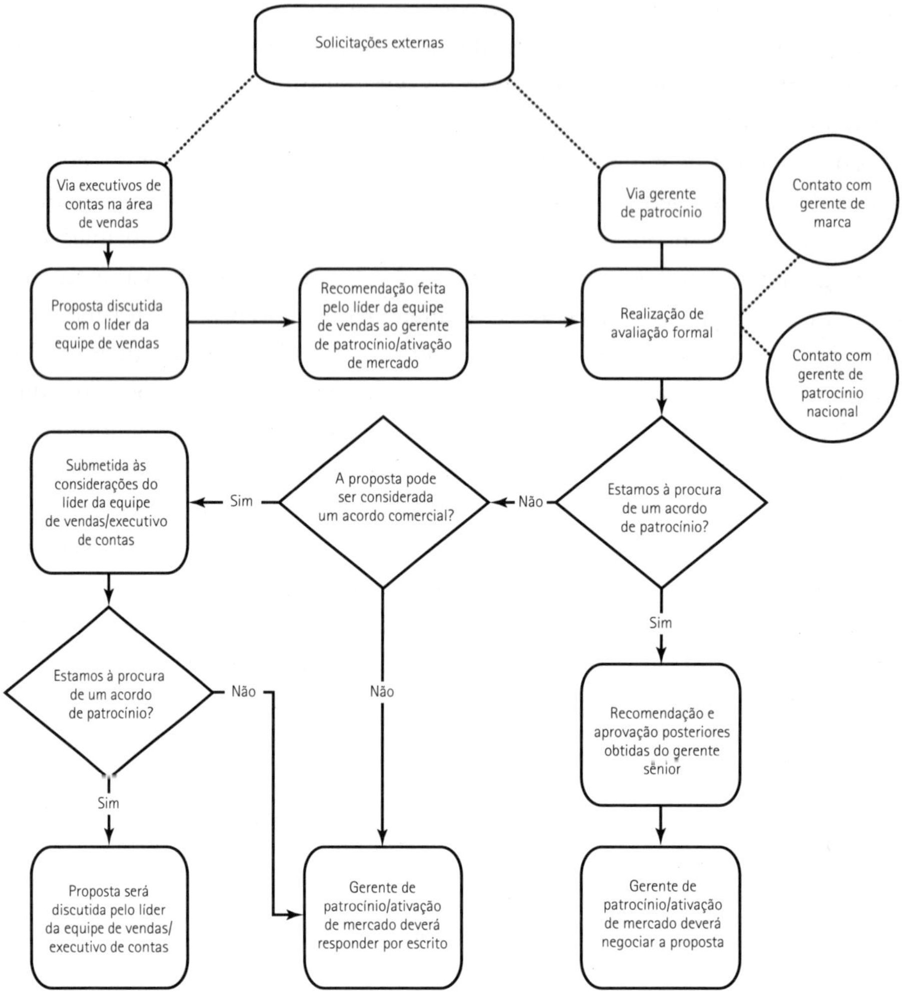

Fonte: Carlton and United Sponsorship Guidelines (Diretrizes de Patrocínio da Carlton and United), setembro de 2002. Utilizado com permissão da CUB.

Finalmente, se uma empresa realmente utiliza ou planeja utilizar o esporte em seu programa de marketing, terá de considerar a estrutura organizacional por meio da qual tal iniciativa será gerenciada. Grandes organizações como Vodafone, Visa e Coca-Cola, que usam o esporte para comercializar seus produtos e serviços, dispõem de gerentes de patrocínio e operários de linha. Isso assegura que a propriedade esportiva seja tratada como um elemento sério e estratégico do mix de marketing, além de garantir que todas as oportunidades de alavancagem sejam identificadas e postas em uso. Colocar todas as propriedades esportivas sob o controle de uma área funcional dedicada pode também garantir a ausência de qualquer conflito entre diferentes propriedades e suas posteriores oportunidades de alavancagem, bem como contribuir para promover economias e sinergias entre diferentes propriedades esportivas sob investimento.

Destaque esportivo

Molho Pardo da HP Sauce dá um gostinho a mais ao *snooker* britânico (sinuca)

A HP Sauce foi bem-sucedida em conquistar um dos patrocínios esportivos mais exclusivos da história, em fevereiro de 2005. A icônica marca britânica tornou-se o primeiro patrocinador oficial mundial da bola marrom na sinuca. Notícias do patrocínio irromperam no Torneio de Snooker Rileys Club Masters de 2005, na Grã-Bretanha, sendo televisionado pela BBC Esportes.

O patrocínio chegou em boa hora para a HP Sauce. O molho volta à TV com uma nova campanha publicitária que realça sua importância no dia-a-dia e reforça sua posição de "Molho Oficial da Grã-Bretanha".

É a primeira vez na história da sinuca que uma única bola recebe patrocínio. O esporte data de 1875, quando oficiais do exército desembarcaram na Índia e, cansados de jogar bilhar, acabaram inventando a nova modalidade. O jogo é hoje uma das modalidades esportivas mais populares do país, tanto em termos de prática quanto de audiência na TV.

Graham White, diretor de marketing da HP Sauce, disse: "Como a sinuca, a HP Brown Sauce é verdadeiramente amada pelo público na Grã-Bretanha e, por essa razão, patrocinar a bola marrom é para nós um prazer. A marca não somente simboliza aquele humor peculiar britânico que tão bem representa os amantes da sinuca e os clientes da HP Sauce, como também revela honestidade e despretensão ao patrocinar aqueles grandes e impatrocináveis momentos do dia-a-dia britânico".

Neal Stevens, membro do World Snooker, que organiza o Torneio Snooker Masters, acrescentou: "Este deve ser um dos patrocínios esportivos mais originais de todos os tempos e fará com que as pessoas falem sobre sinuca e HP. Isso certamente apimentará muito mais a competição. Ainda não discutimos com outras marcas ou produtos esportivos a questão de patrocinar outras cores, mas, após o acordo com a HP Sauce, quem sabe?"

Fome (!!... Quer dizer, fonte): www.worldsnooker.com, 8 de fevereiro de 2005

Alavancagem da plataforma de marketing esportivo

Alavancagem é a arte de encontrar formas criativas de gerar valor para o investimento em uma propriedade esportiva. Ela requer muito conhecimento e habilidades, sendo um elemento crucial para obter sucesso no marketing esportivo. Alavancagem ou ativação, como é conhecida, representa o verdadeiro trabalho de marketing por trás da aquisição inicial ou investimento em uma propriedade esportiva. Selecionar e adquirir uma propriedade esportiva é o começo de tudo, e não o fim de uma campanha de marketing esportivo. Investir em propriedade esportiva geralmente significa adquirir o direito de valer-se do poder emocional do esporte ou time em questão – como estes serão usados depende das habilidades de alavancagem e do comprometimento.

Como mencionado anteriormente, o sucesso da alavancagem depende de reservar US$ 2 para cada US$ 1 gasto com a aquisição inicial da propriedade esportiva. Esse valor poderá aumentar substancialmente, dependendo dos objetivos do programa de marketing esportivo e das atividades de alavancagem a serem usadas para alcançar tais objetivos. Por exemplo, o International Rugby Board (Comitê Internacional de Rúgbi – IRB) ofereceu propriedades esportivas em todos os níveis durante a Copa do Mundo de Rúgbi de 2003, inclusive uma por ela denominada "Worldwide Partner Status" (Status de Sócio Mundial). Os Sócios Mundiais que mais se comprometeram com o evento incluíam Visa, Telstra, Bundaberg Run, Heineken, Qantas, British Airways e Coca-Cola. Apesar de a propriedade esportiva em que cada sócio investiu ter sido a mesma, os objetivos de seu envolvimento e a forma como alavancaram o evento seguiram rumos diversos.

Para a Bundaberg Run, a Copa do Mundo de Rúgbi era a jóia na coroa do seu envolvimento com o esporte no ano de 2003; a Status de Sócio Mundial, por outro lado, foi vista como a oportunidade perfeita para incrementar o que já vinha sendo feito em sua relação duradoura com o time de rúgbi *union* da Austrália, os Wallabies. A Bundaberg Run não alavancou sua parceria internacionalmente, e seu envolvimento em hospitalidade corporativa foi bastante limitado. Essa foi uma decisão premeditada, pois a marca não "vive" no mundo corporativo, e a empresa estava interessada em oportunidades de marketing locais, e não no potencial internacional que a marca ostentava a essa altura. As atividades de alavancagem resumiram-se em divulgação da marca, comerciais na TV e merchandising de edição limitada. A Heineken, por outro lado, assumiu um ângulo totalmente diferente em seu envolvimento como Sócio Mundial da Copa do Mundo de Rúgbi. A motivação de envolvimento foi o forte alcance global que essa propriedade esportiva em particular proporcionava à marca. A Heineken considera a essência do DNA de sua marca como internacional – na verdade, a "mais" internacional das cervejas, por isso busca propriedades esportivas de alcance e natureza global (B&T, 2003a). As atividades de alavancagem elaboradas pela Heineken incluíam competições para ganhar ingressos para a Copa por meio da coleção de códigos presentes em seus produtos e do envio desses códigos por SMS ou pelo website da Heineken. Havia também brindes no momento da compra que incluíam um chaveiro em formato de bola e produtos especiais com estampas diferentes, como o logotipo da Copa do Mundo de Rúgbi. A empresa lançou também dois produtos comemorativos especialmente elaborados: a garrafa de 1,5 L e a latinha de 500 mL com estampas temáticas ligadas ao rúgbi e *branding* oficial da Copa do Mundo de Rúgbi. A Heineken se concentrou em oportunidades de alavancagem que festejassem os torcedores, com propagandas, merchandising e promoções focados em seus mercados-alvo consumidores (Bombara, 2003).

É muito mais simples alavancar o investimento em uma propriedade esportiva se esta tiver sido escolhida com base em objetivos estratégicos e com uma compreensão crítica de seus mercados-alvo. Usamos anteriormente o exemplo de esportes femininos para mostrar como a GM usou o esporte para atingir novos espectadores. Outro importante mercado-alvo é o público jovem. As estatísticas globais revelam que, em média, os adultos são fãs de quatro esportes, enquanto os jovens são verdadeiros entusiastas de sete. Cerca de 80% dos jovens estão envolvidos em práticas esportivas, tendo como base os 41% da população geral acima dos 18 anos de idade. Esses 80% também praticam mais esportes, em média de sete a oito na comparação com os adultos, que praticam em média de três a quatro esportes (Roy, 2003). Essas estatísticas por si só são suficientemente interessantes quando pensamos em usar o esporte no marketing, mas, em adição ao crescente poder de compra do mercado jovem e à forte influência sobre comportamentos de compra, o potencial para alavancar o esporte por meio da juventude torna-se, de fato, bastante atraente.

Uma pesquisa on-line realizada com cerca de 4.000 jovens norte-americanos revelou que os internautas de 8 a 24 anos gastam uma média projetada de US$ 164 bilhões anualmente hoje em dia. A Texaco, empresa norte-americana de petróleo, está alavancando um patrocínio com a corrida da Nascar para atrair esse mercado em expansão. As atividades de alavancagem do patrocínio promovido pela Texaco na Nascar incluíram brindes voltados para os jovens a cada tanque cheio, na esperança de que as crianças estimulassem os pais a abastecer nos postos Texaco (Roy, 2003).

Ao considerar oportunidades e fatores de alavancagem com poder de atração sobre os consumidores, será necessário escolher atividades de marketing que se encaixem bem no estilo de vida e nas atitudes dos mercados-alvo jovens. O simples fato de as Olimpíadas terem cobertura e apelo fenomenais em termos globais não significa que sejam adequadas a uma marca ou a determinados consumidores. Isso depende do que se pretende fazer, de quais atividades de alavancagem têm o poder de concretizar tal façanha e, por fim, da utilização de uma modalidade esportiva que facilite esse processo com a maior relevância emocional e pessoal possível. Apesar da falta de divulgação ou cobertura da mídia de massa, os esportes livres (surfe, snowboard, windsurfe, skateboard) definitivamente encontraram espaço no arsenal do marketing esportivo. A força da propriedade dos esportes livres está no fato de atraírem públicos com diferentes perfis psicográficos para as principais modalidades. Embora muitos desses esportes sejam considerados radicais e voltados para os jovens, sua força real pode residir no fato de que são atrativos para pessoas independentes que estão interessadas em auto-realização em vez de competição (Fry, 2001). Se essa mensagem combina com o DNA da marca que se tenta criar ou com os valores reais ou inspiracionais de um mercado-alvo, então os esportes livres poderão representar uma excelente plataforma de comercialização de produtos ou serviços. As oportunidades de alavancagem com essas propriedades esportivas não ocorrerão por meio da mídia de massa ou divulgação na mídia atual, mas pelo canal flexível e isento de interferências, de natureza viral, alternativo ou *cult* em seu apelo.

O PlayStation da Sony alavancou seu apoio aos esportes livres com o intuito de lançar seu programa de construção da marca antes de investir em propriedades no futebol e alavancá-las, de modo que crie uma conscientização atual. Os esportes livres apoiaram também a reinvenção da Cassio, uma marca popular, por meio do seu trabalho de comercialização da marca de relógios de pulso G-Shock (Fry, 2001).

As atividades de alavancagem poderão, igualmente, abranger a utilização de uma propriedade esportiva no alcance de um público de "teste". A divulgação na mídia global em mercados-chave representou um critério de decisão fundamental em todos os acordos de propriedade esportiva da Vedafone, inclusive com o Manchester United, a equipe Rúgbi Union da Austrália e a corrida Ferrari. Contudo, alavancou também sua parceria com o Manchester United para testar serviços pelo telefone celular por meio da base de torcedores do time ao lhes oferecer a chance de ouvir a emoção do jogo sem estar no estádio (Fry, 2001).

Embora não seja uma lista grande, a Tabela 10.3 destaca um mix de marketing de cinco elementos (produto, preço, promoção, local e pessoas) e algumas ferramentas de alavancagem que podem ser relevantes em cada elemento.

Há muitos exemplos específicos de atividades de alavancagem, e você deve considerar os motivos e mercados de destino de empresas que investem em propriedades esportivas da próxima vez que andar pelo supermercado ou assistir à televisão e observar essas atividades em primeira mão. Os produtos de cuidados pessoais historicamente usam o esporte para ajudar na sua comercialização, especialmente com aprovações de esportistas. Atletas olímpicos, estrelas de esportes nacionais e equipes inteiras já aprovaram desodorantes e sabonetes em mídia de massa. Você deve ser cuidadoso ao distinguir investimento e alavancagem aqui, em oposição a um simples negócio. A marca de cuidados capilares da Unilever, a Sunsilk, recentemente usou jogadores da NRL e da AFL da Austrália para lançar seu primeiro produto e sua campanha voltados especificamente para homens. A marca Base Elements não tinha como alvo os "metrossexuais", mas sim os "caras comuns" (Veldre, 2003). No entanto, as marcas Sunsilk e Base Elements não são parceiras da NRL nem da AFL e a aprovação dos produtos pelos jogadores nos comerciais muito provavelmente não passava de um simples acordo contratual. Isso é diferente da estratégia da Colgate-Palmolive nos Estados Unidos, quando, em 1993, a empresa gastou cerca de US$ 15 milhões em uma campanha publicitária na TV para lançar uma fórmula de desodorante mais poderosa no combate ao odor da transpiração, a Mennen Speed Stick, associando-se à Liga de Futebol Nacional (NFL). Seu acordo consistiu em uma parceria ou patrocínio real por meio da qual a Mennen Speed Stick tornou-se o patrocinador oficial da NFL e a linha de desodorantes antitranspirantes preferida dos jogadores (Riddle, 1993).

É importante ressaltar que, na alavancagem de sua propriedade esportiva, será necessário embuti-la na estratégia corporativa e executá-la por meio da proposta de valor da sua marca. Seu investimento no esporte deverá representar uma plataforma capaz de melhorar a eficiência e eficácia de um bom número de atividades de marketing, bem como de ser ativada e integrada ao mix de marketing. Não se deve pensar no esporte como uma ferramenta de marketing autônoma.

Tabela 10.3: Ferramentas de alavancagem do mix de marketing

Produto	◗ propaganda ◗ edições limitadas ◗ versão ◗ quebras ◗ souvenir ◗ criação de evento
Preço	◗ preço de teste ◗ ofertas especiais ◗ economias de bilhetes ◗ ofertas de cupons ◗ programas de preço de fidelidade
Promoção	◗ exposição à mídia de massa ◗ conferências/*press releases* ◗ sinalização ◗ oportunidades pessoais de venda ◗ bilhetes complementares ◗ *tie-ins* de mídia
Local	◗ vendas no local ◗ unidades de tráfego on-line ◗ soluções de comércio móvel (SMS) etc. ◗ unidades de tráfego
Pessoas	◗ hospitalidade e rede ◗ construção de relacionamentos ◗ empresa a consumidor ◗ empresa a empresa ◗ empresa a funcionário ◗ empresa a fornecedor ◗ áreas VIP

A seção a seguir demonstrará como a Visa transformou seu envolvimento na Copa do Mundo de Rúgbi de 2003, na Austrália, em uma plataforma de marketing eficaz e emocionante.

Visa: Um caso de alavancagem em questão

O envolvimento da Visa na Copa do Mundo de Rúgbi de 2003 (RWC 2003), na Austrália, é um exemplo perfeito de investimento estratégico em propriedade esportiva que resultou na posterior alavancagem do referido investimento. A Visa utiliza o esporte como parte integral de suas estratégias de marketing globais, com uma participação forte nas Olimpíadas, na Copa do Mundo de Rúgbi e na NFL, nos Estados Unidos. O esporte tornou-se um componente tão estratégico do mix de marketing da empresa que seu investimento no esporte foi considerado um "abridor de portas" para a execução de negócios em todo o mundo. O envolvimento da Visa nas Olimpíadas de 2008 na China irá ajudá-la a "ingressar" naquele mercado, proporcionando-lhe contatos críticos com oficiais governamentais, divulgação ao vasto mercado de consumidores e de negócios chineses, bem como uma plataforma empresarial sobre a qual trabalhar.

O sucesso do envolvimento da Visa no marketing esportivo poderia muito bem ser atribuído à sua ênfase estratégica, aos seus excelentes programas de alavancagem e aos rigorosos planejamento e avaliação de seus investimentos. Como regra, a empresa gasta em ativação ou alavancagem de seu investimento uma quantia duas a três vezes superior ao custo de sua propriedade esportiva. Ela trabalha também na alavancagem de patrocínios até cinco a dez anos antes que o evento aconteça. Antes do anúncio feito em julho de 2003 sobre a escolha de Vancouver como sede dos Jogos Olímpicos de Inverno em 2010, a Visa já havia iniciado uma série de encontros com possíveis países-sede. De igual modo, já havia iniciado sua campanha de alavancagem para Vancouver. As atividades de alavancagem começam bem antes do evento, enquanto a emoção ainda está sendo formada, e perduram para além de sua duração. A Visa começou a perseguir o RSI da Copa do Mundo de Rúgbi de 2003, na Austrália, seis meses antes do início da competição. Avaliou e mensurou o retorno sobre o investimento globalmente, não apenas em termos do país-sede.

Examinemos a marca Visa e seu patrocínio da Copa do Mundo de Rúgbi de 2003. A Visa conta com a participação de 21 mil instituições financeiras associadas e cerca de um bilhão de portadores de cartão de crédito com gastos de US$ 2,7 trilhões. A Visa está entre as 15 maiores marcas do mundo e conta com uma rede de caixas automáticos de mais de 800 mil máquinas espalhadas em 120 países. Detém uma participação de 62,9% no mercado global de cartões de crédito, à frente de sua rival mais próxima, a MasterCard, com 26,8% (Nilson Report, 2002).

Ao decidir investir em uma propriedade de marca como a Status de Sócio Mundial na Copa do Mundo de Rúgbi de 2003, a Visa procurava utilizar o esporte como plataforma de marketing efetiva de diversos modos. Suas quatro principais áreas de investimento foram:

- Publicidade:
  - construção de conscientização e imagem;
  - apoio ao associado na aquisição e utilização.
- Promoções:
  - aumento do uso do cartão;
  - estabelecimento e fortalecimento de parcerias com marcas fortes.
- Plataforma de produto:
  - demonstração de novas tecnologias;
  - lançamento de novos produtos;
  - aperfeiçoamento da infra-estrutura.

- Relações corporativas:
  - aumento do impacto e do alcance de outros esforços de marketing;
  - fortalecimento da reputação e da imagem corporativa;
  - desenvolvimento de programas de incentivo ao funcionário, de premiação e de motivação (Li, 2003).

Leve em conta que os objetivos da empresa eram diversos e ambiciosos, algo bastante adequado para uma marca dessa magnitude. As atividades de alavancagem amplas e integradas utilizadas representam uma plataforma de marketing excelente e uma maximização de seu investimento na propriedade da RWC 2003.

Ao ativar seu patrocínio, a Visa concentrou-se em cinco áreas funcionais. A primeira dedicou-se à criação de uma *estratégia de ativação* e à formação de uma *força-tarefa* para implementar a estratégia. A segunda estabeleceu um *orçamento* com base nos objetivos e estratégias definidos pela alta gerência e pela força-tarefa. A terceira focalizou as *vendas internas* (*sell through*), isto é, a obtenção de apoio e oportunidade para lançamento do programa interno. A quarta desenvolveu e adquiriu as *ferramentas necessárias à ativação e ao apoio* ao programa. Finalmente, sistemas de *rastreamento e avaliação* do programa como um todo foram montados.

Por fim, a Visa desenvolveu sete programas de alavancagem associados à RWC 2003. São eles:

1. publicidade;
2. programas de relações públicas;
3. promoções nacionais;
4. programas para membros (cerca de 80 programas em 10 mercados);
5. programas para negociantes;
6. promoções cruzadas com outros sócios;
7. programas de visibilidade de mercado-sede (Li, 2003).

Uma das formas interessantes e criativas de a empresa alavancar suas plataformas esportivas é a criação de "eventos" ou premiações associadas ao evento, de modo que proporcione publicidade extra, propaganda e oportunidades para relações públicas.

Um dos fatores mais impressionantes sobre o uso que a Visa faz do esporte no marketing é sua habilidade em reunir partes interessadas de mercados-chave em oportunidades promocionais cruzadas. Isso fica bem claro em seu programa de marketing de destino a partir da RWC na Austrália. Para a Visa, a filosofia básica por trás do marketing de destino é a de que o turista gasta dinheiro. Quanto mais visitantes o país-sede recebe, mais dinheiro poderá ser gasto por meio do cartão Visa. A empresa calcula que os esforços de marketing de destino durante os Jogos Olímpicos de 2000 em Sidney resultaram em um aumento de 7% no turismo na Austrália, com um crescimento correspondente de 23% no volume de transações da Visa no mesmo período (Li, 2003).

Portanto, é de grande interesse da Visa tornar o mercado-sede de qualquer evento esportivo tão visível quanto possível. Eventos esportivos globais geram lucro para o mercado-sede e deveriam alavancar os eventos como para qualquer outro patrocinador ou sócio. A Visa tem grande experiência em ajudar os países-sede a identificar objetivos comuns e desenvolver atividades promocionais cruzadas. Sua habilidade com marketing de destino, como um subproduto de sua indústria, será inestimável para países em desenvolvimento, como a China, que embarcou em uma década de grandes atividades relacionadas à sede de eventos, inclusive a Expo Mundial 2010 em Shangai e as Olimpíadas de 2008 em Pequim. A Visa proporcionou à Austrália uma excelente divulgação de marca antes, durante e depois da RWC 2003, com cerca de 500 programas-membro Visa em aproximadamente 50 países, todos eles apresentando imagens da Austrália. A Visa estabeleceu uma parceria real com a Australian Tourism Commission (Comissão de Turismo Australiana) para oferecer publicidade e promoções conjuntas no Reino Unido na preparação para a Copa. Ela também se juntou a outras importantes partes interessadas, estabelecendo uma parceria com os Operadores de Viagem Oficiais da RWC, produzindo também o "Guia Visa para a RWC 2003", um guia contendo cerca de 100 ofertas de negócios para os fãs da RWC e visitantes (Li, 2003). Cerca de 550 mil cópias desse guia foram distribuídas.

Contraponto: Alavancando "sem" investir em uma propriedade esportiva – Marketing de emboscada

Se alavancar seu investimento em uma propriedade esportiva significa descobrir onde seus reais benefícios de marketing se encontram e se as atividades de alavancagem requerem gastos além dos estabelecidos no preço de aquisição inicial da propriedade esportiva, por que investir tudo em esporte? Por que não somente realizar algumas atividades de alavancagem no mesmo tempo de um grande evento ou durante uma temporada de esportes? Por que não apenas contratar algumas celebridades esportivas para representar a marca uma única vez e dar a impressão de que você está envolvido com o esporte?

A ética e a legalidade do marketing de emboscada, como esta prática é chamada, foram discutidas e debatidas, porém permanece o fato de que as principais marcas estão fazendo significativos avanços engajando-se em atividades de alavancagem sem investir na propriedade esportiva relacionada.

A Vodafone planejou e executou uma grande campanha de alavancagem durante a RWC de 2003 na Austrália, sem ser um patrocinador oficial ou parceiro do evento. Uma das atividades de alavancagem mais espetaculares realizadas foi um gigante campo de futebol flutuante. O campo foi construído em um barco de 100 × 20 m usando-se 60 toneladas de terra e quase 1.000 metros quadrados de gramado real. Ele apresentava traves de 10 metros de altura, torres de luz e instalações de hospitalidade corporativa para 100 pessoas (B&T Weekly, 2003b). O barco foi usado predominantemente para exposição da marca e hospitalidade corporativa. Ancorado próximo ao Sydney

Harbour, realizando jogos de rúgbi de celebridades e exibindo a ação da RWC à noite, o barco atraía a grande atenção da mídia e foi uma propaganda muito visível para a marca Vodafone. Tudo sem nenhum dólar sendo investido diretamente na RWC ou no IRB.

É possível que o patrocínio não seja um bom investimento? Se pudermos nos beneficiar de esportes e eventos esportivos com boas associações de marketing, por que consideraríamos um investimento direto? Alavancar um patrocínio pode ser muito caro e a área cinzenta do que de fato constitui o marketing de emboscada talvez possa, para começar, fazer que economizemos o preço da propriedade esportiva real.

Resumo

- **reconheça e explique a importância de alavancar investimentos em marketing esportivo**
  O marketing de esportes pode fornecer uma plataforma de marketing poderosa e eficaz. No entanto, escolher e investir em uma propriedade esportiva é apenas o começo. São as atividades de alavancagem referentes à propriedade esportiva que oferecem os benefícios reais para sua marca e sua empresa. Em geral, ao planejar o orçamento de atividades de alavancagem, você deve reservar US$ 2 para cada US$ 1 gasto ao adquirir o esporte em primeiro lugar.
- **identifique a forma como uma propriedade esportiva deve ser escolhida estrategicamente**
  Escolher uma propriedade esportiva é uma atividade estratégica que deve ser baseada nos seus objetivos de utilização do esporte como parte de um programa de marketing integrado. Além dos seus próprios objetivos, você deve compreender os objetivos do esporte e avaliar se vocês são ou não capazes de satisfazer seus objetivos mútuos. É importante, para o sucesso do seu investimento, compreender o ajuste entre o DNA da marca da sua empresa e o da propriedade esportiva. Os principais erros que as empresas que usam o esporte podem cometer são: não estabelecer objetivos desde o início, escolhendo a propriedade "errada", falhar ao integrar a propriedade ao programa de marketing geral, não alocando um orçamento de alavancagem suficiente, e falhar ao avaliar o que seu concorrente já está fazendo.
- **compreenda a importância do estabelecimento de objetivos e da combinação de DNAs da marca**
  Antes mesmo de procurar uma propriedade esportiva na qual investir, a empresa deve garantir que ela seja guiada por um conjunto de objetivos Smart. Objetivos Smart são específicos, mensuráveis, atingíveis, realistas e com tempo específico. É essencial também que seja dada consideração ao DNA da marca dos produtos da empresa e do possível parceiro esportivo. Lembre-se de considerar um mapa perceptual que mostre o relacionamento ou vínculo natural entre o produto/serviço e o esporte.

- **trace os dois tipos de limitações a serem consideradas na utilização do esporte no marketing**
  Decidir usar ou não o esporte no marketing e a escolha de uma propriedade esportiva requerem uma compreensão total das limitações sob as quais sua empresa deve operar. Os dois tipos de limitações que você deve considerar são as auto-impostas e as legais.
  Limitações auto-impostas são os limites a partir dos quais sua empresa toma suas decisões estrategicamente para proteger sua marca, imagem, seus funcionários, mercados e mesmo a sociedade em geral. As limitações legais são todos aqueles limites impostos pela legislação ou regulamento industrial relevante. Você também deve estar ciente das limitações financeiras, no entanto, essas considerações são mais relevantes na avaliação e operacionalização do seu investimento em esporte em vez de no planejamento estratégico.
- **identifique e explique os componentes principais em um plano de ativação e de alavancagem**
  Quando uma propriedade esportiva é escolhida, o trabalho real começa. Ativar ou alavancar seu investimento é um exercício de marketing estratégico que envolve planejamento, implementação, execução e avaliação de todas as atividades envolvidas. Você precisa estar certo de que sua estrutura organizacional é condutiva para gerenciar uma propriedade esportiva e se você tem processos e práticas formais para executar estratégias.

Perguntas de revisão

1. Quais são os componentes do DNA da marca e por que são importantes na alavancagem da sua propriedade esportiva?
2. Quais são as características de um bom objetivo?
3. Quais são as quatro categorias principais de objetivos para investimento em uma propriedade esportiva? Dê exemplos de cada uma.
4. Quais são os dois tipos de limitações que você deve considerar ao escolher uma propriedade esportiva?
5. Identifique pelo menos duas ferramentas de alavancagem para cada elemento da mistura de marketing.

Atividades aplicadas

1. Visite o site da Visa (www.visa.com) e veja quais eventos esportivos ela patrocina no momento. Que tipos de atividades de alavancagem estão evidenciados no site? Há alguma

promoção cruzada com outros parceiros? Quais você acha que são os objetivos de cada atividade de alavancagem?

2. Visite os sites da Vodafone (www.vodafone.com) e do Manchester United (http://www.manutd.com). Em sua opinião, quais são os objetivos do investimento da Vodafone no Manchester United? Como eles estão apoiando o investimento e qual a meta das atividades?
3. Sua organização, uma empresa de remoção de mobília local, recebeu uma proposta da equipe de futebol da universidade local, pedindo que vocês fossem o principal patrocinador de direitos de nomes da equipe durante os próximos dois anos. Como você avalia a proposta e, se decidir investir na propriedade esportiva, como pode apoiar o investimento?

Referências

B&T. World cup sponsors look to score. *B&T Weekly,* 23 de abril de 2003a. Disponível em: http://www.bandt.com.au/articles/77/0C014F77.asp. Acesso em: 26 nov. 2003.

B&T. Vodafone unveils floating footy field. *B&T Weekly,* 7 de novembro de 2003b. Disponível em: http://www.bandt.com.au/articles/88/0C01B988.asp. Acesso em: 26 nov. 2003.

Bombara, P. Heineken comp no small beer. *B&T Weekly,* 25 jul. 2003, p. 7.

Carlton and United Breweries. Sponsorship Guidelines, setembro de 2002, documento não publicado.

Dewhirst, T.; Hunter, A. Tobacco sponsorship of formula one and CART auto racing: tobacco brand exposure and enhanced symbolic imagery through co-sponsors' third party advertising. *Tobacco Control,* v. 11, p. 146-150, 2002.

Fry, A. How to profit from sponsoring sport. *Marketing,* Londres: Haymarket, 16 ago. 2001, p. 25-26.

Horovitz, B. Biking champ Armstrong gets $12M to peddle subarus. *USA Today,* Virginia: McLean, 3 fev. 2003, p. B.03.

IEG Sponsorship report 2003. Disponível em: www.sponsorship.com. Acesso em: 10 mar. 2004.

Keen, M. Sponsorship: the corporate viewpoint. Apresentado em Premiership Strategies 2003 Sports Marketing and Sponsorship Conference, AMI & PSI National Conference, Melbourne, 1º de maio de 2003.

Kirby Webster, K. Brand it like Beckham, MarketingProfs.com, 10 de junho de 2003. Disponível em: http://www.marketingprofs.com/3/kwebster20.asp. Acesso em: 13 ago. 2003.

Kunkel, E. T. *Address to media on formula one grand prix sponsorship,* 23 de agosto de 2001. Disponível em: http://www.fosters.com.au/corporate/news/speeches/2001/grandprixspeech010823.asp. Acesso em: 29 jan. 2004.

LeDrew, J. Disponível em: http://www.sportnovascotia.ca/contents/public_communications/Marketing/leverage_support.htm. Acesso em: 3 nov. 2003.

Li, S. *Sports sponsorship – a global business affair,* apresentação em nome da Visa no AFR Sports Business Summit, 16 de outubro de 2003, Sidney, Austrália.

Nilson Report. Global Card Brand Results, abril de 2002, edição 762, Oxnard, Califórnia.

Phillips, R. The business olympics: Sidney's other games, 2002. Disponível em: http://www.wsws.org/articles/2000/sep2000/olym-s29_prn.shtml. Acesso em: 29 jul. 2003.

Plaskitt, S. Waugh continues to bat for OzEmail. *B&T Weekly,* 4 abr. 2003, p. 2. Riddle, J. S. Colgate-Palmolive Sends Speed Stick Long on NFL Sponsorship TV Drive. *Brandweek*, Nova York, v. 34, edição 31, 2 ago. 1993, p. 1-2.

Roeser, R. Sponsorships don't always benefit your business. *Cincinnati Business Courier,* 11 de novembro de 2002. Disponível em: http://www.bizjournals.com/cincinnati/stories/2002/11/11/smallb3.html. Acesso em: 10 fev. 2004.

Roy, C. Corporates mining into sports sponsorship. *The Economic Times Online,* 14 de dezembro de 2003. Disponível em: http://economictimes.indiatimes.com/articleshow/msid-357123, prtpage-1.cms. Acesso em: 2 fev. 2004.

Veldre, D. Sunsilk gets blokey. *B&T Weekly,* 22 ago. 2003, p. 3. Disponível em: www.worldsnooker.com/news_latest-17115. Acesso em: 18 fev. 2005.

Anexo ao Capítulo 10

Patrocínio da Carlton and United Breweries (CUB)

Formulário de solicitação de patrocínio

Nome do solicitante: ____________________
Organização: ____________________
Endereço: ____________________
Telefone: ____________ Fax: ____________ E-mail: ____________
Evento/atividade: ____________________
Histórico de seu evento/atividade: ____________________
____
____
Data/período do evento/atividade: ____________________
Local do evento/atividade: ____________________

Para que sua solicitação seja avaliada, você deve fornecer informações detalhadas de todos os critérios indicados.

Marca

Existe uma ligação natural entre a propriedade de seu evento ou atividade e nossa(s) marca(s)? Como? Forneça detalhes.

____
____
____

Mídia

Considere o valor total de mídia que a CUB deverá receber, ou seja, direitos de nome, assinatura do evento, cobertura televisiva ao vivo, publicidade paga ou contrapublicidade promovendo o evento, cobertura jornalística e outras mídias. Forneça detalhes sobre a cobertura da mídia esperada e seu valor estimado.

____
____
____

Qual é o valor estimado de toda a exposição que a CUB deve alcançar?

TV $ ______________________________

Rádio $ ______________________________

Imprensa $ ______________________________

Sinalização $ ______________________________

Outros $ ______________________________

Hospitalidade

Você possui oportunidades de hospitalidade específicas a oferecer? Forneça detalhes.

____

____

____

Vendas

Haverá oportunidades de vendas de bebidas? Quais são os volumes estimados?

____

____

____

Cerveja ______________________________ litros

Vinho ______________________________ litros

Destilados ______________________________ litros

Promoção

Sua oferta de evento/atividade contém oportunidades importantes de promoções de vendas que estejam alinhadas à(s) nossa(s) marca(s)? Forneça detalhes.

____

____

____

Freqüência

Haverá freqüência ou participação significativa associada a seu evento/atividade? Forneça detalhes sobre os números de freqüência e os dados demográficos previstos.

____

____

____

Corporativo

Você acredita que seu evento ou atividade possa contribuir para (forneça detalhes):

- Melhorar a imagem da CUB?
- Desenvolver relacionamentos entre a CUB, a comunidade e grupos da comunidade?
- Comunicar mensagens importantes e/ou facilitar mudanças nas atitudes da comunidade em relação à CUB?

____

____

Outros

Especifique patrocinadores confirmados e outros patrocinadores que tenham sido abordados.

____

____

Que direitos e benefícios você está oferecendo e qual é o valor estimado deles?

		Valor Estimado $			Valor Estimado $
Hospitalidade	☐		Oportunidades promocionais	☐	
Associação com a marca	☐		Exposição na mídia	☐	
Presença de merchandising	☐		Signage	☐	
Publicidade	☐		Direitos de uso de nomes	☐	
Personalidades	☐		Oportunidades de demonstração	☐	
Vendas	☐		Ingressos	☐	
Outros	☐				

Qual é o valor esperado da CUB?

Dinheiro $ ____

Produto $ ____

Outro $ ____

Total $ ____

Outros Comentários/Detalhes

____

____

Estudos de caso para a Parte 4

Maior não significa melhor

Amy Boyle

No ramo imobiliário, o mantra é *local, local, local*. No marketing de patrocínio, o mantra deve ser *estratégico, estratégico, estratégico*.

Ao contrário da crença popular, não é quanto uma empresa gasta ou seu tamanho que faz o sucesso do marketing de patrocínio. Observando superficialmente, pode parecer que, quanto mais a empresa estiver disposta a investir, maior exposição ela obterá de um patrocínio. Basta observar as grandes marcas como Coca-Cola, Miller Lite, Nike e outras para comprovar isso, certo?

No entanto, um estudo conta uma história diferente. Resultados de um estudo de 2001 que testou níveis de reconhecimento de patrocínios após os jogos da temporada da Liga Zephyrs Minor AAA de beisebol de Nova Orleans demonstraram que um pequeno lava-rápido local obteve níveis de reconhecimento tão altos quanto os de algumas dessas grandes marcas.

Vamos ver como o pequeno lava-rápido conseguiu isso. Cerca de 600 questionários foram distribuídos durante três jogos consecutivos de beisebol no final da temporada da Zephyrs de 2001 para testar a eficácia do patrocínio no campo. O questionário trazia uma lista de 18 marcas (12 patrocinadores da Zephyrs e seis itens de *foil*[1]), e os participantes deveriam selecionar aqueles que eles reconheciam como patrocinadores da Zephyrs. Das 600 pesquisas distribuídas, o estudo acumulou 179 respostas válidas para análise.

Os dados foram avaliados em termos de freqüências e porcentagens de reconhecimento de cada patrocinador. A Tabela 1 mostra os níveis de reconhecimento de cada patrocinador da Zephyrs testado, bem como os itens de *foil*.

Para verificar se havia diferença nos níveis de reconhecimento por conta do envolvimento do patrocinador (ou seja, se patrocinadores maiores eram reconhecidos com mais freqüência do que patrocinadores médios, e se patrocinadores médios eram reconhecidos com mais freqüência do que patrocinadores menores), foram comparadas as notas médias de reconhecimento dos três diferentes grupos de patrocinadores. A Miller Lite e a Coca-Cola são classificadas como patrocinadores maiores da Zephyrs, com níveis de investimentos de mais de US$ 100 mil por temporada. A Ochsner e a Louisiana Office Supply são classificadas como patrocinadores médios, com investi-

[1] O sentido de *foil* é o de placas publicitárias, normalmente placas de alumínio. (NRT)

mentos em torno de US$ 15 mil por temporada, e a Safari Car Wash e a 5 Minute Oil Change são consideradas patrocinadores menores, com investimentos inferiores a US$ 5 mil por temporada.

Como era de esperar, os grandes patrocinadores obtiveram um nível muito maior de reconhecimento do que os patrocinadores de médio e pequeno portes, em média. Entretanto, a Safari Car Wash (f = 119), embora considerada um patrocinador menor, obteve notas de reconhecimento particularmente altas para sua categoria. Com um investimento de menos de US$ 5 mil, suas notas de reconhecimento foram tão altas quanto as de marcas estabelecidas, como Miller Lite e Coca-Cola, que estavam gastando mais de US$ 100 mil durante a temporada. Isso contradiz a filosofia tradicional segundo a qual o valor gasto por uma empresa determina o nível de reconhecimento do patrocínio que ela pode esperar atingir.

O que a Safari Car Wash fez certo?

A Safari surgiu com uma idéia nova e a executou de uma forma que chamou a atenção das pessoas. A empresa criou uma promoção chamada "O Carro Mais Sujo do Estacionamento". Entre o quinto e o sexto turnos, o locutor fazia um anúncio pelo alto-falante que parecia ser bem sério (como o tom usado quando um locutor informa o público, pelo alto-falante, que alguém deixou os faróis do carro acesos) dizendo: "Atenção, torcedores: o proprietário de um Volkswagen Jetta Cinza, placa XJW 154...". E então disparava: "Você Tem o Carro mais Sujo do Estacionamento!".

Os torcedores enlouqueciam e reagiam com estardalhaço. A promoção foi um tremendo sucesso.

A Safari assegurou que a promoção fosse realizada regularmente por toda a temporada. Sabe-se bem que a freqüência é importante em qualquer tipo de meio de publicidade. O mesmo se aplica aos patrocínios. A promoção da Safari Car Wash foi feita em todos os jogos realizados em casa durante a temporada. Com o tempo, os torcedores chegaram a esperar por ela.

A Safari foi cuidadosa para escolher como propriedade de patrocinador um time de beisebol de uma liga menor, o que lhes permitiu realizar uma promoção inédita com bastante freqüência. Se a empresa tivesse tentado executar a mesma idéia com o New Orleans Saints da Liga Nacional de Futebol Americano, uma franquia de esportes da liga principal, teria sido necessário pagar muito mais. Assim, a escolha de uma propriedade na qual uma empresa pequena pode ter uma participação significativa com o valor que ela tem para oferecer é importante.

Essas descobertas mostram uma ou duas lições que podem ajudar as empresas em seus esforços de marketing de patrocínio. Para mim, fica claro que as empresas que prestam atenção a seus esforços de marketing de patrocínio, aquelas que fazem um investimento real não apenas em dinheiro, mas também em tempo, recursos e criatividade, aquelas que não deixam para pensar no assunto depois de realizados os esforços de publicidade serão as bem-sucedidas.

A seguir, listamos algumas diretrizes para aperfeiçoar o programa de marketing de patrocínio:

1. Seja estratégico com relação à sua abordagem de marketing de patrocínio. Inclua-a em seu plano anual e a integre a seus outros esforços de marketing: publicidade, relações públicas, relações com a comunidade etc. É igualmente importante ser estratégico com relação a cada transação individual que você realizar.
2. Escolha oportunidades que sejam apropriadas a seu orçamento, nas quais você possa ter um papel dominante em alguma parte do evento.
3. Seja criativo com relação à sua abordagem. Uma assinatura e um anúncio não bastam para criar um impacto. Pense em formas de incorporar sua marca de maneira que interesse às pessoas e chame a atenção delas. A sinalização e os anúncios podem ajudar, mas não funcionam sozinhos.

Tabela 1: Resumo de freqüências e porcentagens para reconhecimento de patrocínio

Patrocinador	Freqüência de reconhecimento	f %
Miller Lite	146	81,6%
Coca-Cola	144	80,4%
Pizza Hut	143	79,9%
Cingular Wireless	123	68,7%
Safari Car Wash	119	66,5%
Ochsner	106	59,2%
Baby Ruth	105	58,7%
Coors Light	93	51,9%
Academy Sports & Outdoors	71	40,0%
Chevron	66	36,9%
Louisiana Office Products	56	31,3%
5 Minute Oil Change	55	30,7%
Ace Hardware (*Foil*)	38	21,2%
Shell (*Foil*)	24	13,4%
Office Depot (*Foil*)	22	12,3%
St. Charles Hospital (*Foil*)	19	10,6%
Digital Consulting	17	9,5%
Tropicana (*Foil*)	13	7,3%

Perguntas

1. O que a Safari Car Wash fez certo ao administrar seu patrocínio?
2. Que princípios de planejamento de mídia você pode aplicar ao planejamento de patrocínio?
3. O que mais esse estudo de caso pode lhe ensinar sobre marketing de patrocínio?

Olimpíadas de 2000: Carregando uma tocha pela Shell

Bridget Marcou

Histórico

A firma australiana de relações públicas Wrights deparou com um desafio de proporções olímpicas quando seu cliente, a Shell da Austrália, tornou-se o apoiador oficial do Revezamento da Tocha Olímpica de 2000 em Sidney.

Com tempo limitado para alavancar patrocínio em um período de atividade de patrocínio altamente concorrida, a Shell precisava agir rapidamente para projetar e implementar uma ampla campanha de marketing que maximizasse a conscientização sobre seu envolvimento nas Olimpíadas.

O Revezamento da Tocha Olímpica foi inicialmente patrocinado pela AMP, com a Shell no papel de apoio como o Fornecedor Oficial de Combustíveis e Óleo dos Jogos Olímpicos de 2000 em Sidney. Conseqüentemente, o que quer que fosse feito para destacar a participação da Shell precisava envolver um elemento adicional que gerasse publicidade e oportunidades de criar relações com a comunidade em 145 cidades e municípios nos 100 dias de revezamento da tocha.

Solução

A solução foi encontrada na associação de 15 anos da Shell com o Questacon, fundado em 1980 como o primeiro centro interativo de ciências da Austrália, onde os visitantes eram incentivados a se envolver de corpo e alma nas exposições. Localizado em Canberra, o Circo de Ciência Shell Questacon faz parte de um programa dirigido pelo Questacon que viaja para comunidades aborígines remotas e regionais em todo o país para apresentar uma mistura de ciência e entretenimento.

A Shell projetou e construiu um trailer especial da Shell Questacon para acompanhar o revezamento da tocha em toda a Austrália nos 100 dias que antecederam a abertura dos Jogos em Homebush, em 15 de setembro de 2000.

A empresa de relações públicas estava encarregada da administração logística do show itinerante, gerenciando uma lista de pessoal rotativo, mapeando a viagem e assegurando acomodação em cada ponto, e também cuidava do planejamento e da coordenação de campanhas de relações com a mídia e a comunidade em larga escala, em cada uma das 145 localidades visitadas.

Objetivos

O objetivo de patrocinar o Revezamento da Tocha e envolver o Circo de Ciência Shell Questacon era propiciar uma interação positiva entre a Shell e as comunidades locais. Nos 100 dias do Revezamento da Tocha, mais de um milhão de pessoas tiveram a oportunidade de interagir com a Shell.

Destaques do evento

Desde a chegada da Tocha Olímpica de Sidney à Austrália, em 7 de junho, o Circo de Ciência Shell Questacon demonstrou ser um enorme sucesso em cada comunidade que visitou em sua jornada épica.

O evento foi possível por meio do uso de um trailer/palco especialmente construído e com a marca Shell, rebocado por um veículo de motor Holden da marca Shell. As negociações com a Holden resultaram no fornecimento do veículo à Shell sem custos durante todo o período do Revezamento da Tocha.

O Circo de Ciência Shell Questacon incluía uma apresentação sobre a ciência por trás do esporte que era realizada para públicos que variavam de crianças em idade escolar a adultos. A tecnologia que serve de base à Tocha Olímpica demonstrou ser um destaque da performance, e o Circo de Ciência Shell Questacon foi o único patrocinador local a apresentar uma réplica da tocha que o público podia tocar.

Os cientistas que viajaram com o Circo eram jovens recém-formados em ciências que estavam obtendo um Diploma de Comunicação Científica na Australian National University em Canberra. Eles recebem instruções sobre mídia em seus estudos e, portanto, estavam bem preparados para lidar com a mídia durante o *show* itinerante do Revezamento da Tocha.

A apresentação do Circo de Ciência Shell Questacon durante o Revezamento da Tocha concluiu sua jornada em Sidney na quinta-feira, 14 de setembro, um dia antes da Cerimônia de Abertura, de onde partiu para Homebush para as celebrações dos Jogos Olímpicos de Sidney de 2000.

A Shell desenvolveu um banco de dados das Olimpíadas projetado para reunir os nomes dos comitês, distribuidores, hospedagem e mídia ligados à Tocha Olímpica em cada cidade visitada pelo Circo de Ciência Shell Questacon. Esse banco de dados demonstrou ser uma ferramenta de comunicações valiosa e foi igualmente benéfico enquanto o Circo esteve na estrada, permitindo que os organizadores tivessem acesso instantâneo aos contatos de cada cidade. Isso ficou especialmente evidente quando era preciso reconfirmar ou modificar reservas de hospedagem para os cientistas, e em razão de o banco de dados possibilitar fácil acesso às informações mesmo de fora do escritório.

Feedback

O feedback dos cientistas indicou que o Circo de Ciência Shell Questacon se apresentou a multidões em cada um dos locais das comemorações, e o público continuava a esperar na fila para tocar a réplica da tocha e aprender sobre o seu funcionamento.

Comentou-se que a presença da única réplica da tocha em cada uma das performances do Circo de Ciência Shell Questacon causou inveja a outros patrocinadores do Revezamento da Tocha. A iniciativa demonstrou ser um grande sucesso.

Embora o Circo de Ciência Shell Questacon tivesse de enfocar sua performance na tecnologia que serve de base à Tocha Olímpica, isso não diminuiu o impacto que o Circo teve em cada um dos locais da comemoração. A capacidade de adaptação do Circo para atender às necessidades de cada comunidade refletiu-se no contínuo feedback positivo recebido das prefeituras locais, do Comitê Organizador dos Jogos Olímpicos de Sidney e dos Distribuidores da Shell.

Produtos olímpicos gratuitos também foram distribuídos a estudantes em cada local de comemoração. Como resultado do interesse pelos produtos, a Shell recebeu um pedido adicional de formulários de encomenda de peças de vestuário e lembranças olímpicas com sua marca, o que foi providenciado à equipe itinerante.

Mídia

A Shell realizou um programa de mídia direcionado para o Revezamento da Tocha, incluindo a veiculação de um material de mídia para anúncio, kits de mídia individuais por estado, e material de mídia regional direcionado e progressivo em mídia impressa e eletrônica em âmbito nacional.

Entrevistas foram coordenadas com mais de dez programas televisivos para crianças e mais de 15 estações de rádio em todo o país. A cobertura excepcional do envolvimento da Shell no Revezamento da Tocha foi garantida em dez programas televisivos nacionais, inclusive nos principais noticiários de todas as redes de Victoria e New South Wales. O jornal diário de maior circulação da Austrália, o de Melbourne, *Herald Sun*, publicou histórias em duas páginas inteiras sobre o Circo de Ciência Shell Questacon.

Considerando a circulação de todas as publicações e mídia eletrônica até a sexta-feira, 15 de setembro de 2000, houve mais de 12.801.231 oportunidades para os australianos lerem ou ouvirem sobre o envolvimento da Shell com os Jogos Olímpicos de 2000, em Sidney.

Evento no MCG

Houve cobertura especial da mídia na chegada da Tocha Olímpica ao MCG, cenário da última Olimpíada na Austrália, os Jogos de Melbourne de 1956.

Uma excepcional oportunidade promocional surgiu para o Circo de Ciência Shell Questacon no MCG no domingo, 30 de julho de 2000, que consistiu em uma entrevista de três minutos com um dos cientistas, ao vivo, transmitida no telão, antes da principal partida de AFL do dia, com a apresentação da marca Shell.

Esse segmento ao vivo também ocorreu um pouco antes do retorno histórico da Chama Olímpica ao MCG, sendo a Shell o único patrocinador olímpico a iniciar uma promoção nesse dia. Considerando que o público total presente ao MCG nesse dia foi de mais de 75 mil pessoas, o método demonstrou ser extremamente eficaz para aumentar a consciência sobre o envolvimento da Shell com o Revezamento da Tocha Olímpica de 2000, em Sidney.

Resultados gerais

O número de pessoas que visitaram os eventos do Circo de Ciência Shell Questacon no país todo e o volume de cobertura da mídia sobre o envolvimento da Shell no Revezamento da Tocha e nas Olimpíadas como Apoiador Oficial ultrapassaram de longe o objetivo inicial da Shell para o projeto.

O incrível suporte dado ao Circo de Ciência Shell Questacon e sua recepção positiva pelas comunidades de cada cidade visitada evidenciam os benefícios e o valor que a Shell obteve a partir de sua decisão de participar do Revezamento da Tocha.

Perguntas

1. O que precisa ser feito para elevar o perfil de um apoiador de um evento de alto nível?
2. Como a Shell assegurou que seu principal negócio fosse destacado por meio desse patrocínio?
3. Sugira medidas que poderiam ter sido tomadas pela Shell para aproveitar seu envolvimento nas Olimpíadas e gerar benefícios corporativos contínuos relacionados à sua reputação.

PARTE 5

Questões contemporâneas

capítulo 11

Globalização do esporte

Objetivos de aprendizagem

Após ler este capítulo, você deve ser capaz de:

- explicar a razão de uma organização ter uma estratégia de marketing global
- discutir as vantagens e desvantagens de operar em âmbito global
- identificar os principais direcionadores da globalização
- descrever o processo de globalização e explicar como uma organização esportiva pode implementar uma estratégia de globalização
- discutir os problemas que as organizações esportivas enfrentam em relação à globalização

Preparação do cenário

Radicalizando

O *extreme ironing* vai ser o próximo esporte global? Ele é atualmente proclamado como "o esporte radical de utilidade doméstica" de mais rápido crescimento. Então, do que se trata? – você me pergunta. O *extreme ironing* é a maneira que as pessoas no mundo todo encontraram de combinar sua paixão por esportes radicais, como escalada, esqui, snowboard, canoagem e salto em camas elásticas, ao ato de passar roupas. O Livro Guinness dos Recordes de 2004 o define como um esporte global que alia uma tarefa doméstica a um esporte radical. Há cerca de 500 a 1.000 entusiastas do *extreme ironing* na Alemanha, África do Sul, Austrália, Áustria e Nova Zelândia, e a moda está começando a pegar nos Estados Unidos, com notícias de praticantes aparecendo na Califórnia e no Colorado (extremeironing.com, 2003). Algumas equipes têm até patrocínio de empresas. Mas esse esporte tem mesmo o que é preciso para ser conhecido como esporte global? E o que significa ser um esporte global?

Há alguns anos, um jovem inglês decidiu que preferia escalar uma montanha a passar suas roupas; então, ele levou seu ferro de passar junto e, assim, o esporte surgiu. Com o lançamento oficial do *extreme ironing* nos Estados Unidos, o objetivo dos seus criadores era transformá-lo em esporte olímpico! O sul-africano Anton Van De Venter parecia estar viciado no esporte, tendo quebrado o recorde de grandes altitudes em agosto de 2003, ao passar a bandeira de seu país a 20.000 pés, no topo do Monte Kilimanjaro, nu, em temperaturas baixíssimas (aparentemente, o uso de roupas é opcional nesse esporte). Com ele estão os britânicos Geoff Reiss e Ian Mitchell – um deles detinha o recorde de velocidade em terra firme, ao passar uma camisa na parte de trás de um BMW a 125 mph em um autódromo em Yorkshire, e o outro perfurou o gelo de Wiscosin em março para passar roupa embaixo d'água. Assim, esse definitivamente não é um esporte para pessoas frágeis, e há diversos desafios todos os dias sendo apresentados aos novos entusiastas, como o homem que pulou de um penhasco em Melbourne com sua tábua de passar. Parece que o uso de pseudônimos também é popular, como "Steam" (Vapor) e "Cool Silk" (Seda Fresca).

O interessante é que a qualidade real da roupa passada nessas circunstâncias bizarras conta nas competições de *ironing*, com a qualidade da passagem sendo responsável por 60 pontos, o estilo, por 40 pontos, e a velocidade, por 20 pontos (é possível atingir um total de 120 pontos). Que tal visitar o site e ver por si mesmo? http://extremeironing.com

Fonte: Fox, 2003, p. 103; Belluck, 2004; http://extremeironing.com

Introdução

Este capítulo examina a questão da globalização do esporte e começa com um panorama do que exatamente se quer dizer com estratégia de marketing global. A seguir, são analisados os custos e benefícios da adoção de uma estratégia global, antes de se prosseguir com uma discussão dos principais direcionadores da globalização e do processo de globalização. A última parte lida com os problemas enfrentados pelas organizações esportivas que tentam implementar uma estratégia global.

Quando os profissionais de marketing esportivo lidam com um mercado esportivo relativamente pequeno e maduro, como o encontrado na Austrália e na Nova Zelândia, buscar mercados estrangeiros é, de fato, sua única opção de crescimento. Operar globalmente, no entanto, é um duro desafio para os profissionais de marketing, que precisam considerar uma estratégia de globalização de forma integrada. A globalização é bastante diferente da internacionalização, e mesmo da operação em um mercado global. Vamos ver o que ela é, na verdade.

O que é globalização?

A globalização é, na verdade, um tipo específico de estratégia internacional que uma organização pode adotar. Uma empresa global é aquela que tem a capacidade de fazer negócios em todos os hemisférios terrestres (norte, sul, leste, oeste), muito embora possa não operar em todos eles (Yip, 2003). Uma organização global possui uma gama diversificada de idiomas, moedas, culturas, sistemas políticos e jurídicos, fusos horários, formação escolar de gerentes e funcionários, e diferentes climas e níveis de desenvolvimento econômico nacional para lidar. Isso as torna complexas e, às vezes, lentas em relação a mudanças.

As organizações globais não usam uma abordagem padronizada para o desenvolvimento ou marketing de seus produtos, mas tendem a absorver, e então capitalizar sobre, os pontos fortes e particularidades dos diversos países nos quais fazem negócios (Yip, 2003; Keegan e Green, 2000). Pouquíssimas das 500 maiores

Reuters/LatinStock

Extreme ironing – o próximo esporte olímpico em destaque?

multinacionais do mundo têm uma presença genuinamente global, com a maioria delas limitando suas atividades à América do Norte, Europa e Japão (Walker, 2002). Corporações verdadeiramente globais, como Nestlé, Unilever, Coca-Cola, IBM e Sony, não só têm esforços de vendas globais, mas também operações de produção globais.

Então, para recapitular, uma organização que faz negócios fora de seu mercado interno teria uma estratégia internacional. Se essa organização quiser lidar com apenas um país ou com alguns países específicos, não será uma organização global, mas uma organização internacional. As organizações globais, como a Coca-Cola, consideram o mundo todo como um mercado potencial e usam uma abordagem diferente em cada país onde entram, para atender às necessidades específicas do mercado daquele país.

Para muitas organizações esportivas, uma estratégia verdadeiramente global não é possível, em razão da natureza especializada e, muitas vezes, regional ou provinciana de um determinado esporte. Por exemplo, até onde pode chegar o apelo global do polocrosse? O polocrosse foi chamado de rúgbi a cavalo e, em sua primeira Copa do Mundo, em abril de 2003, oito países foram representados: Zimbábue, Nova Zelândia, Inglaterra, Irlanda, Canadá, África do Sul, Estados Unidos e Austrália (Targett, 2003).

Oito países fizeram parte da primeira Copa do Mundo de Polocrosse.

Essa representação foi muito boa, de fato, considerando o apelo limitado que o esporte tem nacional e internacionalmente (menos de 1% da população da Austrália pratica esportes eqüestres – Sweeney Sports, 2003). O polocrosse foi inventado em 1938 e cerca de 5.500 pessoas o praticam internacionalmente, em 12 países (3.500 dessas pessoas na Austrália). Embora o esporte esteja crescendo em popularidade, em muitos desses países apenas 100 jogadores o praticam (saiba mais sobre o polocrosse em http://www.polocrosse.net ou http://www.nzpolocrosse.com/).

Para comparação, o futebol é jogado em mais de 100 países e tem cerca de 200 milhões de jogadores ativos no mundo todo. Há cerca de 1,5 milhão de times e o esporte existe de uma forma ou de outra em muitas partes do globo há cerca de 500 anos, embora o futebol moderno, do modo como o conhecemos, tenha sido inventado em 1863 (http://www.fifa.com/en/index.html). Então, como esporte, o futebol tem muito mais potencial do que o polocrosse em termos de apelo a um mercado global. Além disso, o futebol exerce bastante influência econômica no mundo todo. Por exemplo, na Copa do Mundo de Futebol de 2002, as 32 nações que competiam eram responsáveis por 84% do PIB mundial; os dois países que sediaram o evento, Coréia do Sul e Japão, receberam um aumento de US$ 6,9 e US$ 23,8 bilhões às suas respectivas economias. O futebol também desempenha papel social em muitos países, nos quais as pessoas têm um vínculo passional com o jogo. Isso ficou especialmente evidente na taxa de absenteísmo na Grã-Bretanha durante a Copa do Mundo: no ano 2002, o absenteísmo em razão de as pessoas ficarem em casa para assistir aos jogos custou à economia britânica US$ 4,7 bilhões (cerca de 0,3% do PIB) e se previu que custaria até US$ 8,1 bilhões de rendimentos econômicos perdidos às dez maiores economias européias – tudo por um festival esportivo de quatro semanas. Isso sim é que é força global!

Além do esporte como um jogo, os fabricantes de artigos esportivos podem ter – e freqüentemente têm – um enfoque internacional. Os fabricantes de roupas esportivas tendem a desenvolver suas atividades produtivas em países com baixos custos de mão-de-obra e ter suas atividades de marketing localizadas em países de alta tecnologia com economias fortes. Mercadorias e vestuário esportivo é um negócio global de rápido crescimento, com cerca de metade de todo o patrocínio mundial vindo de indústrias de roupas e acessórios esportivos, e, entre elas, a Nike é a que mais gasta com patrocínio (Marqusee, 2000). No entanto, se usarmos a definição anterior de organizações internacionais *versus* globais, muitas dessas empresas de artigos esportivos não seriam consideradas verdadeiramente globais.

Então, se possuir uma estratégia global significa ter uma organização altamente complexa e flexível, isso não seria mais caro do que operar apenas em um cenário nacional ou internacional limitado? Para respondermos a essa questão, precisamos examinar melhor as desvantagens e vantagens da globalização.

As desvantagens da globalização

Há, basicamente, cinco custos ou desvantagens principais da adoção de uma estratégia de globalização. São eles: maiores custos de gestão; comprometimento inicial à entrada no mercado; falta de reação do mercado; perda de reação e flexibilidade competitiva; e o obstáculo do desempenho lucrativo em alguns mercados em virtude do posicionamento competitivo de outros. Iremos examinar alguns deles de forma mais detalhada.

Maiores custos de gestão

A globalização pode gerar custos de gestão consideráveis por causa da exigência de maior coordenação e geração de relatórios, além de, possivelmente, um maior número de funcionários. A complexidade de administrar uma ampla gama de culturas e moedas pode aumentar consideravelmente os requisitos de relatórios organizacionais, e essas funções de gestão adicionais podem necessitar de mais funcionários. Além disso, os requisitos locais dos países para relatórios gerenciais, tributação e emprego podem aumentar os custos e, assim, precisam ser cuidadosamente levados em consideração.

A Fédération Internationale de Football Association (Fifa – a federação internacional de futebol) passou por isso. Fundada em 1904 com apenas sete países membros, ela agora inclui 204 associações membros provenientes de quase todos os países (mais membros do que as Nações Unidas), e a complexidade e o maior número de compromissos gerenciais resultaram em uma estrutura de gestão mais complexa e bastante diferente da que era possível para a Fifa em 1904.

Outro custo para as empresas de artigos esportivos em relação à globalização pode ser a imagem pública negativa trazida pela mudança da produção e das fábricas para os países do Terceiro Mundo. A Nike passou por isso nos últimos anos, e outras empresas esportivas, como a Adidas, a Reebok e a Mitre, também tiveram de lidar com a opinião pública negativa e a entrada de seus produtos na lista proscrita em seus países em razão desse problema. Também, os fabricantes de artigos esportivos não tiveram sucesso em eliminar o trabalho infantil de muitas de suas fábricas, e, em muitos casos, as mulheres ganham em média um terço a menos do que os homens que exercem as mesmas funções nessas operações.

Uma ponta desse problema são os costuradores de bolas de futebol na Índia. Em 1998, estimou-se que cerca de 10 mil crianças trabalhavam na produção de artigos esportivos na Índia, e hoje essa estimativa não é muito diferente, apesar dos esforços dos grupos humanitários para mudar o sistema (Global March, 2002). A questão, para essas populações, é que as empresas de artigos esportivos oferecem um emprego fixo, e, muito embora os salários sejam baixos, elas são confiáveis. Assim, para muitas famílias vivendo abaixo da linha da pobreza, há poucas opções legais ou éticas.

A possibilidade de uso, pelas empresas internacionais, da mão-de-obra de baixo custo de países como o Brasil, por exemplo, promoveu uma mudança no cenário da produção de artigos esportivos e, dessa forma, acabou por intervir também nesses mercados, como base de consumo. Hoje, a grande massa de consumo de produtos esportivos no Brasil está voltada às marcas internacionais, em detrimento das marcas nacionais, que acabaram por atender a segmentos de consumo de baixo poder aquisitivo ou de esportes extremamente específicos.

Falta de reação do mercado

Outra desvantagem da globalização é que as empresas podem ficar tentadas a adotar políticas promocionais e produtos padronizados que podem ter a desvantagem de alienar clientes que não enxergam a relevância de fazer a publicidade de mensagens que obviamente são de outro país. O resultado mais extremo dessa ação é que as empresas podem ficar com uma estratégia que não satisfaz clientes de lugar nenhum.

A Coca-Cola é uma das poucas organizações globais que conseguiram fornecer um produto relativamente padrão, com estratégias promocionais bastante parecidas no mundo todo. Mesmo o famoso McDonald's tem uma linha de produtos diversificados em diferentes países, além de adotar estratégias promocionais localizadas para atingir grupos étnicos e culturais diferenciados em países distintos. Com o aumento da ênfase em tecnologias e transmissão digitais, os públicos globais estão tornando-se mais fragmentados e segmentados, o que diminuiu ainda mais a atratividade de um produto global padronizado (Marqusee, 2002).

Perda de flexibilidade e reação competitiva

Aumentar o alcance das operações internacionais às vezes também resulta na perda da flexibilidade e da reação às mudanças e condições do mercado por parte da organização. As empresas que possuem escritórios e atividades longe de seus clientes podem perder o contato com as necessidades e os desejos desses clientes, e isso é capaz de incrementar as chances de organizações locais menores e mais flexíveis aumentarem sua participação no mercado. No caso das organizações esportivas, a maioria dos órgãos controladores internacionais possui subgrupos regionais e nacionais fortes que os ajudam a manter contato fundamental com os clientes, garantindo que eles administrem a tempo os problemas do dia-a-dia.

Apesar disso, muitos amantes do esporte regional e local freqüentemente se sentem à margem das decisões e manobras políticas preocupantes para os órgãos esportivos nacionais. Quando uma organização esportiva ouve da mídia e dos clientes que "devem voltar às raízes" e que "é hora de retomar os fundamentos", ela sabe que perdeu o contato.

Vantagens da globalização

Geralmente, há quatro grandes benefícios na adoção de uma estratégia global por uma organização. São eles: reduções de custo, melhor qualidade de produtos e programas, preferências do cliente aperfeiçoadas, e maior alavancagem competitiva. Vamos estudá-los com mais detalhes.

Reduções de custo

Uma estratégia global integrada pode economizar custos por meio de economias de escala (fazer um *pool* de produção para um ou mais países), menores custos de produção (o que se consegue com a mudança da produção para países com baixo custo de mão-de-obra), pela concentração da produção de diversas fábricas locais em algumas fábricas globais, ao se tirar vantagem da flexibilidade dos custos de produção no mundo todo, ao se mudar a produção para tirar vantagem dessas economias, e com o aumento do poder de barganha para a compra de itens de produção.

No caso de eventos esportivos, esses tipos de economias de custo são normalmente observados em termos de investimento em mídia e patrocínio. Muitas empresas de mídia têm interesse em ampliar seu público potencial, e quanto maior e mais global for o esporte, melhor será o potencial retorno e menores serão os custos incrementais. O mesmo vale para patrocinadores globais do esporte. Eles podem conseguir economias de custo consideráveis e potenciais aumentos de mercado se apoiarem um esporte global.

Esse foi o caso de muitos dos patrocinadores da Copa do Mundo de Rúgbi de 2003. Empresas como Vodafone, Heineken e Visa patrocinaram várias Copas do Mundo desse esporte. Todas essas empresas vêem os benefícios de estarem associadas a um esporte que é acompanhado e assistido em diversos países. Investir em duas ou três Copas do Mundo significa que elas estão ganhando a promoção e exposição de marketing para as Copas do Mundo disputadas no futuro por um valor monetário atual, e isso pode significar milhões de dólares de economia.

A Heineken, em particular, esteve associada a esse esporte por muito tempo, e, quando se tornou um parceiro mundial para a Copa do Mundo de Rúgbi em 1995, o rúgbi não era um esporte global e as vendas de cerveja em muitos países praticantes (especialmente a Austrália e a Nova Zelândia) eram baixas. Na Copa do Mundo de 2003, a Heineken foi capaz de mostrar que 30% de suas vendas no planeta vinham de oito das dez nações que mais jogam rúgbi (Reuters, 2003) e que seu patrocínio ampliou consideravelmente seu alcance na África e no Leste Europeu, com pouco custo adicional de marketing. De fato, sua propaganda gravada na Nova Zelândia para a Copa do Mundo de Rúgbi foi exibida em vários outros países sem nenhuma reação negativa do mercado. Seu *slogan* para a Copa do Mundo era "20 países, 48 jogos, uma cerveja".

Além disso, o esporte rege uma proporção crescente do discurso público global em publicidade, política, jornais, televisão e na internet, e organizações globais de mídia esportiva como a Fox de Rupert Murdoch, a Sky e a Star TV têm grandes investimentos em transmissão esportiva na Austrália, América do Norte, Ásia, Europa e, agora, na América do Sul. Esses tipos de investimento global em produtos esportivos são um bom exemplo das economias de uma operação global. Outro empreendimento similar é a empresa Global Sports, uma corretora de mercadorias esportivas on-line, a qual planeja tornar-se o maior varejista on-line de artigos esportivos do mundo, colocando lado a lado alguns dos maiores nomes em lojas e fabricantes de artigos esportivos (Green, 2000).

Melhor qualidade de produtos e programas

A globalização, muitas vezes, significa que as empresas podem concentrar-se em um menor número de produtos e programas do que em uma ampla variedade, como freqüentemente várias empresas nacionais precisam fazer, pois o volume de vendas para esses produtos, em geral, será muito maior (Yip, 2003). Por exemplo, a Toyota tem um número de modelos no mundo todo bem menor do que a General Motors, e muitos dos modelos da Toyota são aceitos globalmente (Yip, 2003). O International Rugby Board (Comitê Internacional de Rúgbi) está planejando gastar boa parte do seu bem documentado lucro de A$ 45 milhões obtido com a Copa do Mundo de Rúgbi de 2003 aperfeiçoando as oportunidades para o rúgbi popular em vários países diferentes. E também planeja avaliar o jogo de forma constante para garantir que ele permaneça empolgante e atraia o público. Essas estratégias são diretamente voltadas para tentar aumentar a popularidade do esporte no mundo e, assim, aumentar o mercado global para o esporte e para seus patrocinadores globais.

Preferências do cliente aperfeiçoadas

A disponibilidade e o reconhecimento globais podem aperfeiçoar as preferências do cliente e a fidelidade à marca. É grande a procura por fornecedores que não apenas disponibilizem produtos e serviços em âmbito global, mas que possam dar atendimento aos clientes e manter as suas expectativas.

Essa vantagem da globalização em particular é geralmente a principal motivação para que as organizações no setor de alimentos, bebidas e lazer considerem a expansão global. O McDonald's tirou vantagem desse aspecto específico em seus programas de marketing de forma global, alegando que os padrões de atendimento, sabor e qualidade dos produtos são consistentes no planeta inteiro. Assim, o último envolvimento do McDonald's com o movimento olímpico é interessante. Apesar de essa rede já ter se associado a diversas Olimpíadas, essa é a primeira vez que assinaram um acordo de longo prazo para cobrir quatro eventos consecutivos a partir das Olimpíadas de 2004. O McDonald's será o restaurante oficial para todos esses jogos e terá acesso não só aos espectadores, mas também aos atletas e autoridades (*Dow Jones International News*, 2004).

Para eventos esportivos, as marcas e imagens são propriedades valiosas. Os tatuadores norte-americanos informam que o logotipo da Nike é o desenho mais solicitado (Marqusee, 2002) e tudo porque as pessoas associam algo de valor com esse símbolo de marca específico. O esporte é um bem simbólico e carrega diversos valores simbólicos, e, assim, o *branding* e o marketing podem responder por grande parte do valor global dos produtos esportivos. Ter o reconhecimento global desse valor é um atrativo poderoso para a expansão global.

Maior alavancagem competitiva

Organizações que adotam uma estratégia global também são capazes de se isolar contra a concorrência ao apresentarem mais pontos de ataque e contra-ataque do que as empresas mais concentradas em suas operações. Além disso, a vantagem competitiva também aumenta, já que ter alcance global significa que as organizações são capazes de afetar os mercados mais rapidamente, usando os mercados locais em um sentido global.

O principal fator para as organizações esportivas considerarem uma estratégia global é, então, buscar o equilíbrio entre a subglobalização e sobreglobalização, e maximizar as vantagens que podem beneficiar a empresa com essa estratégia (Yip, 2003). No entanto, para algumas organizações, a globalização não é uma opção.

A AFL na Austrália é um bom exemplo disso, como discutido no Capítulo 7. O futebol australiano, organizado pela AFL, é o esporte mais lucrativo da Austrália, com mais de 3 milhões de pessoas assistindo à grande final de 2003 (Davis, 2003). Mas, apesar da popularidade desse jogo na Austrália, há pouco apelo ou relevância para ele em vários outros países, e um dos motivos é o seu nome – futebol australiano. Como mencionado no Capítulo 7, o mais perto que qualquer outro país chegou do jogo é o futebol gaélico, e mesmo assim as regras são um pouco diferentes. Em um mercado esportivo maduro, que está tornando-se cada vez mais saturado com produtos e escolhas esportivos, ficará cada vez mais difícil, para a AFL, entrar no mercado global.

Apesar disso, a AFL está sendo levada a considerar seriamente como pode adotar uma estratégia global. Houve uma tentativa arrojada de aumentar o número de times internacionais, com 30 países com times filiados à AFL (os Copenhagen Crocodiles, os Tokyo Goannas e os Nashville Kangaroos). Os jogos disputados são equivalentes ao futebol de colégio na Austrália, mas há uma estratégia de marketing definida para ampliar o interesse e o *pool* de talentos globais para o esporte. Jogos de demonstração, cursos de treinamento e a ligação com ex-patriotas australianos são o ponto de partida de sua estratégia (Smith, 2001). Outro exemplo nessa área são as séries de V8 Supercar e Nascar, que recentemente fizeram uma turnê mundial na tentativa de gerar novos públicos disputando a participação financeira e de mercado com os esportes de estádio. Essa jogada os levou até a China, com o intuito de capitalizar sobre o grande mercado potencial desse país – consulte o Destaque esportivo. Para entender os fatores que estimulam uma estratégia global, é necessário analisar melhor os direcionadores da globalização.

Destaque esportivo

A estratégia global para o V8 Supercar

V8 é uma categoria de corrida de automóveis que surgiu na Austrália no início dos anos 1990. Originalmente, a série era disputada entre os Holdens e Fords montados na Austrália, mas agora existem diversas empresas internacionais competindo. No começo, a série era disputada em oposição à categoria supertouring "oficial", que tinha regulamentos e representação internacionais. No entanto, o aumento do poder do patrocínio, o talento dos pilotos e a atenção dos fãs acabaram por transformar a V8 na principal série internacional, e a série supertouring original, na categoria amadora (V8 Supercar, 2004).

Em julho de 2004, a Australian Vee Eight Supercar Company (Avesco) tornou-se a maior exportadora de esportes da Austrália ao assinar um acordo com o Shanghai Greenland Group. Esse acordo faria com que Campeonatos de V8 Supercar fossem disputados no novo circuito internacional multimilionário de Xangai todo ano, pelos anos seguintes (V8X, 2004). Em 2005, 60 milhões de pessoas assistiam ao esporte na Ásia e esse acordo iria aumentar a cobertura televisiva da série para 70 países, ou mais de 500 milhões de domicílios no mundo. Assim, um dos esportes mais populares da Austrália e da Nova Zelândia está em vias de se tornar um esporte realmente global, com uma base de público de centenas de milhões de pessoas.

Direcionadores da globalização

Os direcionadores da globalização podem ser considerados a partir de quatro perspectivas diferentes: direcionadores do mercado; direcionadores competitivos; direcionadores governamentais e direcionadores de custo (veja a Figura 11.1). Os direcionadores são fatores que podem levar à necessidade de se considerar uma estratégia global e, apesar de refletirmos sobre eles nesses quatro grupos principais, na verdade as empresas lidam com combinações desses grupos acontecendo simultaneamente. Vamos estudá-los agora de forma mais detalhada.

Figura 11.1: Direcionadores da globalização

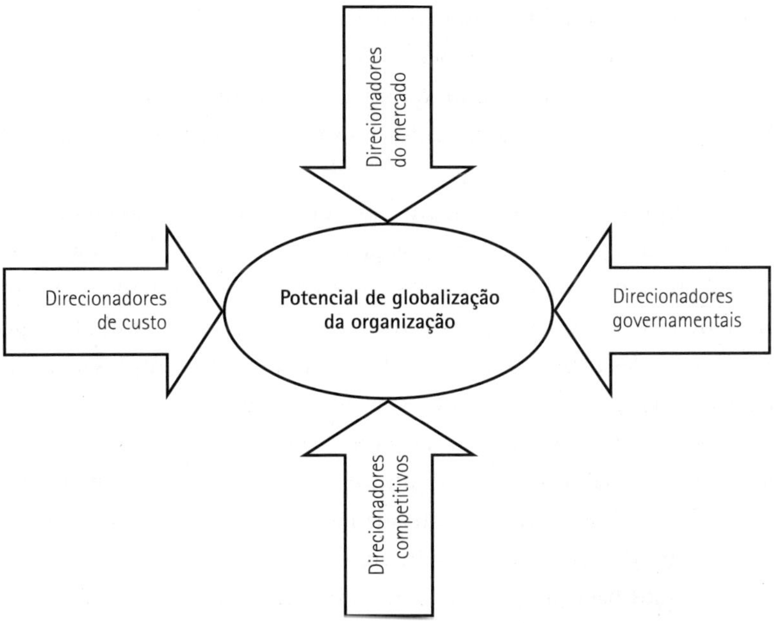

Fonte: Yip, 2003, p. 10

Direcionadores do mercado

Os direcionadores do mercado têm como base o comportamento do consumidor, a estrutura dos canais de distribuição e a natureza de marketing no segmento específico em análise. Mudanças nos estilos de vida do consumidor e nos padrões de consumo, o estabelecimento de marcas mundiais, a expansão da mídia global e o crescimento do consumismo global são fatores que podem levar uma organização a considerar uma estratégia global. Esses direcionadores do mercado estão fazendo muitas organizações esportivas procurar, no mundo todo, mercados e bases de torcedores maiores. Você se lembra da história do Manchester United no Capítulo 8? Ele tem uma base de torcedores com 53 milhões de pessoas, com mais torcedores no Japão do que no Reino Unido. Muitas outras franquias esportivas estão analisando seu sucesso e considerando como entrar no mercado global.

Direcionadores competitivos

Esses direcionadores dependem das ações dos concorrentes. Fatores como o aumento do comércio mundial, novas economias globais, o crescimento das redes globais e o número crescente de concorrentes globais contribuem para que esse direcionador exija que a globalização seja considerada.

A concorrência crescente pelos corações e mentes dos torcedores e as mudanças das preferências de consumo dos consumidores esportivos das Gerações X e Y estão exigindo mudanças consideráveis e a adoção de uma visão global por diversas organizações esportivas. A redução no tempo de lazer e o aumento no uso do entretenimento eletrônico significam que o esporte agora compete com videogames, jogos de computador e outros dispositivos eletrônicos para a próxima geração de fãs do esporte.

Essas formas eletrônicas de entretenimento são de natureza verdadeiramente global e estão aumentando em popularidade e apelo. Os profissionais de marketing de esportes radicais aceitaram esse desafio muito melhor do que os dos esportes tradicionais disputados em estádios, sendo os pioneiros em jogos interativos retratando os últimos heróis radicais. O futebol e o golfe começaram a entrar no mercado, mas eles lutam sobre como fazer uso total do campo virtual, que pode acabar por deixar os jogos mais empolgantes do que os do mundo real.

Até mesmo a corrida de cavalos entrou no mundo digital. A corrida de cavalos virtual (http://www.racing-index.com/virtual_horse_racing.html) permite que você tenha cavalos de corrida, colocando-os em estábulos, alimentando-os e treinando-os, além de colocá-los para correr e apostar neles para ganhar dinheiro de verdade, tudo no conforto de seu computador. É possível até mesmo competir em circuitos internacionais contra outros donos e treinadores de cavalos e, quando os cavalos ficarem entediantes, você pode acrescentar galgos a seu estábulo de corrida.

Direcionadores governamentais

Os direcionadores governamentais da globalização fundamentam-se basicamente nas regras e economia das empresas no mercado. Redução de tarifas, criação de blocos tradicionais, fortalecimento de instituições mundiais de comércio, privatização de economias dominadas pelo Estado e uma mudança para uma abordagem de mercado mais aberta adotada por muitos sistemas fechados são fatores que podem encorajar uma organização a considerar a globalização.

No caso dos fabricantes de artigos esportivos, as tarifas, os incentivos governamentais ao comércio e as leis trabalhistas são todos levados em consideração ao se tomar decisões sobre realizar atividades em outros países. Até mesmo os governos usam o esporte como um direcionador de globalização. Tome como exemplo a última investida do primeiro-ministro britânico, Tony Blair, sobre a escolha da sede das Olimpíadas de 2012. A candidatura custou à Grã-Bretanha £ 2,5 bilhões, apesar dos temores de que Londres jamais pudesse acomodar, transportar ou realizar com sucesso um evento de tão grande porte. No entanto, o apoio e o envolvimento do governo na candidatura aumentaram a confiança dos investidores na economia britânica e resultaram em uma moeda mais forte, tudo em virtude dos potenciais benefícios de se hospedar os Jogos Olímpicos (Beard et al., 2004).

Direcionadores de custo

O direcionador final da globalização é o custo, que depende bastante da economia da organização. A contínua pressão por economias de escala, os avanços tecnológicos e de transporte e os crescentes custos do desenvolvimento de produtos são fatores relevantes nesse grupo. Muitas das vantagens de se satisfazer esses direcionadores já foram discutidas no tópico sobre as vantagens da globalização.

Então, como uma empresa deve conduzir uma estratégia de globalização quando definir que esta é a melhor abordagem de marketing? Como acontece com muitas atividades de gestão discutidas neste texto, a globalização também pode ser considerada como um processo, com uma série de etapas ou estágios distintos para os profissionais de marketing seguirem. Vamos analisar agora esse processo.

O processo de globalização

Como em toda tomada de decisão estratégica, a decisão de implementar uma estratégia global pode ser considerada como processo – mostrado na Figura 11.2.

O estágio inicial na implementação de uma estratégia de globalização é determinar o potencial de globalização da organização. Isso pode ser feito a partir de uma série de perspectivas diferentes, mas deve-se primeiro considerar a cultura da organização (consulte a Tabela 11.1 quanto

Figura 11.2: O processo de globalização

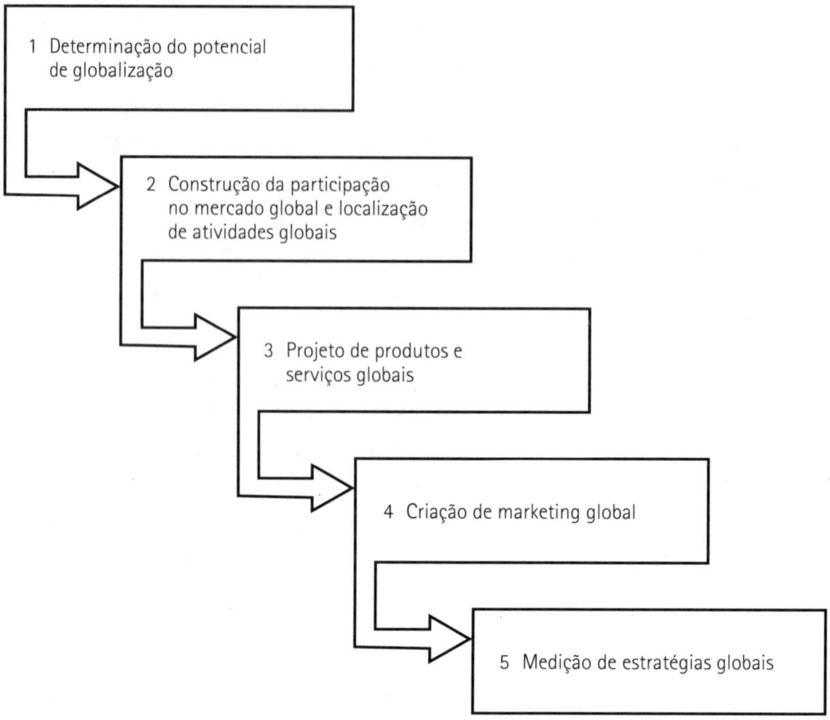

Tabela 11.1: Recursos organizacionais desejados para a globalização

Cultura	Estrutura organizacional	Processos de gestão	Pessoas
Identidade e interdependência globais	Autoridade global centralizada sem divisão interna internacional	Ampla coordenação de processos Compartilhamento global de tecnologia	Carreiras em vários países Nacionalidades estrangeiras no país de origem e de terceiros países
	Dimensão geográfica forte relacionada ao negócio e à função	Sistema global de informações estratégicas Remuneração, análises de desempenho, orçamentos e planejamento estratégico globais	Grande número de viagens

Fonte: Yip, 2003, p. 185

às características organizacionais desejadas para a globalização), além dos quatro direcionadores da globalização discutidos anteriormente. Além disso, é importante lembrar que os direcionadores podem operar em direções diferentes (positiva ou negativa), dependendo da situação, do tempo e dos países sendo considerados, e que o nível do potencial de globalização irá, assim, mudar ao longo do tempo, conforme esses direcionadores mudam.

Construção de participação no mercado global e localização de atividades

Ao considerar a globalização, a organização também precisa analisar a capacidade de transferência de seus modelos de negócio e o nível de concorrência e demanda potencial por seus produtos e serviços. Também é importante avaliar a facilidade de entrada no mercado e outros fatores econômicos que podem ser relevantes ao se considerar onde situar as atividades e como participar melhor dos mercados locais.

Por exemplo, um fabricante de artigos esportivos pode estar pensando em expandir suas operações e vendas de forma global. Ao analisar esse estágio do processo de globalização, ele precisaria considerar os níveis de demanda por seu produto nos países em análise e os custos de entrar nesses países, incluindo tarifas, custos legais, operacionais e flutuações da taxa de câmbio.

Projeto de produtos e serviços globais

No caso do esporte, é essencial que os produtos globais sejam relevantes e identificáveis para um grande número de pessoas de diferentes nacionalidades e culturas. Há muitos esportes que alegam serem "globais", no entanto, é amplamente aceito que o rúgbi (especialmente após a Copa do Mundo de 2003), o futebol, o tênis, o golfe, a corrida de cavalos, o ciclismo, alguns esportes radicais e corridas de veículos automotores são alguns dos poucos esportes realmente globais.

Assim, é importante que os produtos sendo projetados para o mercado global sejam facilmente entendidos, tenham vantagens competitivas claras sobre produtos esportivos locais (mais empolgantes, com melhor cobertura da mídia etc.) e ofereçam aos torcedores locais a oportunidade de jogar e praticar o esporte. E alguns esportes nunca terão muito sucesso em alguns países, então, escolher o local da atividade torna-se muito importante.

Também há uma tendência para a identificação de atletas globais. Trata-se de atletas que transmitiriam um conjunto específico de valores e padrões às pessoas de todas as nações. Tiger Woods foi classificado como o melhor símbolo da globalização. Seu pai é africano/caucasiano com ancestrais indígenas norte-americanos e sua mãe é tailandesa. Diz-se que, como atleta, ele transcende nacionalidade, raça e cultura. Ele é uma figura global não só em etnia, mas o esporte que pratica era tradicionalmente visto como esporte de elite, que o sucesso e a competência de Tiger transformaram em esporte do povo, mais atraente para uma faixa da população maior e mais jovem (*The Globalist*, 2002). Ao contrário de Michael Jordan e de David Beckham, conhecidos internacionalmente, mas que todos sabem que são, respectivamente, americano e inglês, Tiger é considerado um cidadão global.

Criação de marketing global

Marketing global significa levar em conta as variações locais quando necessário, mas adotar um posicionamento e uma estratégia de *branding* globais para garantir que o produto ou serviço seja imediatamente identificado e que os valores centrais da marca sejam traduzidos, não importa qual país se deseje atingir. É óbvio que se deve considerar os problemas de tradução dos nomes de marcas e os problemas legais das estratégias de posicionamento e terminologia. Quando se considera a Web como ferramenta de marketing, também é preciso estudar os idiomas usados e as imagens apresentadas.

Algumas áreas do marketing são mais difíceis de padronizar, como embalagens (com freqüência, por causa de regulamentações locais e leis de rotulagem), definição de preços (por causa das flutuações das moedas e das economias de mercado) e publicidade (em razão das exigências legais e dos costumes culturais locais). As estratégias de distribuição podem ser padronizadas, embora algumas pequenas variações locais sejam, por vezes, necessárias.

Medição de estratégias globais

Como acontece com todas as iniciativas estratégicas, é importante medir o sucesso da estratégia e formar a capacidade de modificar ou alterar as táticas para responder pela atividade do mercado. A medição do sucesso das estratégias globais de marketing pode ser mais complexa que a medição das estratégias locais de marketing em virtude das diferenças de tempo, diferenças nas culturas e costumes locais e requisitos para variar a estratégia conforme as necessidades oriundas das irregularidades locais[1].

Problemas enfrentados pelas organizações esportivas considerando a globalização

Muitos comentaristas globais observaram que, muito embora a população mundial seja de cerca de 6 bilhões de pessoas e esteja aumentando, ficamos agora cada vez mais próximos de nossos

---

[1] Não ocorrem irregularidades locais. É necessário que se entendam as necessidades de apropriação de culturas e costumes locais. (NRT)

vizinhos internacionais. As comunicações eletrônicas e o acesso 24 horas da mídia a qualquer parte do mundo significam que todos estão sob os holofotes globais e que a entrada em todos os mercados globais é possível.

Como já vimos neste capítulo, a globalização refere-se ao processo de mudança nos níveis político, econômico, social e cultural que está produzindo um mundo mais interdependente e interconectado. O esporte é cada vez mais contornado pelos fluxos globais de pessoas, idéias, tecnologia, finanças e produtos de mídia, e foi descrito como uma linguagem universal. Os problemas atuais em relação à globalização do esporte enfocam dois aspectos principais do processo esportivo global – a migração de atletas de elite e a conexão mídia-esporte-publicidade. Na primeira área de trabalho, o âmago da discussão sugere que a migração de jogadores seja resultado de fatores multicausais e que não pode ser reduzida à questão econômica. Os jogadores tornam-se produtos esportivos e atletas em evidência, como David Beckham, Tiger Woods e Ian Thorpe, são vistos como ícones globais. Os que encaram essa tendência como negativa para a indústria do esporte sugerem que esses ícones "maiores que a vida" representam a antítese dos ideais esportivos – que eles não praticam mais o esporte por amor ao jogo ou por uma aliança com um clube ou país, mas são mercenários que vão para onde pagarem mais, não importando o esporte.

Em contrapartida, o comentário sobre a mídia e o esporte tem-se concentrado na relação entre os problemas locais globais como parte de uma indicação mais ampla de que uma maior interconexão produz formas de resistência e conseqüências locais. Aqui, mais uma vez, o argumento de que os impérios globais de mídia estão tentando moldar e mudar o esporte para atender a suas necessidades, não importando o apoio popular e a demanda pelo esporte, precisa ser considerado.

Embora a globalização do esporte tenha gerado riqueza para muitas pessoas e instituições nos mundos do esporte e da mídia, os interesses mais amplos do público não são particularmente bem atendidos pela cobertura da mídia. A fusão de empresas de mídia, organizações esportivas e patrocinadores levou a um grave dilema para muitos jornalistas esportivos, que se encontram espremidos entre as exigências de uma indústria e a lealdade de servir ao público. A primeira etapa seria manter certa distância entre os jornalistas e os grupos sobre os quais eles estão fazendo reportagens. A mídia e o mundo do esporte estão transformando-se em uma única entidade lucrativa. Por exemplo, por que os recursos são gastos apenas na cobertura de partidas, e não diversificados o suficiente para cobrir todos os aspectos de uma indústria que está tornando-se cada vez mais política, comercial e de impacto social?

Outra questão para preocupação quanto ao esporte e à mídia é que pouquíssimas mulheres ocupam posições de destaque na gestão esportiva internacional. Essa visão discriminatória das capacidades femininas está aliada a campanhas de marketing que sugerem que esporte e homens são sinônimos. Isso tem levado à subvalorização do papel das mulheres na gestão esportiva internacional. Assim, a nomeação de Gianna Angelopoulos como a primeira mulher presidente de um Comitê Organizador dos Jogos Olímpicos foi significativa.

Além disso, embora o esporte global nunca tenha sido maior, uma série de escândalos esportivos – dos escândalos nas candidaturas olímpicas à corrupção no críquete, do tratamento que os jogadores dão às mulheres no futebol às drogas na Tour de France – abalou as estruturas dos principais esportes. O esporte agora é uma grande indústria global, mas será que ele consegue lidar com as pressões da era da responsabilidade?

A esse respeito, as organizações esportivas globais também têm de considerar a igualdade e a justiça, especialmente no uso do trabalho infantil na produção de artigos esportivos nos mercados mundiais. Muitas organizações internacionais estão tentando levar os valores olímpicos da ética e do *fair play* à indústria de roupas e acessórios esportivos, como forma de tratar esses problemas. A grande ironia reside no fato de que a ética e o *fair play* estão no centro do ideal olímpico, no entanto, a indústria global que lucra com a popularidade global do esporte obtém tais lucros explorando – e abusando de – um grande número de trabalhadores (International Federation of Journalists, 2004).

Contraponto

Apesar dos benefícios da globalização para muitas grandes organizações, há também um lado obscuro que precisa ser considerado. Mercados financeiros não regulamentados e a crescente sofisticação da tecnologia da informação significam que o dinheiro agora pode ir de uma conta para outra sem qualquer respeito às fronteiras nacionais ou sutilezas legais. Nesse ambiente, os cartéis de agenciadores de apostas ilegais floresceram, buscando explorar a imensa base popular do esporte.

Patrocinadores empresariais, agências de propaganda e marketing, impérios de mídia, governos e políticos têm um investimento no produto esportivo e todos buscam modelá-lo para seus próprios fins. Alegações de compra de partidas, controvérsias com drogas e outros problemas afetaram o esporte como uma praga, dos níveis populares ao mais elevado ideal puritano – as Olimpíadas. Além disso, o investimento da mídia global em esporte é, para a maioria, um conflito direto com a natureza e a essência do esporte-expectativa, excitação e o inesperado. Os gigantes multinacionais da mídia, comprando e vendendo o esporte, esforçam-se continuamente para reduzi-lo a um status de mercadoria, em que o controle e a certeza podem prevalecer. Quanto maior for o investimento, maior será a tentação de exercer o controle e o gerenciamento dominador e de mudar a forma do esporte como o conhecemos.

Além disso, a quantidade cada vez maior de dinheiro investido no esporte global está concentrando riqueza e poder entre os esportes e as nações. Os passatempos nativos e tradicionais, assim como subculturas esportivas modernas que já foram essenciais, estão sendo marginalizados e ameaçados de extinção. Na Ásia, o hóquei está sendo suprimido pelo críquete e, na Inglaterra, o críquete está sendo suprimido pelo futebol. O investimento crescente também significa que há disparidades na riqueza das organizações esportivas (o Manchester United é um exemplo clássico), resultando em mudanças no jogo para torná-lo mais atraente e "televisionável", transformando, assim, todo o espírito da competição.

Entre todo esse dinheiro e alarde, é importante lembrar que o esporte começou como diversão, todo esporte emerge do esforço humano, e, em nossa infância, interagíamos com bolas, raquetes e outros materiais utilizados naturalmente – será que queremos, de fato, mudar tudo isso (Marqusee, 2002)?

Resumo

- **explique a razão de uma organização ter uma estratégia de marketing global**
  A globalização é, na verdade, um tipo específico de estratégia internacional. Uma empresa global é aquela que tem a capacidade de fazer negócios em todos os hemisférios terrestres (norte, sul, leste, oeste), muito embora ela possa não operar em todos eles. Uma organização global possui uma gama diversificada de idiomas, moedas, culturas, sistemas políticos e jurídicos, fusos horários, formação escolar de gerentes e funcionários, e diferentes climas e níveis de desenvolvimento econômico nacional para lidar.
- **discuta as vantagens e desvantagens de operar em nível global**
  Há cinco custos ou desvantagens principais na adoção de uma estratégia de globalização: maiores custos de gestão, comprometimento inicial à entrada no mercado, falta de reação do mercado, perda de reação e flexibilidade competitiva, e o obstáculo do desempenho lucrativo em alguns mercados em razão do posicionamento competitivo de outros.
  Há quatro grandes benefícios para que uma organização adote uma estratégia global: reduções de custo, melhor qualidade de produtos e programas, preferências do cliente aperfeiçoadas, e maior alavancagem competitiva.
- **identifique os principais direcionadores da globalização**
  Os direcionadores da globalização podem ser considerados a partir de quatro perspectivas diferentes: direcionadores do mercado, direcionadores competitivos, direcionadores governamentais e direcionadores de custo (veja a Figura 11.1 para mais informações). Os direcionadores são fatores que podem levar à necessidade de se considerar uma estratégia global e, apesar de refletirmos sobre eles nesses quatro grupos principais, na verdade as empresas lidam com combinações desses grupos ocorrendo simultaneamente.
- **descreva o processo de globalização e explique como uma organização esportiva pode implementar uma estratégia de globalização**
  O processo de globalização discutido neste capítulo tem cinco estágios: determinação do potencial de globalização; construção da participação no mercado global e localização da atividade global; projeto de produtos e serviços globais; criação de marketing global e medição das estratégias globais. As organizações esportivas podem usar esse processo para construir – e refletir sobre – sua estratégia de globalização.

- **discuta os problemas que as organizações esportivas enfrentam em relação à globalização**

  Como em toda tomada de decisão estratégica, a decisão de implementar uma estratégia global precisa ser considerada no contexto dos ambientes interno e externo. As organizações esportivas enfrentam uma série de problemas que as afetam especificamente nessa decisão. O primeiro é a migração dos jogadores, o segundo é o envolvimento da mídia e o terceiro são os problemas relacionados à ética, ao *fair play*, ao sexismo e à moral. As organizações esportivas estão mais do nunca sob os holofotes globais e precisam ter bastante cuidado ao considerar esses problemas, além de assumir um compromisso com a transparência e a honestidade para garantir a continuidade do apoio público.

Perguntas de revisão

1. Qual é a diferença entre globalização e internacionalização?
2. Como é possível que os custos às vezes aumentem com a adoção de uma estratégia de globalização?
3. O que significa o termo direcionadores do mercado?
4. Qual seria a diferença entre uma estratégia global e uma estratégia nacional de marketing?
5. Por que é importante medir o sucesso de uma estratégia global?

Atividades aplicadas

1. Pense em seu esporte favorito. Ele é ou poderia ser globalizado? Escreva um breve relato explicando por que esse esporte é um sucesso global ou como o esporte poderia ser globalizado.
2. Entreviste cinco pessoas para verificar se lembram os principais patrocinadores olímpicos (McDonald's, Coca-Cola, Atos Origin, General Electric, John Hancock, Kodak, Panasonic, Samsung, Swatch e Visa). Veja quantas pessoas os conheciam antes e depois das Olimpíadas de 2004. Que conclusões você pode tirar para essas organizações globais sobre o sucesso de seu investimento?
3. Como o aumento do uso e acesso à internet influencia a habilidade e probabilidade de sucesso de uma organização esportiva que esteja considerando uma estratégia global? Quais seriam os obstáculos de usar a internet como base para uma estratégia global?

Referências

Alternative News Network, 2004. Disponível em: http://us.altnews.com.au/drop/node/view/237. Acesso em: 13 out. 2004.

Beard, B.; Clement, B.; Rowbotham, M. Blair goes for olympic glory. *The Independent,* Londres, 16 jan. 2004, p. 1.

Belluck, P. Get out your boards: extreme ironing may soon be hot. *New York Times,* 28 maio 2004.

Davis, M. AFL to ruck against rugby. *The Australian,* 26 nov. 2003, p. 20.

Dow Jones International News, 2004. McDonald's renews olympic sponsorship through 2012. 26 de fevereiro de 2004.

Fox, B. 2003. Advocates of newest sport are extreme and wrinkle free. *Of the Patriot-News,* 24 out. 2003, p. 103.

Global March. Play fair in the sporting goods industry. *Global March Newsletter,* v. 4 n. 2, outubro de 2002a. Disponível em: www.globalmarch.org/newsletter/october-02_page5.php3. Acesso em: 14 out. 2004.

Global March. Labour standards in the sporting goods industry. *Global March Newsletter* v. 4, n. 2, outubro de 2002b. Disponível em: www.globalmarch.org/newsletter/october-02_page5.php3. Acesso em: 14 out. 2004.

Green, H. Can Michael Rubin take global sports across the goal line? *Business Week Online,* 2000. Disponível em: http://www.businessweek.com:/ebiz/0011/em1115.htm?scriptFramed.

International Federation of Journalists. Media and sport: time for fair play and journalism that makes public winners, IFJ, 2004. Disponível em: http://www.ifj.org/default.asp?Index=2512&Language=EN. Acesso em: 14 out. 2004.

Keegan, W. J.; Green, M.S. *Global marketing.* 2. ed. Nova Jersey: Prentice Hall, 2000.

Kotler, P.; Adam, S.; Brown, L.; Armstrong, G. *Principles of marketing.* 2. ed. Sydney: Prentice Hall, 2003.

Marqusee, M. Sport as Apocalypse. *Frontline,* v. 17, edição 16, 5 a 18 ago. 2002.

Reuters How heineken fell to a kiwi marketer's spell. *National Business Review,* 21 nov. 2003.

Smith, A. 2001. Aussie rules global gaze. *Radio National: The Sports Factor,* 6 jul. 2001.

Sweeney Sports. *The sweeney sports report 2002/2003.* Sweeney Research Pty Ltd. South Melbourne, 2003.

Targett, T. 2003. Horseback rugby. *The Courier Mail,* 15 fev. 2003.

The Globalist. The global tiger, 28 julho 2002.

V8 Supercar, 2004. Disponível em: www.fact-index.com/v/v8/v8_supercar.html. Acesso em: 13 out. 2004.

V8X 2004, www.v8x.com.au/cms/A_102073/printArticle.html. Acesso em: 13 de out. 2004.

Walker, A. Multinationals "not truly global", *BBC News,* 2 set. 2002. Disponível em: http://news.bbc.co.uk/1/hi/business/2229974.stm. Acesso em: 14 out. 2004.

www.fifa.com/en/index.html. Acesso em: 29 fev. 2004.

Yip, G. *Total global strategy II.* Nova Jersey: Prentice Hall, 2003.

capítulo 12

O futuro do marketing esportivo

Objetivos de aprendizagem

Após ler este capítulo, você deve ser capaz de:

- definir previsão
- entender as técnicas básicas de previsão
- entender a importância do planejamento de longo prazo
- identificar algumas tendências futuras do marketing do esporte
- identificar algumas tendências futuras do marketing usando o esporte

Preparação do cenário

A world wide web dos esportes

Seja para assistir a transmissões em tempo real ou estar à frente de seu time dos sonhos, os fãs estão debandando para a internet – e pagando – para conseguir sua dose de adrenalina.

Em 31 de março, meio milhão de torcedores entupiram uma dúzia de estádios de San Diego a Cincinnati para dar início ao rito norte-americano de primavera chamado Major League Baseball. Mas Bob Bowman não era um deles. Em vez disso, o diretor-presidente da MLB.com, uma subsidiária da MLB, assistiu a sete transmissões de vídeo ao vivo, de diferentes competições de abertura, no computador de seu escritório em Nova York.

É verdade que a qualidade do vídeo no computador não se compara a uma TV de tela grande. Mas o que o computador ofereceu foi o acesso inigualável: com o clique de um mouse, fãs do mundo todo podiam ver beisebol ao vivo sob demanda, além de fazer busca pelos destaques, assistir a um compacto com as principais jogadas e reprises de jogos clássicos. "Mesmo os torcedores que amam o jogo não podem assisti-lo todos os dias na TV", diz Bowman. "Na internet, você pode. Ela foi feita para o beisebol."

Os torcedores parecem concordar. Apesar da salgada cobrança de US$ 79,95 por temporada ou US$ 14,95 por mês, 20 mil pessoas contrataram o novo serviço MLB.TV já nas duas primeiras semanas - apenas 5.000 pessoas a menos do que o total previsto por Bowman para a temporada toda. É um belo acréscimo à soma de 1 milhão de assinantes que pagam para acessar transmissões de áudio *streaming* ao vivo, seja pela Real.com ou pela MLB.com. Somem-se a isso os US$ 20 milhões que a RealNetworks (REAL), empresa de mídia de Seattle, liberou para conseguir direitos exclusivos de áudio e vídeo on-line sobre o conteúdo da MLB, além de um punhado de anunciantes on-line de alta qualidade, e a equipe de 170 membros de Bowman conseguirá um lucro operacional.

ABRIDORES DE CARTEIRA. Os adeptos de esportes virtuais são relativamente insensíveis ao preço, pagando qualquer coisa, de uns poucos dólares por estatísticas simples a US$ 100 por temporada para jogar em uma liga. John Bruel, da consultoria em pesquisa e marketing esportivo Avila Partners, acrescenta: "As ligas de esportes virtuais conseguiram fazer com que usuários não-pagantes se tornassem clientes pagantes de forma bem-sucedida ao longo dos últimos anos. Normalmente, quando o site deixa de ser gratuito e passa a ser pago, seu uso despenca. Mas, hoje, milhões de pessoas estão pagando US$ 20 ou mais pelo direito de ter um time na liga de qualquer um desses esportes".

Os fãs do esporte estão mostrando-se cada vez mais dispostos que os demais usuários da internet a abrir suas carteiras. Mais que o dobro dos visitantes do NASCAR.com compram ingressos e produtos se comparados aos visitantes de sites não-esportivos.

Fonte: Salkever, 2003

Introdução

A tecnologia, especialmente a internet, mudou a forma como os consumidores fazem muitas coisas na sociedade contemporânea. Tudo, de pagar contas a enviar presentes, pode ser feito por meio da internet no computador ou no celular. Parece que assistir a esportes não é diferente, e, embora tecnologias como a internet ou dispositivos móveis de comunicação não tenham substituído a emoção de assistir a um jogo pessoalmente, eles podem tornar-se uma grande parte do regime esportivo global.

Este capítulo examina o conceito de previsão relacionado ao planejamento no marketing esportivo. O mundo está em movimento constante, com mercados, tecnologias, sociedade, economias etc. em constante mudança. Assim, é importante que pensemos sobre o que "pode" acontecer no futuro ou, melhor ainda, quais são as prováveis possibilidades em relação a nosso esporte ou indústria, e que desenvolvamos os planos adequados para capitalizar sobre o futuro. Há também uma discussão sobre a diferença entre estratégia corporativa e estratégia robusta fornecida pelo planejamento de longo prazo.

Por fim, na conclusão deste capítulo e deste livro, descreveremos algumas tendências do marketing do esporte e do marketing usando o esporte. Algumas dessas tendências já estão começando e outras são mera especulação. O importante é que você considere seu papel como profissional de marketing em um cenário esportivo dinâmico e oscilante. O que se sabe ao certo é que o esporte continuará a fazer parte de nosso tecido social e que ele ainda tem um vasto potencial como disciplina de negócios.

Prevendo o futuro: previsões e planejamento de longo prazo

Fazer previsões ou especular sobre o futuro é um passatempo de negócios no mundo todo. Em todas as indústrias do mundo, analistas de negócios tentam prever o que irá acontecer aos preços, mercados, tecnologias, demanda, oferta e muitos outros fatores essenciais aos negócios. Esta seção define o que, de fato, é uma previsão e identifica algumas técnicas básicas para se fazer previsões. Em especial, um modelo bastante simples de previsão "plausível" é apresentado e qualquer um pode executá-lo de forma fácil, barata e rápida. Também iremos introduzir o conceito de planejamento de longo prazo e discutir como integrar estratégias de curto prazo adaptando, ao mesmo tempo, as mudanças e alternativas que podem ser necessárias para o sucesso de longo prazo.

Seja no marketing do esporte ou no marketing usando o esporte, o conceito de "futuro" é importante. Há muitas ferramentas de simulação de marketing e modelagem por computador disponíveis para auxiliar os tomadores de decisões de negócios com suas dúvidas sobre o futuro. No entanto, cerca de 80% de todas as previsões tecnológicas dão errado (Golden, Milewicz e Herbig,

1994). Isso não significa que devemos desistir das previsões ou jogar as previsões tecnológicas pela janela. A verdade é que o futuro dificilmente é certo – então, algum sistema de previsão se faz necessário. O essencial é equilibrar as ferramentas de previsão. Não se deve confiar demais em ferramentas com base em tecnologia, ignorando mudanças sociais e econômicas que não estiverem refletidas em seus esquemas de decisão. Outro erro comum em previsões parece ser o favorecimento de prognósticos drásticos de mudança sobre a realidade da mudança gradual. É comum que os analistas de uma certa indústria fiquem entusiasmados com as inovações do momento e ampliem e projetem essas inovações por meio de uma abordagem de "pensamento grupal" para o futuro.

A mensagem aqui é que você deve ser equilibrado e realista em sua abordagem das previsões e em seu planejamento para o futuro. Isso não limita sua estratégia criativa ou sua capacidade de ser inovador no mercado. Em vez disso, esse comportamento lhe dará um conjunto de diretrizes mais realistas ou plausíveis para desenvolver estratégias de trabalho reais para o futuro.

Previsões

O que é prever? Prever é prognosticar, projetar ou estimar algum evento – ou condição – futuro que está fora do controle da organização e oferece uma base para o planejamento gerencial (Golden, Milewicz e Herbig, 1994).

Entender o conceito de previsão é importante, já que ela é a base para muitos dos "prognósticos" nos relatórios com base em negócios e é parte dos fundamentos sobre os quais muitas decisões são tomadas. Esteja você envolvido diretamente na indústria esportiva ou usando o esporte no marketing de seu produto ou serviço, precisa entender como facilitar o planejamento estratégico e como avaliar os planos que lhe são apresentados. Freqüentemente, esses planos terão como base a previsão de certas mudanças no futuro ou, de forma alternativa, em certas variáveis que não mudarão no futuro. Um entendimento básico das previsões irá permitir decidir se esses prognósticos (ou a falta deles) são ou não razoáveis para um dado esporte ou situação de negócios.

Alguns erros comuns cometidos nas previsões de produtos, mercados de crescimento e tendências de negócios baseiam-se em:

- confiança excessiva nas tecnologias subjacentes à previsão, ignorando as necessidades do cliente;
- otimismo excessivo;
- falha em realizar comparações simples de custo-benefício;
- definição inadequada de mercados, usuários, comparabilidade de ano a ano;
- falha em fazer ajustes de acordo com o histórico de experiências; e
- profissionais de marketing e técnicos de previsão sendo dominados pelo espírito dos tempos (Golden, Milewicz e Herbig, 1994).

Há quatro categorias básicas de modelos de previsão:

1. modelos críticos;
2. modelos de previsão tecnológica;
3. modelos de série temporal;
4. modelos causais.

Os modelos críticos dependem de críticas intuitivas, opiniões e probabilidades. Discutiremos um método desse tipo na seção "Previsões plausíveis". Os métodos de previsão tecnológica também dependem de crítica e são particularmente adequados para tecnologias muito novas e previsões de prazo muito longo. Os modelos de série temporal baseiam-se apenas em dados passados com concentração no uso de padrões, mudanças, perturbações e tendências nos dados para prever o futuro. A categoria final de previsão, os modelos causais, tem como base a relação entre os fatores previsíveis e os resultados.

Na escolha das técnicas mais adequadas de previsão, deve-se avaliar uma série de fatores críticos:

- **Horizontes de tempo.** A maioria dos gerentes irá desejar que o resultado da previsão tenha o maior alcance possível do futuro. Mas um gerente deve escolher a técnica correta para o período desejado.
- **Sofisticação técnica.** Combine a sofisticação de sua organização e as habilidades das pessoas que farão a previsão com a técnica a ser usada. Os requisitos da previsão devem também ser fatorados no banco de dados e nos projetos de redes de informações dentro da organização.
- **Custo.** Uma precisão maior tem seu preço. O quão preciso você necessita ser? Quanto vale a informação e quanto a empresa está disposta a comprometer?
- **Disponibilidade dos dados.** Antes de escolher uma técnica, o responsável pela previsão deve considerar amplitude, moeda, precisão e representatividade dos dados disponíveis. Uma quantidade maior de dados tende a melhorar a precisão e dados detalhados são mais valiosos do que os apresentados no agregado. Como a habilidade de uma técnica para tratar oscilações é importante para o sucesso de uma previsão, o gerente deve combinar a sensibilidade e estabilidade de uma técnica com os componentes de variabilidade sistemática e randômica de uma série de dados.
- **Variabilidade e consistência dos dados.** Além das mudanças que podem ocorrer na estrutura ou no ambiente da empresa, o gerente deve analisar os tipos de relações estáveis assumidas entre as variáveis independentes de um modelo (representadas pela dimensão de "estabilidade externa").
- **Quantidade de detalhes necessários.** Embora as previsões agregadas sejam fáceis de preparar, o gerente irá precisar de informações específicas (incluindo classes de produtos individuais, períodos de tempo, região geográfica ou grupos de produto-mercado, por exemplo) para determinar cotas ou alocar recursos. Quanta informação está disponível? Quanto é necessário para fornecer resultados excelentes?

- **Precisão.** É satisfatório ser 95%, 99% ou 99,9% preciso? Por que você precisa da previsão? A precisão e o custo são, com freqüência, intercambiáveis. Até onde isso é possível depende da importância da previsão e das decisões que contarão com essas informações.
- **Tempo.** Quando a previsão será usada? As questões de tempo podem envolver a freqüência ou intervalos de previsão necessários e/ou a natureza cíclica de um segmento/indústria específicos.
- **Forma.** Quem irá usar os dados? Toda a coleta, manipulação e disseminação de informações deve considerar os usuários dessas informações. A previsão deve produzir informações de forma que facilite a tomada de decisão (Golden, Milewicz e Herbig, 1994, p. 35-36).

É muito difícil prever o futuro do esporte sob a luz de épocas turbulentas e fatores complexos que caracterizam o ambiente de negócios do esporte moderno. No entanto, não deve haver desculpas para que se deixe de, pelo menos, contemplar o futuro do esporte e apresentar situações e histórias possíveis ou plausíveis para descrever o que poderá acontecer em um esporte ou indústria usando o esporte no futuro.

Previsões plausíveis

Esta seção apresenta um panorama conciso de um modelo de previsão bastante simplista que pode ser usado na sala de aula, em uma organização esportiva ou em uma empresa. Ele melhor se classificaria como um tipo de previsão crítica e, para nossos fins, nos referimos a ele como *previsão plausível.*

A previsão plausível é uma forma de conduzir a discussão sobre o que pode acontecer no futuro de seu esporte ou outro negócio e de identificar os fatores ou eventos críticos ou centrais ao sucesso de seu negócio esportivo. Podemos resumir o processo em três etapas básicas:

Etapa 1: Identificação de fatores críticos

Deve-se começar reunindo um grupo de participantes *relevantes*, que pode incluir funcionários, membros do conselho, especialistas no segmento, acadêmicos, sócios, atletas, técnicos e qualquer um que for afetado pelo – ou que irá afetar o – futuro de seu negócio esportivo. Convide esse grupo para um fórum de discussão sobre "o futuro", em que você irá informá-los sobre suas idéias e preocupações para o futuro e fornecer-lhes quaisquer informações relevantes de planejamento, indústria, mercado ou ambiente. Então, no fórum, peça a cada um deles para escrever sobre quatro áreas em um cartaz:

1. comentários positivos (otimistas);
2. comentários negativos (pessimistas);
3. opiniões/idéias diferentes;
4. dúvidas sobre o desconhecido.

Faça que as pessoas coloquem bilhetes com suas anotações em quatro áreas da sala. Então organize os comentários para discussão com o facilitador e o grupo. Identifique as principais áreas de incerteza e os fatores que parecem ser essenciais ao sucesso e/ou fracasso do negócio esportivo no futuro.

Etapa 2: Elaboração do gráfico dos fatores críticos – O modelo dos quatro futuros

A Figura 12.1 mostra o conceito básico do modelo de quatro futuros. A partir da discussão de seu grupo de principais partes interessadas, selecione duas variáveis que afetem seu esporte em um dado momento, mas cujo futuro seja desconhecido. Ao elaborar o gráfico desses fatores, você está, basicamente, traçando quatro futuros possíveis para seu negócio esportivo, tendo como base esses fatores específicos (mostrados como futuros 1 a 4 na Figura 12.1). Os dois resultados possíveis para cada variável também são obtidos a partir das discussões com base em críticas realizadas com as principais partes interessadas.

Etapa 3: Planejamento para o futuro

Para cada um dos quatro futuros possíveis, você deve traçar algumas contingências e planos estratégicos preliminares para levar ao comitê de planejamento ou para serem usados pelos principais tomadores de decisão. Uma análise mais aprofundada de cada futuro pode ser necessária, incluindo a coleta de dados secundários e, possivelmente, a aplicação de outras técnicas de previsão,

Figura 12.1: O modelo dos quatro futuros

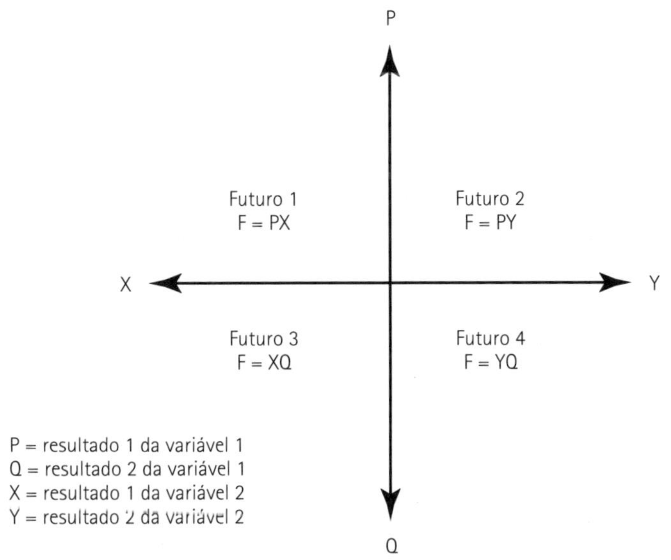

desde que justificadas pela relação custo-benefício. Por exemplo, o governo pode estar preocupado com a futura alocação de fundos públicos para o esporte. Como ele pode ter certeza de que gastará dinheiro nas áreas certas no futuro? Quais serão as tendências futuras de prática esportiva nos âmbitos comunitário, estadual e nacional? Se as discussões mostrarem que a oferta e a demanda de instalações esportivas são dois fatores críticos para o governo, ele poderá considerar um modelo de quatro futuros como o da Figura 12.2. Nesse modelo, o fator oferta tem dois resultados possíveis, um no qual o governo se concentra em facilitar o crescimento e a comercialização de grandes esportes, e outro no qual o governo se concentra em gastos fundamentais com a prática esportiva comunitária, com base em exercícios. O fator demanda tem resultados semelhantes, um no qual a demanda é por assistir a competições e esportes de elite, e outro no qual a demanda é por instalações para prática de condicionamento físico na comunidade. Com base nesses fatores e na combinação de seus possíveis resultados, o governo agora pode analisar melhor e planejar quatro possíveis contingências com relação à direção do financiamento esportivo.

Lembre-se de tentar ser objetivo ao participar de qualquer atividade de previsão. A parcialidade na previsão pode facilmente distorcer os prognósticos e minimizar o valor da previsão para uso no planejamento. Para minimizar os efeitos da parcialidade no processo de previsão, os tomadores de decisão devem:

Figura 12.2: Modelo dos quatro futuros possíveis para a oferta e a demanda de instalações esportivas

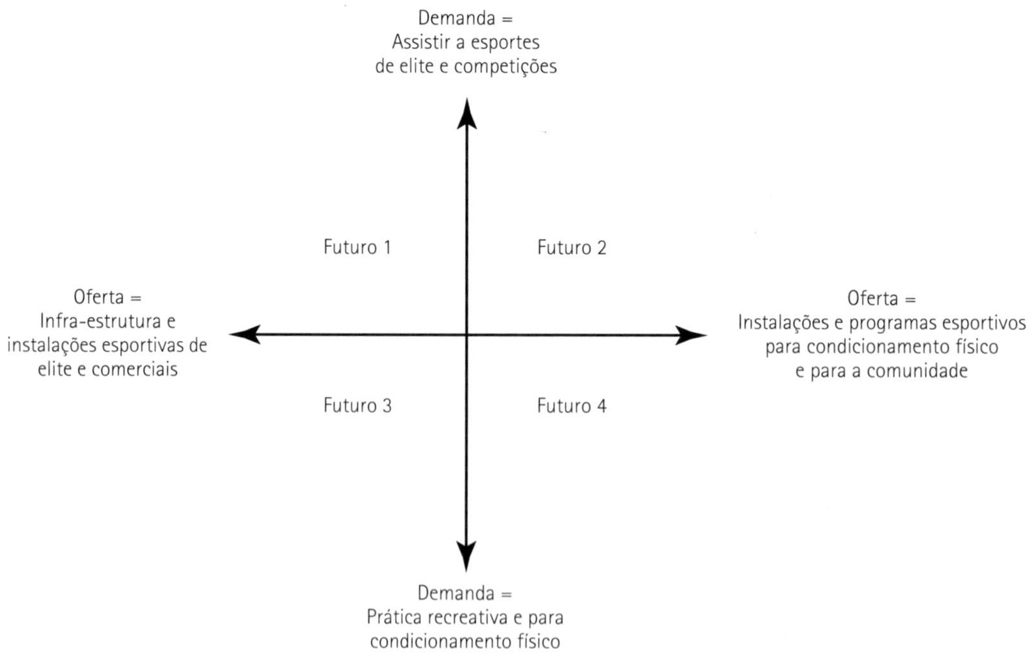

- Conhecer seu mercado. Não há nada melhor do que conhecer seus consumidores e suas partes interessadas. Certifique-se de que está atualizado quanto ao gosto daqueles que irão comprar e usar seus produtos e serviços.
- Ser independentes e objetivos. Questione sua própria avaliação e a dos outros e não fique tentado a seguir a onda ou basear-se em erros do passado.
- Ser conservadores. Não ceda à tentação de ser dominado pelo momento, prometendo ou esperando "grandes feitos" o tempo todo. Tenha em mente que muitas mudanças são graduais e incrementais. Também faça a deflação das previsões para margens de segurança.

A próxima seção analisará o conceito de planejamento de longo prazo e o desenvolvimento de estratégias robustas.

Planejamento de longo prazo

Os modelos de previsão e os prognósticos do futuro são de pouco valor se sua organização se concentra no desenvolvimento e na implementação de estratégias de curto prazo. De fato, um problema ainda maior é a natureza conflitante do que é necessário para o sucesso de curto prazo e o que é necessário para a sobrevivência e o sucesso de longo prazo.

Boa parte da estratégia empresarial moderna pode ser classificada como de curto prazo. Na prática, a estratégia empresarial é otimizar o desempenho atual, combinando as atividades da organização com o ambiente e suas capacidades de recursos (Mercer, 1998).

O planejamento de longo prazo, por outro lado, deve atentar para a *estratégia robusta*, que, acima de tudo, preocupa-se com a sobrevivência e maximização, em longo prazo, do negócio e de suas partes interessadas. As estratégias robustas são a operacionalização das atividades que irão garantir que todas as potenciais ameaças sejam abordadas. Essas estratégias robustas ou de longo alcance são concebidas para explorar qualquer potencial que possa surgir das mudanças no ambiente externo, além de proteger contra todo tipo de ameaças que possam colocar em risco a sobrevivência em longo prazo (Mercer, 1998). A principal diferença entre esses tipos de estratégia e as estratégias empresariais de curto prazo é que as estratégias robustas enfocam os desenvolvimentos críticos no ambiente externo, não apenas o ambiente de marketing, mas os ambientes social, político, econômico e global. As estratégias empresariais tendem a se tornar dependentes da manipulação de recursos internos e da contabilidade, e não da sobrevivência e do sucesso deliberado de longo prazo no mercado. A Tabela 12.1 destaca as diferenças entre *estratégias empresariais* e *estratégias robustas*.

Então, como o processo de planejamento de longo prazo se encaixa no desenvolvimento de planos estratégicos e objetivos de curto prazo? O ideal seria que o planejamento de longo prazo precedesse a definição de uma estratégia empresarial de curto prazo, e a satisfação de um levaria à satisfação do outro. No entanto, como mencionado anteriormente, é possível que os planos de

Tabela 12.1: Diferenças entre estratégias corporativas e robustas

	Estratégia empresarial	Estratégias robustas
Objetivos	Otimizar o desempenho	Garantir a sobrevivência
Características	Curto prazo, enfoque único	Longo prazo, cobertura divergente
Resultados	Comprometimento eficaz	Entendimento abrangente
Beneficiários	Aproveitadores individuais	Partes interessadas da comunidade

Fonte: Mercer, 1998, p. 176

longo alcance possam, na verdade, entrar em conflito com a maximização de oportunidades no ambiente de negócios de curto prazo[1].

Assim, você deve ser capaz de executar a previsão e o planejamento futuro, desenvolver suas estratégias robustas e, então, compará-las com as estratégias empresariais de curto prazo para desenhar o melhor curso de ação possível. A Figura 12.3 mostra as possíveis fases envolvidas no desenvolvimento de um plano de marketing de longo prazo. Você irá perceber que as últimas três fases tratam da conciliação de suas estratégias robustas de longo prazo com sua estratégia empresarial de curto prazo. Isso pode significar a alteração de uma ou ambas as estratégias, de algum modo.

Ao tratar o planejamento de longo prazo e o desenvolvimento de estratégias empresariais de curto prazo como tarefas separadas, as organizações serão mais capazes de responder às mudanças futuras. Isso pode envolver algum refinamento e direcionamento das estratégias e objetivos de curto prazo, mas irá fornecer uma direção estratégica geral melhor para o futuro. Conforme as organizações esportivas lutam com a criação de estruturas estratégicas e voltadas ao negócio, elas devem considerar suas abordagens à implementação e ao planejamento estratégicos com muito cuidado. Alguns clubes esportivos, incluindo os clubes de rúgbi aparentemente voltados para o mercado do Reino Unido, foram acusados de um imediatismo que os impede de gerar e imple-

[1] As ações de longo prazo são normalmente precedidas de um planejamento de caráter estratégico, o que significa um planejamento com muita flexibilidade, para o atendimento funcional das organizações e, prontamente, das necessidades de mercado por meio de produtos e serviços. O modo de realização desse plano estratégico segue as suas orientações táticas, vale dizer, o "como" fazer também é parte importante na obtenção de resultados positivos. Por esses motivos, o atendimento do plano tático de um planejamento poderá ou deverá sofrer alterações para a sua correção de rumo, já que os mercados passam sempre por constantes mudanças de comportamento e é necessária uma adequação. Nesses momentos de correção de rumo, surgem oportunidades de intervenção no mercado, que poderão gerar ações de curto prazo, desde que não invalidem – ou conflitem com – a totalidade dos planos de longo prazo. Ações inteligentes de curto prazo complementam o planejamento estratégico de longo prazo. (NRT)

Figura 12.3: Fases no desenvolvimento de um plano de marketing de longo prazo

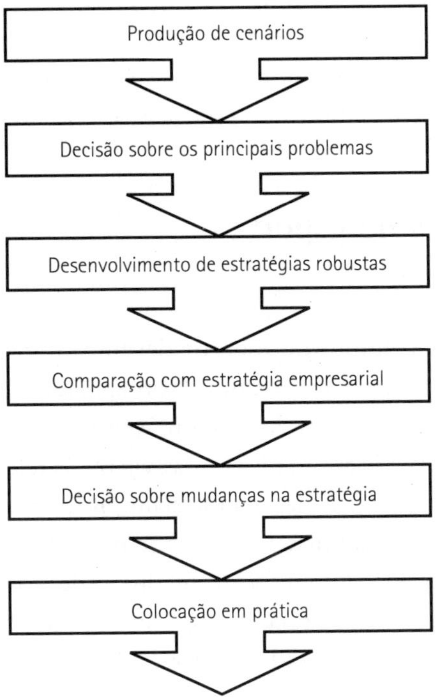

Fonte: Mercer, 1998, p. 178

mentar planos de marketing estratégicos (Harris e Jenkins, 2001). Os clubes de futebol britânicos e muitos clubes de futebol europeus, por outro lado, parecem ter dominado a integração de estratégias de curto e longo prazo. O Australian Cricket Board (Comitê Australiano de Críquete) está igualmente comprometido com o planejamento de longo prazo e as estratégias de curto prazo, o que se evidencia no plano estratégico que lançou em 2002, intitulado "From Backyard to Baggy Green: A Strategic Plan for Australian Cricket 2002-2004" (Do Quintal ao Profissional: Um Plano Estratégico para o Críquete Australiano de 2002 a 2004). O documento aborda quatro prioridades estratégicas da organização:

1. fortalecer e proteger o espírito do críquete;
2. prosperar no nível de elite;
3. atrair, desenvolver e manter pessoas no jogo;
4. garantir que o críquete tenha uma base financeira forte e sustentável (Australian Cricket Board, 2002).

Nas próximas seções iremos ver algumas mudanças que ocorreram ou estão ocorrendo na indústria esportiva – e tanto tendências no marketing do esporte quanto no marketing usando o esporte. Esses tipos de questões e tendências são importantes para a previsão e para o planejamento do futuro. Manter-se atualizado em sua indústria é essencial para ser capaz de agregar qualquer valor intuitivo à previsão de eventos futuros em seu segmento.

Tendências futuras no esporte

Antes de especular sobre o futuro do esporte, devemos introduzir nossa discussão com um aviso sobre previsões do futuro. Para não sermos "sobrepujados" pelo espírito de nosso tópico, devemos lembrar que, no passado, muitos dos responsáveis pelas previsões cometeram erros sobre as inovações que eles juravam que iriam mudar nossas vidas. Os telefones com vídeo iriam revolucionar nossas comunicações, as colônias na Lua estariam prosperando agora, assim como a prática de nos alimentarmos por meio de cápsulas. Os carros se moveriam sozinhos e mochilas impulsionadas por foguetes seriam o modo de transporte predileto de nossos filhos – isso ou as calçadas rolantes que contornariam as ruas de nossas cidades futuristas. No entanto, nada disso aconteceu. A Tabela 12.2 descreve essas previsões e quando elas foram feitas.

Tabela 12.2: O futuro que não aconteceu

Videofone	Revelado na Feira Mundial de 1964, os engenheiros diziam que ele iria substituir os telefones convencionais até o ano 2000. Disponível, mas muito impopular e caro
Colônias na Lua	O *New York Times* previu, em 1960, uma "civilização prosperando na Lua vinte ou trinta anos depois"
Comida em pílulas	Dizia-se que o alimento favorito dos Jetsons era uma realidade iminente
Carros que se movem sozinhos	Sensores no carro e na estrada estavam por trás da idéia de um "veículo automático", datada dos anos 1950. Nunca foram além do protótipo
Mochilas a jato	Previu-se que um protótipo de 1969, pilotado em teste para a revista *Popular Science*, iria revolucionar a viagem em curta distância. O modelo para o grande mercado nunca conseguiu voar
Calçadas rolantes	Parte da exposição "Cidade do Futuro", da Feira Mundial de 1964; uma exposição melhor poderia ter incluído patinetes e patins

É justo dizer que algumas propostas futuristas também foram tristemente subestimadas pelas empresas de seu tempo. Veja as citações a seguir e pense nos equivalentes modernos que você pode ter dificuldades em conceituar. Será que você está deixando passar o próximo grande invento?

- "Este telefone tem falhas demais para ser considerado seriamente como um meio de comunicação. O dispositivo não possui nenhum valor inerente para nós." *Memorando interno da Western Union, 1876.*
- "Tudo o que pode ser inventado já foi inventado." *Charles H. Duell, encarregado das patentes dos Estados Unidos, 1899.*
- "A caixa de música sem fio não possui valor comercial imaginável. Quem pagaria por uma mensagem que não é enviada a uma pessoa específica?" *Resposta dos sócios de David Sarnoff a sua insistência para que investissem no rádio nos anos 1920.*
- "Quem vai querer ouvir os atores falarem?" *H. M. Warner, Warner Brothers, 1927.*

Algumas das tendências atuais e futuras do esporte são de natureza "de volta para o futuro". Nos anos 1950, as autoridades dos países desenvolvidos limitaram o esporte nas escolas e aconselharam que o povo evitasse grandes aglomerações em uma tentativa desesperada de controlar a propagação da poliomielite. O afloramento do medo causado pelos ataques terroristas no mundo todo ameaça ter um efeito similar sobre os eventos esportivos modernos. Os jogos da *minor league* (segunda divisão) de beisebol nos Estados Unidos tiveram os menores públicos de sua história em 2002, em parte por causa do medo de ataques terroristas em eventos públicos, especularam os franqueadores (Facer, 2002). As vendas antecipadas para os Jogos Olímpicos de Atenas 2004 foram incomumente baixas, já que bombardeios terroristas na preparação para os jogos alimentaram uma preocupação crescente de que eles seriam alvo dos ataques para os quais as forças de segurança gregas não estavam preparadas.

A responsabilidade social e a moralidade dos times e celebridades do esporte também estão indo de volta para o futuro. O esporte deve ser uma atividade saudável e benéfica e, com freqüência, são feitas generalizações de que isso também vale para os astros do esporte, que serviriam de exemplos. O auge dos altos salários nos anos 1980 e 1990 nos grandes esportes, como futebol, basquete e beisebol, parecia perdoar uma série de imoralidades e violações sociais e legais entre os astros do esporte. Entretanto, conforme o esporte se torna um negócio cada vez maior, os times e celebridades esportivas estão sendo responsabilizados por suas ações, já que o comportamento imoral e/ou ilegal se transforma em perda de receita ou na quebra de contratos de patrocínio conquistados a duras penas. Os atletas de elite são cada vez mais responsabilizados por seu comportamento dentro e fora do campo.

Na verdade, o que você precisa é ter uma perspectiva equilibrada ao prever ou interpretar mudanças futuras. Não se esqueça de analisar uma série de fatores, incluindo os ambientais, tecnológicos, sociais, políticos e legais, ao avaliar a probabilidade ou impacto de qualquer mudança futura. As próximas seções apresentam, de forma concisa, as tendências mais interessantes e/ou significativas do marketing esportivo.

Tendências do marketing do esporte

O desenvolvimento de novos produtos não é novo no esporte, com o críquete "de salão" e o *touch football* sendo dois exemplos de produtos esportivos que foram desenvolvidos para atingir mercados novos e diferentes. Mudanças nas regras, nos equipamentos e modificações em recintos são possíveis quando se busca dar um novo formato ou atingir um novo mercado para um esporte existente. O vôlei de praia começou como uma variação do jogo tradicional, usando um local diferente e um número menor de jogadores. O esporte cresceu de uma variante esportiva da moda para uma competição internacional séria, que faz parte até dos Jogos Olímpicos. O críquete inglês recentemente deu um novo formato ao críquete tradicional e o reformou, criando uma competição chamada críquete Twenty20. O jogo, agora mais curto, tem apenas 20 *overs* por lado e pode ser completado em cerca de três horas. Ele busca atingir um público profissional jovem, que não tem tempo ou vontade de passar o dia todo ou até mesmo vários dias assistindo a partidas de críquete de um dia, ou *test* críquete. O críquete Twenty20 é freqüentemente programado para a noite, para permitir que os espectadores compareçam ao jogo após o trabalho, em vez de irem a outras atividades sociais, como jantar fora ou ir a um bar. A competição tem tido bastante sucesso com os jovens profissionais ingleses, que migraram para o críquete Twenty20 e colocaram a competição em sua agenda social. Em 2003, a English Twenty20 Cup atraiu 255 mil espectadores e superou esse número em 2004 no meio da temporada de jogos (Twenty20 Cup, 2004). Os espectadores que não dispõem de muito tempo certamente continuarão a torcer por esportes que cuidem da pouca disponibilidade para as atividades de lazer e entretenimento.

Sem dúvida, todos os esportes irão considerar variações do jogo e das competições no futuro, de forma que atinja novos mercados e/ou expanda os mercados existentes. Tendências como o crescimento de atividades esportivas recreativas e voltadas para o lazer e um afastamento da participação em esportes competitivos de equipe podem também levar a algumas novas e interessantes variações dos esportes tradicionais.

O **voluntariado** é uma atividade de A$ 42 bilhões por ano na Austrália. Centenas de milhares de pessoas doam seu tempo e energia, em um valor que chega a A$ 42 bilhões anuais no país, para manter em funcionamento programas esportivos profissionais e populares, instituições de caridade, além de programas religiosos e sociais (Volunteering Austrália, 2004). No presente e, cada vez mais, no futuro, o ato de equilibrar o trabalho e a vida tornará o voluntariado pouco atraente ou impossível para muitos adultos. Muitas pessoas simplesmente não estão preparadas para abrir mão de suas poucas horas de lazer dessa forma. Isso cria um problema óbvio, já que vários esportes dependem da atuação de voluntários tanto na área administrativa como na parte técnica e de arbitragem. Muitos clubes e órgãos esportivos não podem arcar com as despesas de contratar funcionários e profissionais pagos para preencher as funções exercidas pelos voluntários. Por outro lado, há um aumento na disposição em se considerar o envolvimento de capital – "quanto posso pagar em troca do envolvimento" –, e essa pode ser uma área a se explorar pelas organizações esportivas. No entanto, permanece o perigo de que o voluntariado conduza não apenas o aspecto funcional do esporte, mas também muitos dos vínculos sociais, emocionais e comunitários aos jogos e clubes que mantêm o esporte vivo e viável no nível popular e no de elite.

O declínio no voluntariado também pode ser atribuído ao envelhecimento da população mundial, a um aumento no uso da tecnologia para consumir o esporte e, talvez, ao afastamento dos esportes profissionais dos programas comunitários.

A **tecnologia** está influenciando quase todos os aspectos dos esportes do mundo. Das roupas que os atletas usam às superfícies nas quais jogam, a tecnologia está mudando a cara do esporte. As mudanças também se mostram na forma como as pessoas consomem o esporte: cada vez mais, elas optam por consumir o esporte via internet e aparelhos móveis, e até substituem a ato de assistir a esportes pela participação virtual em jogos e simuladores. Em vez de assomarem como um cataclisma, essas mudanças são incrementais e invasivas e envolvem fatores técnicos, sociais e econômicos. Considere algumas das mudanças que já vimos, mas que agora não achamos mais impressionantes. Em maio de 2003, a final de um torneio da Fifa foi disputada pela primeira vez sobre um gramado artificial aperfeiçoado tecnologicamente. E daí?, você pode dizer. Bem, a qualidade do campo pode afetar drasticamente o resultado de um jogo, e o gramado artificial tem o poder de aumentar a velocidade das partidas e torná-las mais empolgantes, aumentando, assim, as platéias e a receita (Prism, 2003). Ao mesmo tempo, o gramado artificial pode mudar o jogo e, às vezes, aumentar o risco de lesões. A natação é outro esporte que tentou usar a tecnologia para melhorar o desempenho de atletas. Por exemplo, os maiôs Sharkskin da Speedo foram projetados para imitar um tubarão. Buscou-se um projeto que diminui a resistência ao avanço, impulsiona o desempenho ao comprimir os músculos e minimiza o desconforto e o atrito (Wagner, 2004). O tecido do maiô é tratado com um revestimento de Teflon ou substância similar, de forma que a água deslize em contato com o maiô, além de conferir um efeito secundário interessante, no qual o ar fica preso entre o maiô e a pele do nadador, tornando-o mais leve (Zempel, 2001). Isso fez com que muitos nadadores nas Olimpíadas de 2004 se apresentassem secos para a competição, já que temiam perder um pouco da leveza do maiô se fizessem o aquecimento. Dessa forma, parece que o maiô tem o potencial de afetar o desempenho e o comportamento.

Outras tendências tecnológicas incluem a crescente popularidade de tecnologias móveis e aplicações sem fio para a internet. Em 2002, Bill Gates nos mostrou o novo *comunicador de pulso* da Microsoft, um relógio que pode apresentar as manchetes dos jornais, o clima local, preços de ações, as manchetes esportivas, é claro, e estatísticas em tempo real, quem sabe. Os relógios estão começando a aparecer agora e, embora tenham mais valor como aparelho do que valor informativo real, é o potencial de um dispositivo desses que deve interessar aos profissionais de marketing esportivo.

A tecnologia móvel e o interesse cada vez maior em apostas esportivas on-line são uma combinação poderosa. Canais de apostas interativas estão brotando em toda a Europa; as apostas interativas do tipo da iSports TV estão ganhando força no Reino Unido. Fazer apostas on-line em esportes está mais popular na Suíça, Áustria e Alemanha com o sistema Scientific Games Oddset atendendo a mais de 100 milhões de clientes. A tecnologia *peer-to-peer* também está sendo usada para estabelecer intercâmbios de aposta de pessoa a pessoa no mundo todo. O fornecedor de sistemas TradingSports Exchange tem planos de continuar o desenvolvimento de negócios na Europa, América do Norte e Ásia no futuro. Um serviço esportivo da TV interativa foi lançado pela operadora de TV paga Sky Television na Nova Zelândia, que espera atrair seus 350 mil assinantes para uma série de recursos de apostas (*Sport and Technology News*, 2003).

Destaque esportivo

Esportes virtuais

À medida que os computadores e a internet forem muito mais usados no futuro, haverá uma exploração de esportes de nicho, já que as pessoas terão mais conhecimento sobre as diversas possibilidades abertas a elas. Os computadores aperfeiçoarão bastante muitos esportes. Testemunharemos uma sobreposição significativa de jogos de computador e esportes, já que uma série de tecnologias de feedback de força possibilita a existência de jogos de computador que são cada vez mais físicos. Tais equipamentos também podem ser usados em treinamentos, conduzindo o aluno pelos movimentos ideais de forma exata e eliminando os maus hábitos assim que começarem. A inteligência artificial permitirá que as personalidades esportivas sejam emuladas, para que qualquer um possa competir com os melhores jogadores em suas máquinas de jogos.

Óculos com visores, lentes de contato ativas ou telas do tamanho de paredes oferecem um ambiente visual magnífico para participar ou assistir. Os heróis do esporte podem ganhar mais dinheiro gravando seus comportamentos em DVD e competindo virtualmente com todos os Joãos, Josés e Marias do que realmente jogando no mundo real. Podemos esperar que tais desenvolvimentos aumentem os níveis gerais de habilidade em todos os campos.

Muitos jogos de computador estão em rede hoje, e uma grande surpresa, quando essa tendência começou, foi ver quantas pessoas queriam ser espectadoras em jogos de computador. Depois de serem derrotadas por um competidor, elas querem ver mais alguém ser a vítima depois. A maioria das pessoas registradas nas plataformas de jogos em rede estão só assistindo em vez de jogar. Não irá demorar muito até vermos os grandes eventos da TV nos níveis mais altos de alguns jogos populares (já houve algumas séries menores com base em jogos de computador). Esses *esportes virtuais* poderão constituir uma proporção significativa da receita esportiva; entretanto, haverá, sem dúvida, uma ferrenha discussão sobre as fronteiras do esporte "real" quando os nerds começarem a ganhar alguns dos principais prêmios esportivos.

A tecnologia está tornando-se conhecida em todos os aspectos do esporte, em todos os níveis, da transmissão on-line ao vivo dos jogos de basquete universitário feminino nos Estados Unidos às imagens instantâneas de cavalos antes, durante e após as corridas européias, disponibilizadas no celular. Os organizadores das Olimpíadas de Atenas colocaram suas esperanças na venda de ingressos pela internet como solução para seus problemas de distribuição para os Jogos de 2004, ao passo que clubes no mundo todo dependem cada vez mais de soluções tecnológicas, como a internet, como parte de seu mix de marketing. O Manchester United conta bastante com seu acordo com a Vodafone para fornecer aos torcedores uma ampla gama de serviços móveis, incluindo resultados, notícias, imagens e vídeos, toques de chamada e até mesmo jogos de computador do Man U. Conforme o acesso à internet sem fio se torna a regra em cafés e aeroportos, os estádios esportivos estão pesquisando a necessidade e as possibilidades de tal acesso em suas instalações. A transmissão de esportes é um canteiro de inovação tecnológica, com novos visuais aperfeiçoados acompanhando as transmissões de críquete, tênis e futebol. A ESPN também exibiu uma série de novas tecnologias inovadoras nos X Games, em agosto de 2003, e continua a redefinir os limites das tecnologias de transmissão, proporcionando aos espectadores uma experiência simulada do que os atletas realmente fazem.

Muitas ligas nacionais, como a NFL dos Estados Unidos e a ACB australiana, têm buscado parceiros na área de alta tecnologia de forma ativa e deliberada para ajudá-los a encarar os futuros desafios e exigências de uma crescente base de torcedores tecnológicos. A tecnologia permite que os torcedores e espectadores se tornem mais "ativamente" envolvidos, seja por simulações, visualização de dados em tempo real ou até mesmo votando via sistemas de mensagem de texto SMS nos MVPs (jogadores mais valiosos) e em seus atletas favoritos.

Novos produtos e serviços estão sendo criados para alguns esportes via tecnologia. O beisebol da *major league* (primeira divisão), a NFL, e mesmo alguns esportes de nível universitário estão vendendo transmissões ao vivo ou com retardo de jogos on-line por taxas de assinatura ou *pay-per-view*. Os fãs de críquete na Austrália também podem assinar serviços de informação avançados por meio da tecnologia SMS de seus celulares, nos quais podem receber os destaques do jogo, comentários e atualizações em intervalos regulares, entre outros, sobre as partidas em andamento.

A tecnologia também afeta a administração de clubes e esportes. A Federação Francesa de Futebol se associou ao fornecedor de software Oracle-Manapps para equipar suas 130 ligas e distritos com um sistema seguro de intranet para lidar com o fluxo de informações de 5 mil competições, 1 milhão de partidas por ano, 2,3 milhões de licenciados e 27 mil árbitros que agora podem fornecer os relatórios das partidas por meio de celulares de última geração (*Sport and Technology*, junho de 2003).

Fonte: Pearson, 2003

Mercados emergentes como a China são assuntos importantes em quase todas as indústrias, e a do esporte não é exceção. Conforme os mercados internos são conquistados, os órgãos esportivos australianos, norte-americanos e europeus ficam de olho nas megapopulações de países como China, Índia e até mesmo da América do Sul como potenciais novas bases de torcedores para seus esportes. Isso pode ter diversos impactos, incluindo o desenvolvimento de jogos específicos nesses países, a transferência de eventos para esses mercados ou a inclusão desses países em turnês internacionais, e, mais recentemente, o recrutamento de jogadores de mercados emergentes. Recrutar jogadores em mercados emergentes atende a duas finalidades. Primeiro, pode servir como novidade para os torcedores existentes e revelar talentos com pouca ou nenhuma competição para sua contratação. Segundo, pode vincular emocionalmente uma nação inteira a um esporte com o qual ela não está familiarizada. Foi esse o caso dos dois jogadores chineses gigantes de basquete, Yao Ming e Yi Jianlian. O mais novo talento, o chinês Yi Jianlian, tem 2,11 m de altura e acredita-se que apenas 15 anos de idade. Antes mesmo de ser recrutado para uma liga norte-americana de juniores, a Adidas e a Nike começaram a disputar esse garoto gigante, com a Adidas ansiando por enfraquecer o controle da Nike sobre o basquete chinês. A Nike acabou ganhando e assinou um contrato milionário de vários anos com Yi, superando em muito o salário real do garoto e até mesmo o contrato original da Nike com Yao Ming (Larmer, 2003). As franquias, os patrocinadores e os transmissores do esporte estão todos competindo pela atenção de estrelas de novos mercados potenciais, como Yi Jianlian, por causa dos mais de 1,3 bilhão de torcedores de seu país que ele pode trazer consigo.

A gigante esportiva ESPN também prevê que a NBA e o Basquete da Major League nos Estados Unidos passarão por um crescimento exponencial no mundo em decorrência dos enormes números de recrutamentos internacionais. Com 67 novos jogadores estrangeiros na lista da NBA em 2002 e o contínuo sucesso dos iniciantes japoneses Hideki Matsui e Ichiro no beisebol, as oportunidades de merchandising por si só já são estonteantes.

Em sua lista das dez maiores previsões para o futuro do segmento esportivo, a ESPN incluiu:

1. A NBA e o beisebol da *major league* passarão por um crescimento exponencial.
2. Mais times instituirão preços variáveis para os ingressos.
3. As roupas e os produtos esportivos seguirão uma tendência retrô.
4. Mais atletas adquirirão participação em times esportivos.
5. Os esportes de ação continuarão a atrair atenção.
6. Os direitos sobre os nomes dos estádios continuarão a subir.
7. Mais times contarão com o marketing étnico.
8. A cobertura do seguro ditará o tamanho e a duração dos contratos garantidos dos jogadores.
9. O interesse e o acompanhamento de esportes no nível colegial subirão conforme a idade para recrutamento diminuir.
10. A tecnologia competirá com esportes de ação ao vivo.

Fonte: Rovell, 2002

Tendências do marketing usando o esporte

Mencionamos uma série de formas de usar o esporte no marketing nos Capítulos 9 e 10 e algumas das vantagens e armadilhas que acompanham as estratégias esportivas. Nesta seção, analisaremos brevemente os diversos problemas que valem a pena observar quando se faz marketing usando o esporte. Eles não são, de forma alguma, os únicos desafios contemporâneos para os profissionais de marketing, e podem representar tanto oportunidades quanto ameaças, dependendo da parte interessada em questão.

Apelo retrô. Como conseqüência da queda de megapersonalidades esportivas como Kobe Bryant, as empresas ficaram desconfiadas quanto a assinar contratos de apoio multimilionários de longa duração com os atletas. Um efeito colateral foi o aumento na popularidade das lendas do passado – atletas que já tiveram sucesso no esporte e conseguiram manter uma imagem imaculada até se aposentarem. As evidentes lendas vivas, como Michael Jordan, continuam a atrair muito dinheiro, e mesmo atletas mortos há muito tempo, como Walter Payton dos Chicago Bears, são material quente para empresas como a IBM e a rede de roupas Next. A Next assinou com os herdeiros de Payton para usar seu nome, imagem, foto e assinatura em uma linha de bonés e agasalhos retrô, pois acreditava que ele tinha provado sua integridade e popularidade (Janoff, 2004). Novos megacontratos ainda são assinados, com a Nike contratando, em meados de 2003, a estrela infantil LeBron James em um acordo de sete anos e US$ 90 milhões. No entanto, em muitos casos, os rostos dos novos apoiadores podem ser de jogadores veteranos, aposentados ou falecidos com reputações sem manchas.

Outras tendências retrô incluem a retomada dos tênis Air Jordan e Air Force One da Nike, com o último recebendo grande exposição na mídia quando o rapper Nelly fez uma música sobre ele em seu álbum de sucesso *Nellyville*, de 2002. O apelo retrô também ajudou a colocar jogadores aposentados de volta na mira do público, além de aumentar o valor de antigos astros, como os jogadores da NFL John Elway, Joe Montana e Howie Long, o ex-astro do beisebol Cal Ripken, as lendas do críquete Allan Border e Steve Waugh, o ex-astro de rúgbi *league* Wally Lewis, e as lendas do tênis Pete Sampras e Martina Navratilova.

Outra reação interessante às falhas pessoais das celebridades esportivas pode ser o aumento do interesse por grupos de atletas ou clubes inteiros. Isso ajudará as organizações a evitar situações em que o destino de um atleta pode determinar o sucesso ou fracasso de toda uma campanha de marketing.

Atribuição de preço excessivo. Conforme os megaesportes e megaeventos são divididos e vendidos, as empresas estão tornando-se cada vez mais cautelosas quanto ao fato de estarem ou não recebendo valor pelo dinheiro de seus investimentos esportivos. Isso pode ter vários impactos. Por exemplo, alguns analistas acreditam que o patrocínio de esportes populares está em alta e que essa tendência pode ser atribuída a uma série de fatores, incluindo:

1. o aumento cada vez maior do patrocínio esportivo (olímpico, universitário e profissional);
2. os custos crescentes do patrocínio de grandes esportes;
3. a crescente integração dos patrocínios;
4. a crescente fragmentação consumidor-mercado;

5. as novas tendências do esporte (popularidade dos esportes radicais e marginais) (Greenwald e Fernandez-Balboa, 1998).

Tudo isso tem o potencial de levar as empresas a buscar oportunidades de marketing esportivo em outros lugares, especialmente em mercados subvalorizados anteriormente. Os analistas vêem mais empresas olhando para além dos esportes profissionais tradicionais, para os esportes de nicho, como os eventos de snowboard, esqui e de esportes radicais, e também mais para o tênis, golfe, futebol, boliche (o esporte de participação mais popular em muitos países desenvolvidos), e até mesmo pesca. Mesmo algo tão específico como o paintball poderia ter um impacto de marketing, já que a participação nesse esporte subiu 47,5% desde 1998, atingindo os 8,7 milhões de praticantes em 2002 nos Estados Unidos (Janoff, 2004).

A atribuição de preço excessivo também é um problema para os consumidores finais. Como discutido no Capítulo 8, os preços cada vez maiores dos ingressos e mercadorias têm o potencial de alienar até o torcedor mais leal.

Resumo

- **defina previsão**

  Previsão é o prognóstico, a projeção ou estimativa sobre algum evento ou condição futura que está fora do controle da organização que oferece uma base para o planejamento gerencial.

- **entenda as técnicas básicas de previsão**

  Há quatro categorias básicas de modelos de previsão:

  1. modelos críticos;
  2. modelos de previsão tecnológica;
  3. modelos de série temporal;
  4. modelos causais.

  O importante é que a técnica certa para a situação seja escolhida e que qualquer método usado seja equilibrado com um entendimento intuitivo e realismo em relação às previsões.

- **entenda a importância do planejamento de longo prazo**

  O planejamento de longo prazo e o desenvolvimento de estratégias robustas são importantes se o impacto dos eventos futuros for maximizado ou minimizado dependendo do grau no qual esses eventos representam oportunidades ou ameaças. O processo de planejamento de longo prazo e os conseqüentes desenvolvimento e implementação de estratégias robustas podem proteger contra o imediatismo na perspectiva gerencial. O planejamento de longo prazo deve ser conciliado com a estratégia empresarial, para que os dois não trabalhem em conflito.

- **identifique algumas tendências futuras do marketing do esporte**
  O impacto da tecnologia pode dominar muitas das tendências futuras do esporte. Mudando tudo, do produto esportivo em si à forma como ele é entregue e consumido, a tecnologia continuará a oferecer desafios e oportunidades para os esportes em todos os níveis. Outras tendências incluem a diminuição do voluntariado e o aumento da importância dos mercados emergentes, como a China e a Índia.
- **identifique algumas tendências futuras do marketing usando o esporte**
  O marketing usando o esporte poderá considerar as diversas oportunidades retrô no futuro para evitar a natureza imprevisível dos atletas e apelar à nostalgia dos torcedores e espectadores. Os profissionais de marketing também poderão voltar sua atenção aos esportes populares e marginais para oferecer valor pelas oportunidades financeiras em mercados altamente visados.

Perguntas de revisão

1. O que é previsão?
2. Cite alguns motivos comuns para o fracasso das previsões de tendências de negócios.
3. Como os tomadores de decisão podem minimizar os efeitos da parcialidade no processo de previsão?
4. O que é uma estratégia *robusta* e como difere de uma estratégia empresarial?
5. Quais são as fases típicas do desenvolvimento de um plano de marketing de longo prazo?

Atividades aplicadas

1. Faça uma busca na internet sobre as *mudanças de regras no críquete*. Houve alguma mudança nas regras do críquete internacional na última década? Em caso afirmativo, quais foram elas e por que foram feitas? Há alguma discussão sobre a mudança proposta? Se houver, quais são os argumentos para as mudanças e por que elas são ou não necessárias? Que impacto essas mudanças de regras terão sobre o "negócio do críquete"?
2. Leia o texto da ESPN, Forecasting the sports business future (Prevendo o futuro do negócio esportivo) (http://espn.go.com/sportsbusiness/s/2002/1230/1484284.html), e veja quais foram as dez principais tendências a serem observadas para 2003-2004. Quantas delas eram, de fato, "quentes"? Que evidência há de que essas previsões tiveram impacto nas indústrias e nos esportes relevantes? Se você tivesse de fazer a lista para este ano, o que incluiria?

3. Você é o gerente de marketing de uma grande seguradora nacional. Sua empresa investe muito no esporte, usando-o em suas campanhas nacionais de marketing. Chegou o momento da avaliação bienal de seus programas de marketing esportivo e você precisa fazer algumas recomendações ao comitê sobre o que se deve fazer no futuro em relação ao uso do esporte no marketing. Que processo você irá usar para prever e planejar o futuro? Quais são alguns dos principais problemas para os quais você irá chamar a atenção do comitê?

Referências

Australian Cricket Board. From backyard to baggy green: a strategic plan for australian cricket 2002-2004, 2002, p.1-21.

Facer, D. Minor-league baseball searching for crowds. *Deseret News,* 21 de maio de 2002. Disponível em: http://deseretnews.com/dn/view/0,1249,400009755,00.html. Acesso em 12 jul. 2004.

Golden, J.; Milewicz, J.; Herbig, P. Forecasting: trials and tribulations. *Management Decision,* v. 32, n. 1, MCB University Press Limited, 1994, p.33-36.

Greenwald, L.; Fernandez-Balboa, J. Trends in the sport marketing industry and in the demographics of the United States: their effect on the strategic role of Grassroots sport sponsorship in corporate America. *Sport Marketing Quarterly*, v. 7, n. 4, p. 35-47.

Harris, L.; Jenkins, H. Planning the future of rugby union: a study of the planning activities of UK rugby clubs. *Marketing Intelligence and Planning*, v. 19, n. 2, 2001, p. 112-24.

Janoff, B. The world not according to Kobe. *Adweek Magazines Newswire,* BPI Communications, 12 jan. 2004.

Larmer, B. The Next Yao Ming? *Time Magazine: What's Next,* 24 de agosto de 2003. Disponível em: http://www.time.com/time/covers/1101030908/xyi.html. Acesso em: 27 fev. 2004.

Mercer, D. Long-range marketing. *Journal of Marketing Practice: Applied Marketing Science,* v. 4, n. 6, 1998, p. 174-184.

Miller, M. Forward thinking. *PC Magazine,* 17 fev. 2004, p. 5.

Pearson, I. The future of sport. Sphere, BT Group, 2003. Disponível em: http://www.btplc.com/pda/Innovationandtechnology/Insights/IanPearson/sport.htm. Acesso em: 12 fev. 2004.

Prism. Testing the future of sport n. 197, The University of Strathclyde, jun./jul. 2003, pp. 1-3. Disponível em: http://www.strath.ac.uk/news/prism/.

Rovell, D. Forecasting the sports business future. ESPN Sports Business, dezembro de 2002. Disponível em: http://espn.go.com/sportsbusiness/s/2002/1230/1484284.html. Acesso em: 12 fev. 2004.

Salkever, A. Sports score big online. *Business Week Online,* 15 de abril de 20003. Disponível em: http://www.businessweek.com:/print/technology/content/apr2003/tc20030415_9738_tc109.htm?tc. Acesso em: 29 fev. 2004.

Sport and Technology News, junho de 2003. Disponível em: http://www.sportandtechnology.com/news. Acesso em: 12 fev. 2004.

Twenty20 Cup, 2004. Disponível em: http://www.thetwenty20cup.co.uk/. Acesso em: 14 maio 2004.

Volunteering Australia, 2004. *A national agenda on volunteering:* beyond the international year of volunteers. Disponível em: http://www.volunteeringaustralia.org/publications/nat_agenda.html. Acesso em: 3 jul. 2004.

Wagner, C. *The new bodysuit: is it equipment or costumer?*, 2004. Disponível em: http://www.crosslink.net/~cherylw/bodysuit.htm. Acesso em: 15 out. 2004.

Zempel, C. The Emperor's New Swimsuit – *Swimmer Magazine,* jan./fev. 2001. Apud Wagner, C. *The new bodysuit:* is it equipment or costumer?, 2004. Disponível em: http://www.crosslink.net/~cherylw/bodysuit.htm. Acesso em: 15 out. 2004.

Estudos de caso para a Parte 5

ING faz sucesso no marketing esportivo

Dra. Melissa Johnson Morgan

A ING, uma instituição financeira global de origem holandesa, opera em 65 países oferecendo serviços bancários, seguros e gestão de ativos a mais de 60 milhões de clientes individuais, empresariais e institucionais. A ING possui uma força de trabalho diversificada de mais de 115 mil pessoas.

Em 2002, a empresa realizou uma pesquisa sondando o mundo dos patrocínios. Ela queria associar-se a "alguma coisa", mas tinha de ser a "coisa" certa. Estrategistas na sede mundial da ING analisaram mais de 100 tipos de patrocínios, pesquisando e fazendo levantamentos interna e externamente para achar aquele que fosse certo. Por fim, decidiram que o esporte oferecia algumas oportunidades exclusivas de marketing e que o atletismo, em especial, "combinava" bem com a organização.

A corrida em distância foi vista como correspondendo bem aos valores da ING, como superação de limites, visão de longo prazo e vontade de fazer mais. Além disso, o atletismo atrai um campo diversificado de participantes e espectadores, em termos de sexo, idade e nacionalidade, que corresponde ao caráter diversificado e internacional dos clientes da ING. O atletismo é um esporte verdadeiramente global, livre de diferenças culturais ou lingüísticas e também surpreendentemente elitizado, com a corrida sendo uma paixão entre líderes de negócios (385 CEOs correram na Maratona da Cidade de Nova York de 2004).

A ING instigou um plano abrangente e estratégico para patrocinar o atletismo e eventos de atletismo e se tornar verdadeiramente envolvida com o esporte de forma que agregue valor aos participantes e à própria organização. Uma das primeiras propriedades esportivas que adquiriu foi o patrocínio – título da Maratona da Cidade de Nova York. A isso se seguiu a aquisição de patrocínios – títulos das corridas de Amsterdã, Bruxelas, Ottawa e Taipei.

A Maratona da Cidade de Nova York ING, com mais de 35 mil atletas concluindo a prova, dois milhões de espectadores e um público televisivo de 243 milhões de pessoas, é o maior evento esportivo de um dia do mundo. O website da Maratona, http://www.ingnycmarathon.org/, foi procurado em 26 milhões de buscas e 153.781 visitas únicas no dia da corrida em 2004. Trata-se de uma propriedade esportiva extremamente valiosa e é a pedra fundamental da incursão da ING no esporte do atletismo.

Obter o patrocínio-título da Maratona da Cidade de Nova York não foi uma tarefa fácil, já que os organizadores do evento tinham resistido a ter um patrocinador-título por 35 anos. No entanto, a ING apresentou uma proposta para ser não só um patrocinador financeiro do evento, mas também trabalhar para tornar o evento e o atletismo em geral ainda melhores. A empresa incorporou um elemento de melhoria ao contrato para o acordo com a Maratona da Cidade de Nova York: dedica uma parte do dinheiro de ativação anual ao aperfeiçoamento da corrida.

A ING declarou que deseja ser "dona" do atletismo. Ela levou muito a sério seu patrocínio esportivo e está abraçando as oportunidades de marketing associadas ao seu investimento em todos os níveis da empresa. Um dos principais componentes de sua estratégia é a alavancagem de atividades associadas com eventos de atletismo individual, como a Maratona da Cidade de Nova York. No evento de 2004, a ING alavancou seu investimento ao saturar a região de Nova York com sua marca e seus produtos. Ela usou uma mistura equilibrada de marketing e serviços à comunidade para criar um plano estratégico que provou ser um campeão.

As atividades de alavancagem podiam ser divididas em três categorias: as realizadas na região de Nova York antes do evento, as realizadas na região de Nova York no dia do evento e as realizadas fora da região de Nova York. No centro da estratégia para alavancar o evento antes de sua realização estava a campanha "Corra por Algo Melhor". A empresa trabalhou com o departamento de parques municipais para "adotar" quatro parques públicos em Nova York (Thomas Jefferson Park, em Manhattan, Astoria Park, no Queens, o McCarren Park e o Red Hook Park, no Brooklyn). Então, selecionou quatro competidoras da maratona e associou um parque a cada uma delas. As mulheres correram para levantar fundos para a melhoria de "seus" parques.

Outra atividade de alavancagem anterior ao evento ocorreu na exposição anual Health and Fitness Expo, em Nova York, na qual a ING exibiu mais do que mensagens estáticas. A sua equipe de marketing colocou uma câmera sobre um carro de polícia e gravou em vídeo todo o percurso de mais de 42 km, e então reproduziu o vídeo em alta velocidade na exposição, o que durou cerca de sete minutos. Milhares de pessoas vieram ver a pista, enquanto funcionários da ING falavam da empresa e de suas ofertas e distribuíam pulseiras de ritmo personalizadas ING, que seriam posteriormente usadas para que os corredores soubessem se estavam à frente ou atrás de cada marcador durante a corrida. Também antes do evento, equipes de rua foram de porta em porta em cada uma das cinco divisões de Nova York distribuindo folhetos que, dobrados, transformavam-se em megafones, para deixar o público entusiasmado com o evento.

No dia da corrida, a ING montou "zonas de torcida" ao longo de todo o percurso para gerar conscientização. Essas tendas ofereciam um ponto de encontro para as comunidades torcerem por seus atletas e expandiam o alcance do evento para além dos locais tradicionais. As zonas de torcida tinham dispositivos sem fio que os consumidores poderiam usar para verificar o andamento dos corredores em tempo real, dois grandes monitores transmitindo a cobertura ao vivo, lanches e um DJ local. Os espectadores também recebiam pompons, balões, apitos e cartazes dizendo "Vai!", que eles poderiam personalizar com o nome de seu corretor favorito. Nova York virou um mar laranja, a cor da ING.

Para ampliar o valor do evento e seu investimento no atletismo no mundo de forma geral, a empresa também realizou 47 eventos temáticos sobre a maratona em outras localidades em que atua no mundo, antes do fim de semana da prova.

Os executivos da ING acreditam que sua primeira Maratona da Cidade de Nova York foi um grande sucesso, e estão felizes com sua decisão de usar o atletismo como a base de seu plano de marketing estratégico no mundo todo. Pesquisas realizadas após o evento para avaliar a campanha mostraram um grande aumento no reconhecimento da marca e de suas ofertas, um enorme salto nos atributos percebidos, um crescimento na intenção de compra e um drástico aumento na favorabilidade. Os benefícios, no entanto, não foram só para a empresa. No verdadeiro espírito da alavancagem do patrocínio esportivo, a ING realmente aprimorou a propriedade que estava alavancando, complementou a cidade onde estava entrando e criou uma experiência melhor para todos os envolvidos.

Como parte de seu comprometimento contínuo com o esporte, a companhia também desenvolveu o Ranking Mundial de Maratonas ING, o primeiro sistema global de pontos para definir o melhor maratonista do mundo, que culminaria na Maratona da Cidade de Nova York ING de 2005, com um prêmio de US$ 1 milhão. Pela primeira vez, o ranking coloca homens e mulheres em um grupo para determinar o melhor maratonista do mundo. Os pontos do atleta são calculados com base em seu desempenho nas três melhores maratonas ao longo de dois anos. O desempenho em uma prova está relacionado ao recorde mundial, o recorde da pista e o campo para aquela corrida específica – com um bônus de posição para os 10 primeiros colocados (homens e mulheres).

Com um projeto de alavancagem inovador, forte direcionamento estratégico e comprometimento financeiro constante, a ING continuará a fomentar o crescimento do atletismo e das maratonas, além de sua própria identidade empresarial no futuro.

Referências

Best Activation of a Sports Sponsorship, Event Marketer. Disponível em: http://www.eventmarketermag.com/BEST_ACTIVATION_OF_A_SPORTS_SPONSORSHIP.917.0.html. Acesso em: 16 fev. 2005.

ING becomes first title sponsor of New York City Marathon, ING. Disponível em: http://www.ing.com/group/showdoc.jsp?docid=074733_EN&menopt=. Acesso em: 16 fev. 2005.

Our Sponsors. Disponível em: http://www.ingnycmarathon.org/generalinfo/sponsors.html. Acesso em: 16 fev. 2005.

Perguntas

1. Por que a ING escolheu patrocinar um esporte, e não artes ou uma instituição de caridade? O atletismo e, em especial, a Maratona da Cidade de Nova York foram boas escolhas?
2. Como a ING alavancou seu investimento no atletismo? Em sua opinião, quais eram os objetivos por trás dessas atividades de alavancagem?

3. Que lições outras empresas poderiam aprender com o investimento e a alavancagem do atletismo, pela ING, como ferramenta de marketing estratégico?
4. Um problema que as empresas globais às vezes enfrentam é não ter uma identidade *local*. O que a ING poderia fazer no futuro para se *localizar* usando a propriedade esportiva do atletismo em seu país?

Fanáticos: Uma nova raça de superfãs?

Dra. Melissa Johnson Morgan

Significando um devoto ardoroso ou um entusiasta, o termo *fã*[1] é a redução de fanático (*The American Heritage Dictionary of the English Language*). Ser um fã de um esporte, time ou indivíduo específico parece pressupor que você é mais envolvido e emotivo do que alguém que poderia ser considerado apenas um espectador. Os fãs sentem algum vínculo emocional e/ou identificação com o time e associação com o esporte ou jogadores daquele esporte. Desde o começo dos tempos do esporte, as pessoas reverenciaram os esportistas como heróis. Os romanos cantavam os nomes de seus gladiadores favoritos no Coliseu e os cidadãos abastados concediam favores a seus condutores de bigas prediletos. Não é incomum, nos tempos modernos, encontrar famílias que acompanham o mesmo time de futebol há mais de três gerações e ver pessoas vestidas nas cores do time da cabeça aos pés no dia do jogo. No mundo moderno do turismo esportivo, também vemos grandes hordas de fãs dedicados seguindo seus times favoritos de críquete, rúgbi ou futebol pelo mundo, para mostrar seu apoio em competições internacionais.

Um fã "fanático" é aquele que talvez adote um comportamento que vai além do normal para um fã dedicado. Um fã dedicado talvez vá a todos os jogos, mas um fã fanático pode ir a todos os jogos pintado de verde, usando uma peruca amarela e gritando músicas ensaiadas de apoio durante a partida. O Barmy Army, da Inglaterra, é um grupo de torcedores de críquete impetuoso e barulhento que acompanha o time inglês por todo o mundo, evoluiu de um grupo solto de fãs conhecidos para um grupo altamente organizado de fanáticos que alcançou o status de *cult*, e cujo nome é uma marca registrada vendida em produtos no planeta. O Barmy Army possui uma imagem que claramente não tem muito a ver com o críquete, e, certamente, obteve reconhecimento inicial em razão de seu comportamento mais semelhante aos dos fãs de futebol e, assim, de sua imagem distintamente diferente do espectador de críquete comum. Pesquisas sobre a associação ao Barmy Army e seu comportamento descobriram que, além do amor e lealdade ao críquete inglês, o poder, a masculinidade e o nacionalismo aparentes proporcionados ao grupo são grandes atrativos para os envolvidos.

Boa parte das pesquisas sobre fãs "fanáticos" presume que o fã seja dedicado a um determinado esporte, time ou esportista, por exemplo, os fãs da natação australiana, de Lleyton Hewitt, do Manchester United ou do Brisbane Lions, entidades esportivas individuais e definíveis que podem ser devidamente comercializadas ou transformadas em produtos e com as quais os fãs normalmente se identificam, sendo motivados por: realizações, estética, drama, habilidade, conhecimento, oportunidades sociais e, até mesmo, pelo escapismo proporcionado pelo ato de admirá-las.

[1] Em inglês, *fan*. Em português a palavra *fã* deriva do inglês *fan*.

Os torcedores de rúgbi *union* do recém-criado Bundy Good Timers formam um grupo altamente organizado e até profissionalmente patrocinado de fãs dos Wallabies, um time australiano representativo desse esporte. O que começou com alguns colegas que eram fãs fanáticos dos Wallabies transformou-se em um clube de 1.500 ou mais fãs que são patrocinados por Bundaberg Rum e que possuem sua própria empresa de administração. Mais de 200 Bundy Good Timers podem ser vistos usando suas camisas Bundaberg Rum Bundy Good Timers nas cores verde e dourada em jogos por todo o território australiano durante a temporada representativa. Esse nível de organização, apoio e profissionalismo entre os fãs, em vez de entre os praticantes do esporte, parece ter anunciado uma nova era na audiência do esporte.

No entanto, talvez seja ainda mais interessante o surgimento de uma nova raça de "superfãs". Os superfãs parecem estar usando o próprio grupo como base de identificação e motivação e não estão concentrando sua associação ao redor de um time ou mesmo de um esporte específico. Basicamente, eles são fãs de ser fã! O melhor exemplo disso é um grupo que se auto-intitula The Fanatics (Os Fanáticos). Com sede na Austrália e fundado em 1997, ele começou como um grupo informal de "parceiros" que acompanharam os Jogos Olímpicos de 1992 e 1996, a Copa do Mundo de Críquete de 1996 e a Rugby Union Wallaby Tour de 1996. Os parceiros compartilhavam o amor pelo esporte e, com freqüência, vestiam roupas em cores patrióticas, cantando músicas patriotas ou aprumavam cantos ensaiados em apoio a um atleta ou time de seu país. O grupo ficou famoso em torneios de tênis, onde, da mesma forma que o Barmy Army, quebrou o molde do quieto espectador de tênis com suas perucas coloridas, faixas e canções entre os saques. A sua formalização teve início quando seus membros foram contatados pela Tennis Australia para participar, de maneira mais formal e ativa, da motivação das platéias para torcer pelos tenistas australianos. A Tennis Australia, após os relatos convincentes de Tony Roach e John Newcombe, acreditava que o apoio desse grupo barulhento e patriota poderia, de fato, reverter a maré a favor dos astros do tênis australianos em partidas difíceis, tanto em casa como no exterior. A associação ajudou os membros a organizar assentos para si e estimulou os jogadores a reconhecê-los e a se socializarem com eles após as partidas e os eventos.

Desde sua formalização como um "grupo de fãs", o The Fanatics trabalhou com o rúgbi, o tênis e o críquete nacionais australianos, com o SOCOG, o Comitê Olímpico Australiano e com a National Football League (Liga Nacional de Futebol). O grupo de poucos colegas cresceu e agora conta com 2.900 membros diferentes e 17 mil participantes em turnê desde 1997, todos com idade entre 18 e 35 anos. O limite de idade pretende garantir que o grupo seja motivado, em grande parte, pelos benefícios sociais do envolvimento e manter as suas atividades joviais e um pouco exageradas. Apesar da natureza ultrajante de sua aparência, o The Fanatics tem um código de conduta que impõe para garantir que o comportamento esportivo seja exibido em todos os eventos. Eles têm muito cuidado, por exemplo, para que suas canções nos torneios de tênis sejam curtas e terminem bem antes de os jogadores estarem prontos para o próximo ponto. O trecho a seguir, retirado de seu website sobre uma turnê futura da Copa Davis de Tênis, é um bom exemplo desse sentimento:

... lembre-se de que você está representando a Austrália e a boa reputação dos Fanatics e dos 17.000 Fanatics que já estiveram em turnê conosco, então, se vir alguém agindo como um idiota, queira lembrá-lo disso e diga a ele para se comportar.

O The Fanatics tem um website formal que apresenta informações e fóruns de discussão sobre diversos esportes e assuntos relacionados ao esporte, incluindo o futebol australiano, basquete, críquete, golfe, rúgbi *league*, futebol, tênis, rúgbi *union*, esportes em geral e resenhas e informações sobre estádios. O site também inclui notícias sobre os membros, clipagem da imprensa, destaque dos membros, uma galeria de fotos, notícias esportivas, resenhas de turnês, próximas turnês e uma loja de produtos.

O The Fanatics é um grupo que encontra e/ou cria oportunidades esportivas para ser a base de suas atividades. Nem todas essas atividades são baseadas em esportes, pois outros eventos apoiados incluem, por exemplo, uma viagem anual a Gallipoli para comemorar o Dia de Anzac e turnês à Oktoberfest, o Dia de St. Patrick em Dublin e a corrida dos touros em Pamplona. Os Fanatics com certeza são uma nova raça de superfãs que transcende os limites de um esporte, sendo motivados pela associação, celebridade, pelo poder e patriotismo do grupo. Os superfãs parecem ser celebridades e identificar-se com o papel de "fã" tanto quanto – ou até mais do que – se identificam com o esporte ou time envolvido.

Essa nova raça de superfãs deve ser observada de perto por administradores esportivos, patrocinadores do esporte e profissionais de marketing esportivo, já que representam uma nova ferramenta e, de fato, uma nova propriedade no cada vez mais complexo mercado esportivo.

Referências

Bundaberg Rum, Bundy Good Timers. Disponível em: http://www.bundabergrum.com.au/flash/index.php. Acesso em: 3 fev. 2005.

Parry, M.; Malcolm, D. England's Barmy Army: Commercialization, Masculinity and Nationalism. *International Review for the Sociology of Sport*, v. 39, n. 1, 2004, p. 75-94.

The American Heritage Dictionary of the English Language, 4. ed., Houghton Mifflin Company, 2000.

The Fanatics. Disponível em: http://www.thefanatics.com/. Acesso em: 3 fev. 2005.

Perguntas

1. Que oportunidades você vê para usar um grupo de superfãs como o The Fanatics em seu programa de marketing? Adote aqui a perspectiva do marketing usando o esporte.

2. Por que é importante que o The Fanatics não esteja vinculado a um esporte específico? Quais são as implicações para o futuro da audiência do esporte?
3. O The Fanatics nasceu de uma reunião informal de alguns colegas em alguns eventos esportivos para um grupo altamente reconhecível e comercial que já teve mais de 17 mil pessoas envolvidas em turnês esportivas nacionais e internacionais. Você enxerga algum problema potencial para se organizar e administrar o grupo no futuro?
4. Visite o website do The Fanatics, http://www.thefanatics.com/, e analise todas as formas pelas quais você poderia envolver-se com o grupo. Quais necessidades e motivações estão sendo abordadas por essas ofertas, em sua opinião?[2]

---

[2] O Brasil impulsionou suas atividades no voleibol, na década de 1970, incentivando uma torcida organizada, em um torneio na cidade de São Paulo, com partidas televisionadas pela Rede Record de Televisão, sob o comando do comentarista e apresentador Silvio Luiz. Era a torcida uniformizada das "Amarelinhas" patrocinadas pelas pilhas Ray-o-vac. O torneio de voleibol foi realizado à época por Carlos Arthur Nuzman, presidente da Confederação Brasileira de Voleibol, atual presidente do COB. (NRT)

Índice Remissivo

Q

R

S